Naturgestalten

Zum Problem von Natur, Kultur und Subjekt in den Erzählungen
Joseph von Eichendorffs und Adalbert Stifters

von

Roland Schneider

Tectum Verlag
Marburg 2002

Die Deutsche Bibliothek - CIP-Einheitsaufnahme

Schneider, Roland:
Naturgestalten.
Zum Problem von Natur, Kultur und Subjekt in den Erzählungen
Joseph von Eichendorffs und Adalbert Stifters.
/ von Roland Schneider
- Marburg : Tectum Verlag, 2002
Zugl.: Freiburg i. Br., Univ. Diss. 2001
ISBN 3-8288-8377-X

© Tectum Verlag

Tectum Verlag
Marburg 2002

*Danken möchte ich Carola Schneider und Doris Engist,
die mich während meiner Arbeit unterstützt haben.*

Inhaltsverzeichnis

Einleitung: Joseph von Eichendorff und Adalbert Stifter   1

Teil I: Naturgestalten in den Erzählungen Joseph von Eichendorffs

I.   Einleitung   10

II.   *Die Gemeinsamkeit der Bilder von Natur und Kultur: »Das Marmorbild«*   16

1. Die Macht der Bilder   17
2. Das geschichtsphilosophische Modell von Natur und Kultur   27
2.1. Götterdämmerung 1   27
2.2. Frau Venus   30
2.3. Götterdämmerung 2   33

III.   *Die Suche nach einer neuen Welt: »Eine Meerfahrt«*   38

1. Der Raubvogel über den Abgründen: Die Exposition des Subjekts   42
2. Gold, Geld und Begehren   47
2.1. Das Gold als Metapher des Körpers   49
2.2. Der Prunk der Sprache und die unbekannte Schrift der Natur   53
3. Frau Venus, die nicht da war   57
4. Die Geschichte der Inselkönigin   59
5. Antonio und Alma   64
6. Zusammenfassung: Glücksutopie und Wiederholungsfunktion   71

IV.   *Die Revolution und die Geschichte des Subjekts: »Das Schloß Dürande«*   75

1. Die Funktion des Rahmens   79
2. Die gesellschaftliche Ordnung und die Geschichte des Subjekts   83
2.1. Die Geschichte Renalds in der Konstellation der Geschwisterbeziehung   84
3. Wissen und Handeln   92
4. Der Teufelspakt mit der Revolution   96
5. Die rekreative Kraft der Apokalypse   101

V.   *Der Taugenichts und die anderen: »Aus dem Leben eines Taugenichts«*   105

1. Philister und Künstler   107
2. Rom, die Kunst und die Wahrheit der Bilder   112
3. Die Rückkehr des Taugenichts   121

Teil II: Naturgestalten in den Erzählungen Adalbert Stifters

I.	Einleitung	125

II.	*Natur und Kultur in der Konstellation von Idealisierung und Verführung:* *»Die Narrenburg«*	132
1.	Chelion als Jodoks Geschöpf	134
2.	Das Mörderauge des Jodok	136
3.	Vergleich »Nachsommer« – »Narrenburg«	142

III.	*Das Glücksversprechen der eigenen Innerlichkeit: »Abdias«*	148
1.	Die Vorrede	149
2.	Die Wüstenstadt	153
3.	Die Erfahrung des Körpers und die Ordnung des Vaters	156
4.	Der Traum vom eigenen Ich	162
5.	Ditha	165
6.	Die Organisation der Sinne	169
7.	Der Prozeß des Sehenlernens	172
8.	Blindheit und Sehen	174
9.	Dithas Ende	179

IV.	*Die Frage nach der Möglichkeit der kulturellen Erneuerung: »Turmalin«*	182
1.	Die Struktur der Erzählung	183
2.	Die verlorene Sprache des Körpers	185
3.	Das Perronsche Haus	189
4.	Die Reste romantischer Natursprache	191
5.	Heilung als Sozialisation	195

V.	*Die Vermittlung von Natur und Kultur als Geschichte einer gemeinsamen Schrift: »Katzensilber«*	200
1.	Naturgeschichte: Die Genealogie des braunen Mädchens	202
2.	Kulturgeschichte: Die Geschichte Sigismunds als Dialektik von Opfer und Ermächtigung	210

VI.	*Zitat des klassischen Schönheitsparadigmas: »Der Waldbrunnen«*	215
1.	Das Thema des Körpers: Der Rahmen	215
2.	Mangel an Liebe: Stephan von Heilkun	219
3.	Pädagogische Beziehung: Stephan und das wilde Mädchen	221
4.	Juliana und die Großmutter	224
5.	Juliana: Körper und Sprache	226
6.	Der Weg zur Ehe	228

Schlußwort	233
Anmerkungen zur Zitierweise	237
Literaturverzeichnis	237

Einleitung
Joseph von Eichendorff und Adalbert Stifter

„Tröstlich aber und als Pfand der Zukunft bedeutungsvoll ist es, schon jetzt zwischen jenen ungeheuern Staubwolken, aus denen uns nur stechende Augen und von Leidenschaften widerlich verzerrte Gesichter entgegenstieren, unerwartet einem jungen Dichter zu begegnen, der den Mut hat, mitten in dieser Verwirrung ein *anderes* Banner zu entfalten, und Ständchen, Adressen und papierene Bürgerkronen an seine Poesie zu setzen.

Wir meinen *Adalbert Stifter,* dessen Novellen (Studien. Pesth, 1844) sich eben durch das auszeichnen, was sie von der jetzigen Modeliteratur unterscheidet. Sie können und wollen sämtlich ihre romantische Abkunft nicht verleugnen, aber es ist eine der Schule entwachsene Romantik, welche das verbrauchte mittelalterliche Rüstzeug abgelegt, die katholisierende Spielerei und mystische Überschwenglichkeit vergessen, und aus den Trümmern jener Schule nur die religiöse Weltansicht, die geistige Auffassung der Liebe und das innige Verständnis der Natur sich glücklich herübergerettet hat. Nicht eine Spur moderner Zerrissenheit, von selbstgefälliger Frivolität, oder moralisch experimentierender Selbstquälerei ist in dieser gesunden Poesie." (W6, 56)

In Eichendorffs literarhistorischem Aufsatz »Zur Geschichte der neuern romantischen Poesie in Deutschland« steht sein in jeder Weise positives Urteil über Adalbert Stifter an exponierter Stelle am Ende der Abhandlung. Die Dichtung Stifters erfüllt hier als „Pfand der Zukunft" keine geringere Funktion, als die Hoffnungen auf eine Wiedererweckung der romantischen Poesie zu garantieren, die als „Feenzeit" (ebd., 30) der Frühromantik begonnenen hatte und in der Gegenwart im „lärmenden Hexensabbat unserer neuesten unschönen Literatur" (ebd., 59) untergegangen war. ‚Romantisch' – das ist in Eichendorffs literaturgeschichtlichem Abriß ganz allgemein der Begriff einer Kunst, die sich dadurch zu legitimieren sucht, daß sie beansprucht, Ich und Welt in ein Verhältnis des ‚Wahren' zu setzen, und der in der Diktion Stifters die Wiedergabe der „wirklichen Wirklichkeit"[1] entspricht. Auch wenn man aus heutiger Sicht Eichendorffs

---

[1] Adalbert Stifter: »Nachkommenschaften«, GW 5, S. 259. Vgl. dazu den Aufsatz von Karl Konrad Polheim: Die wirkliche Wirklichkeit. Adalbert Stifters »Nachkommenschaften« und das Problem seiner Kunstanschauung, in: Vincent J. Günther, Helmut Koopmann, Peter Pütz, Hans Joachim Schrimpf (Hg.): Untersuchungen zur Literatur als Geschichte. Festschrift für Benno von Wiese, Berlin 1973, S. 385-417.

moralisierenden Wertungen nicht folgen mag, bezeichnet er – indem er seinen eigenen literarischen Anspruch dem jüngeren zuweist – sehr genau die Position, die beide gegenüber einer zur legitimierenden Instanz erhobenen idealistischen Ästhetik behaupten, an der auch Stifter in seinen programmatischen Äußerungen zur Kunst weiterhin festhält.[2] Diese Position ist in doppeltem Sinne epigonal: In der literatur- und kunstgeschichtlichen Perspektive, die Eichendorff entwirft, entspricht sie dem Selbstbild eines Nachgeborenen, wie es in seinem autobiographischen Fragment »Unstern« und Stifters Erzählung »Nachkommenschaften« dezidiert zum Ausdruck kommt, gleichzeitig wiederholt sich in ihr der geschichtsphilosophische Duktus, bei dem Wahrheit immer etwas Wiederzugewinnendes und solchermaßen Nachgeordnetes darstellt und der den klassischen und romantischen Vorbildern selbst zu eigen ist.

Im Mittelpunkt der idealistischen Ästhetik steht das Verhältnis zur Natur[3], in deren verlorener Einheit mit dem Menschen der ursprüngliche Ort einer alles umfassenden Wahrheit gedacht wird. In seiner polemischen Sicht der zeitgenössischen Literatur setzt Eichendorff ein in dieser Weise „inniges Verständnis der Natur", wie er es in der Dichtung Stifters zu finden glaubt, der „moderne[n] Zerrissenheit" und „selbstgefällige[n] Frivolität" einer subjektivistischen „Modeliteratur" entgegen. Die Zweifelhaftigkeit einer solchen Argumentation wird deutlich, sobald man sich in Erinnerung ruft, daß es gerade die klassisch-romantische Periode gewesen war, die der Vorstellung einer autonomen Kunst und eines souveränen künstlerischen Subjekts zum Durchbruch verholfen hatte. Der religiöse Anspruch der idealistischen Kunst, der ursprünglichen Natur zur Sprache zu verhelfen, ist unabdingbar mit der Philosophie eines Subjektivismus verbunden, bei dem dieselbe Natur, wenn sie unter dem Begriff der ‚Leidenschaften' formiert, die vehemente Ablehnung der beiden Autoren erfährt.

Während sich bei Goethe das wechselseitige Verhältnis von Ich und Welt, Natur und Kultur in vielfältigen Abstufungen zu einem ganzheitlichen Weltbild fügt[4] und in der Romantik die problematische Widersprüchlichkeit des Subjekts schon bald zum Thema wird, ist die Verengung der klassisch-romantischen Utopie zu einer Ideologie moralisierender Unterscheidungen nur vor dem Hintergrund der politischen, sozialen und men-

---

[2] Vgl. dazu beispielsweise Stifters Aufsatz »Über Stand und Würde des Schriftstellers« (HKG, 8.1, 34-46). Zu Stifters Kunstreflexion vgl. Christian Begemann: Die Welt der Zeichen. Stifter-Lektüren, Stuttgart, Weimar 1995 (im folgenden zitiert als ‚Welt der Zeichen'), Teil III, S. 359-411.

[3] Zu Natur und Ästhetik vgl. den Aufsatz von Jörg Zimmermann: Zur Geschichte des ästhetischen Naturbegriffs, in: ders. (Hg.): Das Naturbild des Menschen, München 1982, S. 119-153.

[4] Vgl. dazu den Aufsatz von Gerhart Baumann: Goethe – ungeteilt, in: Günter Schnitzler, Gottfried Schramm (Hg.): Ein unteilbares Ganzes, Goethe: Kunst und Wissenschaft, Freiburg im Breisgau 1997, S. 15-37.

talen Umbrüche verständlich. So war schon die frühromantische Forderung nach einer ästhetischen Revolution, die eine neue Zeit und einen neuen Menschen hervorbringen sollte, in der Konfrontation mit der tatsächlichen Revolution gescheitert. In der Folge kam es zu einer Politisierung der Kunst, die sich sowohl bei denjenigen Autoren, die den gesellschaftlichen Wandel propagierten, als auch bei denjenigen, die sich wie Eichendorff und Stifter einer widersprüchlichen konservativen Position verschrieben, in der Gegnerschaft zur eigenen Zeit manifestierte. Dabei befinden sich die Begriffe der Natur und des Subjekts – die je nachdem, ob die naturverbürgten Rechte des einzelnen oder die Furcht vor den politischen ‚Leidenschaften' der revolutionären Masse im Vordergrund steht, eine andere Bedeutung annehmen – im Mittelpunkt der ästhetischen und politischen Auseinandersetzung.

Im Unterschied zur eingeschränkten Perspektive ihrer programmatischen Äußerungen zeigen die dichterischen Werke Eichendorffs und Stifters, gerade indem sie den Prämissen des klassisch-romantischen Kunstverständnisses trotz eines veränderten Zeitbewußtseins weiterhin zu folgen versuchen, die Komplexität, die dem Problemgefüge von Natur, Kultur und Subjekt zu eigen ist. Dieser Vielschichtigkeit soll in den folgenden Studien anhand des Motivkomplexes der Naturgestalten in ihren Erzählungen nachgegangen werden. Dabei ist der Begriff so weit zu fassen, daß er sowohl die Venusfiguren Eichendorffs und die Figur des ‚wilden Jägers' Renald aus dessen »Schloß Dürande« als Personifizierungen eines dämonischen Inneren als auch den Taugenichts als Verkörperung der wahren Menschennatur und die ebenfalls bereits moralisierten Naturkinder Stifters einbezieht. In allen Fällen stehen diese Figuren im Zusammenhang der Frage nach den Möglichkeiten von Identität, die sich auf die klassisch-romantischen Konzepte einer Selbstbildung des Subjekts aus dem Wechselspiel von Natur und Kultur, Innenwelt und Außenwelt zurückführen lassen.[5]

Entsprechend der klassischen und romantischen Vorgaben konstituiert sich die Identität des Subjekts als ein Ursprüngliches, das es wiederzugewinnen gilt, als verlorene Einheit des Menschen mit einer aus sich selbst sprechenden Natur, der gegenüber Kultur die Position einer Ersetzung und Ergänzung behauptet. Als solche muß Kultur zwar immer defizitär bleiben, andererseits ist die Wahrheit der Natur in nicht einholbarer Weise von dieser abhängig, da sie allein in der Form ihrer kulturellen Kodierung be-

---

[5] Vgl. hierzu Gerhard Neumann: „‚... Der Mensch ohne Hülle ist eigentlich der Mensch". Goethe und Heinrich von Kleist in der Geschichte des physiognomischen Blicks, in: Kleist-Jahrbuch 88 / 89, hg. von Joachim Kreutzer, S. 259-279 (im folgenden zitiert als ‚Der physiognomische Blick'), S. 269ff. und Klaus Schneider: Natur – Körper – Kleider – Spiel. Johann Joachim Winckelmann. Studien zu Körper und Subjekt im späten 18. Jahrhundert, Würzburg 1994, S. 1 und 7f.

stimmt werden kann. Dabei sind die Wahrnehmung der äußeren Wirklichkeit und die Konstitution des Subjekts nur als gleichzeitige und wechselseitig aufeinander bezogene Vorgänge denkbar. So geht es bei der Analyse der ausgewählten Erzählungen ganz allgemein gesprochen um die Genese von Subjekten und ihre widersprüchlichen Voraussetzungen, die in den Geschichten der Naturgestalten reflektiert werden.

Der Naturbegriff steht im Zentrum einer sich im Laufe des 18. Jahrhunderts ändernden Identitätskonzeption,[6] bei der durch die Säkularisierung und Verinnerlichung metaphysischer Sinngehalte das rationale Subjekt die Stelle einer selbstbewußten und eigenverantwortlichen Instanz besetzt, die ihre Legitimität wiederum aus der Natur des eigenen Körpers als dem nicht mehr zu hinterfragenden Anderen herleitet. In diesem Zusammenhang spielt Winckelmanns Sichtweise der griechischen Antike eine entscheidende Rolle. In seinem neuen Verständnis der griechischen Statuen, deren Naturschrift die unmittelbare Einheit von Innen und Außen, Naturkörper und Natursprache, erfahrbar machen soll, entwickelt er ein beispielhaftes Identitätsmodell, das zum Ausgangspunkt der ästhetischen Bildungskonzepte der Zeit und der Selbstbegründungsszenen in den Bildungsromanen geworden ist.[7] Die Körpernatur bildet hier den eigentlichen Fluchtpunkt in einem veränderten Verhältnis zur Wirklichkeit, in dem der einzelne, dazu aufgerufen, Subjekt zu werden, den sinnvollen kulturellen Zusammenhang von Ich und Welt aus dem Rückbezug auf die Authentizität des eigenen Inneren garantieren muß.

Die neue Sichtweise der menschlichen Natur, die der kulturellen Entfremdung entgegengestellt wird, ist dabei in gleicher Weise ambivalent, wie die Entdeckung der griechischen Antike als Goldenes Zeitalter mit dem unglücklichen Bewußtsein der Moderne verbunden ist. Denn es ist gerade die Proklamation einer vor aller Kultur liegenden

---

[6] Für deren Erforschung ist vor allem der Name Michel Foucaults zu nennen. Vgl. Michel Foucault: Sexualität und Wahrheit, Bd. I: Der Wille zum Wissen, Frankfurt 1977. Foucault stellt fest, daß mit dem Entfallen des feudalen Ordnungssystems und dem Entstehen eines scheinbaren bürgerlichen Freiraumes die Zugriffsmöglichkeiten auf den einzelnen und seine Kontrolle nur noch verstärkt werden. War das hervorragende Kennzeichen der feudalen Ordnung die Macht des Fürsten über Leben und Tod, ist das Merkmal der neu entstehenden Gesellschaft die Kontrolle und Disziplinierung des unterworfenen Lebens. (Vgl. ebd., S. 148, 162ff., 166) Im Zusammenhang dieser Entwicklung sieht Foucault, daß die Frage nach dem Subjekt zunehmend an die Sexualität gestellt wird (vgl. ebd., S. 128) und der Körper und seine Normalisierung in den Mittelpunkt des Interesses rücken. Damit stellt sich die Diskussion um die Selbstverwirklichung des Subjekts am Übergang vom 18. zum 19. Jahrhundert als Konflikt von Eigentümlichkeit und Norm, Körper und sozialer Investitur dar. Die Subjektwerdung und Sozialisation des einzelnen vollzieht sich in der Dialektik von Körper und Zeichen, dem Wunsch einer Selbstverwirklichung aus der Natur des Körpers und den normierenden Zwängen der gesellschaftlichen Investitur.

[7] Vgl. Schneider, a.a.O., S. 1 und den Aufsatz von Gerhard Neumann „Ich bin gebildet genug, um zu lieben und zu trauern". Die Erziehung zur Liebe in Goethes »Wilhelm Meister«, in: Titus Heidenreych

Natur des Körpers, die diesen zu einer kulturellen Größe werden läßt, so daß sich die Suche nach der ursprünglichen Wahrheit des Subjekts zuletzt gegen ihre eigenen Voraussetzungen wendet.

In diesem problematischen Sinn kann das Verhältnis des Menschen zur Natur, in der Definition Schillers gesprochen, nur ‚sentimentalisch' sein und die Einheit des Goldenen Zeitalters, wie es Schlegel in seiner Konzeption einer neuen Mythologie formulierte, nur als künstliche wiedererweckt werden.[8] Das Bewußtsein der durch Kultur und Zivilisation bewirkten Trennung von der Natur wird zum Anlaß einer geschichtsphilosophisch begründeten Ästhetisierung aller Lebensbereiche, in der die Suche nach der anfänglichen Ganzheit in die kulturelle Utopie einer zweiten Natur mündet.

In Eichendorffs literaturgeschichtlicher Abhandlung gehört nun die sentimentalische Suche der Romantik nach der verlorenen Sprache der Natur selbst der „Feenzeit" eines sagenhaften und ursprünglichen Zeitalters an, „da das wunderbare Lied, das in allen Dingen schläft, zu singen anhob" und „die Waldeinsamkeit das uralte Märchen der Natur wiedererzählte" (W6, 30). So rückt bereits Eichendorff zu der als vorbildlich geltenden Kunst der klassisch-romantischen Periode selbst in eine nostalgische Distanz, in der sich das sentimentalische Verhältnis der idealistischen Ästhetik zur ‚Natur' noch einmal wiederholt. Das gleiche läßt sich für Stifter sagen, in dessen »Nachsommer«-Welt die Produktion von Kunst schließlich durch die bloße Restauration des Alten und Schönen ersetzt wird. Doch besteht die Eigenständigkeit beider Autoren gerade in der künstlerischen Art und Weise, in der sie aus der Perspektive eines epigonalen Bewußtseins weiterhin am idealistischen Wahrheitsanspruch der Kunst und ihrer Bestimmung des Menschen festhalten. Dabei produziert der sich vergrößernde Abstand zu dem geschichtsphilosophisch als wiederzugewinnenden Ursprung definierten Ziel der Kunst, der als Fortgang in der Kunstgeschichte ablesbar ist, eine selbstreferentielle Ebene ihrer Texte, auf der die widersprüchlichen Voraussetzungen des idealistischen Kunstverständnisses in besonderer Weise erkennbar werden.

(Hg.): Liebesroman – Liebe im Roman. Eine Erlanger Ringvorlesung, Erlangen, Nürnberg 1987, S. 41-82 (im folgenden zitiert als ‚Erziehung zur Liebe').

[8] Vgl. Friedrich Schlegel: Rede über die Mythologie, Kritische-Friedrich-Schlegel-Ausgabe, herausgegeben von Ernst Behler, München, Paderborn, Wien 1958ff., S. 312ff.. Die Frage nach der Stellung des Subjekts im Spannungsfeld von Natur und Kultur spiegelt sich auf der Ebene der Kunstreflexion in der Künstlerproblematik in dem seit der Neuzeit immer prekärer werdenden Verhältnis zwischen dem traditionellen Mimesisgebot und der Idee des freien, schöpferischen Menschen wider. Vgl. dazu Hans Blumenberg: „Nachahmung der Natur". Zur Vorgeschichte der Idee des schöpferischen Menschen, in: ders.: Wirklichkeiten in denen wir leben. Aufsätze und eine Rede, Stuttgart 1981, S. 55-101 (im folgenden zitiert als ‚Nachahmung der Natur').

Zunächst einmal tritt die grundsätzliche Ambivalenz einer Natur, die als das Andere des rationalen Subjekts dessen Authentizität bezeugen soll, zugleich aber dessen Souveränität in Frage stellt, in ihren Werken deutlich hervor. Führte bei Novalis der Weg ins Innere der Seele gleichzeitig auch in die Tiefe der Welt, so wird für Eichendorff und Stifter gerade die Ich-Instanz und ihr Verhältnis zu der sie legitimierenden und zugleich gefährdenden Natur zum Problem. In der doppelten negativen Konnotation von naturhafter ‚Leidenschaft' und angemaßter kultureller Autonomie erscheint bei ihnen der Subjektivismus und die Hingabe an die eigene Innerlichkeit als Ursache der Wirklichkeitsverfehlung und eines unglücklichen Daseins. Während die Affekte als innere Natur des Menschen in der Frühromantik, wie dies beispielsweise in Hardenbergs »Hymnen an die Nacht« oder Friedrich Schlegels »Lucinde« deutlich wird, in die propagierte Einheit von sinnlicher und geistiger Liebe integriert waren, entfalten sie bei Eichendorff und Stifter ihre ambivalente Dynamik.[9] Zum einen ist auch bei ihnen jede Glückserfahrung und das emphatische Erlebnis von Identität von der Rückbindung an eine unbezeichnete Körpernatur abhängig, die bei Eichendorff als der *tiefe Grund* oder *Herzensgrund* benannt wird und bei beiden Autoren in der Faszination des schönen Körpers zum Ausdruck kommt, zum anderen ist aber immer der drohende Verlust der rationalen Subjektposition gegenwärtig. So zeigt sich in ihren Werken die Identität des Ich in ein Feld von Natur und Kultur eingespannt, in dem die beiden Pole dialektisch aufeinander bezogen sind[10] und sich die Bewertung der beiden Positionen je nach eingenommener Perspektive verändert.[11] Der ambivalenten Natur, die als gute und heile immer schon eine moralisierte und bezeichnete ist, steht eine Kultur gegenüber, die in die Bedeutungslosigkeit abgleitet, wenn sie ihre Rückbindung an ein Unbezeichnetes verliert. Sowohl auf der Seite der Natur als auch der Kultur besteht für das Ich die Gefahr des Selbstverlustes, wenn die eine Position die andere auszuschließen droht.[12]

---

[9] Zum Wandel der Auffassung von Liebe und Sexualität von der Aufklärung über die Frühromantik bis zur Dämonisierung der Frau in der Spätromantik vgl. den Aufsatz von Hans Eichner: Zur Auffassung der Sexualität in Eichendorffs erzählender Prosa, in: Michael Kessler, Helmut Koopmann (Hg.): Eichendorffs Modernität, Tübingen 1989, S. 37-51.

[10] Vgl. dazu für Eichendorff Oskar Seidlin: Versuche über Eichendorff, Göttingen 1965, S. 195f.

[11] Christian Begemann spricht auf Stifter bezogen von einem ‚durchkreuzten Gegensatz'. Vgl. ders.: Natur und Kultur. Überlegungen zu einem durchkreuzten Gegensatz im Werk Adalbert Stifters, in: Adalbert Stifters schrecklich schöne Welt. Beiträge des internationalen Kolloquiums Antwerpen 1993 (= Acta austriaca-belgica 1). Eine Koproduktion von Germanistische Mitteilungen 40 (1994) und Jahrbuch des Adalbert-Stifter-Instituts Linz (1994), S. 41-52 (im folgenden zitiert als ‚Natur und Kultur').

[12] Dagegen ist seine dauerhafte Identität auf die ständig neu zu überholende und in sich widersprüchliche Vermittlung zwischen beiden Positionen angewiesen. Bei Eichendorff erscheint der stets zu gewärtigende Identitätsverlust in den manifesten Zuständen des noch nicht Bezeichneten (Natur) und des Bezeichneten (Kultur) als doppelte Gefährdung des Ich durch eine als ‚heidnisch' apostrophierte ursprüngliche Naturhaftigkeit auf der einen und einer zum Philisterdasein erstarrten Kultur auf der

Auf das ambivalente Naturbild Eichendorffs und Stifters, bei dem sich Natur dem Menschen gegenüber sowohl als bestätigende als auch gefährdende Macht erweist, ist die Forschung schon relativ frühzeitig aufmerksam geworden.[13] Dies hat jedoch ein vorwiegend affirmatives Verständnis ihrer Texte nicht verhindert. So weist die Rezeptionsgeschichte zu Eichendorff und Stifter[14], auf die im entsprechenden Teil der Arbeit jeweils noch näher eingegangen wird, auffallende Parallelen auf. Einer Verkürzung ihres Werkes auf die erbauliche Entfaltung heiler Natur steht eine Interpretation entgegen, die zwar die ‚Gefährdungen', die in ihrem Werk deutlich werden, erkennt, gleichzeitig aber im Sinne ethischer Prämissen ihre Überwindung behauptet.[15] Dementgegen versucht die vorliegende Arbeit, anstatt eine feste Position der in den Texten intendierten Wahrheit vorauszusetzen, der Frage nachzugehen, auf welche Weise sich diese im Wechselspiel von Natur und Kultur gerade erst konstituiert und dabei immer wieder von neuem an die eigenen Voraussetzungen zurückverwiesen wird.

So geht die Arbeit von dem Ansatz aus, daß die Wahrheit des Textes, der in ihm agierenden Subjekte und ihrer Körper einem sprachlichen Verständnis der Wirklichkeit folgen, nach dem es immer die Differenz zum Anderen der Wahrheit ist, die diese bestätigt. Dabei geht es aber nicht nur darum, die lediglich abstrakte Gültigkeit eines solchen Modells nachzuweisen, sondern zu zeigen, wie in den Texten Eichendorffs und Stifters diese dem Verfahren der romantischen Ironie entsprechende und immer wieder zu erneuernde Rückbindung der intendierten Wahrheit an ihr Anderes auf inhaltlicher und selbstreferentieller Ebene zum Gegenstand wird. In diesem Zusammenhang gilt es

---

anderen Seite, während seine Dichtung den ständigen Wechsel zwischen beiden Polen vollzieht. Vgl. Peter von Matt: Der irrende Leib. Die Momente des Unwissens in Eichendorffs Lyrik, in: Aurora 49 (1989), S. 47 – 57 (47f.). In den Texten Stifters zeigt sich die gleiche Konstellation in dem widersprüchlichen Umstand, daß die Natur, an der sich das Ich ausrichten soll, ihre normgebende Funktion nur dann erfüllen kann, wenn sie zuvor durch den Menschen bearbeitet worden ist. Vgl. Begemann, Natur und Kultur, a.a.O., S. 41.

[13] Vgl. beispielsweise den Aufsatz von Kurt Mautz: Das antagonistische Naturbild in Stifters »Studien«, in: Lothar Stiehm (Hg.): Adalbert Stifter. Studien und Interpretationen, Heidelberg 1968, S. 23-56.

[14] Hier sei erwähnt, daß nur zwei vergleichende Untersuchungen zu Eichendorff und Stifter existieren, und zwar ein älterer Aufsatz von Eugen Thurnher: Eichendorff und Stifter: Zur Frage der christlichen und autonomen Ästhetik, in: Sitzungsberichte der österreichischen Akademie der Wissenschaften, Philosophisch-Historische Klasse, 236 (1961), 5. Abhandlung, S. 5 – 28, und die Arbeit von Johannes Kersten: Eichendorff und Stifter. Vom offenen zum geschlossenen Raum, Paderborn u.a. 1996, die aber weitgehend bei der Feststellung räumlicher Motive stehenbleibt.

[15] Vgl. hierzu beispielsweise Herbert Seidlers Urteil über das Werk Stifters: „Alles Maß, alle Liebe zur Ordnung, alle Ehrfurcht vor dem ewigen, unauffälligen Kräften in der Schöpfung, die in seinem Werk gestaltet werden, sind mühsam aufgerichtete Wälle gegen die Abgründigkeiten eines unheimlichen Innern; sie sind die große sittliche und menschliche Leistung Stifters." Herbert Seidler: Die Enthüllung des Dichterischen. Adalbert Stifter 1868 bis 1968. Gedenkrede zum 100. Todestag des Dichters, gehalten am 28. Jänner 1968 im Linzer Landestheater, in: ders.: Studien zu Grillparzer und Stifter, Wien 1970, S. 151-158 (154).

vor allem den binären Gegensätzen[16] nachzugehen, von denen die Texte an ihrer Oberfläche bestimmt sind. Dabei soll in einer Analyse ihrer metaphorischen und strukturellen Bezüglichkeit nachgewiesen werden, daß es sich gerade bei der Opposition von Natur und Kultur nicht um einen absoluten Antagonismus handelt, sondern um eine Trennung, die auf beiden Seiten der Opposition bereits enthalten ist, sich fortsetzt und diese somit in immer weiterer, dezentrierender Wirkung aufspaltet.

Eine Analyse des Beziehungsfeldes von Natur, Kultur und Subjekt ist aber nicht nur auf der Ebene einer allgemeinen Wahrheitsfrage von Interesse, sie kann vor allem auch die künstlerische Bedeutungsvielfalt der Texte beider Autoren erhellen und ein differenzierteres Verständnis ihres Verhältnisses zur eigenen Zeit und der politischen Dimension ihrer Texte ermöglichen. Dabei folgt die Arbeit dem Duktus einer Gesamtinterpretation der jeweiligen Erzählungen.[17] Zunächst werden die genannten Erzählungen Eichendorffs, danach die Erzählungen Stifters behandelt, wobei auf die einzelnen Texte jeweils vergleichbare Perspektiven angewendet werden. So soll bei den einzelnen Interpretationen zum einen der Blick auf die verschiedenen Abstraktionsebenen der Texte gerichtet, zum anderen jeweils ein anderes Kriterium des Problemgefüges zum Ausgangspunkt gewählt werden. Im einzelnen sind dies – ohne daß diese Einteilung mit der chronologischen Folge der Erzählungen völlig übereinstimmt – die folgenden Aspekte: Zunächst soll am Beispiel der projektiven Geschichten der Venus in Eichendorffs »Marmorbild« und Chelions in Stifters »Narrenburg« der lediglich graduellen Gegensätzlichkeit von Natur und Kultur nachgegangen werden, sodann geht es in der Interpretation von Eichendorffs Novelle »Eine Meerfahrt« und Stifters »Abdias« um die Suche nach Glück als der verlorenen Natur des eigenen Körpers und ihr notwendiges Scheitern. Im »Taugenichts« und den Erzählungen »Turmalin« und »Katzensilber« versuchen Eichendorff und Stifter auf jeweils verschiedene Weise eine Antwort auf die Frage zu geben, wie Natur und Kultur trotz der immanenten Widersprüche dichterisch vermittelt und der sinnvolle Zusammenhang von Ich und Welt garantiert werden könnte. Ebenfalls in »Turmalin« und insbesondere in Eichendorffs

---

[16] Vgl. hierzu Bettine Menke: Dekonstruktion – Lektüre: Derrida literaturtheoretisch, in: Klaus-Michael Bogdal (Hg.): Neue Literaturtheorien, Opladen 1997, S. 242-273 (258) und Jonathan Culler: Dekonstruktion. Derrida und die poststrukturalistische Literaturtheorie [Aus dem Amerikanischen von Manfred Momberger], Reinbek bei Hamburg 1988, S. 95ff.

[17] Zur Frage, auf welche Weise sich im Beziehungsgefüge des Textes seine Bedeutung und die Identität der in ihm entworfenen Subjekte konstituiert und dabei immer wieder die eigenen Voraussetzungen unterläuft vgl. Roland Barthes' Verständnis einer doppelten Lektüre des Textes, die einerseits an seiner traditionellen Sinnbehauptung und der Position des Subjekts festhält, andererseits aber deren Destruktion nachgeht. Vgl. Roland Barthes: Die Lust am Text [aus dem Französischen von Traugott König], Frankfurt 1990 (im folgenden zitiert als ‚Die Lust am Text') S.19ff., 31f.

»Schloß Dürande« läßt sich die politische Relevanz der Frage nach der Möglichkeit einer solchen Vermittlung aufzeigen. Stifters späte Erzählung »Der Waldbrunnen« schließlich führt trotz aller Bemühungen, den Widersprüchen in einer textuell begründeten Ordnung zu entkommen, noch einmal zur unvermittelten Faszination einer vorsprachlichen, erotischen Körperlichkeit zurück, die in ihrer Intensität an die Verlockung durch ein dämonisches Anderes in der Dichtung Eichendorffs erinnert.

Teil I
Naturgestalten in den Erzählungen Joseph von Eichendorffs

I. Einleitung

Betrachtet man die Forschungsliteratur zu Eichendorff, so wird deutlich, daß das Thema von Natur und Kultur trotz der Veränderungen, die das Bild von Autor und Werk erfahren hat, immer noch fest in die Vorstellung einer offenbar vorausgesetzten und durch die Stellungnahmen des Autors begründeten ‚romantischen' Sinneinheit seiner Dichtung eingebunden ist. Dementsprechend benennt Christoph Hollender in seinem Forschungsbericht[1], der die neuere Literatur bis in die 90er Jahre einbezieht,[2] als eine der Schwächen, die für einen Großteil der Eichendorff-Rezeption bestimmend sei, die „Neigung, nicht zwischen den Ansichten des Autors und den literarischen Texten zu unterscheiden"[3] und „persönliche Äußerungen, polemische Schriften und poetische Werke als deckungsgleich zu behandeln"[4]. Aus dieser Perspektive würden die Äußerungen Eichendorffs in den literarkritischen Schriften über Religion und Poesie aus seinen letzten Lebensjahren als der ‚Klartext' gelesen, der die Interpretation seiner literarischen Werke zu bestimmen habe.[5] So entstehe „das Bild eines durch und durch christlichen Schriftstellers, dessen Werke von einer Sehnsucht nach der religiösen Transzendenz zeugen und kein höheres Ziel kennen, als christlich-katholische Heilswahrheiten allegorisch darzustellen"[6]. Dieser Gleichsetzung der programmatischen Äußerungen Eichendorffs mit dem Sinngehalt seiner Texte muß man entgegenhalten, daß es sich bei den poetischen Werken und den publizistischen Schriften um unterschiedliche Diskurse handelt, die ihre beanspruchte Wahrheit auf je eigene Weise zu erreichen

---

[1] Vgl. Christoph Hollender: Der Diskurs von Poesie und Religion in der Eichendorff-Literatur, in: Wilhelm Gössmann, Christoph Hollender (Hg.): Joseph von Eichendorff. Seine literarische und kulturelle Bedeutung, Paderborn u.a. 1995, S. 163 - 232.
[2] Für die Jahre 1983 bis 1987 vgl. auch den Forschungsbericht von Richard Littlejohns: When is a Romantic not a Romantic? Eichendorff Research in 1980s, in: German Life and Letters 42,3 (1989), S. 181 – 201. Außerdem ist zu Eichendorff eine neue Bibliographie von Thomas Lick erschienen. Vgl. ders.: Eichendorff-Bibliographie. Forschungsliteratur zu Leben und Werk Joseph von Eichendorffs 1926-1995. Mit einem Nachwort von Hans-Joachim Koppitz, St. Katharinen 1998. Vgl. ferner die kommentierte Bibliographie von Klaus-Dieter Krabiel: Joseph von Eichendorff. Kommentierte Studienbibliographie, Frankfurt a. M. 1971.
[3] Hollender, a.a.O., S. 163.
[4] Ebd.
[5] Vgl. ebd., S. 164.
[6] Ebd.

suchen, wobei weder die Dichtung auf einen durch den Autor in seinen poetologischen Stellungnahmen intendierten Sinn reduziert, noch von den literarisch-textuellen Eigenschaften der literaturkritischen Schriften abgesehen werden kann.[7] Neben den Arbeiten, die den hier skizzierten Tendenzen der Eichendorff-Forschung entsprechen, sind vor allem seit den achtziger Jahren auch neuere Beiträge erschienen, die eine andere Deutung von Natur und Kultur bei Eichendorff erkennen lassen und gleichzeitig zeigen, daß durch eine erneute ‚Aufmerksamkeit' auf die Texte[8] die Erkenntnisse des Eichendorff-Bildes, wie es die Arbeiten der 50er und 60er Jahre entwickelten, entscheidend weitergeführt werden können.[9] Der Verdienst dieser älteren Arbeiten besteht nicht allein darin, die ambivalente Bedeutung der Natur in seiner Dichtung erkannt zu haben, sondern vor allem auch in erhellenden Analysen ihrer metaphorischen und strukturellen Gegebenheiten.[10] Dennoch haben gerade die zu dieser

---

[7] Vgl. Ebd., S. 165.
[8] Vgl. Menke, a.a.O., S. 257.
[9] So analysiert Brigitte Peucker in ihrem Aufsatz: Poetic Descent in Eichendorff's Lyric, in: Germanic Review 57,3 (1982) S. 98-106, die Metaphorik des Abstiegs in Eichendorffs Lyrik und versucht mit psychoanalytischen Kategorien die Natur der dichterischen Unterwelt des ‚Grundes' in seiner Dichtung zu erhellen und der Situation des Dichters zwischen Faszination und Selbstbehauptung nachzugehen. (Vgl. ebd. S. 98f.). Peter von Matt sieht Natur und Kultur in Eichendorffs Lyrik in seinem Aufsatz : Der irrende Leib. Die Momente des Unwissens in Eichendorffs Lyrik, in: Aurora 49 (1989), S. 47 – 57, als übergangslosen Dualismus von christlicher Religion und heidnischer „Gegenreligion" (ebd., S. 48). Eichendorff lebe mit „zwei absoluten Wahrheiten, in denen je der Sinn der ganzen Welt zusammenschießt. Jede dieser Wahrheiten ist das letzte Wort über das Ganze und schließt die andere aus." (Ebd. S. 47) Die Bewegungen zwischen diesen beiden Polen vollziehe sich als ein „unablässiger Prozeß der Bekehrung von der einen Wahrheit zur andern und dann erneut zu jener zurück" (ebd.). In den Motiven des Sich-Verirrens und Sich-Verlierens würden Momente eines „ereignishaften Gegenwissens" (ebd. S. 50) deutlich, ein „anderes Wissen" (ebd.), das nur mit den „Termini des Unwissens ... zur Sprache zu bringen ist" (ebd.). In diesem Sinne bezeichne Eichendorffs Formel des *ich weiß nicht* den Akt des Erkennens. (Vgl. ebd.) Dieses andere Wissen entspreche in seiner Struktur der Beschaffenheit des *Grundes*, der Eichendorffschen *Tiefe* und dem Fehlen temporaler Identität. (Vgl. ebd. S. 50f.). In seinem Aufsatz ‚Larven und Charaktermasken'. Zum elften Kapitel von »Ahnung und Gegenwart«, in: Hans-Georg Pott (Hg.): Eichendorff und die Spätromantik, Paderborn u.a. 1985, S. 27 – 38, analysiert Jochen Hörisch den Übergang vom Naturraum zum Kulturraum als denjenigen von einer ersten zu einer zweiten Natur. Die Tatsache, daß Natur als ein Ursprüngliches uneinholbar ist, wie es in der widersprüchlichen „Verschränkung zweier Topoi" (ebd. S. 28) sich ausdrückt – der sprechenden Natur und der Unsagbarkeit – „verweist auf das verschwiegenste Geheimnis von Eichendorffs Dichtung, das sie unermüdlich vergessen machen will – darauf, daß kein Heil ist in der Natur, die doch so heil und heilig scheint. [...] Es ist kein Heil in der Natur, weil das Heil nicht mehr natürlich ist, seitdem Natur im Sündenfall von Gott sich lossagte. Und es ist kein Heil in der Natur, weil seither die Menschen nötigt, sich von ihr loszusagen und eine zweite Natur auszubilden" (ebd.). Der Vorstellung von der Natur als einem sprechenden Gegenüber des Menschen tritt auch Raimar Stefan Zons hinsichtlich der Landschaftsentwurfes Eichendorffs kritisch entgegen, indem er die Eigenständigkeit und Künstlichkeit der Eichendorffschen Landschaft betont. Vgl. ders.: ‚Schweifen'. Eichendorffs »Ahnung und Gegenwart«, in: Hans-Georg Pott (Hg.): Eichendorff und die Spätromantik, Paderborn u.a. 1985, S. 40 – 68. Nach Zons ist der Landschaftsentwurf Eichendorffs trotz des Panoramablicks, der die Landschaft für einen Betrachter hin zentriert, „kein Effekt der Selbstreflexion" (ebd. S. 52), sondern „selbst dynamisch" (ebd.) und „in sich reflexiv" (ebd.), so daß eher die Landschaft das Subjekt zu konstituieren scheint als umgekehrt. (Vgl. ebd. S. 52ff.) Zu den genannten Arbeiten vgl. auch Hollender, a.a.O., S. 224ff.
[10] In dieser Hinsicht sind die Arbeiten Oskar Seidlins und Richard Alewyns immer noch grundlegend. Vgl. hierzu Oskar Seidlin: Versuche über Eichendorff, Göttingen 1965 und Richard Alewyn: Eine

Zeit festgestellten Widersprüche in Eichendorffs Werk, die einer eindeutigen Sinnbehauptung und ebenso eindeutigen Interpretation seiner Texte entgegenstehen, einer Eichendorff-Interpretation Vorschub geleistet, welche die Frage nach der Bedeutung der Texte in der tautologischen Behauptung ihres symbolischen Sinngehalts zu entscheiden sucht. Die immer noch gängige Meinung, die in der ‚symbolischen Funktion' die „objektivierte Vermittlung eines religiösen Weltzustandes"[11] geltend macht, mag Eichendorffs eigenem Dichtungsverständnis entsprechen, der eigentliche Bedeutungsgehalt liegt aber dort, wo diese symbolische Funktion selbst und damit der Zeichencharakter der Wirklichkeit und das Vermögen der Sprache zum Gegenstand der Texte wird.[12] Das symbolische Verständnis der Texte setzt ebenso wie die hiervon abgeleitete emblematische Auslegung[13] einen festen Wahrheits- und Subjektstandpunkt voraus, dagegen gehen die folgenden Analysen davon aus, daß diese Positionen in Eichendorffs Texten gerade problematisiert werden. So darf es nicht darum gehen, die bereits von Seidlin

---

Landschaft Eichendorffs, in: Paul Stöcklein (Hg.): Eichendorff heute, 2., ergänzte Aufl., Darmstadt 1966, S. 19 – 44 und ders.: Ein Wort über Eichendorff, ebd. S. 7-18. Eine gute Einführung zu Autor und Werk bietet das Nachwort von Gerhart Baumann in: ders., Siegfried Grosse (Hg.): Neue Gesamtausgabe der Werke und Schriften Eichendorffs in vier Bänden, Stuttgart 1957/58, Bd.4, S. 1521-1531.

[11] Gabriele Leuenberger: Musikalischer Gestus und romantische Ästhetik. Eine werkimmanente Poetik von Eichendorffs Prosa, in: Wilhelm Gössmann, Christoph Hollender (Hg.): Joseph von Eichendorff. Seine literarische und kulturelle Bedeutung, Paderborn u.a. 1995, S. 79 - 141 (111).

[12] Vgl. hierzu Paul de Mans Unterscheidung zwischen dem symbolischen Verständnis des sprachlichen Zeichens, das auf die Einheit von Bezeichnendem und Bezeichnetem insistiert, und der Auffassung des allegorischen Zeichens, dessen Bedeutung nur als Wiederholung eines vorgängigen Zeichens möglich und von der konstitutiven Kategorie der Zeit abhängig ist. In gleicher Weise ist auch die Beziehung des Ichs zur Welt an seine Zeitlichkeit gebunden. Dieses allegorische Verständnis der Sprache ist nach de Man die eigentliche Entdeckung der Literatur des ausgehenden 18. Jahrhunderts und der Romantik. Vgl. Paul de Man: Die Rhetorik der Zeitlichkeit, in ders.: Die Ideologie des Ästhetischen, hrsg. von Christoph Menke [aus dem Amerikanischen von Jürgen Blasius], Frankfurt 1993, S. 83-130. Zu de Mans Begriff der ‚Rhetorik', der im wesentlichen dem ‚Schrift'-Begriff Derridas entspricht, vgl. ders.: Allegorien des Lesens [aus dem Amerikanischen von Werner Hamacher und Peter Krumme], Frankfurt am Main, 1988.

[13] Die Erweiterung des zweistelligen symbolischen Zeichenmodells zur dreigliedrigen emblematischen Formel ist im symbolischen Verständnis bereits angelegt, insofern die behauptete Wahrheit des zweistelligen Zeichens nur aus dem Bezug auf die dritte Position eines Ganzen abgeleitet werden kann. Dieser Bezug ist aber, wie oben erwähnt, von den Bedingungen der Zeit abhängig und seine beanspruchte Wahrheit nur im Hinblick auf das hypothetische Ende der Zeit denkbar. Auch der Vorschlag Alexander von Bormanns, die Stelle der sinngarantierenden Instanz durch das Subjekt des ‚Interpretanten' beziehungsweise den ‚Interpretationshorizont' möglicher Interpretationsvarianten zu besetzen, bietet keine Lösung des Problems, da das interpretierende Subjekt, der Position des Autors vergleichbar, als legitimierende Instanz letztlich genauso hypothetisch ist wie die Bedeutung des Textes selbst. Vgl. Alexander von Bormann: Joseph von Eichendorff: »Aus dem Leben eines Taugenichts« (1826), in: Paul Michael Lützeler (Hg.): Romane und Erzählungen zwischen Romantik und Realismus. Neue Interpretationen, Stuttgart 1983, S. 94-116. (100ff.) Dagegen könnte in dem Maße, in der die Stellung des Subjekts im Text auf viele einzelne Positionen verteilt und das Subjekt nur als zerstreutes darin enthalten ist, die Wirksamkeit der Dichtung gerade darin bestehen, daß sich der Interpret als Subjekt durch den Text in Frage stellen läßt. (Vgl. Barthes, Die Lust am Text, a.a.O.).

festgestellte prekäre „Verschwisterung"[14], von der die Gegensätze in der Dichtung Eichendorffs bestimmt sind und die dem Wechselspiel von Natur und Kultur, Bezeichnetem und Unbezeichnetem, Innen und Außen entspricht, im Zuge einer eindeutigen Sinnkonstruktion zu überwinden, vielmehr ist sie als die Grundfigur zu betrachten, aus deren strukturellem Geflecht sich die Bedeutung der Texte konstituiert.

Noch deutlicher als dies dann im Werk Stifters erkennbar wird, ist bei Eichendorff die Suche nach Glück und die Erfahrung kultureller Identität von der Rückbindung an eine naturhafte Körperlichkeit abhängig. So ist mit der „Grundmelodie", die jedem Menschen „in tiefster Seele mitgegeben ist und die der eine mehr, der andere weniger und keiner ganz auszudrücken vermag"[15] und die in der Poesie vermittelt werden soll, letztlich nichts anderes als die „Metaphysik des Körpers"[16] gemeint. Der Körper als solcher wird aber in Eichendorffs Dichtung fast nie direkt benannt. Nur indirekt wird auf ihn angesprochen: so in der Rede vom Grund und Herzensgrund, den Bildern der Sehnsucht nach der Ferne und des Gebanntseins durch den Ursprung, in der Lust und Angst des Sich-Verlierens, wie sie sich in den Metaphern der Tiefe und des Strömens ausdrücken, und im Entwurf einer auf das Ich zentrierten Landschaft, am deutlichsten dort, wo es um die Faszination des naturhaften und schönen Körpers geht – in den projektiven Personenkonstellationen, in denen sich die männlichen Helden in den Körpern der Frauengestalten spiegeln und deren Verlockung sie widerstehen müssen, und nicht zuletzt in der Begegnung mit Statuen und Marmorbildern. Doch wird der Körper hier, wo er eigentlich gemeint ist und dennoch als sprechende Natur nicht einfach auf den ‚Rest' einer bloßen Triebhaftigkeit reduziert werden kann, zugleich moralisiert und in eine Hierarchie der Wahrheit eingeordnet, in deren Folge sich von ihm nur noch in bedeutungsentscheidenden Gegensätzen sprechen läßt: So steht der Figur der Venus stets Maria gegenüber und der Verführung durch eine heidnisch-ursprüngliche Körperlichkeit ist immer schon der Verweis auf deren christlich konnotierte kulturelle Wahrheit inhärent. Aber bereits die Tatsache, daß die Opposition von ‚heidnischer' Natur und ‚christlicher' Kultur in der Dichtung Eichendorffs stets erneut zum Thema wird, wider-

---

[14] Seidlin, a.a.O., S. 223. Vgl. hierzu auch den Aufsatz von Hermann Kunisch: Freiheit und Bann – Heimat und Fremde, in: Paul Stöcklein (Hg.): Eichendorff heute, 2., ergänzte Aufl., Darmstadt 1966, S. 131-164.
[15] Joseph von Eichendorff: Ahnung und Gegenwart, W 2, S. 118. Vgl. hierzu auch den Aufsatz von Wilhelm Emrich: Dichtung und Gesellschaft bei Eichendorff, in Paul Stöcklein (Hg.): Eichendorff heute, 2., ergänzte Aufl., Darmstadt 1966, S. 57-65 (58ff.).
[16] Gert Mattenklott: Der übersinnliche Leib. Beiträge zur Metaphysik des Körpers, Reinbek bei Hamburg 1982. Zur Bedeutung der bei Eichendorff immer wieder berufenen Musikalität als Metapher des Körpers vgl. den Essay von Roland Barthes: Was singt mir, der ich höre in meinem Körper das Lied [Aus dem Französischen von Peter Geble], Berlin 1979.

spricht der Ansicht, daß die Texte darauf angelegt seien, sich zwischen ihren Positionen entscheiden zu müssen. Vielmehr scheint ihre Bedeutungsintensität gerade in der obsessiven Weise zu bestehen, in der diese Wechselbeziehung beharrlich überholt wird. Fragt man daher nach der Präsenz des Körpers und einer sprechenden Natur in den Texten Eichendorffs, ist der Blick auf die Widersprüche und gegenläufigen Tendenzen zu richten, in denen die Texte ihre moralisierende Bedeutung unterlaufen; dabei gilt es, die vorhandenen Gegensätze nicht einfach zu bestätigen, sondern nach der dargelegten Methode einer Dekonstruktion binärer Gegensätze und einer genauen Analyse der Texte zu zeigen, wie die Opposition von Natur und Kultur eine wechselseitige und fortgesetzte Dynamik entfaltet.

Fragt man danach, welche Rolle Naturgestalten bei Eichendorff spielen, so ist zunächst an die Vielzahl weiblicher Figuren zu denken, die als Verkörperung romantischer Naturdämonie erscheinen. Das Bild der dämonischen Frau stellt in Eichendorffs Werk eine durchgehende motivische Konstante dar, nach der sich in seiner Dichtung die Polarität von Natur und Kultur entlang der Geschlechterdifferenz realisiert, der ‚männlichen' Subjektposition stehen als verführerische Kräfte die weiblichen Venus- und Diana-Gestalten, die Lorelei, Waldfrauen, Nixen und Figuren wie die Gräfin Romana in »Ahnung und Gegenwart« gegenüber.[17] Im folgenden kann es daher nicht darum gehen, der dichterischen Vielfalt dieses Motivs nachzugehen. Stattdessen soll an zwei Beispielen gezeigt werden, in welcher Weise diese Thematik mit dem Problem der Subjektkonstitution zusammenhängt. Andererseits ist das Thema ‚Naturgestalten' nicht auf den Motivkomplex der dämonischen Frau zu beschränken. Während in den Erzählungen »Das Marmorbild« und »Eine Meerfahrt«, in denen die Venus-Thematik in den Erzählungen Eichendorffs ihre deutlichste Ausprägung findet, die Frage nach der Relevanz eines naturhaften, unbeherrschbaren Anderen und seiner Wirksamkeit im Spannungsfeld des Subjekts innerhalb eines Wechselspiels zwischen den männlichen Protagonisten und ihren weiblichen Gegenüber entwickelt wird, zeigt sie sich bei der Figur des Renald im »Schloß Dürande« in der eigenen Person des Helden als die Herrschaft eines ‚wilden Tieres' in der Tiefe des Ich, das zugleich das Bild für die Selbstüberschätzung des Subjekt ist. Ein Sonderfall stellt der Taugenichts dar, der als Verkörperung einer unverbildeten Menschennatur nichts dämonisches besitzt und als Spiegel einer ihm zugeschriebenen einfachen, ursprünglichen Wahrheit bereits als moralisiertes Abbild einer Naturgestalt figuriert.

---

[17] Vgl. von Matt, a.a.O., S. 52 und Hollender, a.a.O., S. 227.

In den behandelten Erzählungen verdeutlicht sich dabei die Problematik des Subjekts mehr oder weniger klar erkennbar im Rahmen von Adoleszenzgeschichten, in denen beispielhaft die Geschichte des Subjekts als Suche nach einem Einheit garantierenden Ursprung gestaltet wird. Hier ist insbesondere darauf einzugehen, wie sich gerade in der Sehnsucht nach dem Anderen einer anfänglichen Natur dieselbe Trennung von ihr noch einmal wiederholt. Im »Marmorbild« und der »Meerfahrt« spielen hierbei die Venus-Figuren die Rolle von Projektionsgestalten, in denen sich das Begehren der Helden spiegelt, zugleich lassen sie in ihrer eigenen Geschichte, dem Weg, den sie von der Natur in die Kultur nehmen, die grundsätzliche Dialektik der Kulturation von Natur erkennen. Dabei wird das klassische Identitätsparadigma des Statuenmodells innerhalb eines Motivkomplexes weiterentwickelt, in dem sich der Venus- und der Narzißmythos und die Stofftradition der Statuenbelebung und der Versteinerung des Lebendigen miteinander verbinden.[18] Auch im »Schloß Dürande« ist die Geschichte des Renald auf das Erwachsenwerden seiner Schwester Gabriele bezogen, gleichzeitig geht es darum, nachzuweisen, in welcher Weise sich die Geschichte der Revolution und der politischen Ordnung auf die Identitätsproblematik der Subjektgeschichte zurückführen läßt. In der Interpretation des »Taugenichts« schließlich, der in der merkwürdigen Spannung eines sich nicht selbst verantwortlichen Subjekts seine Geschichte erzählt, soll darauf eingegangen werden, inwiefern die behauptete Einfachheit und Authentizität dieses Wirklichkeitsentwurfes von anderen Voraussetzungen abhängig ist.

---

[18] Vgl. zur Stofftradition Hanna H. Marks: Joseph von Eichendorff. Das Marmorbild, Erläuterungen und Dokumente, Stuttgart 1984, S. 39-50.

II. Die Gemeinsamkeit der Bilder von Natur und Kultur: »Das Marmorbild«

Eichendorffs Erzählung »Das Marmorbild« schildert die entwicklungspsychologische Geschichte vom Erwachsenwerden des männlichen Helden Florio, die im kontrastierenden Gegenüber zweier projektiver Frauengestalten – der mit den Attributen anmutiger Unschuld gezeichneten Bianka und der in wechselnden Verkörperungen als Sinnbild naturhaft-heidnischer Liebe auftretenden Venus – gestaltet wird. Dabei ist das Geschehen letztlich psychologisiert[1] und bei aller phantastischen Farbigkeit auf eine realistische Verstehensebene übertragbar. So ist die früheste veröffentlichte Erzählung Eichendorffs aufgrund ihrer klaren Struktur in besonderer Weise geeignet, die Frage nach der Wechselbeziehung von Natur und Kultur, Körper und Zeichen in seinem Werk zu erhellen.[2] Dieses Verhältnis kommt dabei auf zwei Ebenen zur Anschauung, zum einen auf einer ontogenetischen Ebene im Rahmen der erzählten Adoleszenzkrise des Helden Florio, zum anderen in phylogenetischer Perspektive im Rahmen einer umfassenden geschichtsphilosophischen Konzeption, in deren Mittelpunkt die mythologische Gestalt der Venus steht. Ist Venus, was ihren mythologischen Gehalt angeht, bereits eine synthetische, mehrfunktionale Figur[3], so läßt sich ihr in der Gesamtkonzeption der Erzählung ebenfalls eine Doppelfunktion zuschreiben: Innerhalb der Figurenkonstellation ist sie Projektionsgestalt für Florio, gleichzeitig besitzt sie aber auch eine eigenständige Logik, in der sich auf allgemeingültiger Ebene die Geschichte des Helden wiederholt. Während bei Florio die Krise seines Erwachsenwerdens, in der die Trennung von seiner ursprünglichen Körpernatur noch einmal vergegenwärtigt wird, in die dauerhafte soziale Kodierung seiner Person mündet, ist Venus dazu gezwungen, das Schicksal der inneren Spaltung stets von neuem zu durchleben. Wenn also Florio zuletzt

---

[1] Vgl. Lothar Pikulik: Die Mythisierung des Geschlechtstriebes in Eichendorffs »Das Marmorbild«, in: Euphorion 71 (1977), S. 128-140 (130), (im folgenden zitiert als ‚Die Mythisierung des Geschlechtstriebes').

[2] Zur mythologisch-allegorischen Struktur der Erzählung vgl. Manfred Beller: Narziß und Venus. Klassische Mythologie und romantische Allegorie in Eichendorffs Novelle »Das Marmorbild«, in: Euphorion 62 (1968), S. 117-142. Die psychologische Struktur des Geschehens im »Marmorbild« ist in verschiedenen Aufsätzen bereits sehr gut belegt worden. Erwähnt seien vor allem: Lothar Pikulik, Die Mythologisierung des Geschlechtstriebes, a.a.O., und die klassisch-psychoanalytische Interpretation von Hartmut Böhme: Romantische Adoleszenzkrisen. Zur Psychodynamik der Venuskult-Novellen von Tieck, Eichendorff und E.T.A. Hoffmann, in: Klaus Bohnen, Sven-Aage Jorgensen, Friedrich Schmöe (Hg.): Text und Kontext, Sonderreihe Bd. 10, Literatur und Psychoanalyse, Kopenhagen, München 1981, S. 133-176 (im folgenden zitiert als ‚Romantische Adoleszenzkrisen').

wieder den Weg ins Leben findet und Lucca verlassend sich noch einmal zurückwendet und den Blick auf die Stätte seiner Abenteuer, den nun in Trümmer verfallenen Lebensbereich der Venus richtet, so kann die Lösung, welche die Erzählung bereit hält, keineswegs endgültig sein.

1. Die Macht der Bilder

Von den Bildern zu reden, bietet sich an, nicht nur weil im »Marmorbild« allenthalben von Bildern gesprochen wird, sondern auch deshalb, weil sie sowohl dem Bereich der Natur als auch dem der Kultur angehören. Thematisiert der Titel der Erzählung bereits die Versteinerung der Bilder, so soll es weiterhin um den Fluß der Bilder gehen, ihr unaufhörliches Schweifen und Changieren. Mit dem Einbruch der Bilder beginnt Geschichte und beginnen Geschichten. Da alles Erzählen, wie es Gerhard Neumann formuliert, „die Kunst des Beginns"[4] und „der sich fortspinnenden Vergegenwärtigung eines Subjekts"[5] darstellt, eine Einholung und Wiederholung des Ursprungs ist, ist es an eine „Rückkehr der Bilder"[6] gekoppelt, der Prozeß des Sich-Erinnerns ist ohne Bilder nicht denkbar.[7] Im »Marmorbild« ist es die Lebenskrise der Adoleszenz, die zum Lebensganzen in Beziehung zu setzen ist[8] und in der durch die Wiederkehr der verschütteten Bilder aus früher und frühester Kindheit die Frage nach der Identität des Subjekts erneut gestellt wird. Dabei geht es zum einen um eine wiederholte Bestimmung der Sexualität, durch die sich im wechselseitigen Begehren und im Spiel naturhafter und kultureller Körpererfahrung die Identität des Subjekts zunächst begründet, und zum anderen um die erneute soziale Kodierung und Legitimierung solcher Subjektivität.[9]

Was Florio zum Reisen bewegt und damit die Geschichte in Gang setzt, ist die sehnsüchtige Erinnerung an die Bilder der Kindheit.[10] Ihr Inhalt ist aber wiederum eine unbestimmte Sehnsucht, die sich räumlich in einer ungreifbaren „wunderschönen Ferne"

---

[3] Vgl. hierzu Beller, a.a.O., und Katharina Weisrock: Götterblick und Zaubermacht. Auge, Blick und Wahrnehmung in Aufklärung und Romantik, Opladen 1990, S. 120.
[4] Gerhard Neumann: Romantisches Erzählen. Einleitung, in: ders. (Hg.): Romantisches Erzählen, Würzburg 1995, S. 7-23 (im folgenden zitiert als ‚Romantisches Erzählen'), S. 7.
[5] Ebd.
[6] Wolfgang Müller-Funk: Die Rückkehr der Bilder, in: Dietmar Kamper (Hg.): Macht und Ohnmacht der Phantasie, Darmstadt 1986, S. 38-63.
[7] Vgl. ebd., S. 40f.
[8] Vgl. Gerhard Neumann, Romantisches Erzählen, S. 8.
[9] Vgl. ebd.

(W 2, 386) verliert oder gebunden an das immer wiederkehrende Erwachen der Natur sich als Lied eines zauberischen Spielmanns (vgl. 386) manifestiert. Ort der Kindheit ist der Garten, und so wie sich im Paradiesgarten bereits die Schlange befindet, die zum Wissenwollen und zur Sinnsuche anstachelt, so ist auch der Eichendorffsche Kindheitsgarten kein wunschloser Garten Eden, sondern Heimat eines Wünschens, dessen Ursprung einerseits nicht einholbar ist, und sich andererseits auf ein Ziel richtet, das nicht erreicht werden kann:

„Ich habe jetzt, fuhr dieser [Florio] nun kühner und vertraulicher fort, das Reisen erwählt, und befinde mich wie aus einem Gefängnis erlöst, alle alten Wünsche und Freuden sind nun auf einmal in Freiheit gesetzt. Auf dem Lande in der Stille aufgewachsen, wie lange habe ich da die fernen blauen Berge sehnsüchtig betrachtet, wenn der Frühling wie ein zauberischer Spielmann durch unsern Garten ging und von der wunderschönen Ferne verlockend sang und von großer unermeßlicher Lust." (385f.)

Ist die Kindheit in phylogenetischer und ontogenetischer Sicht ein Ort authentischer Natur, so ist sie selbst doch nur der Widerschein eines davorliegenden, von dem nur der Nachklang an eine „große[] unermeßliche[] Lust" (385) übrig geblieben ist.[11] So wird zwar im Gesang des ‚zauberischen Spielmanns' „kein greifbarer Inhalt"[12] mitgeteilt, gleichzeitig hat aber sein Lied durchaus eine Beziehung zum Materiellen, da es als Lied der verlorenen Natur zuletzt die Stimme des Körpers ist. Dieser besitzt gerade in seiner nicht zu bezweifelnden naturhaften Präsenz zugleich einen übersinnlich-scheinhaften Gehalt, der jedoch verloren geht, wenn man ihn vollständig zu begreifen versucht.[13]

Der Körper im Spannungsfeld von Natur und Kultur, natürlicher und kultureller Zeichen zeigt sich im »Marmorbild« einerseits in den Bildern, andererseits in den Stimmen oder noch ungreifbarer in einem unbestimmten Tönen und Klingen, was gleichzeitig den Weg einer immer weitergehenderen Abstraktion nachzeichnet. Der Ort der schweifenden Bilder, der wechselnden Stimmen und verlockenden Musik ist das Fest.

---

[10] Vgl. Carolina Romahn: Skepsis bei Eichendorff, in: Carola Hilmes, Dietrich Mathy, Hans Joachim Piechotta (Hg.): Skepsis oder das Spiel mit dem Zweifel. Festschrift für Ralph-Rainer Wuthenow zum 65. Geburtstag, Würzburg 1994, S. 65-81 (66).
[11] Vgl. ebd., S. 66.
[12] Ebd.
[13] Dennoch ist es gerade die Stimme (und davon wiederum abstrahierend die Musik), die der menschlichen Körpernatur zum Ausdruck verhelfen kann, wie Michael Wimmer beschreibt. Vgl. Michael Wimmer: Verstimmte Ohren und unerhörte Stimmen, in: Dietmar Kamper, Christoph Wulf (Hg.): Das Schwinden der Sinne, Frankfurt a. M., 1984, S. 115-139. Obwohl die Stimme selbst Teil des Körpers ist, kann sie diesen nicht anders ausdrücken als gerade in der Trennung von ihm. Sie ist gleichsam die

Die Festszenen, die in ihrem Kolorit an die bukolische und arabeske Malerei der Renaissance und des Rokoko erinnern[14] und damit den künstlerischen Kontext eines galanten Spiels der Körper und Bilder entwerfen, bilden den sozialen Ausgangspunkt, aus welchem sich dann das individuelle Geschehen entwickelt. Die Bilder, denen Florio gleich nach seiner Ankunft in Lucca auf dem ersten Fest begegnet, setzen sich in Traum und Tagtraum fort[15], werden so durch seine Phantasie verinnerlicht und bringen die nachfolgende Dramatik in Gang. Die zweite große festliche Szene, der Maskenball, kündigt mit seinem Verwirrspiel der Bilder und der Frage nach ihrer Wahrheit bereits die letztendliche Krise des Helden an, in welcher die Bilder schließlich, changierend zwischen den Frauengestalten der Venus und der Bianka, im Wechselspiel von Dämonisierung und Idealisierung erstarren.

Im arabesken Spiel der Bilder und Stimmen, das sich Florio bietet, scheinen Menschen, Tiere, Pflanzen und Dinge ohne Unterschied an Bedeutung in einem analogen Zusammenhang zu stehen. Alles ist in Bewegung und verweist aufeinander. Dem Hin und Her des Ballspiels durch die Luft folgen die Bilder der spielenden Mädchen am Boden:

„Weiterhin auf einem heitergrünen Plan vergnügten sich mehrere Mädchen mit Ballspielen. Die buntgefiederten Bälle flatterten wie Schmetterlinge, glänzende Bogen hin und her beschreibend, durch die blaue Luft, während die unten im Grünen auf und nieder schwebenden Mädchenbilder den lieblichsten Anblick gewährten." (386f.)

Bei diesen tanzenden Bewegungen, die sich vor Florios Augen abspielen, gerät eines der Mädchen besonders in seinen Blick. Es ist durch einen Blumenkranz ausgezeichnet und es ist ihr Körper, der im Spiel ihrer Bewegungen zur ‚Anmut' und damit zu scheinhafter Bedeutung gelangt:

„Besonders zog die eine durch ihre zierliche, fast noch kindliche Gestalt und die Anmut aller ihrer Bewegungen Florio's Augen auf sich. Sie hatte einen vollen, bunten Blumenkranz in den Haaren und war recht wie ein fröhliches Bild des Frühlings anzuschauen, wie sie so überaus frisch bald über den Rasen dahinflog, bald sich neigte, bald wieder mit ihren anmutigen Gliedern in die heitere Luft hinauflangte." (387)

Spur des Körpers, die den realen Körper in ein Außen setzt, „um ihn sogleich als Außen in ein rätselhaftes Verhältnis zu sich selbst als Innen zurückzuversetzen." (Ebd., S. 126).

[14] Vgl. Weisrock, a.a.O., S. 120ff. und Waltraud Wiethölter: Die Schule der Venus. Ein diskursanalytischer Versuch zu Eichendorffs »Marmorbild«, in: Michael Kessler, Helmut Koopmann (Hg.): Eichendorffs Modernität, Tübingen 1989, S. 171-201.

Zunächst nur außenstehender Beobachter der in sich selbst ruhenden und aufeinander verweisenden Bilder wird Florio durch ein „Versehen" (ebd.), eine kleine Abweichung im gleichen Gang der Bewegungen, durch die der Ball eine „falsche Richtung" (ebd.) nimmt, selbst ein Teil des Spiels, durch den das angehaltene Geschehen seine Bedeutung gewinnt:

> „Durch ein Versehen ihrer Gegnerin nahm ihr Federball eine falsche Richtung und flatterte gerade vor Florio nieder. Er hob ihn auf und überreichte ihn der nacheilenden Bekränzten. Sie stand fast wie erschrocken vor ihm und sah ihn schweigend aus den schönen großen Augen an. Dann verneigte sie sich errötend und eilte schnell wieder zu ihren Gespielinnen zurück." (Ebd.)

Durch diese Szene ist nicht nur die Beziehung zu Bianka hergestellt, sie kennzeichnet auch genau die Position, die Florio als Subjekt im Reigen der Bilder einnimmt: Einerseits ist er der Fluchtpunkt, auf den alle Bilder und Bewegungen bezogen sind, andererseits zeigt das weitere Geschehen, daß diese für ihn erst dann eine besondere Bedeutung gewinnen, wenn er seine souveräne Position aufgibt und selbst ein Teil im Strom der Bilder wird. So wird er dadurch, daß Bianka im Verlauf der Erzählung für ihn die Rolle einer Projektionsgestalt erlangt, selbst über seine Phantasie in den Sog der Bilder hineingezogen.

Zunächst aber finden die „ewigwechselnden Bilder[]" (ebd.) des Festes ihre Fortsetzung, indem sie sich in die gesellige Runde im Innenraum eines Zeltes verlagern. Hier erscheint das Bild, das sich dem Leser bietet, erst recht wie ein araboskes Gemälde, das schließlich in Poesie und Gesang lebendig wird. Dabei ist das Begehren in dieser arabesken Verknüpfung der Menschen und Dinge noch kein exklusives Prinzip, sondern einheitsstiftend in dem Sinne, daß es in wechselnden Verbindungen die Teilnehmer der Runde miteinander in Beziehung setzt. Kommunikation um ihrer selbst willen ist wichtiger als die Bedeutsamkeit der Szene:

> „Erquickliche Früchte und Wein in hellgeschliffenen Gläsern funkelte von dem blendendweißen Gedeck, in silbernen Gefäßen dufteten große Blumensträuße, zwischen denen die hübschen Mädchengesichter anmutig hervorsahen." (388)

> „Es war ausgemacht worden, daß jeder in die Runde seinem Liebchen mit einem kleinen improvisierten Liedchen zutrinken solle. Der leichte Gesang, der nur gaukelnd wie ein Frühlingswind die Oberfläche des Lebens berührte, ohne es in sich

---

[15] Vgl. Beller, a.a.O., S. 120ff.

selbst zu versenken, bewegte fröhlich den Kranz heiterer Bilder um die Tafel."
(Ebd.)

Tiefsinnigkeit erhält das fröhliche Fest erst durch den Auftritt Fortunatos, dessen Lied von der „Oberfläche des Lebens" (ebd.) zu seiner untergründigen Bedeutsamkeit führt und einen Schleier der Melancholie ausbreitet, unter welchem das Fest schließlich ausklingt. Als Dichter und Sänger ist Fortunato in der herausgehobenen Position des Wissenden, der die wahre Geschichte des Lebens kennt. Einerseits weiß er um die Macht der Bilder und gibt sich ihr hin, andererseits wird suggeriert, daß er dabei gleichzeitig die Position einer gleichsam souveränen Frömmigkeit bewahrt:

„Nur Fortunato allein gehörte Allen, oder Keiner an und erschien fast einsam in dieser anmutigen Verwirrung. Er war ausgelassen lustig und mancher hätte ihn wohl übermütig genannt, wie er so wildwechselnd in Witz, Ernst und Scherz sich ganz und gar losließ, hätte er dabei nicht wieder mit so frommklaren Augen beinah wunderbar dreingeschaut." (389)

Als Dichter und damit paradigmatische Verkörperung des Subjekts ist Fortunato Vorbild für Florio. Er zeigt das, woran es Florio scheinbar mangelt, und gibt das Ziel vor, das für Florio zu erreichen ist. Gleichzeitig ist er gerade deshalb eine zwiespältige Figur. Dies wird zum einen daran deutlich, daß Fortunato nicht nur als christlicher Sänger und Beschützer Florios auftritt, sondern auch seine unbestimmte Sehnsucht beflügelt. Als Antreiber und Seelenführer ist er wie Donati[16] eine Geniusgestalt und eine diesem verwandte Figur. Während Donati für die dunkle Seite der menschlichen Subjektivität einsteht, soll Fortunato ihre christlich-positive Variante verkörpern. Daß diese Trennung grundsätzlich problematisch ist, wird deutlich, wenn Fortunato gegenüber Florio nach überstandenen Prüfungen noch einmal das Ethos des christlichen Sängers umreißt:

Glaubt mir, ein redlicher Dichter kann viel wagen, denn die Kunst, die ohne Stolz und Frevel, bespricht und bändigt die wilden Erdengeister, die aus der Tiefe nach uns langen." (426)

Hier zeigt sich bezüglich des Subjektivismus die gleiche Problematik, wie sie auch bei Stifter deutlich werden wird: Ein moralisierendes Kunstverständnis, das sich an einer allgemeingültigen und naturgegebenen Wahrheit der Bilder orientiert, erfordert die Rücknahme der Subjektivität, die aber gerade als moralische Subjektposition gegenüber der Eigenmächtigkeit der Bilder wiederum gefragt ist. So bleibt eine Kunst, welche die menschliche Natur, „die wilden Erdengeister" (ebd.), bändigen soll, zuletzt höchst fragwürdig und widersprüchlich. Denn beide, Kunst und Natur, haben es mit Bildern zu tun, die souveräne Subjektposition ist aber gegenüber der Eigenmächtigkeit und Eigendynamik der Bilder niemals völlig zu behaupten.

So beginnen auch in Florios durch die Poesie und Musik des Festes angeregten Phantasie die Bilder sich von ihrem ursprünglichen Gegenstand abzulösen und ein Eigenleben zu führen: „In seiner von den Bildern des Tages aufgeregten Seele wogte und hallte und sang es noch immer fort." (395) Dadurch wird auch das Bild Biankas unbewußt umgestaltet:

> „Denn die reizende Kleine mit dem Blumenkranze war es lange nicht mehr, die er eigentlich meinte. Die Musik bei den Zelten, der Traum auf seinem Zimmer, und sein, die Klänge und den Traum und die zierliche Erscheinung des Mädchens, nachträumendes Herz hatte ihr Bild unmerklich und wundersam verwandelt in ein viel schöneres, größeres und herrliches, wie er es noch nirgend gesehen." (396f.)

In der nachträumenden Phantasie vermischen sich die Bilder der äußeren Wirklichkeit mit den inneren seines Begehrens zu einem einzigen Sehnsuchtsbild, das Florio wiederum in der Realität zu finden hofft. In Gedanken versunken macht er sich bei seinem nächtlichen Herumschweifen danach auf die Suche und glaubt es schließlich in der Venusstatue am Weiher zu erkennen:

> „... denn ihm kam jenes Bild wie eine lang gesuchte, nun plötzlich erkannte Geliebte vor, wie eine Wunderblume, aus der Frühlingsdämmerung und träumerischen Stille seiner frühesten Jugend heraufgewachsen." (397)

Damit schließt sich der Kreis eines anfänglichen und durch die Bilder vermittelten Begehrens: Hatte das Lied der Natur, der Frühling, der „wie ein zauberischer Spielmann" (386) durch den Garten der Kindheit ging, Florios amorphe Sehnsucht in Gang gesetzt, so hat ihn die Poesie des „wunderbaren Spielmann[s]" (ebd.), dessen zwiespältige Verkörperung Fortunato ist[17], durch die Töne seiner Kunst in den „Zauberberg hinein verlockt" (ebd.). Das ursprüngliche Begehren, das sich in die kulturellen Bilder hinein fortgepflanzt hat, hat Florio wiederum zur Sehnsucht seiner Kindheit zurückgeführt.

---

[16] Wie der Jüngling mit der gesenkten Fackel in Fortunatos Lied so ist auch Donati ein Todesgenius, doch wird er den jungen Florio nicht in die christliche Welt der moralisierten Abbilder führen, sondern ihn in die heidnische Welt der schweifenden und wechselnden Bilder verlocken.
[17] Vgl. Romahn, a.a.O.; S.71.

Doch zeigt seine weitere Geschichte, daß es ebensowenig, wie die verlorene Natur der Kindheit als Ursprung des Sehnens eingeholt werden kann, in der Kultur einen Weg zum Ziel des Begehrens gibt.

Der Versuch, dieses Ziel dennoch eindeutig zu bestimmen, endet im weiteren Verlauf der Erzählung in der Idealisierung beziehungsweise Dämonisierung des begehrten Objekts. Dabei ist es letztlich für die Logik der Erzählung gleichgültig, ob es sich um christliche oder heidnische Zuschreibungen handelt. So ist zunächst einmal die Verteilung dieser Zuschreibungen auf die Figuren der heidnischen Venus und der zuletzt als Maria stilisierten Bianka keineswegs eindeutig. Die Schönheitsattribute der Göttin Venus, die Florio als Idealbild weiblicher Anmut erscheint, sind nicht nur dem Bereich sinnlicher Verführung zuzuordnen, „sondern könnten ebensogut als Merkmale des Frauenbildes christlich-mittelalterlicher Prägung durchgehen"[18]. Das mit Blumen bestickte himmelblaue Gewand der Venus gleicht dem Sternenmantel[19] Marias, das marmorne Weiß ihrer Achseln und das der Ärmel ihres Gewandes erinnert im wörtlichen Sinne an die christlich-fromme Bianka:

„Er war noch nicht weit vorgedrungen, als er Lautenklänge vernahm, bald stärker, bald wieder in dem Rauschen der Springbrunnen leise verhallend. Lauschend blieb er stehen, die Töne kamen immer näher und näher, da trat plötzlich in dem stillen Bogengange eine hohe schlanke Dame von wundersamer Schönheit zwischen den grünen Bäumen hervor, langsam wandelnd und ohne aufzublicken. Sie trug eine prächtige mit goldnem Bildwerk gezierte Laute im Arm, auf der sie, wie in tiefe Gedanken versunken, einzelne Akkorde griff. Ihr langes goldenes Haar fiel in reichen Locken über die fast blassen, blendendweißen Achseln bis in den Rücken hinab, die langen weiten Ärmel, wie vom Blütenschnee gewoben, wurden von zierlichen goldnen Spangen gehalten, den schönen Leib umschloß ein himmelblaues Gewand, ringsum an den Enden mit buntglühenden, wunderbar in einander verschlungenen Blumen gestickt." (401)

Kann schon zwischen der heidnischen und der christlichen Welt nicht klar unterschieden werden, so ist die Zuordnung von Natur und Kultur zu einem der beiden Bereiche allein bereits deshalb problematisch, da beide von der gleichen Logik der Bilder beherrscht werden. Dabei sind weder Natur noch Kultur, weder die heidnische noch die christliche Welt in der Lage, den wahren Gegenstand des Wünschens

---

[18] Romahn, a.a.O., S. 71f.

hervorzubringen, denn hier wie dort gibt es nur das Oszillieren der Bilder zwischen Erstarrung und Bewegung. Während das erstere die Präsenz des begehrten Gegenstandes beschwört und gerade deshalb darauf verzichtet, jemals in den Besitz des Ganzen gelangen zu können, hält das letztere zwar gerade diese Möglichkeit offen, läßt aber den Gegenstand selbst immer weiter zurückweichen.

Diese ambivalente Bedeutung der Bilder enthüllt sich Florio bezeichnender Weise, als er versucht, sein Sehnsuchtsbild auf einem Maskenball zu erkennen. Als er, der zweideutigen Einladung Fortunatos folgend, dort „eine alte Bekannte" (405) zu treffen, die schöne Lautenspielerin auf dem bevorstehenden Fest zu finden hofft, muß er die Erfahrung machen, daß der Gegenstand seines Begehrens nicht nur als ein maskierter auftritt, sondern zugleich als ein Doppelbild erscheint, das seinem Blick immer wieder entschwindet. Zunächst begegnet er einem Mädchen in griechischem Gewand, das über das Motiv der in Kränze geflochtenen Haare[20] an die zierliche Bianka erinnert:

> „Florio stand noch still geblendet, selber wie ein anmutiges Bild, zwischen den schönen schweifenden Bildern. Da trat ein zierliches Mädchen an ihn heran, in griechischem Gewande leicht geschürzt, die schönen Haare in künstliche Kränze geflochten. Eine Larve verbarg ihr halbes Gesicht und ließ die untere Hälfte nun desto rosiger und reizender sehen." (407)

Dennoch bleibt Florio von dieser ersten Begegnung mit dem griechischen Mädchen zunächst unberührt, denn „was er heimlich gehofft, fand er nirgends, und er machte sich beinah Vorwürfe, dem fröhlichen Fortunato so leichtsinnig auf dieses Meer von Lust gefolgt zu sein, das ihn nun immer weiter von jener einsamen hohen Gestalt zu verschlagen schien" (ebd.). Erst als er sich selbst dem Wogen des Tanzes hingibt, in welchem durch das Ineinander von Musik und Bewegung die Körper und Bilder miteinander in Beziehung treten[21], kann das innere Sehnsuchtsbild stark genug werden, daß es sich auf die bisher unbeachtete „niedliche Griechin" (ebd.) überträgt:

> „Sorglos umspülten indes die losen Wellen, schmeichlerisch neckend, den Gedankenvollen und tauschten ihm unmerklich die Gedanken aus. Wohl kommt die Tanzmusik, wenn sie auch nicht unser Innerstes erschüttert und umkehrt, recht wie ein Frühling leise und gewaltig über uns, die Töne tasten zauberisch wie die ersten

---

[19] Zum Mantelmotiv bei Eichendorff vgl. Robert Mühlher: Der Poetenmantel. Wandlungen eines Sinnbildes bei Eichendorff, in: Paul Stöcklein (Hg.): Eichendorff Heute, Darmstadt 1966, S.180-203.
[20] Vgl. Romahn, a.a.O., S. 73.
[21] Zur Bedeutung des Tanzes als Ausdrucksform des Körpers vgl. Rudolf zur Lippe: Der gefühlte Mangel, in: Dietmar Kamper (Hg.): Macht und Ohnmacht der Phantasie, Darmstadt 1986, S. 64-88 (64).

Sommerblicke nach der Tiefe und wecken alle die Lieder, die unten gebunden schliefen, und die Quellen und Blumen und uralte Erinnerungen und das ganze eingefrorne, schwere, stockende Leben wird ein leichter klarer Strom, auf dem das Herz mit rauschenden Wimpeln den lange aufgegebenen Wünschen fröhlich wieder zufährt. So hatte die allgemeine Lust auch Florio'n gar bald angesteckt, ihm war recht leicht zu Mute, als müßten sich alle Rätsel, die so schwül auf ihm lasteten, lösen." (Ebd.)

Doch wird das Rätsel keineswegs gelöst, vielmehr erscheint die niedliche Griechin plötzlich als Zaubergestalt (vgl. 408), alsdann sogar als Doppelfigur: „Der Tanz war endlich aus, die Musik hielt plötzlich inne; da glaubte Florio seine schöne Tänzerin am anderen Ende des Saales *noch einmal* wieder zu sehen." (Ebd.) Danach wechselt das Bild der schönen Griechin noch mehrmals seine Konnotation, bis es für den Leser fast unmöglich ist, zu identifizieren, ob es sich dabei um Venus oder die Gestalt der Bianka handelt. Als Florio die Griechin zuletzt bittet, „ihren Namen zu sagen, damit ihre liebliche Erscheinung unter den tausend verwirrenden Bildern des Tages ihm nicht wieder verloren ginge" (411), fordert sie ihn auf, statt nach der Wahrheit zu suchen, sich dem Leben selbst zuzuwenden und sich von seinen Bildern umspülen zu lassen: „Laßt das, erwiderte sie träumerisch, nehmet die Blumen des Lebens fröhlich wie sie der Augenblick gibt, und forscht nicht nach den Wurzeln im Grunde, denn unten ist es freudlos und still." (Ebd.) Gleichzeitig kann die schöne Griechin ihrem eigenen Wesen mit dieser von ihr ausgesprochenen Wahrheit nicht entgehen, sie erstarrt gleichsam in ihrer eigenen Identität: „Da kam es ihm auch vor, als sei sie nun größer, schlanker und edler ... ." (Ebd.) Erst als sich die Schöne von Florio verabschiedet, offenbart sie sich ihm. Hinter dem Schleier aber kommt nur erneut eine weitere Maske zum Vorschein: „Aber ihr Gesicht, das der Mond hell beschien, kam ihm bleich und regungslos vor, fast wie damals das Marmorbild am Weiher." (Ebd.)

Die Wahrheit oder Lüge der erstarrten Maske ist die notwendige Gegenposition zur Wahrheit, die zuvor im Wechselspiel der Bilder aufschien. Dabei werden in der Doppelbild-Szene nicht nur die christlich konnotierte Figur der Bianka und die heidnische der Venus übereinander geblendet, in ihr wird gleichzeitig das Problem der maskierten Wahrheit selbst thematisch.[22] Ohne den Blick auf die darunterliegende Wahrheit freizugeben, verweisen die Masken aufeinander und bedeuten sich gegenseitig eben dieses Geheimnis der maskierten Wahrheit als ihren eigentlichen Sinn. Im Reigen der Bilder

---

[22] Vgl. Romahn, a.a.O., S. 72.

nehmen somit die Masken als deren ‚Parodie' eine Sonderposition ein, die sie aus dem analogen Verweisungsgefüge hervortreten läßt:

> „... der Mondschein hatte mit seinen unsichtbaren Fäden alle die Bilder wie in ein goldnes Liebesnetz verstrickt, in das nur die Masken mit ihren ungeselligen Parodieen manche komische Lücke rissen." (409)

Die Masken reißen deshalb eine komische Lücke, die plötzliche Erkenntnis gewährt, weil sie mit ihrer manifesten und doch lügenhaft-verbergenden Beziehung zu den sie tragenden Personen in diesen Liebesreigen wechselnder Verbindungen und Analogien die Problematik der Repräsentation und damit die Frage nach Wahrheit oder Lüge hineintragen. Wer aber den Reigen der Bilder genießen will, darf nicht nach ihrer Wahrheit fragen, die Sehnsucht, die Florio treibt, erfüllt sich gerade im festlichen Schweifen der Masken. Der rationale Verstand darf davon jedoch keine Kenntnis haben: „Wissen darf es nicht der Morgen!" (Ebd.)

Die Macht der Bilder, wie sie im »Marmorbild« in Florios Verwirrung im Spannungsverhältnis der beiden Frauenfiguren zum Ausdruck kommt, ist ambivalent: Einerseits ist die Eigenmächtigkeit der Bilder Prinzip des Lebens und Ausdruck eines Begehrens, das sich auf Dauer nicht unterdrücken und rationalisieren läßt, gleichzeitig gefährdet aber die Überflutung des Subjekts durch die Bilder die Souveränität des Ich. Im Sinne von Idealisierungen garantieren die Bilder die Identität des Subjekts, andererseits sind sie – wie anhand der Geschichte der Venusstatue noch zu zeigen ist – ein Prinzip des Todes, da sie immer auch die Mortifikation von Lebendigem bedeuten. So stehen die Bilder sowohl im Dienst der Wünsche, wo sie zugleich Lebenslust und Angst hervorrufen können, als auch im Dienst des rationalen Subjekts, wo aber im Zuge abstrahierender Wahrheitsproduktion der naturhafte Körper zu verschwinden droht. Die Bilder sind ursprünglich und nicht-ursprünglich zugleich, da sie sich sowohl auf der Seite der Körperzeichen als auch auf der Seite der ursprünglichen Körpernatur befinden, die immer nur als eine bereits bildhaft-zeichenhafte begriffen werden kann. Dieser Problematik soll im folgenden in seiner zeitlich-genetischen Komplikation weiter nachgegangen werden.

2. Das geschichtsphilosophische Modell von Natur und Kultur

In den beiden großen Liedern Fortunatos zu Beginn und am Ende der Erzählung sowie im Lied der Venus spiegelt sich auf phylogenetischer Ebene die Dramatik des individuellen Geschehens wider. Was sich auf ontogenetischer Ebene im Spannungsfeld natürlicher und kultureller Zeichen abspielt, zeigt sich hier im Rahmen eines umfassenden geschichtsphilosophischen Modells. Hier soll nun nachgewiesen werden, daß es sich bei der Polarität von ‚heidnischer' Natur und ‚christlicher' Kultur nicht um grundsätzliche, sondern lediglich graduelle Gegensätze handelt, mithin der je nach Betonung eher als antike Kultur oder heidnische Natur betrachtete Urzustand und der christliche ‚Kulturzustand' von den gleichen Prinzipien beherrscht werden. Der Übergang stellt keinen endgültigen Bruch dar, sondern ist einer, der immer schon vorweggenommen ist und sich ständig fortsetzt und damit wiederholt. Während im ersten Lied Fortunatos das kulturgeschichtliche Geschehen auf einer sehr allgemeinen Bildebene dargestellt wird, die stark an die geschichtsphilosophischen Modelle von Novalis und Schiller angelehnt ist, steht im Lied der Venus in psychologisierend-individualisierender Darstellungsweise sie selbst als mythologische Gestalt im Mittelpunkt. Im letzten Lied Fortunatos verbinden sich dann beide Perspektiven.

2.1. Götterdämmerung 1

Fortunatos Lied erzählt einen großen weltgeschichtlichen Mythos, in dem in ähnlicher Weise wie in Hardenbergs fünfter der »Hymnen an die Nacht« die antike Götterwelt und die christliche Heilsgeschichte in eine Perspektive gestellt werden.[23] Wie in den Hymnen stellt auch in der Welt des Eichendorffschen Liedes der Tod das ungelöste Problem dar. Hier wie dort tritt schließlich der antike Todesgenius, der Jüngling mit der gesenkten Fackel, als Todesbote und gleichzeitig Künder eines transzendenten Himmels auf und verbindet sich allegorisch mit Christus zu einer Erlösergestalt. Das neue Bild des „Jüngling[s] vom Himmel" (392) verdrängt das „Gewimmel" (ebd.) der alten Götterwelt. Auch der ‚Naturzustand' der antiken heidnischen Welt ist bereits von Bildern beherrscht, die sich in einem beständigen festlichen Wogen durcheinander bewegen:

---

[23] Vgl. Peter Horst Neumann: Wohin mit den Göttern? Eine klassische Frage und die Antwort der Romantiker, in: Aurora 51 (1991) S. 1-14 (12).

„So wirrt und bewegt sich/ Der selige Schwarm". (391) Erst der Anbruch der christlichen Welt läßt die Bilder erstarren und die Götter zu Abbildern ihrer selbst werden:

Und was hier versunken
Als Blumen zum Spiel,
Siehst oben Du funkeln
Als Sterne nun kühl. (392)

Aber bereits der Eindruck des heidnischen Lebens als einem in sich selbst ruhenden Reigen der Bilder, bei dem noch nicht nach ihrer Bedeutung gefragt wird, ist trügerisch. So wird denn das Geschehen von Anfang an aus der Subjektposition betrachtet, und was schön ist, muß auch eine Wahrheit besitzen:

Wie auf Bergen hoch bin ich
So einsam gestellt
Und grüße herzinnig,
Was schön auf der Welt. (390)

Die Schilderung der heidnischen Götterwelt ist bereits durchsetzt von einer christlich-sinnhaften Semantik des Verstehens, was der Grund dafür ist, daß bereits dieser scheinbar paradiesische Zustand des Lebens von einem Anflug von Melancholie und Sehnsucht überschattet ist. Die heidnischen Götter erscheinen geradezu als christliche Altarbilder, denen „Andacht" (ebd.) und sinnendes Versunkensein (vgl. ebd.) zugesprochen wird:

Ja, Bachus, Dich seh'ich,   Ist's Liebe, ist's Andacht,
Wie göttlich bist Du!   Was so Dich beglückt?
Dein Glühen versteh'ich,   Rings Frühling Dich anlacht,
Die träumende Ruh.   Du sinnest entzückt. (Ebd.)

O Rosenbekränztes
Jünglingesbild,
Dein Auge, wie glänzt es,
Die Flammen so mild!

Die Welt der heidnischen Götter, wie sie Eichendorff zeichnet, ist weder ein Goldenes Zeitalter im Sinne einer solchermaßen verstandenen griechischen Antike noch ein Rousseauscher Naturzustand, sondern bereits in sich selbst gebrochen-sentimentalisch. Die Götter gehören nicht mehr zur Natur, sondern sind in sich selbst versunkene, reflektierende Gestalten, die dem Frühling wie auch ihrer eigenen Natur sinnend-andächtig und träumend gegenüberstehen. Ist das Reich der Venus ein „Zauberring" (ebd.), so ist dieser Bann bereits keiner der Natur mehr, sondern einer des Schönen[24] und damit der repräsentierenden, bedeutungstragenden Bilder. Der Zwang, dem die alten Götter unterworfen sind, besteht gerade darin, zu ihrer eigenen Wahrheit zu gelangen, im notwendigen Übergang zur christlichen Welt der Repräsentation. Dabei handelt es sich nicht um den Wechsel von einer geschlossenen heidnischen Welt zu einer geschlossenen christlichen Welt, nicht um den Übergang von einer heidnischen heiteren Diesseitigkeit[25] zu einer christlich-ernsten Jenseitigkeit. Die heidnische Götterwelt ist immer schon auf den Übergang zum Reich der christlichen Wahrheit hin angelegt, darauf, am christlichen Himmel zum Abbild ihrer selbst zu werden. Andererseits ist dieser Himmel „offen" (392), die christliche Transzendenz-Idee auf eine zukünftig zu erfüllende Hoffnung angewiesen. So endet das Lied Fortunatos wie sein Pendant am Schluß der Erzählung mit einem Aufschwung des Subjekts in die lichten Höhen eines übersinnlichen Himmels:

[1.] Was will ich noch hoffen?
    Hinauf, ach hinauf!
    Der Himmel ist offen,
    Nimm, Vater, mich auf! (Ebd.)

[2.] Und, wie die Lerche singend,
    Aus schwülen Zaubers Kluft
    Erhebt die Seele ringend
    Sich in die Morgenluft. (425)

In beiden Fällen bleibt das gegebene Glücksversprechen utopisch. Im ersten Lied ist die beschworene Transzendenz eine vorläufig gedachte, im zweiten Lied eine gleichsam begrenzte. Hier nimmt das Subjekt gewissermaßen die Position der an den Himmel gebannten Götter ein. Die Seele erhebt sich, aus dem Kerker des Körpers befreit, und wirft in scheinhaft gewonnener Souveränität den Blick auf die in die Kluft „schwülen Zaubers" (ebd.) gebannte Naturhaftigkeit des Ich. Gleichzeitig bleibt sie damit aber genau an diese Naturhaftigkeit des Körpers gebunden: Der Blick bleibt nach unten gerichtet.

---

[24] Das Gleiche gilt für die christliche Welt. Auch hier ist es der Bann des schönen Bildes, der das Subjekt gefangen nimmt: „O Jüngling vom Himmel,/ Wie bist Du so schön!/ Ich laß das Gewimmel,/ Mit Dir will ich gehen!" (W 2, 392)
[25] Vgl. dagegen, Peter Horst Neumann, a.a.O., S.13.

2.2. Frau Venus

Das Lied der Venus, das sie als schöne Lautenspielerin in ihrem Garten singt und von Florio belauscht wird, ist eingebettet in eine vielbezügliche Bildlichkeit, die zuletzt Ausdruck der immer gleichen Sehnsucht ist. Der Garten der Venus ist gleichbedeutend mit dem Kindheitsgarten Florios, mit dessen Imagination die Erzählung eigentlich beginnt, und entspricht einem der grundlegenden landschaftlichen Topoi der Eichendorffschen Dichtung.[26] Der gebundene und verzauberte Garten (vgl. 401) ist nicht nur Ursprung und Ziel des Wünschens und der Ort, an dem die Sehnsucht als Szene immer wieder zum Ereignis wird, sondern gleichzeitig selbst Subjekt dieser Sehnsucht:

„Florio betrachtete verwundert Bäume, Brunnen und Blumen, denn es war ihm, als sei das alles lange versunken, und über ihm ginge der Strom der Tage mit leichten, klaren Wellen, und unten läge nur der Garten gebunden und verzaubert und träumte von dem vergangnen Leben."(Ebd.)

Im Eichendorffschen Sehnsuchtsgarten, der gerade deswegen mit dem immer gleichen bildlichen Inventar ausgestattet werden kann, ohne von seiner suggestiven Wirkung zu verlieren, spiegelt sich in grundlegender Weise die Problematik neuzeitlicher Subjektivität wider. Der Garten, der vom eigenen vergangenen Leben träumt, und als solcher gerade das ersehnte Leben ist, verweist auf die nicht einholbaren Voraussetzungen, auf denen das Subjekt beruht, und damit auf das nicht entscheidbare Verhältnis der Zugehörigkeit und der Nichtzugehörigkeit, in welchem der Mensch zur Natur steht. Einerseits ist der Mensch wie der Eichendorffsche Garten, in welchem natürliche und kulturelle Elemente der Ausstattung verschmelzen, selbst ein Teil der Natur, andererseits stehen beide zur eigenen Naturhaftigkeit in einem gebrochenen, reflektierenden Verhältnis. Autonomie gewinnt das Subjekt des Gartens gerade in der eigenen einförmigen „großen Einsamkeit" (ebd.), in die es versunken ist. Davon zu unterscheiden ist der Anklang einer affirmativen, in sich selbst ruhenden Identität, die schwankt zwischen dem Postulat der eigenen Autonomie, die in eine negativ konnotierte ‚leere' Einsamkeit überzugehen droht, und der reflexiven Sehnsucht nach dem „vergangnen Leben" (ebd.), die gerade die Voraussetzungen dieser scheinhaften Autonomie einzuholen sucht.

---

[26] Vgl. hierzu die grundlegende Studie von Walter Rehm: Prinz Rokoko im alten Garten. Eine Eichendorff-Studie, in: Jahrbuch des freien deutschen Hochstifts (1962), S.97-207.

Florio erscheint die Lautenspielerin als „hohe schlanke Dame von wundersamer Schönheit" (ebd.). Die „blendendweißen Achseln" (ebd.) erinnern an den Marmor des „schönen Venusbildes" (ebd.), dessen Züge sie trägt. Mit ihrem himmelblauen Gewand, das mit „wunderbar in einander verschlungenen Blumen" (ebd.) bestickt ist und den „schönen Leib" (ebd.) gleichzeitig verbirgt und exponiert, ist sie ein mit Marienattributen versehenes Abbild klassischer Schönheit, der auch die Sonettform ihres Liedes entspricht. In diesem Lied wiederholt sich wiederum die bereits erwähnte Sehnsuchtsszenerie, mit der die Erzählung beginnt: Der Frühling geht wie ein „zauberischer Spielmann" (386) durch die Natur und läßt alle „alten Wünsche auferstehen" (401). Dabei ist die Venus des Liedes psychologisiert. Als Sehnsuchtsgestalt Florios wird Venus hier selbst zur sehnsüchtigen Gestalt, nicht souverän-naturhaft, sondern den Wünschen ausgeliefert, die aus ihrem eigenen Innern aufsteigen:

Was weckst du, Frühling, mich von neuem wieder?
Daß all' die alten Wünsche auferstehen,
Geht über's Land ein wunderbares Wehen.
Das schauert mir so lieblich durch die Glieder. (401f.)

Einerseits ist die Venus des Liedes als Persephonefigur Frühlingsgöttin und Teil der Natur, ihre alljährliche Wiedergeburt im Frühling ist dem naturzeitlichen Zyklus unterworfen, andererseits besitzt sie als psychologisierte und reflektierende Gestalt bereits eine eigene Geschichte, die sie innerhalb der Natur zu ihrem Gegenüber werden läßt. In der zweiten Strophe spricht Venus von sich selbst in der dritten Person. Sie ist gleichzeitig die von der Natur Angesprochene und eine sich von sich selbst distanzierende Figur. Ihre eigene Geschichte zeigt sie zugleich als „schöne Mutter" (402) und junge Braut:

Die schöne Mutter grüßen tausend Lieder,
Die, wieder jung, im Brautkranz süß zu sehen.
Der Wald will sprechen, rauschend Ströme gehen,
Najaden tauchen singend auf und nieder. (Ebd.)

Die Geschichte, die Venus als Mutter und Braut verbindet, ist entwicklungspsychologisch betrachtet diejenige des sexuellen Reifungsprozesses. Dies spiegelt sich auch in der Metapher der aufknospenden Rose wider, im erotisierenden Bild der sich errötend ausdehnenden Blüte, das alsdann auf die Figur der Venus bezogen wird. Die Pole ‚junge Braut' (vgl. ebd.) und „Mutter" (ebd.) begrenzen die Dauer ihrer Existenz. Sie ist gleichbedeutend mit dem Prozeß der Subjektwerdung, der als Erwachen der Sexualität den Übergang von einer rein naturhaften und unkodierten Erfahrung der eigenen Körpernatur zu deren kulturellen Kodierung bezeichnet. Für die Venus bedeutet dies zugleich den Eintritt in ein Bewußtsein ihrer selbst, das sie als ursprünglich rein naturhafte und bewußtlos im Göttergrab ruhende Gestalt zu einer eigenen Bedeutung gelangen läßt und eine Grenze zur Natur begründet, die in ihrem schmerzlichen Lächeln bemerkbar wird. Das Göttergrab wird zum Pendant der grünen Rosenknospe, die ihr Geheimnis enthüllt, indem sie es preisgibt:

> Die Rose seh' ich gehn aus grüner Klause
> Und, wie so buhlerisch die Lüfte fächeln,
> Errötend in die laue Flut sich dehnen.
> So mich auch ruft ihr aus dem stillen Hause –
> Und schmerzlich nun muß ich im Frühling lächeln,
> Versinkend zwischen Duft und Klang vor Sehnen. (Ebd.)

Als Teil der Natur wird Venus gezwungen, aus dem Grab, das hier den Ort des Todes als einem bewußtlos-stofflichen Einssein mit der Natur bezeichnet, emporzusteigen und sich, zum Bewußtsein ihrer selbst gelangt, nach eben dieser verlorenen Natur zu sehnen. Als Abbild des klassischen Schönheitsideals ist Venus eine Figuration bedeutender Körpernatur und von der scheinhaften Existenz, in der sie als Marmorbild zur Anschauung gelangt. Wird sie psychologisiert, gerät sie notwendigerweise in ein melancholisches Verhältnis zu sich selbst, denn der Körper, wo er nicht in gebrochen-reflektierender Weise ins Bewußtsein tritt, bleibt ohne Bedeutung, tot wie die Venus in ihrem Göttergrab. Zeigt sich in geschichtsphilosophischer Perspektive der Sinn und das Ziel von Geschichte in einer Wiederholung des Ursprungs, so erweist sich die Geschichte der Venus, respektive die des Subjekts, als ein ständiger Wechsel der Rückbindung und der Distanzierung von den eigenen naturgeschichtlichen Voraussetzungen. Dieser Wechsel von der Manifestation einer bedeutenden Körpernatur und dem gleichzeitigen Verlust dieser Natur verbildlicht sich im naturzeitlichen Rhythmus als Wechsel von Tod und Wiedergeburt. Geschichte als die Suche nach einer Sinnhaftigkeit des Lebens hat somit auch in der scheinbar rein naturhaften Szenerie des Venus-Liedes bereits begonnen.

2.3. Götterdämmerung 2

Das zweite der beiden großen Lieder Fortunatos erzählt, eingebettet in die gleiche geschichtsphilosophische Perspektive, wie sie das erste Lied entwickelte, die Geschichte der Venus als diejenige ihrer alljährlichen frühlingshaften Geburt und schließlichen Versteinerung. Während mit dem Erscheinen Marias auf dem Regenbogen (vgl. 425) die zeitliche Vorstellung scheinbar endgültig vom ewigen Kreislauf vegetativer Naturzeit in die lineare Zeitvorstellung christlicher Geschichtszeit einmündet, ist Venus dazu verurteilt, immer wieder in den Kreislauf vegetativen Lebens zurückgestoßen zu werden und sich im nie endenden Wechsel von Tod und Wiedergeburt selbst zu verzehren. So erscheint Venus einerseits als ruhelose Wiedergängerin und andererseits als erstarrtes Marmorbild.

Im Lied Fortunatos, das in die Gedichtsammlung wie das erste hier behandelte Lied unter dem Titel »Götterdämmerung« aufgenommen worden ist, wird Italien zur Metapher für den bereits skeptisch-melancholischen Blick auf die Geschichte des Subjekts. Von seiner vergangenen, einstmals heroischen Kultur sind nur noch amorphe Trümmer übriggeblieben, die von der zurückkehrenden Natur überwuchert werden, Kultur ist in Natur zurückgefallen:

Von kühnen Wunderbildern	Versunknes Reich zu Füßen,
Ein großer Trümmerhauf,	Vom Himmel fern und nah,
In reizendem Verwildern	Aus andrem Reich ein Grüßen –
Ein blüh'nder Garten drauf	Das ist Italia! (423)

Die Topographie Italiens ist archäologisch und damit kulturell fundiert. In der Schichtung des Landes bildet die sedimentierte Kultur die Grundlage, die vegetative Natur das Nachgeordnete. Somit ist hier der von der Aufklärung proklamierte Weg menschlicher Geschichte von der Naturgeschichte zur Kulturgeschichte aufgehoben. Ursprünglich ist nicht die Natur des reizenden Verwilderns, sondern die Geschichte der „kühnen Wunderbilder[]" (ebd.). Geschichte beginnt damit immer schon mit der Geschichte des Subjekts. Doch was die alten Götterbilder, von denen stellvertretend Venus besonders exponiert wird, zu neuem Leben erweckt, ist das Lied der Natur, das Wehen des Frühlings:

Wenn Frühlingslüfte wehen
Hold über'n grünen Plan,

Ein leises Auferstehen
Hebt in den Tälern an. (Ebd.)

Aber auch bei dieser Natur handelt es sich um keine ‚eigentliche' mehr. Das Lied der Natur ist dasjenige eines sentimentalisierten Subjekts, wie es die Epoche der Empfindsamkeit in der Natur entdeckt hatte:

Verwirrend durch die Bäume
Gehn Stimmen hin und her,
Ein sehnsuchtsvolles Träumen
Weht über's blaue Meer. (424)

Folgt man der archäologischen Abfolge der kulturellen Signifikationsstufen, wie sie das Gedicht aufzeigt, so geht der Weg von der heroischen Stufe des Subjekts zu seiner Sentimentalisierung. In der Terminologie Schillers gesprochen: Dem naiven folgt der sentimental-reflektierte Zustand der Menschheit. So wie im Lied der heidnische Naturzustand als versunkene Kultur erscheint, so ist auch in der Philosophie Schillers der naive Zustand der Menschheit lediglich als bereits kulturelle Rekonstruktion denkbar. Im eigentlichen Sinne naiv aber ist zuletzt der Mythos, auf welchem die Aufklärung beruht. In ähnlicher Weise wie ‚Aufklärung' zuallererst kein Begriff, sondern eine Metapher darstellt, gründet sie selbst auf dem, was sie ausschließt: das Andere einer Kultur, das ihr aber als Ausgeschlossenes immer bereits inhärent ist. Auf das Subjekt bezogen handelt es sich bei diesem Anderen um das Ursprüngliche eines naturhaften Körpers, das die rationale Subjektposition zwar vergessen machen will, auf dem sie aber zuletzt beruht und dessen Anbindung immer wieder notwendig ist, wenn Identität als das Gleichgewicht zwischen natürlicher und kultureller Position im subjektiven Spannungsfeld nicht verloren gehen soll. So vollzieht die Logik des archäologischen Ganges, wie ihn das Gedicht zeigt, letztlich die Dialektik der Rationalisierung von Natur nach. Dabei gewinnt die Götterwelt eine schillernde Bedeutung zwischen Natur und Kultur. Verkörpern die alten Götter gleichsam die mythische Phase einer unreflektierten Aufklärung, wie sie aus der Perspektive der Zeit Eichendorffs im Rationalismus des achtzehnten Jahrhunderts deutlich wird, so stehen sie gleichzeitig für das Andere einer Kultur, die im Lied bereits als sentimentalisierte Natur erscheint, ein Anderes, das ausgeschlossen wurde und doch Grundlage dieser Kultur ist.

Im sentimentalisierten und moralisierten Zustand des Subjekt, wie er im Lied des Frühlings deutlich wird, läßt die Sehnsucht nach dem Anderen der verlorenen Natur die alten Götter aus ihren Gräbern auferstehen. Der Ort des Anderen ist in der Landschaftsmetaphorik des Gedichts das Göttergrab, psychologisch gesprochen die Tiefe der menschlichen Seele:

> Da will sich's unten rühren,
> Im stillen Göttergrab,
> Der Mensch kann's schauernd spüren
> Tief in die Brust hinab.

> Frau Venus hört das Locken,
> Der Vögel heitern Chor
> Und richtet froh erschrocken
> Aus Blumen sich empor. (423f.)

> [...]

> Und unter'm duft'gen Schleier,
> So oft der Lenz erwacht,
> Webt in geheimer Feier
> Die alte Zaubermacht.

Als das Andere des rationalen Subjekts gehört die Welt der alten Götter immer schon zum Ursprungsmythos einer Kultur des Subjekts, der von neuem beschworen wird. Daher wird die wiedererweckte Göttin Venus wiederum sogleich moralisiert und selbst zu einer melancholisch-sehnsüchtigen Gestalt. So schließt sich erneut der Kreis. Die Verlassenheit der wiedererstandenen Venus ist die Einsamkeit des Subjekts, dessen Gemeinschaft mit der Natur ein für alle Mal aufgekündigt ist:

> Sie sucht die alten Stellen,
> Das luft'ge Säulenhaus,
> schaut lächelnd in die Wellen
> Der Frühlingsluft hinaus.

> Wo sind nun die Gespielen?
> Diana schläft im Wald,
> Neptunus ruht im kühlen
> Meerschloß, das einsam hallt.

> Doch öd' sind nun die Stellen,
> Stumm liegt ihr Säulenhaus,
> Gras wächst da auf den Schwellen,
> Der Wind zieht ein und aus.

> Zuweilen nur Sirenen
> Noch tauchen aus dem Grund
> Und tun in irren Tönen
> Die tiefe Wehmut kund. – (424)

Die Moralisierung der Venus, die in ihrer Einsamkeit zu einem individualisierten und psychologisierten Abbild des allgemeinen Menschen wird, vollzieht sich als Sinnsuche ihrer ursprünglichen Körpernatur und zieht die Versteinerung ihres Leibes nach sich. Damit verdeutlicht sich in ihrem Schicksal die Dialektik jeder Subjektkonstitution. Die Identität des Subjekts ist gerade dann zum Untergang verurteilt, wenn der Naturhaftigkeit des Leibes, auf der sie ruht, eine eindeutige Wahrheit zugesprochen werden soll. Die Authentizität der ursprünglichen Körpernatur, die nur als schöner Schein zu existieren vermag, erlischt und erstarrt zur toten, manifesten Wirklichkeit:

> Sie selbst muß sinnend stehen
> So bleich im Frühlingsschein,
> Die Augen untergehen,
> Der schöne Leib wird Stein.– (424f.)

Eingeleitet wird die Versteinerung der Venus, die Moralisierung ihres Leibes, durch das Erscheinen der christlichen Maria auf dem Regenbogen. Sie ist diejenige, die Venus in den vegetativen Kreislauf der Natur[27], der hier eine Metapher für die Dialektik der Aufklärung beziehungsweise die zirkuläre Konstitution des Subjekts ist, zurückstößt und den Kreislauf erneut in Gang setzt:

> Denn über Land und Wogen   Ein Kindlein in den Armen
> Erscheint, so still und mild,   Die Wunderbare hält
> Hoch auf dem Regenbogen   Und himmlisches Erbarmen
> Ein andres Frauenbild.   Durchdringt die ganze Welt. (425)

Die Versteinerung des Leibes bezeichnet moralisch gesprochen das Verfallensein an den Körper und bedeutet gleichzeitig seine Preisgabe, die eine erneute Wiedergeburt ermöglicht. Das „Zirkulieren des vitalen Naturrhythmus"[28] umfaßt somit beide Pole des subjektiven Spannungsfeldes, den Wahrheitspol einerseits, der die „Gefahr einer Erstarrung und leblosen Verfestigung"[29] mit sich bringt, und denjenigen einer vitalen Körpernatur andererseits, der das Erstarrte als Rohstoff zur Quelle neuen Lebens und damit einer erneuten Signifikation werden läßt.

Daß mit dem Erscheinen Marias auf dem Regenbogen eine neue Zeit anbrechen soll, ist nur vordergründig glaubhaft. Auch sie steht nicht außerhalb des Kreislaufs eines als fortlaufende Signifikation erscheinenden Untergangs und Wiedererstehens der Bilder, sondern ist ein Teil davon. Maria ist letztendlich weniger ein „andres Frauenbild" (ebd.) als eben wiederum nur ein Bild, dessen Erscheinen auf dem Regenbogen, den man als gleichsam ‚halbes' Kreissymbol verstehen kann, mit dem vegetativen Naturkreislauf korrespondiert, dem Venus zuvor anheimgegeben war. Darüber hinaus stehen in der nun gültigen christlichen Ikonographie auch Maria und Kind für die Kette von Tod und

---

[27] Vgl. Oskar Seidlin: Versuche über Eichendorff, a.a.O., S. 222f.
[28] Ebd., S. 223.
[29] Ebd.

Wiedergeburt.[30] So wie die mit der Geburt des Kindes angekündigte Erlösung erst mit dessen Tod und Wiederauferstehung ihre Beglaubigung erfährt, erfüllt sich für den Menschen der dem Tod als Durchgang zu neuem Leben zugesprochene Sinn erst mit der erneuten Wiederkunft Christi. Letztlich sind Venus und Maria als Frühlingsbilder[31] von gleichwertiger Bedeutung. Es sind gerade Maria und Kind, die den Fortgang der Bilder, den Fluß des vegetativen Lebens, in Gang halten und der Venus eine erneute Wiederauferstehung in einem neuen Frühling ermöglichen. „So oft der Lenz erwacht" (424) beginnt für Venus ein neues Leben, das aber bereits durch das Wissen um den Tod überschattet ist. Damit stehen Venus und Maria gemeinsam für die Kette einer fortlaufenden Signifikation, welche die Identität von naturhaftem und bedeutendem Körper nur um den Preis einer immer wieder aufgeschobenen Differenz[32] geltend werden läßt. Der Körper ist nur dann als Verkörperung von Sinn erfahrbar, wenn seine Natur bereits einmal erlöst worden[33], das heißt wenn der Schritt von der Natur zur Kultur bereits vollzogen ist und für diese wiederum erlösungsbedürftige Kultur eine zukünftige Erlösung imaginiert werden kann.

---

[30] Bereits im ersten hier behandelten Lied Fortunatos (»Götterdämmerung 1«) erscheint die Gestalt der Frühlingsgöttin Venus-Persephone in Verbindung mit der Figur des Bachus. Mythologisch besteht nun wiederum im Zeichen von Tod und Wiedergeburt eine enge Verbindung zwischen dem Dyonysos-Persephone-Mythos, wie er in den Eleusinischen Mysterien die Zerreißung und das Wiederrestehen des Gottes sinnfällig werden läßt, und Christus, der diese Mysterien als ‚wahrer Weinstock' noch zu überbieten sucht. Vgl. dazu: Jochen Hörisch: Brot und Wein. Die Poesie des Abendmahls, Frankfurt a. M., 1992 (im folgenden zitiert als ‚Brot und Wein'), S. 57f.
[31] Vgl. Seidlin, a.a.O., S. 222.
[32] Vgl. Hörisch, Brot und Wein, a.a.O., S. 17.
[33] Vgl. ebd.

III. Die Suche nach einer neuen Welt: »Eine Meerfahrt«

Eichendorffs Novelle »Eine Meerfahrt« von 1835 beginnt mit einer präzisen Angabe der Zeit und des Ortes, um dann sogleich die historische Entdeckungsreise als eine Fahrt ins Wunderbare zu kennzeichnen, bei der die Glücksgöttin Fortuna das Steuer führt:

„Es war im Jahre 1540, als das valenzische Schiff Fortuna die Linie passierte und nun in den atlantischen Ozean hinausstach, der damals noch einem fabelhaften Wunderreiche glich, hinter dem Columbus kaum erst die blauen Bergesspitzen einer neuen Welt gezogen hatte." (W 3, 357)

Was folgt, ist eine Geschichte, die mit den Erwartungen des Lesers an eine Robinsonade oder einen historischen Reisebericht spielt,[1] der realistischen, historischen Ausstattung und Motivierung des Geschehens aber wenig Aufmerksamkeit widmet und zuallererst eine weitere Variation des Eichendorffschen Themas von Aufbruch und Heimkehr darstellt.[2] Meist wurde die Novelle ganz im Sinn einer bildhaften Behandlung allgemeiner Grundprobleme der menschlichen Existenz aufgefaßt, oder sie wurde als Auseinandersetzung mit der Amerika-Thematik und Europamüdigkeit des Vormärz verstanden,[3] ohne daß die Verbindung zwischen beiden Interpretationsebenen genau herausgearbeitet worden ist. Eichendorff stellt aber der konkreten politischen Amerika-Utopie, wie sie von den liberalen Kräften der dreißiger Jahre aus Enttäuschung über die gescheiterte Revolution und als Ausweg aus der politischen Erstarrung Europas propagiert wurde[4], nicht einfach eine ‚romantische' Amerika-Vorstellung entgegen, die Amerika anstelle eines politischen Orts als verinnerlichte Utopie und christliches Reich des Glaubens begreift – Eichendorffs Behandlung des Themas ‚Amerika' in der Erzählung »Eine Meerfahrt« ist vor allem eine subtile Auseinandersetzung mit den Voraussetzungen des modernen Subjektivismus und damit ein Beitrag zur Geschichte des Subjekts in der ersten Hälfte des neunzehnten Jahrhunderts.

---

[1] Vgl. die Erläuterungen der Eichendorff-Ausgabe, W 3, S. 805.
[2] Zur Bedeutung der literarischen Konvention für die »Meerfahrt« vgl. Anselm Maler: Die Entdeckung Amerikas als romantisches Thema. Zu Eichendorffs »Meerfahrt« und ihren Quellen, in: Alfred Riemen (Hg.): Ansichten zu Eichendorff, Sigmaringen 1988, S. 170-205.
[3] Zur Amerika-Thematik vgl. ebd.
[4] Vgl. ebd., S. 197f.

In diesem Zusammenhang ist auch die präzise Zeitangabe zu sehen, mit der die Erzählung zugleich in das historische Bedeutungsspektrum des sechzehnten Jahrhunderts und der Zeit Eichendorffs eingeordnet wird. Was das Zeitalter der Entdeckungen als Beginn der Neuzeit mit dem neunzehnten Jahrhundert verbindet, ist nicht nur die Amerika-Thematik, sondern die Umbruchsituation im Verhältnis von Natur und Kultur, die im Kreuzungspunkt eines unterschiedlichen sprachlichen Zugangs zur Wirklichkeit steht – dem Analogie-Denken, das die Welt als Beziehungsgefüge von Ähnlichkeiten begreift und den Menschen als heteronomen Teil der Natur versteht[5], und dem Denken in Repräsentationen, das seinen Bezugspunkt in der Souveränität des neuzeitlichen Subjekts findet.[6] Das Spannungsverhältnis zwischen beiden Konzepten, das für das Verständnis des menschlichen Verhältnisses zur Natur in der Literatur bestimmend geblieben ist, wird in der Romantik, mit deren Kunstverständnis sich Eichendorff auseinandersetzt, grundlegend für ihre ästhetischen Entwürfe, die Identität des Subjekts im Beziehungsgefüge von Natur und Kultur zu begründen, in deren Mittelpunkt die Suche nach einer sprechenden Natur steht.[7]

Der liberale Begriff vom freiheitlichen und selbstbestimmten Individuum geht auf Vorstellungen der Aufklärung zurück, die in der Genieästhetik und der Romantik ihre subjektivistische Ausformung und im weiteren geschichtlichen Verlauf ihre politische Dynamisierung, aber gleichzeitig auch Verkürzung und Verengung erfahren haben.[8]

---

[5] Vgl. Hartmut Böhme: Natur und Subjekt, Frankfurt a. M. 1988 (im folgenden zitiert als ‚Natur und Subjekt'), S. 26ff.

[6] Vgl. dazu Michel Foucault: Die Ordnung der Dinge. Eine Archäologie der Humanwissenschaften [Aus dem Franz. Von Ulrich Köppen], Frankfurt a. M. 1997 (im folgenden zitiert als ‚Die Ordnung der Dinge'), 2. und 3. Kapitel.

[7] Das naturphilosophische Denken versteht die Sprache als Teil der Welt, die Dinge selbst besitzen Sprachfunktion und stehen mit der Sprache in einem analogen, lebendigen Zusammenhang. (Vgl. Foucault, Die Ordnung der Dinge, a.a.O., S. 66ff.) Auf den Körper als Inbegriff der menschlichen Natur bezogen, bedeutet, die Sprache der Natur zu verstehen, die Signaturen des Körpers zu entziffern. In der alchimistischen Signaturenlehre steht der Körper als Mikrokosmos in lebendiger Korrespondenz zum Leib der Erde. (Vgl. Böhme, Natur und Subjekt, a.a.O., S. 167) Vom sechzehnten zum siebzehnten Jahrhundert wechselt das Augenmerk bei der Frage nach dem Sinn der Welt von der Ähnlichkeit zur Differenz (vgl. Foucault, Die Ordnung der Dinge, a.a.O. S.74ff. und S. 78ff.), weil in der Sprache die Referenzfunktion zum alles entscheidenden Kriterium wird. Es besteht nun eine grundlegende Differenz zwischen der Sprache und den Dingen, die sie bezeichnet. Die Wörter sind nicht mehr mit den Dingen identisch, sondern repräsentieren diese, und die Wahrheit liegt nun im Zwischenraum dieses Be-deutens, einer Ähnlichkeit von Wort und Ding und ihrer Differenz.

[8] Diente die bürgerliche Idee der Selbstverwirklichung des Subjekts zunächst dazu, die emanzipatorischen Ansprüche des Bürgertums gegenüber dem bürokratisch-absolutistischen Staat und innerhalb einer feudalen Gesellschaftsordnung zu begründen und selbst revolutionäre Veränderungen zu legitimieren, so tritt sie im Verlauf der gesellschaftlichen und staatlichen Modernisierung selbst in den Dienst der neu entstehenden Machtverhältnisse. Das bürgerliche Bildungsideal wandelt sich zur Bildungsbürger-Ideologie und erfüllt im Verhältnis des einzelnen zu Staat und Gesellschaft vor allem kompensatorische Funktionen, wie sie Hegel bezüglich des bürgerlichen Romans reklamiert. (Vgl. G.W.F. Hegel: Vorlesungen über die Ästhetik, Erster und zweiter Teil, hg. von Rüdiger Bubner, Stuttgart 1971, S. 658f.) Dem umfassenden gesellschaftlichen Anspruch auf Verwirklichung von

Wenn Eichendorff also den Liberalismus seiner Zeit aus konservativer Sicht als politischen Gegner betrachtet und in ähnlicher Weise wie Stifter den Subjektivismus mit dem Ausbruch unkontrollierter Kräfte des Ich in Verbindung bringt und für die Bedrohung der Ordnung verantwortlich macht[9], so stellt er damit zugleich sein eigenes geistiges Herkommen kritisch in Frage: „Es ist die Zeit der *Massen*, die sich die Formeln abgemerkt und nun ihrerseits die Sturm- oder Drang-Periode der Genie's nachmachen."[10] Was in der Bewegung der Massen zum Ausdruck kommt, erscheint als das Andere der gesellschaftlichen Ordnung, das diese zu zerstören droht und deshalb Angst hervorruft, und ist dennoch nichts anderes als der demokratisierte Anspruch auf Glück, das in der Berufung auf die durch die Natur verbürgten Rechte verwirklicht werden soll. Hier zeigt sich die tiefe Ambivalenz eines Naturbegriffs, der für das Subjekt im Spannungsfeld von Natur und Kultur die Authentizität des Ich – die Verwirklichung seiner ‚wahren' Natur – garantiert, gleichzeitig aber seine dauerhafte Identität gefährdet und dort politisch abgewertet wird, wo die menschliche Natur als ‚Ausbruch ungehemmter Leidenschaften' die Massen in Bewegung setzt. Dennoch ist es gerade das Andere der Ordnung – sei es im gesellschaftlichen Sinn gegenüber der ‚Friedhofsruhe' des Metternichschen Systems oder im individuellen Sinn gegenüber den Entfremdungserfahrungen des Subjekts –, das die Sinnhaftigkeit der Ordnung bestätigt und dessen Anschluß geleistet werden muß. Die Vermittlung von Natur und Kultur, die zuletzt nur als ein ständiges Bilden und Umbilden im Prozeß kultureller Signifikation bewirkt werden kann, erscheint aber dort gefährdet, wo die Macht des Bestehenden jede Veränderung zu ersticken droht. Ist die Vermittlung von Natur und Kultur bereits eine utopische, da nie zu Ende zu führende Aufgabe, so ist die utopische Erzählung[11] von der

---

Glück folgt der Rückzug ins Private, das Genie wandelt sich zum Bildungsbürger, der seine Selbstverwirklichung in den Dienst des autoritären Staates stellt. Gleichzeitig wird Bildung zum Besitz und bürgerlichen Privileg, das den realen Besitz des Bürgers ideologisch legitimiert und mit dem er die Ansprüche der ungebildeten ‚Massen' abwehrt. Diese Zwiespältigkeit des Konzepts der Selbstverwirklichung, das zwischen emanzipatorischem Anspruch und seiner Instrumentalisierung im Dienst der Macht changiert, entspricht im wesentlichen der Ambivalenz einer sich im Laufe des 18. Jahrhunderts ändernden Identitätskonzeption, wie sie Michel Foucault im ersten Band von ‚Sexualität und Wahrheit' beschrieben hat und nach welcher der Wunsch des einzelnen nach einer Selbstverwirklichung aus der Natur des Körpers zugleich zum neuen Ansatzpunkt seiner Beherrschbarkeit wird. Vgl. Michel Foucault: Sexualität und Wahrheit, Bd. I: Der Wille zum Wissen, Frankfurt 1977 (im folgenden zitiert als ‚Sexualität und Wahrheit'). Vgl. auch Anmerkung 6, S. 4 dieser Arbeit.

9   Vgl. dazu beispielsweise Eichendorffs Darstellung der Vorgeschichte der Französischen Revolution in »Der Adel und die Revolution« (W 5, S. 391-416), in der er von dem „vor lauter Hochmut endlich tollgewordene[n] Rationalismus" (408) spricht, „welcher in seiner praktischen Anwendung eine Religion des Egoismus proklamierte" (ebd.).
10 Joseph von Eichendorff: Die deutsche Salon-Poesie der Frauen, W 6, S. 291-308 (291).
11 Zum literarischen Kontext utopischer Reise- und Abenteuerliteratur vgl. Klaus H. Börner: Auf der Suche nach dem irdischen Paradies. Zur Ikonographie der geographischen Utopie, Frankfurt 1984, zu Eichendorffs »Meerfahrt« S. 235-241.

Suche nach einer neuen Welt die angemessene Form, um eine solche Vermittlung literarisch zu erproben.[12]

Was die Mannschaft der Fortuna antreibt, wird gleich zu Beginn der Erzählung kurz und bündig benannt: „... sie fuhren immerzu und wollten mit Gewalt neue Länder entdecken" (357). Genauer gesagt, zeigt sich die Abenteuer- und Eroberungslust der Meerfahrer in der Gier nach Gold und einem unbestimmten sexuellen Verlangen, das sich in der Furcht vor Sirenen (vgl. 361) äußert und die schließlich entdeckte Insel sogleich als Venusberg erscheinen läßt. Die Suche nach dem Anderen der alten Welt erweist sich aber als ein zweifelhaftes Unternehmen, da die schöne Fremde nicht als solche wahrgenommen wird und bestehen bleibt, sondern sogleich ihre Kolonisation und Besitznahme in Gang gesetzt wird. Während die tatsächliche Eroberung der Inseln unterbleibt, vollzieht sich auf metaphorischer Ebene eine Angleichung des begehrten Anderen an die Wahrheit kultureller Sehgewohnheiten. Statt eine neue Welt zu entdecken, wird die alte bestätigt. So wie die ‚Gefahren' und ‚Versuchungen', denen die Spanier auf der Venusinsel ausgesetzt werden, letztlich ihrem eigenen Inneren entspringen, endet die Geschichte mit einer Wiederholung und Bestätigung der bereits geschehenen inneren Kolonisation und damit der Ordnung des Subjekts, bei der die Natur nur als das ständig zu suchende und wiederum auszuschließende Andere ihre Geltung behält. In diesem Sinn ist es nur konsequent, wenn die Meerfahrer zuletzt den ins Heitere gewendeten Verzicht leisten und beschließen, „ die neue Welt vor der Hand noch unentdeckt zu lassen und vergnügt in die gute alte wieder heimzukehren" (418).

Im weiteren soll die Erzählung als eine Erprobung der Problematik gelesen werden, inwiefern sich Natur als das ersehnte Andere und eigentlicher Anlaß des Schreibens literarisch vermitteln läßt. Im Mittelpunkt steht dabei die Frage nach der Identität des Subjekts, wie sie sich in der wechselseitigen Beziehung von naturhaftem Körper und sozialer Kodierung begründet, gleichzeitig aber auch in grundsätzlicher Weise die Frage nach der Wahrheit des Zeichens und damit den Möglichkeiten des literarischen Kunstwerks, lebendige Natur als solche zur Darstellung zu bringen. Nachgegangen wird dem anhand folgender Themen, Bild und Motivbereiche, die für die Erzählung bedeutend sind: Nachdem zunächst zu zeigen ist, wie die komprimierte Bildlichkeit der Exposition der Novelle bereits die gesamte Problematik des Subjekts enthält und das Spannungsfeld festlegt, das die erzählerische Ausführung determiniert, sind die für die Vermittlung

---

[12] Zur Funktion des Schreibens, die Wirklichkeit außerhalb der feststehenden Ordnung in ihrem möglichen Bedeutungsgehalt neu zu erproben vgl. den Aufsatz von Lothar Pikulik: Der experimentelle Charakter von Eichendorffs Dichtung, in: Aurora 49 (1989), S. 21-35.

authentischer Natur in der Erzählung bestimmenden medialen Bereiche von Gold, Sprache und Gelehrsamkeit, sowie der Natur selbst auf ihren Wahrheitsanspruch hin zu überprüfen, um schließlich anhand der sich spiegelnden Liebesgeschichten des Don Diego und des Don Antonio den Weg zur Liebe als dem eigentlichen Medium aufzuzeigen, durch das die Sprache einer aus sich selbst sprechenden Natur begreifbar und die Identität des Subjekts dauerhaft vermittelt werden soll. Außerdem wird in diesem Zusammenhang darauf eingegangen, wie dem für die Dichtung Eichendorffs so bedeutsamen Mythos der venusgleichen Frau in der »Meerfahrt« eine Ironisierung widerfährt, die das Erleben des Anderen von Beginn an fraglich erscheinen läßt.

1. Der Raubvogel über den Abgründen: Die Exposition des Subjekts

Die Erzählung beginnt mit der für Eichendorff typischen Schilderung vom Aufbruch eines jungen Helden. Mit der Reise endet die Zeit der Adoleszenz und ein neuer Lebensabschnitt beginnt. Sie ist damit zugleich eine Art Initiationserlebnis, die den Helden ins ‚Leben' einführt und nicht von ungefähr an die Kavalierstour der jungen Adligen erinnert. Als Variation des Eichendorffschen Themas von Aufbruch und Heimkehr ist die Fahrt ins Ungewisse Metapher für die Lebensreise, wie es hier anhand der traditionellen ‚Meer'- und ‚Schiffs'- Metaphorik[13] besonders deutlich wird, eine

---

[13] Zur Geschichte der Schiffsmetapher und dem Motiv der Meerfahrt als Lebensreise vgl. Hans Blumenberg: Schiffbruch mit Zuschauer. Paradigma einer Daseinsmetapher, Frankfurt a. M., 1988. Die Motive des Schiffes und der Meerfahrt sind auch bei Eichendorffs Zeitgenossen Charles Sealsfield (Karl Postl) von herausragender Bedeutung. Dieser Bezug gewinnt dadurch besonderes Interesse, daß beide Motive im Werk Sealsfields wie Eichendorffs in den gleichen Rahmen der Amerika-Thematik gestellt sind, ihren allgemeiner und metaphorischer Sinngehalt aber bei Sealsfield in besonderer Weise mit den tatsächlichen Erfahrungen der historischen Realität verbunden sind. Vgl. hierzu Günter Schnitzler: Erfahrung und Bild. Die dichterische Wirklichkeit des Charles Sealsfield (Karl Postl), Freiburg im Breisgau 1988, S. 166-183. Schnitzler erwähnt hier in Bezug auf Hegel auch die Verbindung, die zwischen der Bedeutung des Schiffes, der Seereise und Geld und Macht besteht. (Vgl. ebd. S. 168f., 171) Nach Hegel lädt das Meer „den Menschen zur Eroberung, zum Raub, aber auch zum Gewinn und Erwerb ein". (Georg Wilhelm Friedrich Hegel: Die Vernunft in der Geschichte, hg. von J. Hoffmeister, Hamburg 1963, S. 197) Indem das Individuum „Leben und Eigentum gerade in Gefahr des Verlustes" (ebd.) bringt, gibt es sich zugleich „das Bewußtsein größerer Freiheit, Selbständigkeit" (ebd.). Der hier in den Bildern von Gewalt und ökonomischem Gewinnstreben gezeichnete Bedeutungsgehalt kann zunächst auf die inhaltliche Rolle bezogen werden, die Geld und Eroberungssucht in Eichendorffs »Meerfahrt« spielen, sodann auf das problematische Verhältnis des Subjekts zum Anderen seiner eigenen Naturhaftigkeit. Dabei bezeichnet gerade der schmale Grad, der hier zwischen legalem Erwerb und gewaltsamen Raub besteht, daß sich das Begehren des Subjekts gegenüber der Natur als dem Anderen oder Heiligen letztlich nicht in Kategorien des Maßes ausdrücken läßt und nicht stillbar ist, der Schritt „vom festen Land zum Meer" (Blumenberg, Schiffbruch mit Zuschauer, a.a.O., S. 11) immer auch den „Verfehlungsschritt ins Ungemäße und Maßlose" (ebd.) bedeutet.

„Lebensmeerfahrt"[14], den Wogen als dem „wandelbaren Tanzboden Fortuna's" (357) anvertraut:

> „Von der Spitze des Verdecks aber schaute der fröhliche Don Antonio tiefaufatmend in das fremde Meer hinaus, ein armer Student aus Salamanka, der von der Schule neugierig mitgefahren war, um die Welt zu sehen." (Ebd.)

Die eigentliche Motivation für die Abenteuerreise Don Antonios ist genau wie im »Marmorbild« in der Kindheit zu suchen, denn was ihn „heimlich" (ebd.) antreibt, ist

> „die Absicht und Hoffnung, von seinem Oheim Don Diego Kunde zu erhalten, der vor vielen Jahren auf einer Seereise verschollen war und von dessen Schönheit und Tapferkeit er als Kind so viel erzählen gehört, daß es noch immer wie ein Märchen in seiner Seele nachhallte." (Ebd.)

Die Sehnsuchtsszenerie, die den Ort der Kindheit ausmacht, ist hier in ganz ähnlicher Weise strukturiert wie im »Marmorbild«, und auch das Motiv des Kindheitsgartens wird im folgenden Lied Antonios erneut aufgenommen. (Vgl. 358f.) Die Erinnerung an die Erzählungen über seinen verschollenen Onkel Don Diego nimmt die Stelle der Erinnerung an das Lied des zauberischen Spielmanns ein. Auch hier ist der Gegenstand des Wünschens ein nah verwandter Teil des eigenen Selbst und dennoch lediglich als Erzählung präsent, ein Leben aus zweiter Hand und zugleich ein Ursprüngliches, das nicht eingeholt werden kann – wie ein „Märchen" (357), das in der Seele nachhallt. (Vgl. ebd.)

Die Erzählung von Don Diego bildet in mehrfacher Hinsicht den Ursprung und das Ziel der erzählten Geschichte seines Verwandten und ‚Nachfahren' Don Antonio. Zum einen ist es die Erinnerung an den Vorfahren, die das Geschehen in Gang setzt und die Erzählung von der Abenteuerfahrt des Neffen motiviert, zum anderen endet diese schließlich mit dem Wiederfinden des Onkels und der von ihm selbst erzählten eigenen Geschichte. Diese erweist sich aber als Vorwegnahme dessen, was Don Antonio selbst erlebt. Die tatsächliche Gestalt des Onkels, wie sie in seiner Lebensgeschichte zum Ausdruck kommt, verliert sich dabei wiederum in seinem eigenen Erzählen. Die Binnenerzählung mit der Geschichte Don Diegos zeigt sich somit als der nach innen gekehrte Kontext der Rahmenhandlung und Leben scheint immer nur als Nachleben

---

[14] Werner Schwan: Bildgefüge und Metaphorik in Eichendorffs Erzählung »Eine Meerfahrt«, in: Sprachkunst 2 (1971), S. 357-389, (362). In einer Interpretation, welche den Sinngehalt der »Meerfahrt« darauf verengt, theologisch-katholische Sinngehalte geltend zu machen, deutet Manfred Misch die Schiffsmetapher als „Schiff der Kirche". Vgl. Manfred Misch: Tabulae Salutis. Zu Eichendorffs »Eine Meerfahrt«, in: Aurora 51 (1991) S. 121-136 (126).

eines bereits Vorgelebten möglich zu sein.[15] Im wiedergefundenen Onkel wird das „Märchen" (ebd.) zwar einerseits Wirklichkeit, gleichzeitig ist er aber in dem, was seine Identität ausmacht, abermals nur in seiner Erzählung präsent. So verlieren sich für Don Antonio in der Sehnsucht nach seinem Onkel Ursprung und Ziel seines Begehrens jeweils im Erzählen.

Das zweite Element, das zusammen mit der Erinnerung an die Erzählungen von Don Diego die Exposition der Novelle bildet, ist der „Zauberbann einer Windstille" (ebd.), in den das Schiff alsbald gerät und die das nachfolgende imaginierte Bild Antonios freisetzt. Die „entsetzliche Zeit" (ebd.) tödlicher Langeweile treibt Antonio auf das Verdeck, sein Blick richtet sich auf das Wasser, das gerade in seiner Durchsichtigkeit zum Spiegel der in ihm aufsteigenden Bilder wird:

„Antonio aber blickte in das Meer, es war so klar, daß man bis auf den Grund sehen konnte, das Schiff hing in der Öde wie ein dunkler Raubvogel über den unbekannten Abgründen, ihm schwindelte zum ersten Mal vor dem Unternehmen, in das er sich so leicht gestürzt." (358)

Der Zauberbann der Windstille gehört zu Eichendorffs Bildern der ‚leeren Stunde', der Stunde des panischen Schreckens, in der im »Marmorbild«, gebannt in die Mittagshitze, die lebendige Natur tot und erstarrt daniederliegt, künstliche Bilder dagegen auf einmal zu leben scheinen.[16] Verständlich wird diese plötzliche Umkehrung im ‚normalen' und zielgerichteten Prozeß der Signifikation, der im unreflektierten Verhältnis von Natur und Kultur Natur als lebendig und Kultur als ein davon Abgeleitet-Legitimiertes erfahren läßt, dann, wenn man sie als Reflex auf eben die ‚Normalität' dieses Verhältnisses begreift. Der unvermittelte Zusammenfall von Natur und Kultur, Sein und Sinn gleicht einer verbildlichten Eschatologie des Zeichens, welche die aufgeschobene Transzendenz des Signifikats plötzlich einholbar erscheinen läßt. Während sich bei Eichendorff die Zeit, in der solches geschieht, meist als ‚entsetzlich' darstellt, weil sie ihren geschichtlichen Zweck, Sinn als dessen Aufschub zu garantieren, verloren hat, handelt es sich dennoch um die gleiche Konstellation, wie sie in positiver Weise als Stunde der intellektuellen Anschauung und Herausfall aus dem öden, immer gleichen Kontinuum der Zeit beispielsweise in Friedrich Schlegels »Lucinde« in der »Idylle über den Müßig-

---

[15] Vgl. dazu die ähnliche Konstellation bei Stifter, beispielsweise im »Nachsommer« oder in den Erzählungen »Nachkommenschaften« und »Der Hagestolz«, wo jeweils das Leben des Jüngeren im Schatten eines älteren Verwandten steht. Dabei ist der Ältere insofern auf den Jüngeren angewiesen, als dessen Nachleben die eigene Lebensgeschichte korrigiert oder bestätigt.
[16] Vgl. Seidlin, a.a.O., S.119ff.

gang« in Erscheinung tritt.[17] Die leere oder erfüllte Stunde, in der die Zeit zu sich selbst kommt und zugleich aufgehoben wird, verweist auf die unauflösliche Ambivalenz jeder Identität, in der der Sinn jedes ursprünglichen und naturhaften Seins nur um den Preis seiner kulturellen Bezeichnung zu erlangen ist, die aber gleichzeitig gerade sein Verschwinden begründet.

In diesem Zauberbann der Windstille, in der im Aussetzen der Zeit der normale Zugang zur Wirklichkeit fragwürdig wird, weil alles nur noch auf sich selbst zu verweisen scheint – das Synonym dieser sinnentleerten Selbstreferenz als Kehrseite der Selbstpräsenz ist die Langeweile –, imaginiert Antonio ein Bild, das man als die Exposition des Subjekts verstehen kann, dessen Identität analog zum Modell des Zeichens als Spannungsfeld von naturhaftem Signifikat und kulturellem Signifikant zu denken ist. Das Bild vom Schiff, das „in der Öde wie ein dunkler Raubvogel über den unbekannten Abgründen" (ebd.) hängt, ist dabei von konzentrierter Komplexität.[18] Allgemein steht das Bild des Vogels, der in seinem freien Flug und ungebunden an die Erde eine souveräne Position einnimmt, aus der alles aus zentraler Perspektive überblickt werden kann, bei Eichendorff für das Subjekt[19], positiv gedacht als Bild der Lerche, die den Aufschwung und freien Flug der Seele zu Gott ausdrücken soll (vgl. 380)[20], hier aber negativ bewertet als Raubvogel, der auf sein Opfer aus ist, insofern das Bild wiederum mit dem von Jäger und Wild korrespondiert. Als Raubvogel, der über denselben unbekannten Abgründen, aus denen für ihn selbst eine tödliche Gefahr hervorgeht, Beute machen will, befindet er sich in der Position des herrschaftlichen Subjekts, das die Abgründe des Anderen im Ich beherrscht und zugleich von ihnen bedroht wird. Der Eindruck von Lähmung und Passivität[21], das sich bei dem Bild des in der „Öde" (ebd.) des Nichts hängenden Raubvogels einstellt, erzeugt gleichzeitig ein Spannungspotential aufgeschobener Aktivität, das lustvoll und gefahrvoll zugleich den Zusammenfall der sich gegenseitig bedrohenden und aufeinander verweisenden Positionen von Höhe und Tiefe erwarten läßt.

---

[17] So heißt es hier im Hinblick auf einen müßiggängerisch-unproduktiven Zustand als positives Pendant zur Langeweile: „Nur mit Gelassenheit und Sanftmut, in der heiligen Stille der echten Passivität kann man sich an sein ganzes Ich erinnern, und die Welt und das Leben anschauen." (Friedrich Schlegel: »Lucinde«, Kritische-Friedrich-Schlegel-Ausgabe, hg. von Ernst Behler, München, Paderborn, Wien 1958ff., Bd. 5, S. 27.)
[18] Vgl. Schwan, a.a.O. S. 363.
[19] In vergleichbarer Weise verbildlicht Hofmannsthal im »Andreas« die Position souveräner Subjektivität im Bild des kreisenden Adlers. Vgl. Hugo von Hofmannsthal: »Andreas«, hg. von Mathias Mayer, Stuttgart 1992, S. 58f.
[20] Vgl. außerdem im »Marmorbild«, W 3, S. 425 und S. 29 dieser Arbeit.
[21] Vgl. Schwan, a.a.O., S. 363.

Don Antonio flüchtet sich vor der Angst, die das imaginierte Bild in ihm freisetzt und die ihm die Gefahren seiner Abenteuerreise als unbestimmter Suche nach dem Anderen zum Bewußtsein bringt, in die Erinnerung an die ferne Heimat und seine Kindheit und damit zum Ursprung dessen, was seine Sehnsucht in Gang gesetzt hatte. Die Angst, welche der Zustand der Erstarrung dieser Sehnsucht, wie sie im Bild von Raubvogel und Abgründen zum Ausdruck kommt, hervorruft, löst sich in einer Fortsetzung und Wiederholung derselben Konstellation, aus der heraus das Begehren seinen Ausgang genommen hatte:

„Da gedachte er der fernen schattigen Heimat, wie er dort als Kind an solchen schönen Sommertagen mit seinen Verwandten oft vor dem hohen Schloß im Garten gesessen, wo sie nach den Segeln fern am Horizonte aussahen, ob nicht Diego's Schiff unter ihnen. Aber die Segel zogen wie stumme Schwäne vorüber, die Wartenden droben wurden alt und starben, und Diego kam nicht wieder, kein Schiffer brachte jemals Kunde von ihm." (Ebd.)

Aber auch diese durch die Erinnerung vollzogene Verschiebung der die Sehnsucht manifestierenden Bilder wird sogleich nochmals weitergeführt und ‚endet' in einem Lied Antonios, in dem sich die gleiche Sehnsuchtsszenerie noch einmal wiederholt:

Ich seh' von des Schiffes Rande	Don Diego auf seiner Warte
Tief in die Flut hinein:	Sitzet da unten tief,
Gebirge und grüne Lande,	Als ob er mit langem Barte
Der alte Garten mein,	Über seiner Harfe schlief.
Die Heimat im Meeresgrunde,	Da kommen und gehn die Schiffe
Wie ich's oft im Traum mir gedacht,	Darüber, er merkt es kaum,
Das dämmert alles da drunten	Von seinem Korallenriffe
Als wie eine prächtige Nacht. (...)	Grüßt er sie wie im Traum. (358f.)

Der Fortsetzung der Sehnsuchtsbilder entspricht auf inhaltlicher Ebene, daß die Windstille in der Folge des Liedes zu Ende geht, sich das Schiff wieder in Bewegung setzt und so das Geschehen seinen Fortgang nimmt:

„Und wie er noch so sann, kräuselte auf einmal ein leiser Hauch das Meer immer weiter und tiefer, die Segel schwellten allmählich, das Schiff knarrte und reckte sich wie aus dem Schlaf und aus allen Luken stiegen plötzlich wilde gebräunte Gestalten empor, da sie die neue Bewegung spürten, sie wollten sich lieber mit dem ärgsten Sturme herumzausen, als länger so lebendig begraben liegen." (359)

Im Zustand der zauberischen Windstille (vgl. 357) und im Bild des Lebensschiffs als Raubvogel über den Abgründen zeigt sich die Identität des Subjekts als prekärer Spannungszustand zwischen naturhafter Abgründigkeit und der im Bild des Raubvogels erscheinenden Souveränität des Ich. Beide Pole können nur in gegenseitiger Abhängigkeit zur Geltung gelangen und verweisen aufeinander. Der aufrechterhaltenen Distanz und gleichzeitigen Anziehungskraft, die zwischen ihnen besteht, entspringt die Sehnsucht nach einer endgültigen Erfüllung von Identität, die aber zugleich im Zusammenfall der beiden Pole ihr gegenseitiges Verlöschen bedeuten würde. Die Gefahr, daß der Spannungszustand zwischen beiden Positionen in seiner Dauer zur zeichenhaften Erstarrung von Identität gerät, wie sie die einführenden Bilder – die zu Beginn der Erzählung sogleich einen selbstreferentiellen Bezug auf die Wahrheitslogik des Erzählens beinhalten – deutlich werden lassen, wird dadurch gebannt, daß sich die Bilder fortsetzen und sich die „unbekannten Abgründe[]" (358) im Lied Antonios schließlich zur „Heimat im Meeresgrunde" (ebd.) wandeln. Diese aber ist kein feststehender Ort, sondern ein Sehnsuchtsziel, das wiederum im Traum seinen Ursprung hat und somit dem Blick immer weiter entschwindet.

2. Gold, Geld und Begehren

Wie Schwan in seiner Arbeit über die Motivstruktur der Erzählung dargelegt hat, bildet das Gold eines der konstitutiven Motive der Erzählung[22], das insbesondere mit dem Thema sexueller Wünsche und damit dem Venuszauber der entdeckten Insel in Verbindung steht. Zugleich ist ‚Gold' ein schillerndes Zeichen, das sowohl die triebhafte Verführungsmacht der Natur und deren Authentizität bezeichnet als auch im Sinne von ‚Geld' als Kulturform des Goldes einerseits das funktionale Medium[23] des Wertvollen und Bedeutenden schlechthin darstellt und andererseits als unechtes, leeres Zeichen denunziert wird. In der literarischen Tradition, insbesondere der Romantik, besteht ein deutlicher Zusammenhang von Gold, Geld und Eros, wie es beispielsweise im alchimistischen Analogiedenken der Bergwerksmetaphorik bei Novalis, Tick oder E.T.A. Hoffmann deutlich wird. Das Gold im Innern der Erde steht in Beziehung zur Tiefe der

---

[22] Vgl. Schwan, a.a.O., S. 368.
[23] Zur Bedeutung des Geldes als „ontosemiologisches Leitmedium" der Moderne vgl. Jochen Hörisch: Kopf oder Zahl. Die Poesie des Geldes, Frankfurt 1996 (im folgenden zitiert als ‚Die Poesie des Geldes') und ders.: Brot und Wein. Die Poesie des Abendmahls, Frankfurt 1992, S. 7-28. Zur Funktionalität des Geldes vgl. ders., Die Poesie des Geldes, a.a.O., S. 61ff.

Seele und damit dem unbewußten Wünschen des Menschen und seiner Sehnsucht nach naturhafter Authentizität. Wo Gold in seiner geprägten Form in Erscheinung tritt oder vor allem sein Geldwert im Vordergrund steht, wird gleichzeitig das Thema kultureller Entfremdung eröffnet, das die ursprüngliche Natur in ihrer kulturellen Kodierung zum sinnentleerten ‚bloßen' Zeichen werden läßt. Die Goldgier, welche die Meerfahrer antreibt, steht damit in direkter Verbindung mit einem unbestimmten erotischen Begehren und der Suche nach dem Anderen der kulturellen Normalität, dessen erzählerischen Erprobung in eben dieser Verbindung von Gold/Geld und Eros im folgenden nachgegangen werden soll.

Zugleich gerät mit der Suche nach der nicht moralisierten Natur als Ursprung des Wünschens und naturhafter Grundlage der Identität von Ich und Welt die Wahrheitsfrage ins Spiel, d.h. die Frage danach, ob und in welcher Weise Natur als Inbegriff des Authentischen kulturell vermittelt werden und so eine dauerhafte Korrelation von Sein und Sinn hergestellt werden kann. Dabei gibt es in der »Meerfahrt« mehrere miteinander konkurrierende mediale Bereiche, an welche die Wahrheitsfrage gestellt wird und unter denen jeweils Verbindungen bestehen. Neben Gold und Liebe, Sprache und wissenschaftlicher Gelehrsamkeit ist dies die Natur selbst, die wie eine wunderbare aber unbekannte Schrift erscheint. Alle diese Bereiche stehen miteinander in Verbindung bei der Suche nach einer Lesbarkeit der Welt[24], wobei es auf der Aussageebene der Erzählung meist eine ‚richtige' christliche und eine ‚falsche' heidnische Alternative gibt. Dabei ist die Zuordnung des Falschen und Wahren zum Bereich der Natur und der Kultur nicht eindeutig. ‚Falsch' und trügerisch sind sowohl der naturhafte Venuszauber als auch der rhetorische Prunk der Metaphern, ‚wahr' dagegen die Chiffrenschrift der Natur und die christlich kodierte Liebe. Darüber hinaus zeigt ein Blick auf die Bildlichkeit der Erzählung – beispielsweise auf den Motivkomplex von Gold und Feuer –, daß zwischen den Positionen einer triebhaften und ursprünglichen Natur und ihrer kulturellen christlichen Moralisierung Beziehungen bestehen, die jede eindeutige, schematisierte Gegensätzlichkeit von Natur und Kultur durchkreuzen.

---

[24] Zur Lesbarkeit von Welt und Geld vgl. das entsprechende Kapitel ebd. S. 53-71.

2.1. Das Gold als Metapher des Körpers

Das Motiv des Goldes entfaltet innerhalb der Erzählung ein Beziehungsgefüge von ambivalenter Bedeutung, das Lust und Gefahr erfüllter Sehnsucht, wie sie im Raubvogelbild deutlich geworden ist und deren Ort die Meerfahrer auf der schließlich entdeckten Venusinsel zu finden hoffen, Ausdruck verleiht. So erscheint das Land, das die Seefahrer nach dem Ende der Windstille ohne jede weitere Verzögerung erreichen, sogleich als das ersehnte Eldorado, den Glück verheißenden Ort, wo alle Wünsche in Erfüllung gehen, dessen Erscheinen aber gleichzeitig von Gefahr verheißenden Unglückszeichen begleitet wird. Antonio ist der erste, der vom Mastkorb aus das neue Land entdeckt:

> „Ein blauer Berg taucht auf, rief Antonio hinab, jetzt wieder einer – ich glaub' es sind Wolken, es dehnt sich und steigt im Nebel wie Turmspitzen. – Nein, jetzt unterscheide ich Gipfel, o wie das schön ist! und helle Streifen dazwischen in der Abendsonne, unten dunkelt's schon grün, die Gipfel brennen wie Gold. – Gold? rief der Hauptmann und hatte sein altes Perspektiv genommen, er zielte und zog es immer länger und länger, er schwor, es sei das reiche Indien, das unbekannte große Südland, das damals alle Abenteurer suchten.
>
> In diesem Augenblicke aber waren plötzlich alle Gesichter erbleichend in die Höh gerichtet: ein dunkler Geier von riesenhafter Größe hing mit weit ausgespreizten Flügeln gerade über dem Schiff, als könnt' er die Beute von Galgenvögeln nicht erwarten. Bei dem Anblick ging ein Gemurmel, erst leise, dann immer lauter, durch das ganze Schiff, alle hielten es für ein Unglückszeichen." (359f.)

Im Bild des Geiers über dem Schiff wird das zuvor von Antonio imaginierte Raubvogelbild nochmals aufgenommen und in die Wirklichkeit der Erzählung übertragen.[25] In paralleler Fügung wird auch in der Geschichte Don Diegos die Entdeckung des vermeintlichen Eldorados mit warnenden Vordeutungen verknüpft, die die Hoffnung auf eine tatsächliche Erfüllung der Sehnsucht als trügerisches Unterfangen kennzeichnen:

> „Wir hofften alle das wunderbare Eldorado zu entdecken. Aber mein Lieutenant, ein junger, stiller und finsterer Mann, entgegnete in seiner melancholischen Weise: das Eldorado liege auf dem großen Meere der Ewigkeit, es sei töricht, es unter den

---

[25] Vgl. Schwan, a.a.O., S. 364.

Wolken zu suchen. – Das verdroß mich. Ich schenkte rasch mein Glas voll. Wer's hier nicht sucht, der findet's nimmer, rief ich, durch! Und wenns am Monde hinge. Aber wie ich anstieß, sprang mein Glas mitten entzwei, mir graute – da rief's auf einmal vom Mastkorbe: Land!" (401)

Das Goldmotiv ist über dasjenige des Feuers von Beginn an mit dem sexuellen Begehren verknüpft.[26] Als der Hauptmann Alvarez und Antonio von vermeintlichen Sirenen verlockt als erste die Insel erreichen, „glaubte Antonio in der Ferne ein Feuer zu bemerken. Alvarez sagte: wo in diesen Ländern eine reiche Goldader durchs Gebirge ginge, da gebe es oft solchen Schein in stillen Nächten." (363) Beim Näherkommen entpuppt sich aber die angebliche Goldader als der Feuerkreis eines wilden Haufens „dunkler Männer" (ebd.), die um eine in einer Felsengrotte ruhende, unbekleidete Frauengestalt herumtanzen. (Vgl. 363f.) Alvarez erklärt das unbekannte Bild unverzüglich zur „Frau Venus" (364) und verbindet das im Zeichen des Feuers geschaute erotische Ritual wiederum mit dem Innern der Erde, das als Ort geheimnisvoller Tiefe zugleich der Ursprungsort des Goldes ist: „Es ist Walpurgis heut ..., da sind die geheimen Fenster der Erde erleuchtet, daß man bis ins Zentrum schauen kann." (Ebd.) Ist das Feuer somit zum einen das Zeichen erotischer Leidenschaft, wie es auch besonders deutlich im Lied der Inselkönigin „Bin ein Feuer hell, das lodert" (vgl. 408f.) zum Ausdruck kommt[27], so steht es zuletzt ebenso für deren christliche Sublimierung und Moralisierung, wie sie sich in der Person des zum Einsiedler gewordenen Don Diego verkörpert. Umstrahlt vom Feuer des Morgenrots erscheint der Einsiedler den Seefahrern als verklärte Heiligengestalt: „Auf einmal starrten alle überrascht in die Höh. Denn fern auf einem Felsen, der die andern Gipfel überschaute, trat plötzlich der Einsiedler mitten ins Morgenrot, als wär' er ganz von Feuer." (398)

Die hier skizzierte metaphorische Bedeutung des Goldmotivs ist räumlich mit demjenigen einer geheimnisvollen Tiefe beziehungsweise transzendenten Höhe verknüpft und verbindet die Verführungsmacht ursprünglicher Natur mit ihrer religiösen Verklärung. Während das Gold in diesem Sinn eine seltene und wertvolle Ressource darstellt, die man suchen muß, gibt es auf der Insel andererseits das Gold, das sichtbar und im Überfluß vorhanden an der Oberfläche der Erde zutage liegt. In diesem Zustand reduziert sich seine Bedeutung auf den Gegenstand einer reinen und asozialen Triebhaftigkeit, welche die Spanier sowohl in der Binnen- als auch in der

---

[26] Vgl. ebd., S. 369f.
[27] Vgl. ebd., S. 370.

Rahmengeschichte der Macht der Wilden ausliefert und sie in lebensbedrohliche Situationen bringt, da die Selbstsucht jedes einzelnen den Zusammenhalt innerhalb der Truppe der spanischen Eindringlinge zusammenbrechen läßt. Für den Inselkönig ist das Gold lediglich eine Waffe im Kampf gegen die Spanier:

„Der König hatte unterdes gewinkt, einige Wilde traten mit großen Körben heran, der König griff mit beiden Händen hinein und schüttete auf einmal Platten, Körner und ganze Klumpen Goldes auf seine erstaunten Gäste aus, daß es lustig durcheinanderrollte. Da sah man in dem unverhofften Goldregen plötzlich ein Streiten und Jagen unter den Spaniern, jeder wollte alles haben und je mehr sie lärmten und zankten, je mehr warf der König aus, ein spöttisches Lächeln zuckte um seinen Mund, daß seine weißen Zähne manchmal hervorblitzten, wie bei einem Tiger. Währenddes aber schwärmten die Eingeborenen von beiden Seiten aus den Schluchten hervor, mit ihren Schilden und Speeren die Raufenden wild umtanzend." (374)

Was die Bedeutung des Goldmotivs angeht, bezieht sich Eichendorff auf die literarische Tradition der Romantik, die ihrerseits das Analogiedenken der alchimistischen Naturphilosophie rezipiert hatte. In der analogen Beziehung des Körpers zum Leib der Erde erscheint das Gold als Metapher des Körpers, das diesen als Ort authentischer Seinserfahrung wie als Ort kultureller Entfremdung in der Dualität von Tiefe und Oberfläche strukturiert. Die Suche nach der Sprache der Natur als die Suche nach dem sprechenden Leib spricht diesem ein Geheimnis zu, das tief in seinem Inneren, so wie das Gold im Innern der Erde, verborgen liegt. Diesem ursprünglich im Erdinnern als wertvolle und seltene Natur versteckten Gold korrespondiert die Wahrheit der Seele, während das massenhaft an der Oberfläche zutage liegende Gold als falscher Mammon zum inflationären und ungedeckten Zeichen wird, ein nur noch funktionales Medium, mit dem man sich zwar in der Welt alles kaufen kann (vgl. 418), das aber am Ort des Wünschens selbst völlig ohne Bedeutung ist.

Als aus sich selbst sprechende Natur besitzt der Körper eine eigene Tiefe, in der seine Wahrheit als Geheimnis bewahrt ist. Der Versuch, auf seiner Oberfläche eine eindeutige Lektüre durchzusetzen, läßt das Spannungsverhältnis von Innen und Außen zusammenbrechen und ihn zum erstarrten, beliebig ersetzbaren Zeichen werden. Dementsprechend folgt die Wandlung des Goldes vom Naturobjekt im Innern der Erde zur Kulturform des Geldes einer verbindlichen Lektüre der ursprünglichen Körpernatur, die den Körper vom transzendenten Signifikat zum bloßen Signifikanten erniedrigt. In der kulturellen Form des Geldes wird das Gold somit zum Paradigma einer zeichenvermittelten Identität, in der die kulturelle Kodierung eines Inneren durch die Verabsolutierung des Signifikanten wiederum in die Bedeutungslosigkeit führt. Der falsche „Mammon" (ebd.) als Inbegriff eines sinnentleerten Materialismus ist das funktionale Medium einer monetären – und zugleich negatives Paradigma einer sprachlichen „Zweitcodierung der Welt"[28], in der Kultur zur zweiten Natur des Menschen geworden ist.[29] Dabei wird Gold/Geld vom reinen Medium selbst zum Objekt des Begehrens. Während dieses an sich untilgbar ist und als auf das Geld projezierte Triebnatur erneut zum Vorschein kommt, gehen die idealisierenden Sinnzuschreibungen verloren. Was hier in der metaphorischen Verhüllung der verschiedenen Bedeutungsebenen des Goldmotivs als immer wieder neu zu bewältigender Bedeutungsverlust bei dem Versuch deutlich wird, die Natur zu ent-decken und zur Sprache zu bringen, hat Eichendorff an anderer Stelle in bezug auf die Eroberung der Neuen Welt als Prozeß der Säkularisierung und Verlust religiöser Sinngehalte beschrieben. Danach hatten die spanischen Eroberer zunächst religiöse Beweggründe, bevor der „Erdgeist des Goldes den Kampf um Amerika säkularisiert"[30] hatte.[31] Die Suche nach dem Traumland Eldorado als die Suche nach einer neuen Welt endet notwendigerweise in der Säkularisierung des begehrten Anderen, insofern sie zugleich Mission ist. Denn die schöne Fremde bleibt nicht als solche bestehen, sondern wird erobert und kolonisiert. Der tatsächlichen Gewalt, wie sie bei der Inbesitznahme Amerikas in Erscheinung getreten ist, entspricht die zivilisatorische Gewalt einer Kultur in ihrem Bestreben, dem ihr Anderen gegenüber die eigene Wahrheit durchzusetzen. Dem Willen zur Wahrheit scheint ein unstillbarer Eroberungsdrang eingeschrieben zu sein. Während in der »Meerfahrt« die tatsächliche Eroberung der Fremde unterbleibt, zeigt sie die Verluste auf, die der Kultur aus dem ihr eigenen Missionseifer erwächst. Statt das Andere ihrer selbst in konstruktiver Weise als solches wahrzunehmen und zugleich zu belassen, wird die neue Welt der alten angeglichen und ihrer Wahrheit dienstbar gemacht.

In der topologischen literarischen Kritik am Geld erscheint dieses als Medium, das die ideellen, sittlichen und religiösen Werte zersetzt[32], indem es die von Gott geschaffene Welt in seinen indifferenten Code überführt und so die ‚richtige' Lektüre des Buchs der Natur verstellt[33]. Die „materielle[] Geldkraft"[34], so Eichendorff, hat in der

---

[28] Hörisch, Die Poesie des Geldes, S. 62.
[29] Zur Beziehung von Geld, Sprache und Dichtung vgl. ebd. S. 21ff.
[30] Joseph von Eichendorff: Zur Geschichte des Dramas, W 6, S. 633-803 (660).
[31] Vgl. Peter Krahé: Eichendorffs »Meerfahrt« als Flucht vor dem „praktischen Abgrund", in: Aurora 44 (1984), S. 51-70 (61).
[32] Vgl. Hörisch, Die Poesie des Geldes, a.a.O, S. 55.
[33] Vgl. ebd., S. 53ff.

Neuzeit „die Stelle der idealen Treue"[35] eingenommen. Wie dargelegt, ist es aber gerade in dem Versuch selbst begründet, der Natur eine eindeutige Wahrheit zuzusprechen, daß ihre Moralisierung zuletzt in die Indifferenz einer zweiten Natur mündet, die als Rückfall in einen neuen Materialismus wahrgenommen wird. Der reine Funktionalismus des Geldes, der die Frage nach seiner Deckung akut werden läßt, ist dabei der radikalisierte Ausdruck einer negativ verstandenen Scheinhaftigkeit, die allen Bemühungen innewohnt, die Welt zu lesen, indem man sie zum Abbild macht.[36]

2.2. Der Prunk der Sprache und die unbekannte Schrift der Natur

Als negatives Beispiel eines zeichenvermittelten und damit zuletzt sprachlichen Zugangs zur Wirklichkeit steht Gold/Geld in der »Meerfahrt« in Verbindung zum gelehrten und absichtlich bedeutungsvollen Umgang mit der Sprache, wie er in der Person des gerade der Schule entlaufenen Antonio in ironisch-sympathischer Weise verkörpert ist. Zugleich gehört er damit in eine Reihe mit den Dichterfiguren in Eichendorffs Werk, in denen er die Selbstironie gestaltet, mit der er das eigene Dichtungsverständnis kritisch beleuchtet. Antonio erweist sich gegenüber den anderen Abenteurern als der Mann des Wortes und der Wissenschaft. Dabei ist gerade die Naivität, mit der er an die Buchgelehrsamkeit glaubt, Ausdruck seines kindlich-unverdorbenen Gemüts, wie es sich andererseits in seiner Glaubensfestigkeit zeigt. So schafft er es als „tapferer Ritter Rhetorio" (366) im Streit zwischen Alvarez und seinem Leutnant Sanchez die gegnerischen Parteien mit einer christlichen Predigt zur Räson zu bringen. Zuletzt muß er aber für seine Mahnrede mit einem Zweikampf geradestehen, der Zweifel in die Macht des Wortes angebracht erscheinen läßt. (Vgl. 366f.)

Im Rahmen der „bewaffneten feierlichen Gesandtschaft" (371) der Spanier an den „wilden" (ebd.) Hof, die Antonio als „Dolmetsch" (372) begleitet, kommt es zu einer direkten Gegenüberstellung des ‚falschen', verblendenden (vgl. 374) Goldes mit dem leeren Prunk der Metaphern. Für den närrischen Zug der Spanier zum Inselkönig hat Antonio seinem Hauptmann „mit allem Fleiß eine feierliche Rede" (371) verfaßt, die „ihm zu seiner großen Zufriedenheit geraten" (ebd.) ist. Der Wert des rhetorischen Gastgeschenks, mit dem die Spanier das Wohlwollen des Inselkönigs erlangen wollen,

---

[34] Joseph von Eichendorff: Der Adel und die Revolution, W 5, S. 391-416 (392).
[35] Ebd.
[36] Vgl. Hörisch, Die Poesie des Geldes, a.a.O., S. 67f.

gleicht dabei dem Plunder, der auf einer Bahre für den König herbei getragen wird: „Pfannen, zerschlagene Kessel und was sonst die Armut an altem Gerümpel zusammengefegt" (372). Zwar versteht der König kein Wort der Rede, da Antonio sie „trotz seiner Gelehrsamkeit" (373) in der falschen Sprache verfaßt hat,

„[d]er unverzagte Alvarez aber fragte nach nichts, er ließ die Tragbahre mit dem alten Gerümpel dem Könige vor die Füße setzen, rückte sich auf seinem Esel zurecht und hielt sogleich mit großem Anstande seine wohlverfaßte Anrede, während einige andere hinten feierlich die Zipfel seines Scharlachmantels hielten." (374)

Nachdem der König sich der Perücke des Alvarez als dem lächerlichen Symbol seiner Autorität bemächtigt hat (vgl. ebd.), teilt er seinerseits Geschenke an die Fremden aus. Der „Goldregen" (ebd.), den er auf seine Gäste niedergehen läßt, ist das Äquivalent zu den falschen Geschenken der Spanier. Im Gegensatz zu diesen erreicht er aber mit seinem Geschenk das Ziel, über die anderen Macht auszuüben, da er sie mit ihren eigenen Waffen schlägt. Mit seinen Goldgeschenken zielt der Inselkönig in die Mitte dessen, was die Welt der Spanier zusammenhält. Deren Versuch, über das ihrer eigenen Kultur Fremde Macht zu gewinnen und die Wilden mit dem Schein einer trügerischen Wahrheit zu blenden, scheitert, da dieses Andere, so wie es in der Triebnatur des Goldes zum Ausdruck kommt, sich bereits innerhalb der eigenen Bastion befindet. In diesem Sinn ist das Gold, mit dem der „Teufel" (ebd.) die Spanier „verblendet" (ebd.), das glänzende Metall, das ihren eigenen Blick auf das ihnen Fremde zurückspiegelt.

Aus der Zweifelhaftigkeit der Sprache und ihrer Fähigkeit zu lügen, aus der die Rhetorik die Kunst der Überredung macht, weist der Text den Weg zurück zur Sprache der Natur. Dem Ansinnen des Alvarez, in seiner Rede „noch mehr Figuren und Metaphern" (372) zu haben, „gleichsam einen gemalten Schnörkel vor jeder Zeile" (ebd.), steht Antonio zuletzt hilflos gegenüber:

„Dem Antonio aber fiel durchaus nichts mehr ein, denn der steigende Morgen vergoldete rings um sie her die Anfangsbuchstaben einer wunderbaren unbekannten Schrift, daß er innerlich still wurde vor der Pracht." (Ebd.)

Die Natur, die hier abermals als Ort einer geheimnisvollen Wahrheit erscheint, spricht nicht einfach aus sich selbst, sondern gleicht einer „unbekannten Schrift" (ebd.), deren Unlesbarkeit Garant ihrer Wahrheit ist. Will man sie dennoch entziffern, so kann man schließen, gilt es, sie im Prozeß des Lesens in der Richtung, in welche die Anfangsbuchstaben weisen, zugleich weiterzuschreiben. Dies aber ist gerade die Aufgabe der

Kunst und die Hoffnung, daß sie gelingen könnte, Ausdruck des romantischen Poesieverständnisses, der die Erzählung durch den selbstreferentiellen Kommentar ihrer vielbezüglichen und widersprüchlichen Bildlichkeit entgegenarbeitet.

Dem romantischen Poesieverständnis entsprechend stellt auch in der »Meerfahrt« die Phantasie das eigentliche Organ des Menschen dar, um die Sprache der Natur verstehen zu können. Während aber die Romantik die Sprache der Natur und der Phantasie in einem gleichbedeutenden analogen Verhältnis sieht, betont Eichendorff immer wieder, wie auch in der »Meerfahrt«, die Einbildungskraft als genuinen Ort eines Bilder erzeugenden Vermögens. In der Szene, die der Erfahrung der verhängnisvollen Auswirkungen des Goldgeschenks folgt und der ersten Begegnung Antonios mit Alma vorausgeht, wird zunächst der emphatische Austausch mit der Natur am Schema des Erhabenen ironisiert und sodann der Weg vom wissenschaftlichen Versuch, die Chiffrenschrift der Natur beziehungsweise einer in Natur zurückversunkenen Kultur zu erfassen, zurück zum Traum als der Schrift des eigenen Inneren gewiesen.

Antonio befreit sich von der lügenhaften Macht, die das Gold verheißt, in einer Anwandlung eigener Größe, die ihn angesichts einer gefährlich-erhabenen Natur ergreift, und deren Gewalt er stand hält, indem er an die erdichteten Helden aus seinen Schulbüchern denkt:

> „Nur zu, blas' nur immer zu, blinder Sturm, glühet ihr Blitze! rief er aus und schaute recht zufrieden und tapfer umher, denn alles Große ging durch seine Seele, das er auf der Schule aus den Büchern gelernt, Julius Cäsar, Brutus, Hannibal und der alte Cid. – Da brannte ihn plötzlich sein Gold in der Tasche, auch er hatte sich nicht enthalten können, in dem Goldregen mit seinem Hütlein einige Körner aufzufangen. – Frei vom Mammon will ich schreiten auf dem Felde der Wissenschaft, sagte er und warf voll Verachtung den Goldstaub in den Sturm, es gab kaum einen Dukaten, aber er fühlte sich noch einmal so leicht." (377)

Literatur und Wissenschaft zeigen sich hier in ihrer Scheinhaftigkeit als zweifelhafte Alternativen zum falschen Mammon, die in ihrer erhabenen Größe sprechende Natur erweist sich als Reflex der literarischen Bildung. Ebenso ironisch wird beschrieben, wie Antonio, als er in den verwilderten Garten gerät, eine Probe seines schüchternen wissenschaftlichen Eifers gibt und versucht, die archäologischen Reste einer von der Natur zurückgeholten Kultur zu entziffern:

„Antonio sah sich zögernd nach allen Seiten um. Schon gestern hatten ihn die Mauertrümmer, die fast wie Leichensteine aus dem Grün hervorragten, rätselhaft verlockt. Jetzt konnte er nicht länger widerstehen, er zog heimlich seine Schreibtafel hervor, um den kostbaren Schatz von Inschriften und Bilderzeichen, die er dort vermutete, wie im Fluge zu erheben." (377f.)

Die Bilderzeichen dadurch verstehen zu wollen, daß man sie abbildend verdoppelt, gleicht hier einem illusorischen Unterfangen und ist doch nichts anderes als der Normalfall der Lektüre von Wirklichkeit.[37] Der Versuch, die Chiffrenschrift der Natur zu verstehen, wird abgebrochen, als sich der Ort der „Inschriften und Bilderzeichen" (378), zu dem Antonio auf „verschlungenen Pfaden durch das Labyrinth der Klippen" (377) gelangt ist, als metaphorische Landschaft des eigenen Ich erweist. Denn der Garten, den Antonio „zu seinem Erstaunen" (378) gewahr wird, ist – was sich aber erst einer zweiten Lektüre der Erzählung enthüllt – der verwilderte Garten Don Diegos und gleicht damit der bildlichen Gestaltung des Ursprungs und des Ziels seiner Sehnsucht[38], deren gleichbedeutender Ort der Traum ist. „Wie im Traum" (ebd.) wandert Antonio „durch die verwilderte Pracht" (ebd.), bis ihm tatsächlich müde die Augen zu sinken. (Vgl. ebd.) Die Chiffrenschrift der Natur zeigt sich zuletzt als die Bilderschrift des eigenen Innern. Die Sprache der Natur zu verstehen, heißt, die Tiefe des eigenen Ich zu entziffern. Diese manifestiert sich aber immer schon in Bildern, die nicht eindeutig sind und deren Ursprung nicht sichtbar ist.[39] Der Traum führt Antonio schließlich zur Begegnung mit Alma; die Bilder weisen somit den Weg zur Liebe als dem eigentlichen Medium, durch das die Sprache der Natur verständlich werden soll.

Die beiden einander spiegelnden Liebesgeschichten Don Diegos und Antonios liefern einmal das negative und einmal das positive Beispiel der Suche nach der sprechenden Natur, deren Erfahrung im begehrten anderen Glück verheißt. Was Antonio schließlich zu Teil wird, darauf muß sein Onkel Don Diego Verzicht leisten. Beide Geschichten sind in ihrer Bedeutung aber im Zusammenhang zu betrachten und zeigen den Weg zur Liebe als ambivalenten Prozeß, in welchem sich in der Vermittlung von Natur und Kultur der Abstand zwischen beiden Bereichen zugleich vergrößert. Ihre Verkörperung findet die Sehnsucht nach dem Anderen in beiden Geschichten in der schönen, venusgleichen Frau, wobei der Venus-Mythos selbst im Verhältnis von Rahmenhandlung und Binnenerzählung seine spielerische Ironisierung erfährt.

---

[37] Vgl. ebd., S. 67.
[38] Vgl. S. 43 dieser Arbeit.

3. Frau Venus, die nicht da war

Als Alvarez und Antonio gebannt die schöne Schlafende inmitten des Feuerkreises beobachten, entwickelt sich folgender Dialog:

„Es ist Walpurgis heut, flüsterte Alvarez nach einer kleinen Pause, da sind die geheimen Fenster der Erde erleuchtet, daß man bis ins Zentrum schauen kann. (...) Vermaledeiter Hexensabbat ist's, sagte der Hauptmann wieder, Frau Venus ist's! in dieser Nacht alljährlich opfern sie ihr heimlich, *ein* Blick von ihr, wenn sie erwacht, macht wahnsinnig. – Antonio, so verwirrt er von dem Anblick war, ärgerte doch die Unwissenheit des Hauptmanns. Was wollt ihr? entgegnete er leise, die Frau Venus hat ja niemals auf Erden wirklich gelebt, sie war immer nur so ein Symbolum der heidnischen Liebe, gleichsam ein Luftgebild, eine Chimäre. Horatius sagt von ihr: Mater saeva cupidinum." (364)

Komisch, aber auch durchaus von tieferer Bedeutung ist dieses Gespräch in mehrfacher Hinsicht. Komisch ist es zunächst, daß dadurch, daß Antonio gegenüber der Unwissenheit des Alvarez die Buchgelehrsamkeit eines Wissenden herauskehrt, über sein eigenes Fasziniertsein und damit über die Sache selbst nichts gesagt ist. Alsdann offenbart er gerade damit einen naiven Realismus, daß er, indem er mit seiner allegorischen Interpretation den Venus-Mythos als scheinhaftes, bloßes Sprachprodukt kennzeichnet, den Eindruck erweckt, die Bildlichkeit der Sprache sei lediglich ein reduzierbares Medium, um eine an ich feststehende Wahrheit zu übersetzen.[40] Seine vermeintliche Erkenntnis ist er denn auch sogleich gezwungen, wiederum aus der Literatur zu decken: Wahr ist, was Horats sagt. Indem Antonio Venus als „Symbolum der heidnischen Liebe" (ebd.) bezeichnet, hinterfragt er den Mythos und erklärt ihn zur Literatur, die er sogleich als „Luftgebild" (ebd.) und „Chimäre" (ebd.) der lügenhaften Scheinhaftigkeit bezichtigt.

Selbstironisch verweist hier die Erzählung mit dem Ausspruch ihrer Figur auf die schlichte Tatsache, daß alle Literatur scheinhaft ist, eine Tatsache, die zwar für die Literatur akzeptiert ist, deren Bedeutung für die Sprache im allgemeinen jedoch normalerweise nicht wahrgenommen wird. Die eigentliche Ironie aber liegt letztlich darin, daß selbst auf dieser scheinhaften Wirklichkeitsebene dasjenige, wovon die Erzählung handelt, erneut nur als Erzählung vorhanden ist. In der Rahmenerzählung existiert Venus

---

[39] Vgl. S. 17f. dieser Arbeit.
[40] Daß dies nicht so ist, gilt zumindest für die Humanwissenschaften, deren Erkenntnisse es alle auf die eine oder andere Weise mit der Funktionslogik einer sprachlichen Erfassung von Wirklichkeit zu tun haben. Vgl. dazu Foucault, Die Ordnung der Dinge, a.a.O., Kapitel 10.

nur als Phantasieprodukt abergläubischer Abenteurer und die Inselkönigin nur noch als schöne, konservierte Leiche, als lebendige Figur erscheint sie lediglich in der Erzählung Don Diegos. So bezeichnet Antonio in seiner naiven Buchgelehrsamkeit gerade das, was die ganze Erzählung vorführt: Natur und Eros stellen sich nur noch literarisch-kulturell vermittelt dar, als Ursprünglich-Authentisches sind sie gar nicht mehr erfahrbar. Daß Frau Venus, von der doch die ganze Geschichte handelt, „nicht da" (387) ist, bildet somit den Kernsatz der Erzählung, wie es Alvarez schließlich als ärgerliche Erkenntnis zusammenfaßt:

„"...Frau Venus, Urgande, Megära, das kommt und geht so, rief der Hauptmann ungeduldig aus und benannte das Eiland, dessen blaue Gipfel soeben im Morgenduft versanken, ohne Weiteres die Venusinsel, von der Frau Venus, die nicht da war." (Ebd.)

Die Wiederholung und Spiegelung von Rahmenhandlung und Binnenerzählung in der »Meerfahrt« läßt die romantische Utopie eines unentfremdeten Lebens im Einklang mit der Natur in ironische Distanz rücken.[41] Die Möglichkeit, die Fremde[42] tatsächlich als solche erleben zu können, liegt für die Abenteurer der zweiten Ausfahrt bereits denkbar fern. Das Fremde erscheint nur noch als bloßes Kolorit, ‚fremd' sind die Rehe (vgl. 363) und die Vögel (vgl. 370), aber die wirkliche Gefahr des Unbekannten lauert nirgends mehr, da die Spanier selbst bei den Angriffen der ‚Wilden' durch die Hilfe Almas unter dem Schutz einer ihnen wohlgesinnten Fortuna stehen.

Einerseits ist ihre Reise in die neue Welt lediglich eine Wiederholung derjenigen ihrer Vorgänger, ein Nachleben des bereits Vorgelebten, andererseits ist das, was sie vorfinden, bereits nicht mehr dasselbe, das ihren Vorgängern begegnet ist. Die Entfernung zur Natur hat sich in der Rahmenerzählung im Vergleich zur Binnenerzählung noch einmal vergrößert: Zeichentheoretisch gesprochen beginnt die zweite Geschichte (Rahmenhandlung), was den signifikatorischen Abstand von der Natur angeht, auf demjenigen Niveau, auf welchem die erste Geschichte (Binnenerzählung) geendet hatte. Alma als liebende Reinkarnation der Inselkönigin gleicht dieser nur äußerlich und hat auch, was ihre Eigenschaften als „schöne Fremde" (ebd.) angeht, mehr mit der

---

[41] Nach Stefan Nienhaus steht die Rahmenhandlung zur Binnenerzählung im Verhältnis einer karikierenden Wiederholung, die eine zeitkritische Intention beinhaltet. Vgl. Stefan Nienhaus: Eichendorffs Wiederholungsstil. Eine Untersuchung des Erzählwerks, Münster 1991, S. 55-58.

[42] Zur verschiedenen Konnotation von ‚Fremde' und ‚Ferne' in Beziehung zur ‚Heimat' in der Dichtung Eichendorffs vgl. Wolfgang Nehring: Das Erlebnis der Fremde bei Eichendorff, unter besonderer Berücksichtigung der Erzählung »Eine Meerfahrt«, in: Akten des VIII. Internationalen Germanisten-Kongresses Tokyo 1990. Begegnung mit dem ‚Fremden'. Grenzen – Traditionen – Vergleiche, hg. von E. Iwasaki, Bd.9, Sektion 15, Erfahrene und imaginierte Fremde, hg. von Yoshinori Shichiji, S. 45-53.

Bedeutung der Königin als „schöne Leiche"[43] zu tun als mit der lebendigen Figur. Die Inselkönigin selbst zeigt in ihrer Geschichte zwar venushafte Züge, ist aber nicht mit dieser gleichzusetzen. Vielmehr ist sie bereits von Beginn an, dadurch daß sie zwar verführerisch ist, sich aber gleichzeitig dem Begehren der Spanier widersetzt, keine Verkörperung ‚heidnischer Liebe' mehr, sondern bereits in ihrer Eigenschaft als Naturgestalt eine problematische Figur. In ihrem Opfertod und in ihrem Weiterwirken als schöne Leiche wird sie schließlich als ‚Natur' gänzlich in den Bereich kultureller Bedeutsamkeit überführt. Im weiteren soll nun eben diesem sich vergrößernden signifikatorischen Abstand zur Natur, wie ihn die Erzählung in der Geschichte der Inselkönigin und in der Figur der Alma und ihrer Beziehung zu Antonio deutlich werden läßt, genauer nachgegangen werden.

4. Die Geschichte der Inselkönigin

In der Geschichte des Einsiedlers Don Diego erhält die Sehnsucht nach einer „neuen Welt" (400), der schönen Fremde als dem „wunderbaren Eldorado" (401), in der Figur der Inselkönigin ihren eigentlichen Fluchtpunkt, die Insel selbst bildet zuletzt ihre metaphorische Wiederholung: „‚...mir war's", so Don Diego als er zum ersten Mal die Insel betritt, „als schlüge die strenge Schöne, die ich oft im Traume gesehen, ihre Schleier zurück und ich säh ihr auf einmal in die wilden dunkeln Augen." (Ebd.) Im Bild der Insel als einer sich entschleiernden Frau findet das erträumte Sehnsuchtsbild auch in der Landschaft seine erzählerische Objektivierung.

Im Vergleich zum »Marmorbild« hat aber die Figur der verführerischen Frau in der Inselkönigin eine entscheidende Veränderung erfahren. Eher Diana-Gestalt und Amazone als Venus[44] fehlt ihr die melancholische Gebrochenheit der Venus des »Marmorbildes«. Zwar übt sie wie diese in ihrer erotisch faszinierenden Schönheit auf die Männer eine gefährliche Anziehungskraft aus, doch ist sie als Naturgestalt selbst keine erlösungsbedürftige Figur. Ihre Schönheit ist vielmehr Ausdruck einer autarken und ‚stolzen' Natur, die in ihrer Unverfügbarkeit das Begehren der Männer zwar erst recht entfesselt, aber nicht auf eine liebende Beantwortung angewiesen ist. In der Inselkönigin widersetzt sich die Natur dem der Mangelerfahrung der männlichen Subjektpo-

---

[43] Elisabeth Bronfen: Die schöne Leiche. Weiblicher Tod als motivische Konstante von der Mitte des 18. Jahrhunderts bis in die Moderne, in: Renate Berger, Inge Stephan (Hg.): Weiblichkeit und Tod in der Literatur, Köln, Wien 1987, S. 87-115.

sition entsprungenen Begehren, diese als das Andere ihrer selbst zu kolonisieren, indem sie sich als Anderes selbst als autonomes Subjekt erweist. Die Königin verkörpert eine Natur, die für den Menschen kein liebendes Gegenüber bedeutet, sondern in ihrer Autarkie vom Menschen unabhängig ist. Die Verschlossenheit der Natur ist die Antwort auf eine sich souverän erklärende Subjektposition, ihre Autarkie Reflex einer Kultur, die sich ebenfalls autonom setzt. Die Königin läßt sich weder sozialisieren noch erobern. Ausdruck ihrer nicht zivilisierbaren Natur und erotischen Anziehungskraft ist die tierhafte Gewandtheit ihres Körpers – ihr „Pantherleib" (406), der gleichzeitig die Gefährlichkeit des Jägers verheißt:

„Sie war in ein buntgeflecktes Pantherfell gekleidet, das von einem funkelnden Gürtel über den Hüften zusammengehalten wurde, mit Bogen und Köcher, wie die heidnische Göttin Diana." (404)

In ihrer tierhaften Natur ist die Königin in erster Linie Körper. Es ist die erotische Faszination ihres schönen Körpers, dessen schleierhafte Verhüllung auf seine eigentliche Nacktheit verweist und die Männer gefangen nimmt. In der Verborgenheit der eigenen Locken wird diese Nacktheit schließlich selbst zum Schleier, unter dem die eigentlich unsichtbare Natur hervorleuchtet[45]:

„Mit dem schlanken Pantherleib, zu beiden Seiten von den langen dunklen Locken umwallt, ruhte sie in ihrer strengen Schönheit wie eine furchtbare Sphynx auf den Schilden." (406)

In seiner Nacktheit und Unverfügbarkeit besitzt dieser Körper zugleich eine Aura des Heiligen, der ihn zunächst jeder kulturellen Beschriftung entzieht. Der Körper der Königin ist in diesem Sinne ganz und gar sprechender Leib[46], sich selbst genügend und nicht auf Liebe angewiesen. Im Lied der Königin findet die wilde Unbeherrschbarkeit ihrer Körpernatur ihren Ausdruck in der Gleichsetzung mit einem lodernden und verzehrenden Feuer, das, zugleich Seelenmetapher, wiederum die Beziehung zur Sphäre des Religiösen[47] herstellt. Selbst weniger Mensch als Elementarwesen ist ihr Geliebter ebenfalls kein Mensch, sondern der Wind:

---

[44] Vgl. die Erläuterungen der Eichendorff-Ausgabe, W 3, S. 610f. und S. 808.
[45] Vgl. dazu Mario Perniola: Erotik des Schleiers und Erotik der Bekleidung, in: Dietmar Kamper, Christoph Wulf (Hg.): Der Schein des Schönen, Göttingen 1989, S. 427-451.
[46] Zur Ambivalenz von sprechendem und beschriftetem Körper vgl. Dietmar Kamper, Christoph Wulf: Zwischen Archäologie und Pathographie: Körper-Subjekt, Körper-Objekt, in: dies. (Hg.): Der Andere Körper, Berlin 1984, (im folgenden zitiert als ‚Archäologie und Pathographie') S. 3-10 (4f.).
[47] Vgl. ebd., S. 5.

Bin ein Feuer hell, das lodert
Von dem grünen Felsenkranz,
Seewind ist mein Buhl und fodert
Mich zum lust'gen Wirbeltanz,
Kommt und wechselt unbeständig.
Steigend wild,
Neigend mild,
Meine schlanken Lohen wend' ich,
Komm' nicht nah' mir, ich verbrenn' dich! (408f.)

In der Anziehungskraft des todbringenden Feuers spiegelt sich die Faszination der Selbstpreisgabe, die das Subjekt gegenüber der Übermacht des Anderen, sei es diejenige einer ursprünglichen Natur oder diejenige des Göttlichen, empfindet. Beide Bereiche verbinden sich im Zeichen des Feuers. Gedacht als authentische und aus sich selbst heraus sprechende Natur, wird der Körper zum Sitz einer Wahrheit, die nicht bezweifelt werden kann.[48] In diesem Sinn „von sich aus übersinnlich"[49], leuchtet er im Zeichen des Feuers und der Schönheit und hat Teil an der „Wirklichkeit des Religiösen"[50]. Darüber hinaus ist das Feuer das transitorische Element, das den Körper aus seiner Scheinhaftigkeit durch die Verklärung im Tod in den Bereich einer manifesten Wahrheit überführt und ihn zum Zeichen seiner selbst werden läßt: Ihren Opfertod findet die Königin durch das Feuer, wie auch die gesamte Insel zusammen mit den Spaniern und ihren zivilisatorischen Versuchen, außer Don Diego und Don Alonzo, in den Flammen untergeht. Im Augenblick des Todes erscheint die Königin als „Engel des Todes" (415) verklärt und es eröffnet sich ein transzendenter „Feuerblick, wie tief in die Ewigkeit hinein" (ebd.).

Die Geschichte der Königin, wie sie aus der Perspektive Don Diegos erzählt wird, zeigt, wie die Sehnsucht nach dem Anderen, die dem Verlust der eigenen ursprünglichen Körpernatur entspringt, erneut in die Vereinnahmung des Begehrten mündet. Der Versuch Don Diegos, die Königin und ihr Volk zu sozialisieren, sie zum Christentum zu bekehren und auf der Insel eine neue Zivilisation zu errichten, wie sie in der Anlage von Burg und Garten deutlich wird (vgl. 409), endet letztlich gerade durch sein Scheitern in der Wiederholung einer das Subjekt begründenden Szene. Sein Schwur, sich „selber für die Königin zu opfern" (409), erzwingt zugleich das Selbstopfer der Königin:

---

[48] Vgl. ebd., S. 4.
[49] Ebd., S. 5.
[50] Ebd.

"Ich gelobte, Europa zu entsagen für immer, um sie und ihr Volk zum Christentum zu bekehren und dann mit ihr das Eiland zu regieren zu Gottes Ehre. – Ich Tor, ich bildete mir ein, den Himmel zu erobern, und meinte doch nur das schöne Weib!" (Ebd.)

Im Schein der Schönheit und in der Aura des Heiligen, die die Königin als Lebende umgeben hatte, behauptete ihr Körper seine Bedeutung als unbezeichnete und von sich aus sprechende Natur. Als solche ist sie aber von Anfang an das Opfer kultureller Zuschreibungen. Sie läßt sich zwar als Natur nicht sozialisieren, kann aber ihre Freiheit nur durch den Tod behaupten, indem sie zum Zeichen dessen wird, das sie nicht mehr sein kann. Die kulturelle Beschriftung ihres Körpers, welche die Königin als sprechende Natur im Tod ereilt, ist somit immer schon unausweichlich gewesen. Insofern ist die Darstellung ihres Todes, der sie als schöne Leiche zum Kunstwerk werden läßt und endgültig in den Bereich des schönen Scheins überführt, lediglich die Verdeutlichung ihres von Beginn an problematischen Zustandes.[51]

Für Don Diego selbst bleibt als Ausweg aus der Unbedingtheit seines Begehrens nur der Verzicht auf die tatsächliche Erfüllung seiner Wünsche. In beidem – dem Opfertod der Königin, die ein Spiegel seines eigenen ursprünglichen Körpers ist, und im Verzicht Don Diegos – begründet sich von neuem das Subjekt. Durch den Tod ursprünglicher Natur entsteht der ‚Mensch' als Kulturgeschöpf[62], gerade in der Opferung des Körpers wird ihm als Natur ein Sinn zugeschrieben. So, wie er als die konservierte Leiche der schönen Königin für die Meerfahrer der nachfolgenden Generation in Erscheinung tritt, wird der Körper zum kulturellen Zeichen und damit zum Kunstprodukt[53], dem die Ambivalenz jeder künstlerischen Produktion von Bedeutung eingeschrieben ist – einerseits naturhaftes Postulat im Dienst des zu begründenden Subjekts, andererseits zugleich Manifestation seiner Entfremdung. Gleichzeitig zeigt sich gerade in dieser Widersprüchlichkeit, daß das Begehren selbst unaustilgbar ist und auch im Zustand des kulturell kodierten Körpers weiterhin erhalten bleibt. Die Einsiedlerexistenz, die Don Diego schließlich, nachdem er sich als einziger Überlebender der Katastrophe neben dem wahnsinnigen Don Alonzo auf eine zweite Insel gerettet hat, zu führen beginnt, steht einerseits im Zeichen des Kreuzes (vgl. 392) – des geopferten Körpers –, andererseits ist sie Ausdruck eines sublimierten Narzißmus. Im Leben des frommen

---

[51] Vgl. Bronfen, a.a.O., S. 104.
[52] Vgl. ebd., S. 99.
[53] Vgl. ebd., S. 90.

Einsiedlers gleitet „der unaustilgbare Narzißmus des eigenen Leibes"[54] in den „metaphysischen Narzißmus des mit Gott verschmolzenen Gläubigen"[55]. Mit Eichendorffs eigenen kommentierenden Worten: Die Kraft Don Diegos wird „in der Liebe zur Königin konzentrirt u. d[urch] deren Tod p. eben so entschieden nach dem Himmel gerichtet"[56]. Um die Logik der sich spiegelnden Perspektiven, wie sie sich im Augenblick des Opfers der Königin aus der Sicht Don Diegos als Umschlag in die Vergeistigung des Begehrens vollzieht, zu verdeutlichen, sei der entscheidende Satz nochmals im Ganzen zitiert:

> „In demselben Augenblick aber fühlte ich einen dumpfen Schlag, die Bretter wichen unter mir, meine Sinne vergingen, ich sah nur noch einen unermeßlichen Feuerblick, wie tief in die Ewigkeit hinein." (415)

Im Augenblick des Opfers und des schwindenden Bewußtseins befindet sich Don Diego im Blick Gottes.[57] Die Spiegelung seines eigenen Blicks im Auge Gottes befreit ihn von der letztlich tödlichen Unbedingtheit seines Begehrens, da die ekstatische Verschmelzung der Blicke zugleich in die Idealisierung des Anderen mündet und dieses als ein bergendes Gegenüber erscheinen läßt, an dessen Übermacht man teilhaben kann.[58] Im Blick Gottes wird Don Diego zum Einsiedler, der nur noch sich selbst und Gott lebt. In der Vergeistigung, die er dabei erfährt und die ihn den Spaniern wie ein „Heiligenbild" (394) erscheinen läßt, partizipiert er am idealisierten Anderen um den Preis, daß die eigentliche und dauerhafte Erfüllung seines Begehrens endlos aufgeschoben wird.[59] Erst durch die Idealisierung der eigenen Körpernatur, der Bildung eines idealisierten Selbst-Objekts, tritt Natur dem Menschen als liebendes Gegenüber entgegen. ‚Idealisierung' erweist sich somit als Prozeß, der die gefährliche Anziehungskraft des Anderen (als Spiegelung des eigenen Begehrens, das dem Mangel entspringt) dadurch bannt, daß er die Natur zunächst durch ihre mimetische Verdoppelung im Opfer – der Produktion kultureller Wahrheit als ‚schöne Leiche', die in Alma ihre erneute Belebung erfährt – in eine sinnstiftende Beziehung zu sich selbst treten läßt und somit dem Menschen als Kulturgeschöpf ein Gegenüber schafft, an welchem er Anteil nehmen kann.

Als Einsiedler verkörpert Don Diego die Gründungsgeschichte des Subjekts, das in seiner Einsamkeit auf seine eigenen Voraussetzungen zurückgeführt wird. Erst der

---

[54] Hartmut Böhme: Natur und Subjekt, a.a.O., S. 244.
[55] Ebd.
[56] Zitiert nach dem Kommentar der Eichendorff-Ausgabe, W 3, S. 803.
[57] Vgl. Hartmut Böhme, Natur und Subjekt, a.a.O., S. 245.
[58] Vgl. ebd., S. 242 und S. 245.
[59] Vgl. Bronfen, a.a.O., S. 105.

nachfolgenden Generation ist es vergönnt, im wiederholenden Wiederauffinden seiner Geschichte diese Einsamkeit zu überwinden. Im Lied Antonios zu Beginn der Erzählung erscheint Don Diego verbildlicht in der vergessenen Tiefe seines eigen Ich. (Vgl. 359) Versteht man Don Diego in psychologischer Perspektive als Teil Antonios, seine eigene wiederaufgefundene Geschichte, deren erzählerische Wiederholung im Prozeß der Adoleszenz seine Identität erst dauerhaft begründet, so zeigt sich, daß erst die Kulturation der eigenen ursprünglichen Körpernatur den Weg in die Sozietät eröffnet, so daß das Begehren, kulturell kodiert in der Liebe, zum gesellschaftsstiftenden Prinzip werden kann.[60] Zugleich wird darin aber deutlich, daß dem Glück, das Antonio im Gegensatz zu seinem Onkel in seiner Liebe zu Alma zuteil wird, bereits eine Geschichte des Verzichts eingeschrieben ist, so wie sie sich in der Einsiedlerexistenz Don Diegos verkörpert.

5. Antonio und Alma

Antonio erfährt Alma zunächst in ihrer äußeren Gestalt im Blick auf den schönen Körper einer jungen Frau, die, unbekleidet in einer Felsengrotte ruhend, offenbar der Gegenstand kultischer Verehrung durch die ‚Wilden' ist. Vom eigentlichen Geschehen durch eine tiefe Kluft getrennt, werden Antonio und Alvarez zu dessen heimlichen Beobachtern:

„Zu ihrem Entsetzen sahen sie dort einen wilden Haufen dunkler Männer, Windlichter in den Händen, abgemessen und lautlos im Kreise herumtanzen, während sie manchmal dazwischen bald mit ihren Schilden, bald mit den Fackeln zusammenschlugen, daß die sprühenden Funken sie wie ein Feuerregen umgaben. Inmitten dieses Kreises aber, auf einem Moosbette, lag eine junge schlanke Frauengestalt, den schönen Leib ganz bedeckt von ihren langen Locken, und Arme, Haupt und Brust mit funkelnden Spangen und wilden Blumen geschmückt, als ob sie schliefe, und so oft die Männer ihre Fackeln schüttelten, konnten sie deutlich das schöne Gesicht der Schlummernden erkennen.

Es ist Walpurgis heut, flüsterte Alvarez nach einer kleinen Pause, da sind die geheimen Fenster der Erde erleuchtet, daß man bis ins Zentrum schauen kann. – Aber

---

[60] Vgl. Gerhard Neumann, Erziehung zur Liebe, a.a.O.

Antonio hörte nicht, er starrte ganz versunken und unverwandt nach dem schönen Weibe hinab." (363f.)

Daß es sich bei der schönen Frau um die in der eisigen Luft der Felsengrotte konservierte Leiche der Inselkönigin handelt, erfahren Antonio wie auch der Leser erst zu einem späteren Zeitpunkt. Dennoch ist es ebenso der Körper Almas, dem Antonio hier begegnet, da diese in ihrer Gestalt ihrer Verwandten gleich ist und die Verbindung ausschließlich über den Blick Antonios hergestellt wird. Der im Feuerkreis ruhende Körper, dessen Nacktheit auch hier durch den Schmuck und die Verhüllung der eigenen Haare erst recht zur Geltung kommt, ist Inbegriff einer unvermittelten Natürlichkeit und gleichzeitig verklärter Leib, dessen kultische Verehrung Ausdruck seiner religiösen Bedeutung ist. Gerade in dieser scheinhaften Vollkommenheit wird der schöne Körper im Blick Antonios zum Objekt seines Begehrens. Die Heimlichkeit, mit der er diesen beobachtet, die starre Gebanntheit des Blicks und seine Selbstversunkenheit bestätigen zugleich den Projektionscharakter des Vorgangs, der im Austausch der Bilder Teil eines inneren Geschehens ist. Ironischerweise bestätigt auch Antonio selbst, daß hier die Phantasie das eigentliche Medium der Wahrnehmung darstellt, wenn er sich vor der Unmittelbarkeit erotischer Faszination in sein Wissen flüchtet und die von Alvarez zur Venus erklärte schöne Frau als solche zum „Symbolum der heidnischen Liebe" (364), „Luftgebild" (ebd.) und „Chimäre" (ebd.) erklärt.[61]

Antonios Begegnung mit der schönen Frauengestalt ist Teil einer identifikatorischen Konstellation, in der seine Adoleszenz zum Abschluß kommt. Das Erwachsenwerden des Helden, die Begründung seiner dauerhaften und sozial vermittelten Identität, folgt in der »Meerfahrt« einerseits dem paradigmatischen, vor allem im Bildungsroman gestalteten Identitätsmodell in der Literatur des achtzehnten und neunzehnten Jahrhunderts[62], andererseits bestehen signifikante Verschiebungen. Nach diesem Modell entwickelt sich die Identität des Helden aus der noch unvermittelten Erfahrung des aus sich selbst sprechenden, naturhaften Körpers und dessen dauerhafter sozialer und kultureller Kodierung in der Liebe, im Wechselspiel natürlicher und kultureller Zeichen.[63] Der eigene Körper als die letztliche Instanz eines als authentisch erfahrenen Lebens und zugleich begründender und unerreichbarer Fluchtpunkt des Subjekts kann dabei nur als das im Blick auf

---

[61] Vgl. S. 57 dieser Arbeit.
[62] Vgl. Gerhard Neumann, Der physiognomische Blick, a.a.O., S. 270, und ders., Erziehung zur Liebe, a.a.O.
[63] Vgl. Gerhard Neumann, Erziehung zur Liebe, a.a.O., S. 64ff. und S. 66ff.

den anderen erfahrene Ich zu kulturellem Bewußtsein gelangen.[64] Erst die liebende Spiegelung des der Sehnsucht nach dem eigenen naturhaften Körper entsprungenen Begehrens im anderen läßt das eigene Ich als Ganzheit erscheinen. Dabei gestaltet sich die Wechselbeziehung natürlicher Körpererfahrung und kultureller Kodierung meist als Spiel von Körper und Kleid, dem Erlebnis des in seiner Schönheit strahlenden nackten Körpers und seiner sozialen Investitur.[65] Auch die zweite Perspektive ist – wie gleich näher erläutert werden soll – in der »Meerfahrt« in der Beziehung Antonios zu Alma vorhanden. Gleichzeitig hat sich aber der bildliche Kontext, in welchem die identifikatorischen Szenen vergegenwärtigt werden, in seiner Bedeutung entscheidend verändert. Während die klassischen Texte das Phantasma des zeichenlosen, aus sich selbst sprechenden natürlichen Körpers gestalten, wie es vor allem in Winckelmanns Konstrukt von der griechischen Statue zum Ausdruck kommt[66], exponiert Eichendorff in der »Meerfahrt« im Verhältnis von Rahmenhandlung und Binnenerzählung gerade die unausweichliche Künstlichkeit eines solchen Vorhabens. Die Erfahrung des nackten, naturhaften Körpers geschieht dem Helden Antonio im Blick auf die in einer Felsenhöhle ruhende Leiche der schönen Inselkönigin. Nicht ‚künstlicher' als die griechische Statue, könnte diese zwar als Objekt des Begehrens zugleich als Modell der ästhetischen Vermittlung der Naturerfahrung des menschlichen Körpers fungieren – sie besitzt aber in der Binnenerzählung Don Diegos bereits eine Geschichte, in welcher Verlust und Verzicht einer solchen Vermittlung verzeichnet sind. Begreift man die Geschichte Don Diegos, wie dargelegt, als die wiedergefundene Geschichte Antonios, so ist das Bild der toten Inselkönigin ein Teil seines eigenen Ich, das bereits in zweifacher Weise verschlüsselt ist. Als Phantasma reiner Natur ist der verklärte Leib der Königin Spiegelbild der eigenen Wünsche und als solches zugleich eine in seiner Vorgeschichte explizit gestaltete Allegorie auf das Begehren selbst[67]. Die schöne Leiche der Königin ist somit ein Wunschbild, das in seiner Geschichte zugleich den Mangel bezeichnet, aus dem das Bild entstanden ist. Die reine Natur des aus sich selbst sprechenden Körpers als Ursprung und Ziel des Begehrens bleibt unerreichbar. Was bleibt sind der Mangel und die Bilder, die er erzeugt, in denen das Begehren in die Vergangenheit und die Zukunft des Subjekts ins Unendliche gespiegelt wird. Die Einbildungskraft ist daher recht eigentlich der Ort, an dem die Evidenz des nicht

---

[64] Vg. Ebd., S. 55.
[65] Vgl. ebd., S. 51f. und S. 59ff.
[66] Vgl. Gerhard Neumann, Der physiognomische Blick, a.a.O.
[67] Vgl. Gert Mattenklott: Der übersinnliche Leib. Beiträge zur Metaphysik des Körpers, Reinbek bei Hamburg 1982 (im weiteren zitiert als ‚Der übersinnliche Leib'), S.76.

hintergehbaren Körpers zur Wirklichkeit gelangt. In der schönen Leiche der Inselkönigin begehrt Antonio, was er nicht weiß, tatsächlich ein Bild. Sie ist im wortwörtlichen Sinn ein Bild seiner Wünsche.

In Alma begegnet Antonio der schönen Gestalt aus der Felsengrotte wieder. Nachdem sie ihm bei ihrer ersten Begegnung im alten, verwilderten Garten noch als die Venus des Feuerkreises erschienen war, vor der er schließlich flieht, erweist sie sich im Augenblick tödlicher Bedrohung gerade in ihrer Erscheinung als Venus, indem sie im „leuchtenden Totenschmucke" (385) der Inselkönigin auftritt (vgl. ebd.), als Retterin der Spanier vor den sie umzingelnden Wilden. Aus Venus wird die „Wunderbare" (ebd.), eine marienähnliche Gestalt, die sich in erster Linie um das Wohlergehen Antonios kümmert. Nachdem sie zusammen mit diesem und den übrigen Spaniern sicher auf das Schiff gelangt ist, kommt es in der darauffolgenden Nacht zwischen Antonio und Alma zur eigentlichen Erkennungsszene. Dies geschieht dadurch, daß er die „schöne Fremde" (388) heimlich bei ihrer Toilette beobachtet; schließlich zieht sie seine Kleider an:

„Sie kam ihm wie eine Meerfei vor, die bei Nacht aus der Flut gestiegen, sich heimlich putzt, wenn alle schlafen. Er blieb scheu zwischen dem Tauwerk stehen, wo sie ihn nicht bemerken konnte. Da sah er, wie sie nun einzelne Kleidungsstücke flimmernd gegen den Mond hielt, er erkannte seinen eignen Sonntagsstaat, den er ihr gestern gezeigt: die gestickte Feldbinde, das rotsamtne weißgestickte Wämschen. Sie zog es eilig an; Antonio war schlank und fein gebaut, es paßte ihr alles wie angegossen. Darauf legte sie den blendendweißen Spitzenkragen um Hals und Brust und drückte das Barett mit den nickenden Federn auf das Lockenköpfchen. Als sie fertig war, sprang sie auf, sie schien sich über sich selbst zu verwundern, so schön sah sie aus." (388)

Hatte Antonio bei seiner ersten Begegnung mit der Gestalt Almas die Erfahrung des naturhaft-nackten Körpers gemacht, so folgt in der Einkleidungsszene dessen kulturelle Kodierung im Spiel von Körper und Kleid. Die Kleidung wird hier zum Zeichen, das „in sozial kodierter Weise vom Körper und seiner Erfahrung im anderen Selbst"[68] spricht. Daß es Antonios eigene Kleider sind, die Alma anlegt und die ihr wie „angegossen" (ebd.) passen, verstärkt den Spiegelcharakter der Szene. Indem Alma zu seinem schönen Spiegelbild wird, das er heimlich beobachtet, erfährt er sich selbst als ein Gan-

---

[68] Gerhard Neumann, Erziehung zur Liebe, a.a.O., S. 51.

zes.[69] Sie ist immer noch die „schöne Fremde" (ebd.), als welche sie an die Erfahrung des Anderen seiner selbst erinnert, und doch auch er selbst als der sich ganz und gar Vertraute. Die in der liebenden Anverwandlung durch Alma neu gefundene Einheit seines Ich wird sodann im folgenden Tanz zur Darstellung gebracht, in dem der Körper durch Musik und Bewegung zu scheinhafter Bedeutung gelangt. Und eben dies, daß sich die gewonnene Ganzheit zuletzt dem Schein verdankt und eine der Bilder ist, die eine dauerhafte Verankerung des emphatischen Erlebnisses fraglich erscheinen lassen, wird sogleich deutlich im Lied, mit welchem Alma ihren Tanz begleitet und in dem die Widersprüche erneut zum Vorschein kommen.

Sie singt das Lied der Inselkönigin ‚Bin ein Feuer hell, das lodert', das durch zwei charakteristische Strophen ergänzt wird, in denen sie, statt wie Diana Jägerin zu sein, in der Rolle des Wildes auftritt und zum „Reh" (389) und verflogenen „Vöglein" (ebd.) verwandelt ist. In diesen Bildern zeigt sie sich als verletzliche und dem Menschen zugehörige Natur, die selbst erlösungsbedürftige ist, während die erste Strophe immer noch einem zweifelhaften Herkommen angehört, dessen Erinnerung in ihrer äußeren Gestalt, der erotischen Faszination ihres Körpers, bestehen bleibt. So zeichnet das Lied den Weg der Sentimentalisierung von Natur nach, der den einstigen Freiheitsdrang zuletzt als kindlichen Übermut erscheinen läßt, eine Natur, die an ihrer souveränen Unverfügbarkeit schuldig geworden ist und nach einer erlösenden und liebenden Antwort verlangt:

Bin ein Vöglein in den Lüften,

Schwing' mich übers blaue Meer,

Durch die Wolken von den Klüften

Fliegt kein Pfeil mehr bis hierher,

Und die Au'n und Felsenbogen,

Waldeseinsamkeit

Weit, wie weit,

Sind versunken in die Wogen –

Ach ich habe mich verflogen! (Ebd.)

Das Lied endet schließlich in einem Ausbruch von Liebeskummer Almas:

---

[69] Zur fiktiven Konstitution des Subjekts im ‚Spiegelstadium', wie sie die strukturale Psychoanalyse Jacques Lacans entwickelt, vgl. Elizabeth Wright: Klassische und strukturalistische Ansätze der psychoanalytischen Literaturforschung, in: Jochen Hörisch, Georg Christoph Tholen (Hg.): Eingebildete Texte. Affairen zwischen Psychoanalyse und Literaturwissenschaft, München 1985, S. 26-48 (36f.) und Hans H. Hiebel: Strukturale Psychoanalyse und Literatur (Jacques Lacan), in: Klaus-Michael Bogdal (Hg.): Neue Literaturtheorien, Opladen 1997, S. 57-83 (59ff.).

„Bei diesen Worten warf sie sich auf den Boden nieder, daß das Tambourin erklang, und weinte." (Ebd.)

Wenn man Begehren als das Verlangen nach dem Begehren des anderen versteht[70], so ist Alma letztlich die Person gewordene Projektion der Wünsche Antonios. Als Kindfrau vereinigt sich in ihr die erotische Ausstrahlung ihres Körpers mit demütiger Verfügbarkeit, da sie selbst keine eigenständige Sexualität besitzt und als Person nichts anderes will, als Antwort auf die Wünsche Antonios zu sein. „Erschrocken" (ebd.), „schüchtern" (ebd.) und „leise" (ebd.) sind die Attribute, mit denen sie auf das Verlangen Antonios antwortet. Ihrerseits unselbständig ist sie darauf angewiesen, von Antonio vom Schatten ihrer zweifelhaften Herkunft erlöst zu werden, der in ihrer äußeren Gestalt bestehen bleibt. So wird auch dieser letzte, untilgbare Rest an Schuld, der darin bestehen könnte, daß letztlich doch der unberechenbare Körper faszinierend ist und aller Ausdruck der Unschuld und Reinheit nichts anderes als „innerster Signifikant"[71] der „Masken des Begehrens"[72] wäre, von Alma auf sich genommen. Sie ist nicht nur schön und verführerisch, sondern übernimmt auch noch die Schuld dafür, daß dies so ist. Auf die Frage Antonios, wer sie sei, reagiert sie folgendermaßen:

„Sie schwieg mit tiefgesenkten Augen und wie er so fortredend in sie drang, brach endlich ein Strom von Tränen unter den langen schwarzen Wimpern hervor. Ach, ich kann ja nicht dafür! rief sie aus und bat ihn ängstlich und flehentlich, er sollt' es nicht verlangen, sie könnt' es ihm nicht sagen, sonst würde er böse sein und sie verjagen." (390)

Die gänzlich unproblematische Liebesgeschichte zwischen Antonio und Alma ist im Gegensatz zur spannungsreichen Beziehung Don Diegos zur Inselkönigin, was ihre erzählerische Glaubwürdigkeit angeht, zunächst lediglich ein Realität gewordenes, schönes Märchen. Oberflächlich betrachtet bleibt der Charakter Almas völlig unmotiviert – daß sie, allein unter ‚Wilden', ausgerechnet von dem wahnsinnigen Don Alonzo Spanisch gelernt haben und somit christlich sozialisiert worden sein soll (vgl. 387), ist mehr als merkwürdig. Gänzlich unromantisch wird in Alma der romantische Traum einer den Menschen liebenden, sprechenden Natur Wirklichkeit, die Sehnsucht findet, zumindest für Antonio, ihr Ziel. Ihren eigentlichen Bedeutungsgehalt gewinnt die Person Almas erst dann, wenn man sie im Blick auf die erzählerische Logik der

---

[70] Vgl. zu dieser Vorstellung Lacans, Bronfen, a.a.O., S. 105f.
[71] Hartmut Böhme, Natur und Subjekt, a.a.O., S. 183.
[72] Ebd.

Personenkonstellation der Erzählung und das Verhältnis von Vorgeschichte und Rahmenerzählung betrachtet. Die ihr als „schöne Fremde" (387/388) zugesprochene Bedeutung von Güte, Reinheit und Unschuld erscheint hier in einem grundsätzlich problematischen Licht.

In Alma findet die Vision von einer sprechenden Natur ihre Belebung. Sie kann deshalb als Inkarnation einer dem Menschen zugehörigen Natur erscheinen, weil ihre Natur von Beginn an das Produkt einer kulturellen Überholung darstellt. In ihrer Person ist die Grenze zur Kultur immer schon überschritten. Als Wiedergängerin der Inselkönigin gleicht Alma der ursprünglichen Königin nur noch äußerlich. Sie ist eher Abbild ihrer schönen Leiche als der lebendigen Königin. Damit ist sie zuletzt das Abbild eines Abbildes, die Wiederbelebung eines Kunstprodukts, das die Königin nicht in ihren ursprünglichen Eigenschaften als lebendige Natur, sondern in ihrer Verfügbarkeit als schöne Leiche und damit mortifizierte und domestizierte Natur erneut lebendig werden läßt. In diesem Sinn hat der Eros in Alma bereits seine vollständige Sozialisierung und Kultivierung erfahren. Als verkörperte Wunschphantasie einer vollkommen dem Menschen zugewandten, liebenden Natur ist sie als schöner Körper zugleich ganz und gar Seele, die sich dort angesiedelt hat, wo die Domestizierung der ursprünglichen Natur eine leere Stelle hinterlassen hatte. Als sprechender Name (Alma = span. ‚Seele')[73] ist Alma aber wiederum von zwiespältiger ‚Natur', denn ihre Bedeutung als ‚Seele' ist nicht einfach dem Körper als bedeutungsloser Materie entgegenzusetzen. Sie ist zwar einerseits das Produkt eines Idealisierungsprozesses, der Begriff dessen, was am Körper unsterblich und idealisierungsfähig ist[74], andererseits ist sie als Metapher selbst abermals Umschreibung des begehrten und unerreichbaren Anderen. In diesem Sinne wiederholt sich in der Widersprüchlichkeit der Seele als Begriff und Metapher[75] die Widersprüchlichkeit des Körpers, der gleichzeitig übersinnlicher Leib[76] und sterblich ist.

---

[73] Vgl. Maler, a.a.O. S.194, Anmerkung 76. Zur Bedeutung des Namens vgl. außerdem Sibylle von Steinsdorff: „Das Ganze noch einmal umarbeiten!". Notizen Eichendorffs zur geplanten Überarbeitung seiner Novelle »Eine Meerfahrt«, in: Aurora 44 (1984), S. 71-78 (74). Nach Steinsdorff ist der Name ‚Alma' zum einen in der antiken Mythologie der Beiname der Venus als Ernährerin und Fruchtbarkeitsgöttin und zum anderen die christliche Mater alma, die Segen bringende Mutter Gottes, und wird somit zur „Figuration der Doppelung Venus-Maria" (a.a.O., S.74).
[74] Vgl. Hartmut Böhme, Natur und Subjekt, a.a.O., ., S. 242f.
[75] Zum metaphorischen Sprechen über die Seele vgl. Dietmar Kamper, Christoph Wulf: Vexierbild und transitorische Metapher. Die Seele als das Andere ihrer selbst, in: dies. (Hg.): Die erloschene Seele. Disziplin, Geschichte, Kunst, Mythos, Berlin 1988, S. 1-14 (1f.).

6. Zusammenfassung: Glücksutopie und Wiederholungsfunktion

Die Suche nach einer neuen Welt als dem Anderen der gesellschaftlichen und kulturellen Ordnung zeigt sich in der »Meerfahrt« in der Ambivalenz eines notwendigen Scheiterns, das zugleich mit der Möglichkeitsbedingung dieser Suche identisch ist. Es ist gerade das Andere der Ordnung, sei es diejenige der gesellschaftlichen Normalität oder diejenige eines dauerhaften Subjekts, das in einem immer wieder neu zu wiederholenden Vorgang ausschließender Integration ihre Sinnhaftigkeit bestätigt und als Natur den Gegenstand einer ästhetischen und zuletzt sprachlichen Wechselbeziehung von Ich und Welt darstellt. Die Vermittlung von Natur und Kultur, die in letzter Instanz gleichbedeutend ist mit der Integration des Körpers in die gesellschaftliche Ordnung, wird dabei in der Weise zum Gegenstand des Erzählens, daß der sinnvolle Zusammenhang von Ich und Welt nicht mehr vorausgesetzt wird, sondern sich im Akt des Erzählens selbst als Produkt des schöpferischen Vermögens der Sprache gestaltet, das dann seinerseits zum Objekt des selbstreflexiven Kommentars der Erzählung werden kann.

War die Erschaffung einer neuen Welt in einem sowohl ästhetisch als auch politisch umfassenden Sinn der revolutionäre Anspruch des (früh-)romantischen Programms, mit dessen Geltung sich Eichendorff unter dem veränderten Zeitbezug tatsächlich erfahrener Revolutionen auseinandersetzt, so erweist sich der explizit politische Gehalt der »Meerfahrt« in zweierlei Hinsicht: Sie ist gleichzeitig Kritik der bestehenden Verhältnisse der alten Welt ausgehend vom Standpunkt der romantischen Glücksutopie und deren ironisierender Abgesang. Beides läßt den Mangel als Ausdruck eines spezifischen Zeitbewußtseins erscheinen. So ist der Schluß der Erzählung trotz seines versöhnlichheiteren Tons resignativ: Anhand des Goldes zeigt sich, wie dargelegt, noch einmal die Festgefügtheit des kulturellen Blicks auf das Fremde, der in seiner Zwangsläufigkeit alle Hoffnung auf Erneuerung fraglich werden läßt, und für den Helden der Erzählung endet die Abenteuerfahrt schließlich in der Perspektive häuslichen Glücks, wobei gerade die Gärten der Heimat, die zu Beginn der Erzählung metaphorisch den Ort bezeichnen, aus dem die Sehnsucht ihren Ausgang nimmt, nun zum Ziel einer bürgerlichen Philisterexistenz werden:

„Don Diego hatte, als er sein Haus im Felsen baute, Gold in Menge gefunden, das lag seitdem vergessen im Schutt. Jetzt fiel's ihm wieder ein, er verteilte den Schatz nach Amt und Würden an seine armen Gäste. Da war ein Jubilieren, Prahlen und

---

[76] Vgl. Mattenklott, a.a.O.

Projektemachen unter dem glückseligen Schwarm, jeder wollte was Rechtes ausbrüten über seinem unverhofften Mammon und ließ allmählich die lustigen Reiseschwingen sinken in der schweren Vergoldung. Den Studenten Antonio aber verlangte wieder recht nach den duftigen Gärten der Heimat, um dort in den blühenden Wipfeln mit seinem schönen fremden Wandervöglein sich sein Nest zu bauen. (...) Diego schüttelte halb unwillig den Kopf. So, sagte er, hätte ich nicht getan, als ich noch jung war." (418)

Die Entgegnung Diegos läßt die unbedingte Suche nach dem Glück in die melancholische Distanz einer vergangenen Zeit rücken, die Eichendorffs eigenem nostalgischen Verhältnis zur Romantik entspricht.[77] Hatte die Romantik zum Ursprünglichen der Natur bereits ein sentimentalisches Verhältnis, so zeigt gerade die »Meerfahrt«, wie sich diese Entfernung in der Dichtung Eichendorffs noch weiter vergrößert hat. Der erweiterte Abstand, den die Rahmenhandlung im Vergleich zur Binnenerzählung zur Natur einnimmt, spiegelt Eichendorffs eigenen Abstand zur Romantik wider. Zwar werden bereits bei der romantischen Suche nach der Sprache der Natur die internen Widersprüche ihrer ästhetischen Weltutopie deutlich, während aber das romantische Konzept einer Vermittlung von Natur und Kultur auf einer Wiederholung der Natur in der Kunst insistiert, wird die Wiederholungsutopie bei Eichendorff bereits von genuin künstlichen Kategorien bestimmt. In ähnlicher Weise, wie dies Lämmert für den Formelstil Eichendorffs festgestellt hat,[78] sind die Bilder, in denen sich Ursprung und Ziel der Sehnsucht nach dem Anderen in der »Meerfahrt« konstituieren, immer schon ästhetischer Art, so wie im Verhältnis von Binnenerzählung und Rahmenhandlung die erzählende Wiederholung ursprünglichen Lebens bereits vom kulturellen Kontext determiniert ist: Die Binnenerzählung mit der Geschichte Don Diegos bildet den nach innen gekehrten Rahmen, der das eigentlich neu zu erzählende Leben seines jüngeren Verwandten immer schon bestimmt. In diesem Sinne gibt es nur noch Nacherzählungen, aber keine neuen authentischen Erzählungen mehr. Oder anders gesagt, es gibt nur noch Wiederholungen.

Das Prinzip der Wiederholung beschwört als Wieder-holung[79] verlorener Authentizität Ursprung und Ziel des Erzählens. Je nachdem, welche Ebene der Erzählung man betrachtet, werden dabei verschiedene Bewertungen möglich: Auf der Aussageebene

---

[77] Vgl. das in der Einleitung auf S. 5 dieser Arbeit angeführte Zitat aus Eichendorffs »Geschichte der Romantischen Poesie«, in dem er die Romantik mit einer „Feenzeit" (a.a.O.) identifiziert.

[78] Vgl. Eberhard Lämmert: Eichendorffs Wandel unter den Deutschen, in: Hans Steffen (Hg.): Die deutsche Romantik. Poetik, Formen und Motive, Göttingen 1967, S. 219 – 252 (227ff.).

der Novelle, die zugleich ihre Moral beinhaltet, zeigt sich das Prinzip der Wiederholung als Medium der Resignation; die Ausfahrt der zweiten Generation der Meerfahrer erweist sich als ‚bloße' Wiederholung derjenigen der ersten Generation, bei der Frau Venus als der verkörperte Gegenstand des Begehrens bereits in unerreichbare Ferne gerückt ist. Die metaphorische Ebene hingegen bestätigt einerseits die Nichterreichbarkeit des Anderen, garantiert aber gleichzeitig, daß Ursprung und Ziel des Begehrens im Bereich des Möglichen erhalten bleiben, da die Widersprüche hinsichtlich eindeutiger Signifikationen, die hier deutlich werden, dem moralisierenden Sinn der Erzählung entgegenarbeiten. Die selbstreferentiellen Bezüge der Erzählung, wie sie am Beispiel des Goldmotivs und der Geschichte der Inselkönigin deutlich geworden sind, spiegeln die Verluste jeder kulturellen Vermittlung von Natur wider, zeigen aber gleichzeitig, daß das Begehren selbst unaustilgbar ist. Das Begehren, das sich in den sprachlichen Bildern manifestiert, ist zugleich Garant seiner aufgeschobenen Erfüllung, so wie die Widersprüchlichkeit des Erzählens Garant seiner aufgeschobenen Bedeutung ist.

Das Glück, das sich im Erzählen als Einheit von Natur und Kultur, eines erlebten Sinns und sinnhaften Lebens erweisen soll, bekundet sich in der »Meerfahrt« wie überhaupt in der Dichtung Eichendorffs nicht, wie immer wieder behauptet, im symbolischen Verweis auf seine transzendente Präsenz[80], sondern im Prinzip der Wiederholung[81], das in der Kette fortlaufender Signifikation eine Bewegung des Bedeutens[82] begründet.[83] Die symbolische Funktion der dichterischen Sprache, wie sie im Topos von der Hieroglyphenschrift deutlich werden soll, ist dabei lediglich die metaphorische Umschreibung ihres aufgeschobenen Sinns. Die in Ursprung und Ziel verheißene Wahrheit zeigt sich in der Bildlichkeit des Zeichenmodells von Bedeutung in der wechselseitigen Bedingtheit von Signifikant und Signifikat, die sich, gegeneinander austauschbar, ins Unendliche spiegeln.

Die Eichendorffsche Welt der Wiederholungen entwirft eine Wirklichkeit, die zuletzt die Welt der Sprache ist. Dabei steht das Wiederholungsprinzip sowohl im Dienst der Wahrheit als auch eines im Zuge ihrer zugleich bewirkten Dekonstruktion bedeuteten

---

[79] Vgl. die Erläuterungen der Eichendorff-Ausgabe W 3, S. 614 und Peter Horst Neumann in: Joseph von Eichendorff, Werke, hg. von Ansgar Hillach, Klaus Dieter Krabiel u.a., München 1970-1988, Bd. 5, S. 620.
[80] Zur emblematischen Eichendorff-Interpretation vgl. Anmerkung 13, S. 12 dieser Arbeit.
[81] Vgl. Barthes, Die Lust am Text, S. 63f.
[82] Vgl. Culler, a.a.O., S. 105ff.
[83] Zur psychoanalytischen Bedeutung der Wiederholung und des Begriffs des ‚Wiederholungszwanges' vgl. Sigmund Freud: Jenseits des Lustprinzips, in: Gesammelte Werke, hg. von Anna Freud, 8. Auflage, London, Frankfurt a. M., 1976, S. 2-69 und Jacques Lacan: Das Seminar über E. A. Poes »Der

Anderen. Beschwört die Wiederholung in der Kette fortgesetzter Signifikationen einerseits ganz allgemein die Einholung von Identität, so ist sie andererseits das figurative Medium der Selbstreferenz, das der Festlegung eindeutiger Wahrheiten widerspricht. Zum einen ist die Wiederholbarkeit das Wesen jeder wahren Aussage, denn was wahr ist, muß auch wiederholbar sein, gleichzeitig ist dies aber auch der Grund dafür, daß das wiederholte Zeichen zum Lügen verwendet werden kann.[84] Wahrheit und Lüge bedingen sich gegenseitig. Die „schwarze Magie"[85], die der Wiederholung innewohnt und in der sich allen Moralisierungen zum Trotz das Weiterwirken eines nicht moralisierbaren Eros in der Eigenmächtigkeit der Sprache bekundet, hängt gerade mit dieser Verführbarkeit zur Lüge zusammen. Diese besteht darin, daß der Verweis auf die Eindeutigkeit eines transzendentalen Signifikats vergessen werden kann und die Zeichen nichts mehr anderes meinen als sich selbst – eine Selbstbezogenheit, die in frappanter Weise der Eigenschaft dessen entspricht, was bei Eichendorff als ‚Grund' oder ‚Abgrund' wahrnehmbar ist und in der erotischen Faszination des schönen Körpers in besonderer Weise zum Ausdruck kommt. Was hier vom Standpunkt einer eindeutigen Wahrheitsposition als Selbstverfallenheit erscheint, bewahrt zugleich die Wahrheit des Anderen, die im Rekurs auf sich selbst an die Tiefe eines eigenen Seins zurückverwiesen wird.

---

entwendete Brief«, in: ders.: Schriften I, ausgewählt und herausgegeben von Norbert Haas (Aus dem Französischen von Klaus Laermann) Olten, Freiburg im Breisgau 1973, S. 7-60.
[84] Vgl. dazu Culler, a.a.O., Kapitel: ‚Bedeutung und Iterabilität', S. 123-149.
[85] Erläuterungen der Eichendorff-Ausgabe, W 3, S. 614.

IV. Die Revolution und die Geschichte des Subjekts: »Das Schloß Dürande«

Während Eichendorff in der »Meerfahrt« die Suche nach dem Anderen des Subjekts und der gesellschaftlichen Ordnung trotz der resignativen Untertöne in die Bestätigung der ‚alten Welt' münden läßt, gestaltet er in der nur zwei Jahre später 1837 erschienenen Novelle »Das Schloß Dürande« den Untergang des Bestehenden, in den sämtliche Hauptakteure der Erzählung mit hineingerissen werden. Das Andere der Ordnung erscheint hier zunächst allein in seiner destruktiven Wirkung als eine dämonische Macht, die für den revolutionären Umsturz der Verhältnisse, den Untergang des Rechts und aller kulturellen Werte und das daraus resultierende Leid verantwortlich gemacht wird. Die Gründe für die Revolution werden dabei vom Autor eindeutig im Subjekt gesucht. Als Ort des Anderen wird die Tiefe des Ich bestimmt, auch wenn der Dämon des Fremden etwa in Gestalt des revolutionären Demagogen zugleich als äußere Macht objektiviert wird. Dementsprechend macht der Schlußsatz der Novelle, mit dem sich der Autor, den Erzählrahmen sprengend, an den Leser wendet – „Du aber hüte dich, das wilde Tier zu wecken in der Brust, daß es nicht plötzlich ausbricht und dich selbst zerreißt" (W 3, 465) –, die mit dem Revolutionsgeschehen verschränkte ‚romantische' Liebesgeschichte zur moralischen Erzählung.[1] Die Frage, auf welche Weise die destruktive Gewalt des Anderen abgewendet werden kann, wird somit zum Gegenstand der moralischen Verantwortung des einzelnen Individuums erklärt. Eichendorffs psychologisierendes Verständnis der Revolution wird aus dem Zusammenhang seiner geschichtsphilosophischen und ästhetischen Anschauungen verständlich, die Ich und Welt in die Wechselbeziehung eines ganzheitlichen Geschichtsbildes stellen. Die Argumente, mit denen Eichendorff in seinen kulturhistorischen und politischen Schriften die Ablehnung der Revolution begründet, entsprechen dabei weitgehend den Auffassungen eines ständisch-katholischen Konservativismus[2], wie sie auch von seinen Lehrern Joseph Görres, Adam

---

[1] Vgl. Helmut Koopmann: Freiheitssonne und Revolutionsgewitter. Reflexe der Französischen Revolution im literarischen Deutschland zwischen 1789 und 1840, Tübingen 1989 (im folgenden zitiert als ‚Freiheitssonne und Revolutionsgewitter'), S. 166.

[2] Zu Eichendorffs politischen Überzeugungen, wie er sie als Regierungsbeamter und zugleich als Schriftsteller vertrat, vgl. den Aufsatz von Wolfgang Frühwald: Der Regierungsrat Joseph von Eichendorff. Zum Verhältnis von Beruf und Schriftstellerexistenz im Preußen der Restaurationszeit, mit Thesen zur sozialhistorischen und wissenssoziologischen Perspektive einer Untersuchung von Leben und Werk Joseph von Eichendorffs, in: Alfred Riemen (Hg.): Ansichten zu Eichendorff. Beiträge der Forschung 1958-1988, Sigmaringen 1988, S. 239-276. Zum autobiographischen Hintergrund vgl. außerdem ders.: Eichendorff Chronik. Daten zu Leben und Werk, München, Wien 1977. Zur

Müller und Friedrich Schlegel vertreten wurden.³ In ähnlicher Weise, wie es auch für Schlegel gilt, bei dem dies an seiner intellektuellen Entwicklung ablesbar ist,⁴ darf aber Eichendorffs Kritik an der neuzeitlichen Geschichte von der Reformation über die Aufklärung zur Revolution als fortschreitender Emanzipation des Subjekts⁵ trotz des politischen Impulses nicht mit einer Ablehnung des Prinzips der Subjektivität als solchem verwechselt werden.⁶ Die Revolution, die Eichendorff als konkretes politisches Ereignis verurteilt, da er sie als Folge einer Verabsolutierung des Verstandes betrachtet, die gerade den Kräften des Anderen der Vernunft in gewalttätiger und nicht zu kontrollierender Weise zum Durchbruch verhilft,⁷ ist als Prinzip der Bewegung zugleich mit der „Zentrifugal"-Kraft⁸ verwandt, der Eichendorff im Zusammenspiel mit der „Zentripetalkraft des politischen Universums"⁹ die „Aufgabe einer höheren Weltordnung"¹⁰ anheimstellt.¹¹ In Eichendorffs widersprüchlichem Verhältnis zur

---

Bedeutung des Revolutionserlebnisses für Eichendorff vgl. Klaus Lindemann: Joseph von Eichendorff – ein poetisches Leben mit der Revolution, in: Konrad Ehlich (Hg.): Eichendorffs Inkognito, Studien der Forschungsstelle Ostmitteleuropa an der Universität Dortmund, Bd. 22, Wiesbaden 1997, S. 63-89.

³ Vgl. Klaus Köhnke: „Hieroglyphenschrift". Untersuchungen zu Eichendorffs Erzählungen, Sigmaringen 1986 (im folgenden zitiert als ‚Hieroglyphenschrift') S. 135.

⁴ So bleibt Friedrich Schlegels Staats- und Gesellschaftsideal trotz der Diskrepanz zwischen seiner anfänglichen Revolutionsbegeisterung und der späteren Hinwendung zur katholisch-ständischen Restauration im wesentlichen organisch-personalen Gemeinschaftsvorstellungen geprägt.

⁵ Vgl. dazu Helmut Koopmann: Eichendorff, das Schloß Dürande und die Revolution, in: Alfred Riemen (Hg.): Ansichten zu Eichendorff. Beiträge der Forschung 1958-1988, Sigmaringen 1988, S. 119-150 (im folgenden zitiert als ‚Das Schloß Dürande und die Revolution'), S. 138ff.

⁶ Vgl. Michael Kessler: Das Verhängnis der Innerlichkeit. Zu Eichendorffs Kritik neuzeitlicher Subjektivität, in: Michael Kessler und Helmut Koopmann (Hg.): Eichendorffs Modernität, Tübingen 1989, S. 63-80 (73).

⁷ Vgl. dazu beispielsweise Eichendorffs differenzierte Aufklärungskritik in seiner Schrift ‚Preußen und die Konstitutionen': „Nicht darin liegt das Übel, daß der Verstand, im Mittelalter von gewaltigeren Kräften der menschlichen Natur überboten, sein natürliches Recht wieder genommen, sondern darin, daß er nun als Alleinherrscher sich keck auf den Thron der Welt gesetzt, von dort herab alles, was er nicht begreift, und was dennoch zu existieren sich herausnimmt, vornehm ignorierend. Denn jede maßlose Ausbildung einer einzelnen Kraft, weil sie nur auf Kosten der andern möglich, ist Krankheit, und so geht oft eine geistige Verstimmung durch ganze Generationen und gibt der Geschichte unerwartet eine abnorme Richtung." (W 5, 613)

⁸ Ebd. S. 617.

⁹ Ebd.

¹⁰ Ebd.

¹¹ So Eichendorff ebenfalls in der Schrift über ‚Preußen und die Konstitutionen' (W, 5, 616f.): Den Kräften, die einseitig „die Rettung nur in der Restauration des Alten" (ebd., S. 615) suchen, beziehungsweise „atemlos vorwärts [stürmen], den angeblich jungen Tag anzubrechen" (ebd.), hält Eichendorff entgegen: „Beide Systeme in ihren Endpunkten sind bloß negativ, jenes will im Namen des natürlichen Rechts alles Positive niederreißen, dieses über dem einmal nicht wieder zu belebenden Schutte, nichts Neues wieder aufbauen. [...] Sie sollen erkennen, daß dem Streite ... zwei mächtige Elemente zum Grunde liegen: der lebendige Freiheitstrieb einerseits, auf dem die Bewegung, die Ehre und Individualität der Nation beruht, und andererseits das tiefe Natur-Gefühl der heimatlichen Anhänglichkeit, der Treue und des Gehorsams ... Beide Grundkräfte bedingen einander wie Recht und Pflicht, man könnte sie die Zentrifugal- und Zentripetal-Kraft des politischen Universums nennen, die eine unablässig nach dem Umkreis, nach Vereinzelung, die andere nach einem allgemeinen Mittelpunkte ringend, beide, selbst mitten im Kampf, die Aufgabe einer höheren Welt-Ordnung andeutend." (Ebd., 616f.) Zur Verwendung der aufeinander verweisenden Begriffe ‚Zentrifugalkraft' und

Revolution, die er ablehnt, insofern er sie des hybriden Versuchs verdächtigt, der Vollendung der Geschichte vorzugreifen und aus dem Bewußtsein ein Reich vermeintlichen, tatsächlichen Glücks zu installieren, die ihm aber gerechtfertigt scheint, insoweit darin das nicht einsehbare Wirken Gottes erkennbar wird, der „die Weltgeschichte schreibt mit Blitzen"[12], spiegelt sich das widersprüchliche Sein des Menschen im Zustand seiner Geschichtlichkeit wider. In ähnlicher Weise, wie dies bei Stifter in der Einleitung zu »Abdias« deutlich wird,[13] ist auch bei Eichendorff das einzelne Subjekt dazu verurteilt, die Sinnhaftigkeit des eigenen Lebens aus dem Zusammenhang eines geschichtlichen Ganzen abzuleiten, das einerseits nicht einsehbar und doch zugleich die Größe ist, das die moralische Verantwortlichkeit für das eigene Handeln bestimmt.[14]

Eichendorff setzt in seiner Kritik der Revolution der Gewalttätigkeit, die daraus entsteht, die Welt nach einer bestimmten Wahrheit ordnen und einrichten zu wollen, ohne das Andere dieser Wahrheit einzubeziehen, den Rekurs auf eine Geschichte entgegen, die in ähnlicher Weise wie die Natur ihren Sinn in sich selbst tragen soll. Erscheint Eichendorff somit einerseits als Kritiker einer zur Ideologie depravierten, rationalistischen Aufklärung, kann andererseits kein Zweifel daran bestehen, daß er dort, wo er diesen Sinn wiederum im Zuge konkreten politischen Handelns für den politischen Katholizismus[15] seiner Zeit zu bestimmen sucht, selbst das Feld der Ideologie betritt. Die Bedeutung der Novelle »Das Schloß Dürande« als politisches „Bekenntnis"[16] und „engagierte Stellungnahme"[17] gegen die Revolution, die zwar an der Überlebtheit des ancien regime keinen Zweifel läßt, das Prinzip gesellschaftlicher Ungleichheit aber

---

‚Zentripetalkraft' in verschiedenen Schriften Eichendorffs vgl. Köhnke, Hieroglyphenschrift, a.a.O., S. 137f. Nach Dieter Langewiesche: Europa zwischen Restauration und Revolution 1815-1848, Oldenbourg Grundriß der Geschichte Band 13, 3. überarbeitete Auflage, München 1993, S. 1ff., ist der Widerspruch zwischen Beharrung und Bewegung, dem Drang nach Neuem und der Verteidigung der alten Ordnung, Restauration und Revolution das eigentliche „Signum der Epoche" (ebd. S. 3) von 1815-1848. Zu Eichendorffs widersprüchlichem Verhältnis zur Revolution vgl. außerdem den Aufsatz von Peter-Horst Neumann: Restauration der Zukunft? Über Eichendorff und den Gleichstand linker und rechter Ratlosigkeit, in: Aurora 39 (1979), S. 16-27.

[12] Zitat aus Eichendorffs Sonett »Mahnung«, W 1, S. 423f. (424).
[13] Vgl. S. 149ff. dieser Arbeit.
[14] So zeigt sich Eichendorffs „Überlegenheit über alle Reaktionäre", wie Adorno formulierte, darin, „daß er, wie die große Philosophie seiner Epoche, die Notwendigkeit der Revolution begriff, vor der ihn schauderte", darin verkörpert er „etwas von der kritischen Wahrheit des Bewußtseins derer, die den Preis für den fortschreitenden Gang des Weltgeistes zu entrichten haben". Theodor W. Adorno: Zum Gedächtnis Eichendorffs, in: ders.: Noten zur Literatur, Gesammelte Schriften Band II, Frankfurt a. M. 1974, S. 69-94 (74).
[15] Vgl. hierzu den Aufsatz von Hans Georg Kirchhoff: Eichendorff und der politische Katholizismus, in: Konrad Ehlich (Hg.): Eichendorffs Inkognito, Studien der Forschungsstelle Ostmitteleuropa an der Universität Dortmund, Bd. 22, Wiesbaden 1997, S. 1-14, außerdem Wilhelm Gössmann: Eichendorff als Kulturprogramm, in: Wilhelm Gössmann, Christoph Hollender (Hg.): Joseph von Eichendorff. Seine literarische und kulturelle Bedeutung, Paderborn u.a. 1995, S. 319-340 (333-340).
[16] Koopmann, Eichendorff, das Schloß Dürande und die Revolution, a.a.O., S. 130.
[17] Ebd.

weiterhin rechtfertigt, ist im einzelnen gut belegt.[18] Dabei stehen die Bilder im »Schloß Dürande« in besonderer Weise im Dienst einer durchaus demagogischen Lesersuggestion, insoweit sie in ihrer an das Gefühl appellierenden Undifferenziertheit dem ‚unbewußten' Transport der politischen Botschaft dienen. Daß die Sicht Eichendorffs hierbei heutigen sozioökonomischen Beurteilungen der Revolution nicht genügt, ist selbstverständlich. Sie entspricht vielmehr dem emphatischen Revolutionsverständnis, das für die zeitgenössische Interpretation sowohl auf Seiten der Befürworter als auch der Gegner der Revolution bestimmend war und diese weniger als Ausbruch sozialer gesellschaftlicher Konflikte denn als moralisch-philosophische Umwälzung begriff.[19] Die ‚eigentliche', da in sich widersprüchliche Bedeutungsebene der Novelle ist daher, wie bereits angesprochen, dort zu suchen, wo Revolutionsgeschichte und Subjektgeschichte synchronisiert sind.[20] Die Frage nach dem Sinn von Geschichte, welche die Diachronie der Ereignisse mit ihrer synchronen Wahrheit zu vermitteln sucht, entspricht dabei strukturell der Suche nach der Identität des Subjekts im Spannungsfeld von Natur und Kultur. Versteht man Geschichte als fortschreitenden Prozeß der Emanzipation des Menschen von der Natur, so ist diese dennoch die Größe, an welche die postulierte Bedeutung von Geschichte zurückgebunden bleibt. Im Bezug auf das Ganzheitlichkeitsdenken der idealistischen Geschichtsphilosophie rekurriert Geschichte, gedacht als naturhaft-organischer Zusammenhang, auf die ursprüngliche Sinnhaftigkeit einer Natur, die es als Ziel der Geschichte wiederzugewinnen gilt, als das Andere der Ordnung ist Natur die Größe, in deren immer wieder neu zu bewältigendem Ausschluß sich diese zuallererst begründet, und zugleich das Prinzip der Bewegung, das die Geschichte in die Richtung ihrer endgültigen Bestätigung vorantreibt.

In der folgenden Interpretation der Novelle soll die politische Bedeutung der Revolution in der Widersprüchlichkeit von Naturereignis[21] und moralisch zu verantwortendem Geschehen auf die sich als Liebesgeschichte gestaltende Identitätsproblematik der Subjektgeschichte zurückgeführt werden. Dazu ist es zunächst notwendig, die innere

---

[18] Neben den Arbeiten Helmut Koopmanns ‚Eichendorff, das Schloß Dürande und die Revolution', a.a.O., sowie dem Eichendorff-Kapitel in ‚Freiheitssonne und Revolutionsgewitter', a.a.O., sind hier vor allem die Arbeiten Klaus Lindemanns zu nennen. Vgl. Klaus Lindemann: Eichendorffs Schloß Dürande. Zur konservativen Rezeption der Französischen Revolution: Entstehung, Struktur, Rezeption, Didaktik, Paderborn, München, Wien 1980 und ders.: Verdrängte Revolutionen? Eichendorffs »Schloß Dürande« und Karl Mays Klekih-Petra-Episode im »Winnetou«-Roman, in Aurora 34 (1974). S. 24-38.

[19] Vgl. dazu Harro Segeberg: Deutsche Literatur und Französische Revolution. Zum Verhältnis von Weimarer Klassik, Frühromantik und Spätaufklärung, in: K.O. Conrady (Hg.): Deutsche Literatur zur Zeit der Klassik, Stuttgart 1977, S. 243-266 (143).

[20] Helmut Koopmann spricht von der Synchronisation von Liebesgeschichte und Revolutionsbericht, vgl. Koopmann, Eichendorff, das Schloß Dürande und die Revolution, a.a.O., S. 126.

Logik der Figurenkonstellation und die gegenseitige Abhängigkeit von Individuum und bestehender Ordnung genauer zu bestimmen. Im Mittelpunkt wird dabei die Figur des Renald stehen, dem in seiner Widersprüchlichkeit die eigentliche Bedeutung der Novelle zukommt und auf den die Liebesgeschichte seiner Schwester in besonderer Weise bezogen ist. Sodann soll gezeigt werden, wie sich diese Geschichte der Liebe im Spannungsfeld von Natur und Kultur, in der Konstellation von Idealisierung und Verführung, der beanspruchten ‚Wahrheit des Herzens' und der durch die bestehende Ordnung garantierten Ehre des Renald gestaltet und durch die Suche Renalds nach „Gewißheit" (423) unaufhaltsam zur Entscheidung der Wahrheit in der eschatologischen Katastrophe drängt. Zuletzt soll den politischen Implikationen, die in den Machtwirkungen zur Geltung kommen, welche Wissen und Handeln zusammenschließen, nachgegangen werden. Zunächst ist aber auf die Bedeutung des Erzählrahmens einzugehen, in welchem die Geschichte vom Untergang des Schlosses Dürande und seiner Protagonisten gleichsam ‚aufgehoben' ist, und der daher ihren Sinn in besonderer Weise bestimmt. Auf die politischen und geschichtsphilosophischen Schriften soll insofern Bezug genommen werden, als sie die in der Novelle selbst ablesbaren Stellungnahmen Eichendorffs verdeutlichen, ohne sie aber als den übergeordneten ‚Klartext' zu verstehen, in dessen Bedeutung sich diejenige der Erzählung erschöpft. Vielmehr ist auch hier auf die Widersprüche zu achten, die einer eindeutigen Moral der Erzählung, wie sie der Schlußsatz zu intendieren scheint, entgegenstehen und die im Übrigen der Theorie selbst inhärent sind.

1. Die Funktion des Rahmens

Die Geschichte vom Untergang des Schlosses Dürande, die dem Leser, wie es der Schlußsatz der Novelle will, als Mahnung dienen soll, läßt die Geschichtszeit der durch das Schloß repräsentierten Welt und die Lebenszeit der Protagonisten gemeinsam enden. Dadurch wird dem Leser als Zuschauer der geschilderten Geschichtskatastrophe ermöglicht, den im dichterischen Bild gestalteten eschatologischen Zusammenfall von Sein und Sinn zu erleben und sich gleichzeitig – da er durch die Vorausdeutung des Rahmens von Beginn an um das Ende weiß – von der vorgestellten Todesdrohung re-

---

[21] Vgl. Koopmann, Freiheitssonne und Revolutionsgewitter, a.a.O., S. 143ff.

flektierend zu distanzieren.[22] Der Rahmen der Erzählung bildet die feste Position, von der aus der Leser dem ‚Schiffbruch‘[23] der Geschichte beruhigt beiwohnen kann, da ihm hier bedeutet wird, daß das letzte Wort über das Ende der Geschichte noch nicht gesprochen ist. Die Geschichte des Untergangs wird von einer Einführung und einem Schlußsatz eingerahmt, die das Geschehen durch die Gegenüberstellung des ‚Heute‘ und ‚Damals‘ in einen sinnstiftenden Kontext einspannen.[24] Beide Abschnitte seien hier zunächst zitiert:

„In der schönen Provence liegt ein Tal zwischen waldigen Bergen, die Trümmer des alten Schlosses Dürande sehen über die Wipfel in die Einsamkeit herein; von der andern Seite erblickt man weit unten die Türme der Stadt Marseille; wenn die Luft von Mittag kommt, klingen bei klarem Wetter die Glocken herüber, sonst hört man nichts von der Welt. In diesem Tale stand ehemals ein kleines Jägerhaus, man sah's vor Blüten kaum, so überwaldet war's und weinumrankt bis an das Hirschgeweih über dem Eingang; in stillen Nächten, wenn der Mond hell schien, kam das Wild oft weidend, bis auf die Waldeswiese vor der Tür. Dort wohnte dazumal der Jäger Renald, im Dienst des alten Grafen Dürande, mit seiner jungen Schwester Gabriele ganz allein, denn Vater und Mutter waren lange gestorben." (423)

„Das sind die Trümmer des alten Schlosses Dürande, die weinumrankt in schönen Frühlingstagen von den waldigen Bergen schauen." (465)

Im Mittelpunkt steht am Beginn und Schluß der Novelle das Bild der Schloßruine, das bereits durch die vorausweisende Funktion des Titels[25] in seiner die Erzählung im Ganzen bestimmenden Bedeutung herausgehoben ist. Im Zeichen der Schloßruine sind Geschichte im allgemeinen und die erzählte Geschichte in ihrer zeitlichen Vorgängigkeit im doppelten Sinn des Wortes ‚aufgehoben‘ – als Geschichte, die in der Erinnerung wieder lebendig werden kann, und als Geschichte, die zu ihrem Sinn bezeugenden Ende gekommen ist. Besonders deutlich wird dies im Bild des Schlußsatzes, in dem sich die Ruine „weinumrankt" (465) wie zu Beginn das Jägerhaus (vgl. 423) mit der Zeitlosigkeit der Natur im wiederkehrenden Wechsel der „schönen Frühlingstage[]" (465) verbindet. Zeitlose Ruhe bildet auch für den einführenden Abschnitt das bestimmende Element, sowohl für die die Jetztzeit beschreibenden ersten Sätze als auch für die Idylle

---

[22] Vgl. Blumenberg, Schiffbruch mit Zuschauer, a.a.O., S. 61ff.
[23] Vgl. ebd.
[24] Zur Erzähltechnik der Vorausdeutung und ihrer strukturellen Bedeutung vgl. Eberhard Lämmert: Bauformen des Erzählens, achte unveränderte Auflage, Stuttgart 1993 (im folgenden zitiert als ‚Bauformen des Erzählens‘), S. 139-194 (150).
[25] Vgl. ebd. S. 143ff.

der Vorgeschichte, die nahtlos anschließt. Während in der Gegenwart der Ort des Geschehens in seiner Abgeschiedenheit unter dem Schutz eines Draußen steht, aus dem allein ordnungsstiftende Elemente einwirken – die „Türme" (423) und „Glocken" (ebd.) der Stadt, „sonst hört man nichts von der Welt" (ebd.) –, wird die Vorgeschichte dadurch, daß mit der märchenartigen Formel des „Vater und Mutter waren lange gestorben" (ebd.)[26] der Beginn der Geschichte in eine ungreifbare Vorzeitigkeit entrückt wird, zu einer Waldidylle, die zugleich von Melancholie gezeichnet ist, da der Ausgang aus dem als Kindheit suggerierten Paradies immer schon geschehen ist. Die Erinnerung an die ursprüngliche Katastrophe, mit der Geschichte ihren Anfang nimmt, ist daher in der scheinbar zeitlosen Idylle des einleitenden Abschnitts ebenso enthalten wie in der Ruinenmetapher die Geschichte selbst, die in ihrer zerstörerischen Zeitlichkeit lebendiges Sein zu toten Zeichen werden läßt.

Die im Titel und der Ruinenmetapher[27] enthaltene Vorausdeutung, die den Ausgang der erzählten Geschichte vorwegnimmt, bestimmt alles künftige Geschehen. Sie bewirkt „eine fortlaufende und bei jedem Ereignis sich neu erstellende Synopsis" und „erzeugt von sich aus eine Kette synthetischer Einzeleindrücke, indem sie selbst fortlebt bis zu ihrer Auflösung"[28]. Der Sinn der Dichtung erweist sich als ein synthetischer, bei dem die Vorausdeutung den Fixpunkt bildet, von dem aus es möglich wird, „Dichtung als Totalität zu fassen"[29]. Das erzählerische Verfahren erzeugt den inhaltlich postulierten Sinn. Dabei wiederholt die Struktur der Erzählung diejenige des von Eichendorff auch in seinen historische Schriften in Anspruch genommenen idealistischen Geschichtsmodells, indem durch die Vorwegnahme des Endes die syntagmatische Bedeutung von Geschichte denkbar wird. Was in der geschichtlichen Realität nicht erlebt werden kann, wird in der Dichtung dadurch möglich, daß die Synchronisation des kausalen und des chronologischen Zusammenhangs von Geschichte aufgehoben wird[30] und im Erzählen eine Umkehrung von Ursache und Wirkung erfolgt: Die Ruinenmetapher, die eigentlich das ‚Produkt' der erzählten Geschichte ist, wird zur Ursache des Erzählens. So wie das Bild der Schloßruine nachträglich den Sinn der darin aufgehobenen Geschichte produziert, ist es zugleich der Ursprung, von dem aus das Erzählen seinen Anfang nimmt, und das Ziel der erzählten Geschichte. Im „Gegensatz zur Natur, die keine akontinuierliche

---

[26] Vgl. den Kommentar der Eichendorff-Ausgabe W 3, S. 835f.
[27] Zum Bild der Ruine als einem bei Romantikern wie Realisten des 19. Jahrhunderts gleichermaßen beliebten, „geradezu konventionelle[m] Eingangsmotiv, das sinnfällig die tragische oder ruhiggelassene Endphase des Geschehens spiegelt" vgl. Lämmert, Bauformen des Erzählens, a.a.O., S. 150.
[28] Ebd. S. 139f.
[29] Ebd. S. 140.
[30] Vgl. ebd. S. 128.

Verbindung von Vergangenheit und Gegenwart kennt"[31], schafft die Kunst die Effekte einer im Kunstwerk zum Ereignis werdenden Bedeutung. Das bewußte erzählerische Verfahren reflektiert hierbei zugleich die sprachliche Vermittlung von Wirklichkeit im allgemeinen, bei dem die nachgeordnete sprachliche Bezeichnung der Dinge die notwendige Ergänzung ihrer vorausgesetzten Bedeutung ist.[32] Im Verhältnis von Rahmen und erzählter Geschichte spiegelt sich die wechselseitige Abhängigkeit im Bedeutungszusammenhang von Natur und Kultur (Geschichte) wider, die sich in Form der in das Naturbild des Rahmens eingebetteten Ruinenmetapher und schließlich in dieser selbst wiederholt und sich zuletzt – da auch in dieser Erzählung die Geschichte mit dem ersten Wort immer schon begonnen hat – als Differenz verschiedener kultureller Signifikationsstufen erweist. Einerseits insistiert der Rahmen der Novelle mit seinem in die Naturidylle eingeschlossenen Bild der Schloßruine darauf, daß die erzählte Geschichte von Gewalt und Untergang in der Sinnhaftigkeit von Naturgeschichte aufgehoben ist, andererseits ergibt sich diese Sinnhaftigkeit erst aus der erzählten Geschichte.

Mit der das Ende vorwegnehmenden „zukunftsgewissen"[33] Vorausdeutung der Einleitung erweist sich der Erzähler als der eigentliche Herr der Geschichte, indem er seinen Standort außerhalb der Handlungsgegenwart einnimmt.[34] Zugleich macht er den Leser zum „Mitwisser der Zukunft"[35] und gibt ihm „die Möglichkeit eigenen überlegenen Urteils über die Personen und den Gang der Handlung"[36]. Beide, Erzähler und Leser, befinden sich somit, im Gegensatz zu den Protagonisten der Erzählung, die allesamt zu Opfern ihrer Geschichte werden, in der Position des souveränen Subjekts, das über die erzählte Geschichte der anderen Subjekte, die hier wesentlich eine Geschichte des Anderen des Subjekts ist, als Beobachter verfügt. Indem der Erzähler sich mit der Mahnung des Schlußsatzes direkt an den Leser wendet, wird diese unterschwellige Beziehung zwischen Erzähler und Leser noch einmal betont und die beanspruchte Herrschaft des Subjekts über „die erzählte Zeit hinaus in einen Bereich zeitloser Dauer"[37] hinein verlängert.[38] Bereits diese Erläuterungen zu dem die Bedeutung der Novelle von

---

[31] Ebd. S. 128.
[32] Zur Sprache als notwendigem ‚Supplement' eines abwesenden Sinns, dessen Präsenz immer wieder aufgeschoben wird, vgl. Jacques Derrida: Die Schrift und die Differenz [Aus dem Französischen von Rodolphe Gasché], Frankfurt am Main 1997, S. 323.
[33] Lämmert, Bauformen des Erzählens, a.a.O., S. 142.
[34] Vgl. ebd.
[35] Ebd.
[36] Ebd.
[37] Ebd. S. 162.
[38] Eine andere, bei Eichendorff weitaus häufigere erzählerische Technik, die beanspruchte Dauer des Subjekts über die Zeit der Erzählung hinaus zu verlängern und sich der Zukunft zu vergewissern, ist

vornherein determinierenden Verhältnis von Rahmen und erzählter Geschichte zeigen aber, daß der Anspruch des Subjekts, Herr seiner Geschichte zu sein, im höchsten Maße widersprüchlich ist, da sowohl Erzähler als auch Leser über die erzählte Geschichte nur zum Teil verfügen und insofern ihrerseits von ihr abhängig sind, als sich nicht nur inhaltlich im Untergang der Protagonisten, sondern auch in den darin reflektierten Voraussetzungen des Erzählens selbst das Paradigma der eigenen problematischen Subjektivität spiegelt.

2. Die gesellschaftliche Ordnung und die Geschichte des Subjekts

In seiner Interpretation weist Helmut Koopmann darauf hin, daß im »Schloß Dürande« „hinter der Familiengeschichte eine Staatsutopie steht"[39]. Entwirft Eichendorff in diesem Sinn „im Hintergrund gleichzeitig ein Idealbild von Staatsverhältnissen, wie er sie für die Zukunft erhofft"[40], deren Verwirklichung aber durch „Haß, Zweifel und Selbstgerechtigkeit"[41] hintertrieben wird, so läßt sich aber dieses Scheitern gerade aus den Widersprüchen erklären, die diesem Staats- und Familienmodell selbst inhärent sind und zuletzt auf die Ordnung des Subjekts zurückgeführt werden können, die gemäß dem Verhältnis von Teil und Ganzem zugleich für das gesellschaftliche Bewußtsein bestimmend ist. Eichendorff beschreitet hier den Weg einer Psychologisierung des Politischen, der gerade nicht der von ihm scheinbar verteidigten altständisch-feudalen, sondern der sich seit dem achtzehnten Jahrhundert neu formierenden bürgerlichen Gesellschaftsordnung entspricht, welche die neuzeitliche ‚Emanzipation des Subjekts' dadurch in den Mittelpunkt des neuen Herrschaftssystems rückt, daß sie die Verantwortung für die sinnvolle Beziehung zwischen Ich und gesellschaftlicher Ordnung in das Subjekt verlegt. Die Sinnhaftigkeit der Ordnung wird nicht mehr durch eine äußere Größe – Gott und als abgeleitete Instanzen die Kirche und die durch das Gottesgnadentum gerechtfertigte, stellvertretende Herrschaft von König und Adel – legitimiert. Dies zeigt sich im »Schloß Dürande« darin, daß es gerade das restaurative Herrschaftsprinzip der Legitimität ist, das im Rahmen der Liebesgeschichte mit der Unbedingtheit des Herzens in seinem Wahrheitsanspruch konkurrieren muß.

---

das Schlußereignis des neuen Morgens, Sonnenaufgangs oder erneuten Aufbruchs des Helden. Vgl. Lämmert, Bauformen des Erzählens, a.a.O., S. 161.
[39] Koopmann, Freiheitssonne und Revolutionsgewitter, a.a.O., S. 162.
[40] Ebd.
[41] Ebd.

Rekurriert das Prinzip der Legitimität ursprünglich auf eine Instanz, die außerhalb der Geschichte steht, so muß es in der Novelle ebenso wie die Liebe seine Wahrheit im Zuge einer eigenen Geschichte verantworten. Beide Geschichten, diejenige der sich in einer authentischen Natur begründenden Liebe und diejenige der gesellschaftlichen Ordnung, werden in der Novelle synchronisiert und in der Figur des Renald, der zugleich der eigentliche konservative Vertreter eines durch Treu und Glauben bestimmten Rechts[42] und der Bruder ist, dessen Schwester als Verkörperung naturhafter Unschuld erscheint, miteinander verknüpft und auf einen gemeinsamen, nicht mehr einsehbaren Ursprung zurückgeführt. So soll gerade Renalds Beharren auf der durch Tradition begründeten Ordnung – konkret bedeutet dies die gesellschaftliche Legitimierung des illegitimen Verhältnisses seiner Schwester zum jungen Grafen Dürande – die Unschuld seiner Schwester in kulturell kodierter Weise wieder herstellen. In beiden Fällen ist der Wahrheitsanspruch, den Renald verteidigt und zu dessen Opfer er schließlich wird, an die kulturell kodierte Wiederholung einer ursprünglichen Wahrheit gebunden.

2.1. Die Geschichte Renalds in der Konstellation der Geschwisterbeziehung

Im Sinne einer auf Familiengeschichte und zuletzt auf die Geschichte des Subjekts zurückzuführenden Staatsutopie bildet die durch das Schloß Dürande repräsentierte Welt, wie sie sich in der räumlichen Konstellation von Schloß und Jägerhaus, Berg und Tal, Höhe und Tiefe entfaltet, zugleich das Paradigma der gesamten gesellschaftlichen Ordnung. Versucht man die Protagonisten der Erzählung in dieser Weise in ihrer Bedeutungskonstellation zu bestimmen, so erscheint Renald als Vertreter des Volkes, der junge Graf Dürande verkörpert in der positiven Entwicklung, die er durchläuft, die Möglichkeit eines „guten und damit wahren Adels"[43], sein Vater die falsch verstandene Restauration und seine Schwester mag denn die wahre Natur einer christlichen Liebe vertreten, die Adel und Volk verbinden soll.[44] Im Zuge einer weitergehenden Entfaltung ihres allegorischen Potentials verkörpern die Hauptfiguren sodann verschiedene Instanzen innerhalb einer Bedeutungskonstellation, die auf den einzelnen Bedeutungsebenen der Erzählung jeweils wirksam wird und in der Richtung einer fortschreitenden Psychologisierung des Geschehens hinter der Geschichte der gesellschaftlichen Ordnung

---

[42] Vgl. ebd. S. 150.
[43] Koopmann, Freiheitssonne und Revolutionsgewitter, a.a.O., S. 162.
[44] Vgl. ebd. S. 161f.

die Familiengeschichte und schließlich die Geschichte des Subjekts durchscheinen läßt. Unter dieser Voraussetzung soll nun auf die Figur des Renald als eigentlicher Verkörperung problematischer Subjektivität in der Konstellation der Geschwisterbeziehung und seinem Verhältnis zur gesellschaftlichen Ordnung eingegangen werden.

Wie bereits angesprochen evoziert die formelhafte Wendung „denn Vater und Mutter waren lange gestorben" (423), mit der die Einleitung endet, in der Art eines Märchens einen vergangenen, mythisch-zeitlosen Zustand[45] und kennzeichnet zugleich Renald und Gabriele als aus dem Paradies der Kindheit vertriebenes Geschwisterpaar. Die Welt, in der sie leben, bevor das Geschehen beginnt, ist keine Idylle reinen Glücks, sondern ein vorläufiger Zustand, der zwar einerseits unter der Herrschaft einer durch die Väter bestimmten Ordnung steht, in seiner Abgeschlossenheit[46] aber zum Ausbruch drängt. Als Person erweist sich Renald durch eine Ordnung determiniert, die im weitesten Sinn diejenige der väterlichen Instanzen ist, des eigenen Vaters, der die Ordnung innerhalb der eigenen Familie – das Verhältnis zur Schwester – bestimmt, und des alten Grafen Dürande als Exponent der patriarchalen gesellschaftlichen Ordnung, in dessen „Dienst" (423) er als Nachfolger seines Vaters steht. In seiner gesellschaftlichen Identität ist Renald konservativer Vertreter der alten, durch die Väter ererbten Ordnung, so wie er durch seine Kleidung (vgl. 444) und das „adelige[] Halsband" (439), das er mit Stolz trägt, ganz und gar als Angehöriger der Familie Dürande gekennzeichnet ist. Das Recht, das er für sich einfordert, ist nicht das ‚papierne', durch einen gesellschaftlichen Vertrag bestimmte Recht der Revolution, sondern ein familiäres, das auf Herkommen und persönlicher Bindung beruht. Seine persönliche Ehre besteht gerade darin, daß seine Identität als einzelner durch die Teilhabe an der Ordnung des Ganzen gewahrt bleibt.

Von seinem eigenen Vater erbt Renald nicht nur seine gesellschaftliche Rolle, er determiniert auch zugleich sein Leben im Verhältnis zu seiner Schwester Gabriele, die er, durch den Tod beschworen, zum untrennbaren Teil seines eigenen Selbst bestimmt:

„Denn der Vater hatte ihm, sterbend, das Mädchen auf die Seele gebunden, er hätte sein Herzblut gegeben für sie." (423)

In schicksalhafter Verkettung – und das heißt hier in einer das Geschehen vorherbestimmenden Bedeutungskonstellation, deren Determinanten aufzuklären sind – ist es

---

[45] Vgl. Anmerkung 26.
[46] Zum Motiv der Abgeschlossenheit im »Schloss Dürande« vgl. Klaus-Dieter Post: Hermetik der Häuser und der Herzen. Zum Raumbild in Eichendorffs Novelle »Das Schloß Dürande«, in: Aurora 44 (1984), S. 32-50.

dann schließlich gerade die Büchse seines Vaters, die zum Werkzeug des väterlichen Auftrags gegenüber seiner Schwester wird, und mit der er zuletzt nicht sein eigenes „Herzblut", sondern das seiner Schwester vergießt. (Vgl. 448) Gegenüber Gabriele befindet sich Renald in der widersprüchlichen Doppelrolle des Bruders, der über seine Schwester als Stellvertreter seines Vaters die Souveränität der väterlichen Gewalt ausüben soll, von der er selbst abhängig ist. So betrachtet er Gabriele als seinen Besitz, ein Teil des eigenen Selbst, dem er eigentlich vertrauen könnte – „denn sie hatte ihn noch niemals belogen" (426) – und doch mißtraut, das er dergestalt liebt, daß er sich opfern würde, und schließlich selbst opfert. Die Dramatik, in der sich die Widersprüchlichkeit im Verhältnis von Bruder und Schwester entfaltet, gestaltet sich in der Konstellation von Idealisierung und Verführung, die zuletzt in der Opferung der Schwester und im Selbstopfer Renalds kulminieren. Dabei ist das Geschehen derart konzipiert, daß den tatsächlichen Ereignissen, wie sie in Gestalt des fremden Verführers, des „junge[n], fremde[n] Mann[s]" (423), in die Abgeschiedenheit der Geschwister hereinbrechen und sich als Liebesgeschichte zwischen Gabriele und dem jungen Grafen entwickeln, eine Motivation entspricht, die dem Inneren Renalds entspringt. So sind es ursprünglich ganz allein durch ‚Köhlerglauben' verursachte Gerüchte, bloßes „Gerede" (ebd.), die in Renald dasjenige Gestalt werden lassen, das er selbst bereits für möglich hält, und sein Handeln in Gang setzten. Er lauert seiner Schwester auf:

> „... er hatte heut ein ganz anderes Wild auf dem Korn. Ein junger, fremder Mann, so hieß es, schleiche Abendes heimlich zu seiner Schwester, wenn er selber weit im Forst; ein alter Jäger hatte es ihm gestern vertraut, der wußte es vom Waldhüter, dem hatt' es ein Köhler gesagt. Es war ihm ganz unglaublich, wie sollte sie zu der Bekanntschaft gelangt sein? Sie kam nur Sonntags in die Kirche, wo er sie niemals aus den Augen verlor. Und doch wurmte ihn das Gerede, er konnte sich's nicht aus dem Sinn schlagen, er wollte endlich Gewißheit haben." (423)

Als Teil seines eigenen Selbst verkörpert Gabriele das Andere der souveränen Subjektposition, das nur in der idealisierten Form personifizierter Reinheit und Unschuld zu existieren vermag. In der Einheit mit ihm ist sie Teil des verlorenen Paradieses der Kindheit, das allein als gedachtes in der Erinnerung vorhanden und solcherart bereits von der Lüge gekennzeichnet ist. Besonders deutlich wird dies rückblickend gegen Ende der Erzählung, als Renalds Suche nach Gewißheit kurz vor der Entscheidung steht. Der halbe Wahnsinn, der sich hier bereits seiner bemächtigt, ist realer, das heißt psychologisch begründeter Ausdruck der Dissoziation seines Ich und Folge eines

Wissenwollens, das die Grundlagen der eigenen Identität untergraben hat, indem es die Täuschung durch die Idealisierung des Anderen entlarvt, in der ihm sein unberechenbares Ich als Einheit eines paradiesischen Zustandes gespiegelt wird:[47]

„... er dachte sich die verlorene Gabriele wieder in der alten unschuldigen Zeit als Kind mit den langen dunklen Locken, es fiel ihm das Lied ein: ‚Gute Nacht, mein Vater und Mutter, wie auch mein stolzer Bruder,' – es wollte ihm das Herz zerreißen, er sang verwirrt vor sich hin, halb wie im Wahnsinn:

Meine Schwester, die spielt an der Linde. –	Es zittert die alte Linde
Stille Zeit, wie so weit, so weit!	Und klaget der Wind so schwer,
Da spielten so schöne Kinder	Das macht, das macht die Sünde –
Mit ihr in der Einsamkeit.	Ich wollt', ich läg' im Meer. –
Von ihren Locken verhangen,	Die Sonne ist untergegangen
Schlief sie und lachte im Traum,	Und der Mond im tiefen Meer,
Und die schönen Kinder sangen	Es dunkelt schon über dem Lande;
Die ganze Nacht unter'm Baum.	Gute Nacht! seh' dich nimmermehr.
	(461f.)
Die ganze Nacht hat gelogen,	
Sie hat mich so falsch gegrüßt,	
Die Engel sind fortgeflogen	
Und Haus und Garten stehn wüst.	

Ohne das Gedicht im einzelnen analysieren zu wollen, sei darauf hingewiesen, daß es bei aller resignativen Erkenntnis, die es vermittelt, zugleich suggestiver Ausdruck eines tiefen Verlangens nach Synthese und Ganzheitlichkeit ist, das sich zuletzt als Todessehnsucht gestaltet, mithin gerade die Erkenntnis der Lüge zum Vehikel des Begehrens wird: Die dritte Strophe, welche die Erkenntnis der Lüge enthält, bildet zugleich die Mittelachse des Gedichts, an der sich die sehnsüchtige Erinnerung an die verlorene Kindheit, wie sie in den ersten beiden Strophen zum Ausdruck kommt, und die Todessehnsucht des lyrischen Ich spiegeln. Darüber hinaus ist das Gedicht durchgehend von Bildern geprägt, deren umfassender Gehalt zunächst nur suggestiv wahrgenommen wird. ‚Baum', ‚Nacht', ‚Sonne' und ‚Mond', sowie ‚Meer' sind allesamt Bilder eines allgemeinen (Un-) Bewußtseins, die im weitesten Sinn die Synthese dualer Prinzipien,

---

[47] Zur Dissoziation des Ich als Rückfall bis in die Vorstellung vom zerstückelten Körper und Kehrseite der ‚imaginären' Einheit des Ich in der strukturalen Psychoanalyse Jacques Lacans vgl. Hiebel, a.a.O., S. 59f.

Tod und Wiedergeburt symbolisieren.[48] Der Baum des nächtlichen Kindheitsgartens (Strophe 2) ist zugleich der Lebensbaum und der Baum der Erkenntnis des Paradieses, der als ‚Linde' (Strophe 1 und 4) die Frage nach der Möglichkeit des tatsächlichen Lebensglücks bezeichnet.[49]

Daß das Ende der Erzählung zuletzt die ‚Unschuld' Gabrieles rettet, während die eigentliche Schuld dem Mißtrauen Renalds zugeschrieben wird, ändert nichts an der hier entwickelten Logik des psychologischen Geschehens, sondern bestätigt lediglich das projektive Potential im Verhältnis Renalds zu seiner Schwester. Die Schuld des Anderen, wie sie in der Lügenhaftigkeit seiner Idealisierung zutage tritt, und die Schuld des erkennenwollenden Subjekts sind letztlich die gleiche. Gegenüber dem nicht zu hinterfragenden Anderen, ob es sich nun als idealisiertes Heiliges oder lügenhafte Natur äußert, kann das Subjekt nur schuldig werden, denn das Andere ist an und für sich weder schuldig noch unschuldig, beides sind Kategorien, die erst das erkennenwollende Subjekt erzeugt und Ausdruck seiner eigenen Widersprüchlichkeit sind.

In seinem Mißtrauen gegenüber der Schwester ist Renald dazu verurteilt, das, was die Vertreibung aus dem Paradies der Kindheit bewirkte – die ursprüngliche Katastrophe der Trennung von seiner Körpernatur, die Teil der identitätsbegründenden Szene ist –, zu wiederholen. So geht es auch im »Schloß Dürande« um die Einholung und Wiederholung des Ursprungs, gestaltet als Krise der Identität, die auf das Problem der erwachenden Sexualität der Schwester projiziert wird. Während aber in den im »Marmorbild« und in der »Meerfahrt« entworfenen Adoleszenzgeschichten trotz der nachzuweisenden Widersprüche die Identität des Subjekts wie die der gesellschaftlichen Ordnung im prekären Verhältnis der Erfahrung des Anderen und seiner sozialen Kodierung erneut bestätigt wird, da das Opfer des naturhaften Körpers mit seiner erneuten kulturellen Überholung einhergeht, zeigt sich hier die Vergegenwärtigung von Identität als Rückschlag in die ursprüngliche Katastrophe und Dissoziation von Ich und gesellschaftlicher Ordnung, die Teil ihrer Möglichkeitsbedingung ist.[50] In den Figuren der Erzählung verwirklicht sich die Voraussetzung des Opfers, indes die Aussicht einer wiederholten kulturellen Überholung allein von der Position des Rahmens gegeben ist. (Vgl. Kapitel 3.1.)

Renalds Drang nach „Gewißheit" (423), der ihn an der Verläßlichkeit seiner Schwester zweifeln läßt, begleitet das Erwachen ihrer Sexualität. In seiner Person vereinigen

---

[48] Vgl. J.C. Cooper: Illustriertes Lexikon der traditionellen Symbole [aus dem Englischen von Gudrun und Matthias Middell], Leipzig 1986, S. 18ff., 121f., 175ff., 127f., 133.
[49] Vgl. ebd. S. 111.

sich dabei sämtliche Positionen des sich entwickelnden psychologischen Dramas. Ist er zum einen durch den Vater bestellter Vertreter der Ordnung und Gabriele als das idealisierte Andere ein Teil seines Selbst, so tritt er in der Person des jungen Grafen zugleich als der Verführer seiner Schwester auf. Diese Interpretation wird dadurch bestätigt, daß die Perspektive, die den Grafen als Verführer betrachtet, durchgängig von der Person Renalds abhängig ist; dies gilt in gleicher Weise, solange der Leser der Sichtweise Renalds folgt, wie für die Zeit der Erzählung, in der sich allmählich die Erkenntnis von der guten Natur des Grafen durchsetzt und Renalds Standpunkt als Irrtum erscheint. Ihrem projektiven Gehalt entsprechend erlebt denn Renald die Begegnungsszene zwischen seiner Schwester und dem Fremden, der wie er selbst, „in einen schlechten grünen Mantel gewickelt, wie ein Jäger" (424), „von den Bergen gekommen"[51] (425) ist (vgl. 423), „als könnte er sich in einem schweren Traume noch nicht recht besinnen" (424). Das Geschehen der Eingangsszene nimmt bereits folgerichtig die sich im Ende der Erzählung erfüllende Logik der Idealisierung des Anderen voraus, die sich als Wille zur Wahrheit in Verführung und Opfer gestaltet. Wenn der Erkenntnisdrang Renalds, sein Gewißheit fordernder Zweifel, zuletzt als Wirkung des ‚wilden Tiers in der Brust' (vgl.465), d.h. des Anderen erscheint, so bestätigt dies das wechselseitige Bedingungsverhältnis des naturhaften und des kulturellen Pols im subjektiven Spannungsfeld, dessen Tendenz zur vollständigen Angleichung ursprünglicher Natur an die kulturelle Wahrheit zum Rückfall in eine ‚bloße' Naturhaftigkeit führt, die aber wiederum zur Grundlage der kulturellen Erneuerung werden kann. Das Opfer bezeichnet sowohl den Augenblick der Authentizität, in dem die Natur mit ihrem kulturellen Sinn zusammenfällt, als auch den Umschlag in eine neue Bedeutungslosigkeit. In seinem Willen zum Wissen ist Renald notwendigerweise zugleich Handelnder, der in der Opferung seiner Schwester, welche das eigene Opfer als abgeleitete Konsequenz zur Folge hat, die Wahrheit ihrer Unschuld zur Entscheidung bringt. Es ist der Schuß Renalds in der Eingangsszene, der sein späteres „Richteramt" (461) als politisch Handelnder vorwegnimmt, im tödlichen Schuß der Schlußszene seine Erfüllung findet und auf den Tod seiner Schwester als zwar ungewollte, aber unausweichliche Konsequenz seines Drangs nach Gewißheit vorausdeutet. Der Umstand, daß Renald eigentlich den vermeintlichen

---

[50] Vgl. Anmerkung 47.
[51] Diese Formulierung wird an späterer Stelle (447) in ähnlicher Weise im Rahmen einer negativ variierten Wiederaufnahme des Erzählbeginns nochmals wiederholt, als Renald aus Paris zurückgekehrt ist, und leitet den endgültigen Umschlag der Handlung in eine Gewalttätigkeit ein, die sich einerseits aus dem Fortgang der Geschichte begründet, andererseits aber auch direkt aus der Konfliktkonstellation der Eingangsszene abgeleitet werden kann.

fremden Verführer meint und dennoch seine Schwester trifft, ist dahingehend verständlich, daß Renald sie damit zwingt, die Aufrichtigkeit ihrer Liebe zu bekennen: Zweimal ist es ihr Körper, mit dem Gabriele die Unversehrtheit ihres Geliebten zu schützen sucht. So wie sie in der Schlußszene den Grafen rettet, indem sie als sein Doppelgänger ihren Körper dem seinen anverwandelt (vgl. 457ff.), schützt sie ihn in der Eingangsszene, indem sie „ihn ganz mit ihrem Leibe bedeckte" (424):

> „Herr Jesus! schrie sie auf einmal, denn sie sah plötzlich den Bruder hinter'm Baum nach dem Fremden zielen. – Da, ohne sich zu besinnen, warf sie sich hastig dazwischen, sodaß sie, den Fremden umklammernd, ihn ganz mit ihrem Leibe bedeckte. Renald zuckte, da er's sah, aber es war zu spät, der Schuß fiel, daß es tief durch die Nacht widerhallte. Der Unbekannte richtete sich in dieser Verwirrung hoch empor, als wär' er plötzlich größer geworden, und riß zornig ein Taschenpistol aus dem Mantel; da kam ihm auf einmal das Mädchen so bleich vor er wußte nicht, war es vom Mondlicht oder vor Schreck. Um Gottes willen, sagte er, bist du getroffen?" (424f.)

Die Beziehung zwischen Renald und Gabriele steht in der Bedeutung eines Körpers, dessen Beziehung zur souveränen Subjektposition von einer Liebe bestimmt wird, der zugleich ein Tötungsimpuls zu eigen ist, dessen erotische Konnotation – in der Bildlichkeit Eichendorffs gesprochen – den in eins verschmelzenden Untergang nicht nur des ‚Wildes', sondern auch des ‚Jägers' meint. Deutlich wird dies in der darauffolgenden Szene zwischen den Geschwistern erkennbar, die am eindringlichsten den Augenblick der Wahrheit zwischen beiden im Zeichen des vergossenen Blutes herausstellt:

> „Er zitterte am ganzen Leibe und auf seiner Stirn zuckte es zuweilen, wie wenn es von ferne blitzte. Da gewahrte er plötzlich einen blutigen Streif an ihrem Kleide. Du bist verwundet, sagte er erschrocken, und doch war's, als würde ihm wohler beim Anblick des Bluts; er wurde sichtbar milder und führte sie schweigend in das Haus." (425)

Das weitere Geschehen als Liebesgeschichte und psychologisches Drama der Person Renalds drängt in der Konstellation von Idealisierung und Verführung, Liebe und gesellschaftlicher Ordnung unabwendbar zur Entscheidung in der Katastrophe, was auch darin deutlich wird, daß umgekehrt seine Dauer vom Verbergen der Wahrheit abhängig ist. Der ganze Verlauf der Handlung zwischen den drei Protagonisten ist geprägt von einem Spiel mit der Unkenntnis und des Verbergens der Identität, bei dem das Leben geradezu vom Nichtwissen abhängig ist und Erkennen den Tod zur Folge hat. Für Renald ist das Nichtwissen der Identität ihres Geliebten der Prüfstein für die Unschuld und Wahrhaftigkeit seiner Schwester:

„Und du kennst ihn wahrhaftig nicht?
Sie schüttelte mit dem Kopf.
Ich beschwöre Dich bei allen Heiligen, hub er wieder an, sag mir die Wahrheit!
Da wandte sie sich auf die andere Seite. Du bist heute rasend, erwiderte sie, ich will dir gar keine Antwort mehr geben.
Das schien ihm das Herz leichter zu machen, daß sie ihren Liebsten nicht kannte, er glaubte es ihr, denn sie hatte ihn noch niemals belogen." (426)

Während Renald seiner Schwester die Identität des Geliebten bewußt verheimlicht, ist die Liebesgeschichte selbst dadurch bestimmt, daß während der ganzen Zeit ihres tatsächlichen Zusammenseins, einer der beiden Beteiligten die Identität des anderen nicht kennt. Beide, Gabriele und der junge Graf Dürande, erkennen sich erst im Augenblick des Todes. Bereits diese Tatsache läßt die Möglichkeit einer als bürgerliches Glück der beiden Liebenden gestalteten Vereinigung zwischen Adel und Volk von vornherein unrealistisch erscheinen. Würde eine solche Variante eines möglichen Ausgangs der Novelle lediglich der Erwartungshaltung an eine triviale Liebesgeschichte entsprechen,[52] so zeigt das »Schloß Dürande« die grundsätzliche Unmöglichkeit einer solchermaßen gestalteten Utopie auf. So wie die nicht zu bezweifelnde Identität Renalds von einem Moment des Nicht-Wissens abhängig ist, kann auch die scheinbar unschuldig-wahrhaftige Liebe zwischen Gabriele und dem jungen Grafen nur inkognito unter der Bedingung der gesellschaftlichen Lüge existieren, welche die Wechselwirkung der tatsächlichen Macht- und Abhängigkeitsverhältnisse verschweigt.

Aus der beispielhaften Geschichte Renalds, der als Vertreter der patriarchalen Ordnung, indem er ihre Wahrheit einfordert, zugleich zum Handeln gezwungen ist und dadurch schuldig wird, können Konsequenzen für das politische Handeln im allgemeinen abgeleitet werden. Zwar ist dieses als Problematik der Revolution bereits ein explizites Thema der Erzählung, doch ist zu beachten, daß der Darstellung des Revolutionsgeschehens für sich allein genommen die Differenziertheit fehlt, die der Liebesgeschichte und der Geschichte des Renald zu eigen ist. Die Frage, in welcher Weise das Ereignis

---

[52] Zur Bedeutung konventioneller Erzählmuster und der Erwartungshaltung der Leser für das »Schloß Dürande« vgl. Regina Hartmann: Eichendorffs Novelle »Das Schloß Dürande«. Eine gescheiterte Kommunikation, in: Weimarer Beiträge. Zeitschrift für Literaturwissenschaft, Ästhetik und Kulturtheorie, 32 (1986) 7, S. 1850-1857.

der Revolution und die Problematik politischen Handelns im »Schloß Dürande« miteinander in Beziehung stehen, ist daher auch weiterhin im Zusammenhang der Geschichte des Subjekts zu sehen, die mit derjenigen der gesellschaftlichen Ordnung synchronisiert ist. Im folgenden soll nun zunächst dem Verhältnis von Wissen und Handeln nachgegangen werden, um danach zu zeigen, auf welche Weise Renald zum politisch Handelnden wird, wobei der sprachlichen Dimension der Problematik besondere Beachtung zukommen muß.

3. Wissen und Handeln

So wie sich im »Schloß Dürande« die Geschichte des Subjekts zugleich als die Geschichte des moralisierten Anderen erweist und auf die Vision eines gemeinsamen Ursprungs zurückgeführt werden kann, das Subjekt als solches aber nur in der prekären Identität der Einheit seiner selbst und des Anderen[53] zu denken ist, ist auch die Geschichte der gesellschaftlichen Ordnung nur im Wechselverhältnis zum Anderen dieser Ordnung vorstellbar. In seiner dialektisch-genetischen und auf zunehmende Vollendung hin angelegten Konstitution ist diesem Verhältnis dabei eine Tendenz zur Erstarrung zu eigen – wie sie an der im alten Grafen Dürande personifizierten Kritik am Rokoko-Adel[54] deutlich wird (vgl. 437f., 449f.) –, die aber gleichzeitig auch die

---

[53] Vgl. hierzu die Affinität, die dieses Identitätsmodell zur Philosophie Hegels besitzt, für die Herbert Schnädelbach den Gedanken einer „Identität der Identität und der Nichtidentität" (G.W.F. Hegel: Differenz des Fichteschen und Schellingschen Systems der Philosophie, in: Werke in zwanzig Bänden, Redaktion Eva Moldenhauer und Karl Markus Michel [Theorie Werkausgabe] Bd. 2, S. 9-138 [96]) als spekulative Grundfigur bestimmt. Vgl. Herbert Schnädelbach: Hegel zur Einführung, Hamburg 1999, S. 16f. Dennoch steht natürlich gerade Eichendorffs Intention, Sinnhaftigkeit immer wieder an das erfahrene Leben zurückzubinden, die für seine Dichtung wie seine politischen Schriften grundlegend ist, im Gegensatz zur reinen Spekulation und der Systemphilosophie Hegels, die angesprochene Affinität kann nur verständlich werden, wenn man die eigene Widersprüchlichkeit dieses Systemdenkens einbezieht, dessen ‚Geist'- Absolutismus zur Differenzlosigkeit einer zweiten Natur tendiert. Dagegen kann bei Eichendorff die Widersprüchlichkeit des geschichtsphilosophischen Wahrheitsmodells, die auch das Andere einer unbeherrschbaren Natur einbezieht, immer schon vorausgesetzt werden. In vergleichbarer Weise, wie dies Günter Schnitzler für Grillparzer und das Denken der österreichischen Spätaufklärung herausstellt, resultieren die „Gegensätze und ihre Beziehungen zueinander" auch bei Eichendorff „aus dem vorgängigen Bezug des Menschen zu den Dingen" und „sind nicht wie bei Hegel unabhängig von den Dingen im Denken zu Hause und bezeichnen erst recht keine Selbstbewegung des Geistes". (Günter Schnitzler: Grillparzer und die Spätaufklärung, in: Gerhard Neumann, Günter Schnitzler (Hg.): Franz Grillparzer. Historie und Gegenwärtigkeit, Freiburg im Breisgau 1994, S. 179-201, S. 191.)

[54] Wenn Eichendorff in seiner Schrift »Der Adel und die Revolution«, a.a.O., den Adel als „das ideale Element der Gesellschaft" (414) zu legitimieren versucht, dessen Aufgabe es ist, „das ewig wandelbare Neue mit dem ewig Bestehenden zu vermitteln" (ebd.) und somit den strukturellen Sinn von Geschichte zu repräsentieren, so ist dem dieselbe Widersprüchlichkeit zu eigen, die auch für die Rechtfertigung des Subjekts und der gesellschaftlichen Ordnung im allgemeinen gilt.

selbstdestruktiven Energien erzeugt, die dieser Lähmung wiederum entgegenwirken. Den inhärenten Widersprüchen in der Konstitution des Subjekts und der gesellschaftlichen Ordnung entsprechend schwankt die Erzählung vom »Schloß Dürande« zwischen moralisierender Geschichte und Schicksalsnovelle, der Darstellung der Revolution als Naturereignis und ethisch zu verantwortendem Geschehen. Dabei ist die Schicksalsverfallenheit der Hauptfiguren lediglich die Kehrseite aus den Aporien der beanspruchten Souveränität des Subjekts, so wie die Naturverfallenheit der gesellschaftlichen Ordnung, die in der ‚Naturkatastrophe' der Revolution zutage tritt, Folge ihres Wahrheitsanspruchs ist. Da die moralisierende Unterscheidung des ‚Wahren' und ‚Falschen' dementsprechend letztlich eine Verkürzung in der sich immer weiter fortsetzenden Differenzierung sich gegenseitig bedingender Gegensätze darstellt, verwundert es nicht, daß auch in dieser Erzählung die jeweiligen Zuordnungen und Wertungen höchst widersprüchlich sind. Sie seien daher lediglich erwähnt: Einer Natur, die, wie anhand des Rahmens nachgewiesen, als höhere Ordnung erscheint, welche die destruktiven Elemente der Geschichte in sich einschließt, steht eine Natur entgegen, die bei der Darstellung der Revolutionäre als tierisch-dämonische Triebhaftigkeit denunziert wird (vgl. 438f., 457), einer Kultur, deren Ordnung in der Darstellung des Lebens auf dem Klostergut zur Idylle verklärt ist (vgl. 433-436), eine Kultur, deren zerstörerische, Gewalt und Chaos produzierende Tendenz zum Vorschein kommt, wenn man wie Renald ihre Wahrheit zu bestimmen sucht. Überhaupt wird in der unterschiedlichen Bewertung des Wahrheitsanspruchs, den die Geschwister vertreten, in besonderer Weise deutlich, daß es jeweils das Andere dieser Wahrheit ist, das ihre Gültigkeit verbürgen soll. Während in der Person Gabrieles gerade der alle gesellschaftliche Konventionen mißachtende Freiheitsdrang ihres Begehrens als moralische Unbedingtheit einer inneren Wahrheit legitimiert und allein die göttliche Instanz anerkannt wird (vgl. 429), erscheint Renalds Anspruch auf kulturelle Wahrheit – seine gesellschaftliche Ehre – als Wirkung des ‚wilden Tiers in seiner Brust'. Da seine Einforderung des Rechts aber zugleich dem Verdikt mangelnder Demut verfällt und der Selbstüberschätzung des Subjekts zugeschrieben wird, ist es in einer erneuten Umkehrung des Verhältnisses wiederum die Anerkennung des Anderen der Ordnung, der Irrationalität ihres nicht einsehbaren und letztlich nur gläubig hinzunehmenden Zusammenhanges, die ihre Gültigkeit bestätigen soll.

Ihre eigentliche Bedeutsamkeit gewinnt die Suche nach Wahrheit – der Wahrheit des Anderen wie derjenigen der gesellschaftlichen Ordnung und des Subjekts – im »Schloß

Dürande« erst dann, wenn man versucht, daraus Konsequenzen für das ethische und politische Handeln abzuleiten. Wenn Koopmann den Zweifel Renalds an der Aufrichtigkeit seiner Schwester und an der Weltordnung überhaupt als das eigentlich zerstörerische Prinzip bestimmt und im Hinweis auf das Kleist-Kapitel der Literaturgeschichte Eichendorffs[55] den Zusammenbruch der Ordnung auf ethische „Maßlosigkeit"[56] und den Mangel an religiösem Glauben zurückführt[57], so ist dies zuletzt zu kurz gegriffen. Selbst dann, wenn man die Widersprüchlichkeit akzeptiert, deren gravierendste die ist, daß gerade das rationale Erkenntnisprinzip des Zweifels als Wirkung des ‚wilden Tiers' im Dienst des Anderen steht, und die Ordnung gläubig als etwas hinnimmt, dessen Sinnhaftigkeit zwar feststeht, obwohl sie nicht einsehbar ist, ist der Relevanz dieser Widersprüchlichkeit nicht zu entkommen – denn die Forderung nach ‚Glauben' zieht für den einzelnen den Zwang zur Erkenntnis nach sich, insofern sie mit der ethischen Forderung zum Handeln verbunden ist, sich zwischen ‚richtig' und ‚falsch', ‚gut' und ‚böse' entscheiden zu müssen. Dazu verurteilt Subjekt zu werden, ist der einzelne gezwungen, seine moralischen Prämissen aus dem Zusammenhang eines als geschichtliche Wahrheit bestimmten Ganzen abzuleiten, das die Wirklichkeit des eigenen Lebenshorizontes bei weitem übersteigt.

In vergleichbarer Weise wie in Stifters »Abdias« oder Grillparzers »Bruderzwist in Habsburg« sind auch in Eichendorffs »Schloß Dürande« Glauben, Wissen und Handeln in einer aporetischen und doch notwendigen Weise zusammengeschlossen. Das Vertrauen an eine nicht einsehbare, göttlich-naturhafte Ordnung verlangt den Glauben an den Sinn des Seins, der an das naturhafte Leben selbst wie an den Gang der Geschichte zurückverwiesen wird und Geschichte als säkularisierte Form von Heilsgeschichte erkennen läßt. Dennoch sind Glauben und Wissen nicht zu trennen. Einerseits ist die genetisch-final bestimmte Wahrheit vom Glauben an die Sinnhaftigkeit des Ganzen abhängig, andererseits ist der Zwang zur Erkenntnis diesem Glauben immanent, da er theoretisch die Möglichkeit zur Bedingung macht, daß sich die Wahrheit der Geschichte

---

[55] Eichendorff wiederholt hier fast wörtlich den Schlußsatz aus dem »Schloß Dürande«, um die „Zerrissenheit" (220) Kleists zu kennzeichnen und nimmt zugleich Bezug auf Kleists Erzählung »Michael Kohlhaas«, beides erinnert an die Geschichte und den widersprüchlichen Charakter Renalds: „Hüte jeder das wilde Tier in seiner Brust, daß es nicht plötzlich ausbricht und ihn selbst zerreißt! Denn das war Kleists Unglück und schwergebüßte Schuld, daß er diese, ihm einem Dichter fremde, dämonische Gewalt nicht bändigen konnte oder wollte, die bald unverhohlen, bald heimlich-leise, nur um so grauenvoller, fast durch alle seine Dichtungen geht. So steigert sich in seiner besten Erzählung »Michael Kohlhaas« mit melancholischer Virtuosität, ja mit einer eigensinnigen Konsequenz ... das gekränkte, tiefe Rechtsgefühl eines einfachen Roßkamms bis zum wahnsinnigen Fanatismus, der rachelustig das Land in Mord und Brand stürzt." (Joseph von Eichendorff: Über die ethische und religiöse Bedeutung der neueren romantischen Poesie in Deutschland, W 6, S. 227.)
[56] Koopmann, Freiheitssonne und Revolutionsgewitter, a.a.O., S. 151.

am Ende der Zeiten tatsächlich ‚offenbart', und als moralischer Imperativ gerade die Forderung nach praktischem Handeln nach sich zieht, die an das Individuum die Aufgabe stellt, sich in den Gang der Geschichte einzuordnen. Dies verlangt aber vom einzelnen wiederum ständig die Entscheidung zur eigenen Wahrheit, die zuletzt immer mit der Willkür verbunden ist, sich als Subjekt an die Stelle des Ganzen zu setzen und der Vollendung der Geschichte vorzugreifen. In der Geschichte Renalds sind sein Wille zum Wissen und sein Handeln untrennbar miteinander verbunden[58], in der Machtwirkung, die beides zusammenschließt, wiederholt sich zum einen die Willkür des souveränen Subjekts gegenüber dem Anderen seiner selbst, andererseits hat dieses Andere selbst Anteil am Wissen und am Handeln. Während Wissen und Handeln erst im Hinblick auf das Ende, in der im Zeichen des Blutes beglaubigten Entscheidung des Opfers harmonisch vereinigt werden, ist das Leben selbst und die Aussageebene der Erzählung davon bestimmt, daß weder das Handeln aus dem Wissen abgeleitet werden kann, noch vorherzusehen ist, ob das Handeln zur Gewißheit führt. Die Indizien, die das Handeln Renalds bestimmen, erweisen sich als trügerisch, wie umgekehrt das, was er tut, um den wahren Sachverhalt aufzuklären, unvorhersehbare Konsequenzen nach sich zieht. Solange nicht die *eine* Wahrheit bestimmt ist, bleiben die Zeichen, die auf die Wirklichkeit verweisen, vieldeutig und schillernd und jeder Versuch, ihre Wahrheit zu entscheiden, muß als ungerechtfertigte Verkürzung ihres Bedeutungspotentials erscheinen – produziert aber zugleich den Irrtum, der das weitere Handeln nach sich zieht und somit in der allegorischen Geschichte der Wahrheitssuche Renalds die Geschichte auf dem Weg zu ihrer ‚endgültigen' Wahrheit vorantreibt.

Der Untrennbarkeit von Wissen und Handeln entsprechend ist das „Richteramt" (461) Renalds von doppelter Art: Als Wahrheitssucher ist er zugleich „Scharfrichter" (439), der die Wahrheit entscheidet, indem er sie handelnd bestimmt. Er macht sich dabei die Gewalt zu eigen, die der Ordnung bereits innewohnt und sich schließlich gegen diese selbst richtet. Im Dienst der Ordnung des Bestehenden wird Renald gerade dadurch, daß er im Sinne dieser Ordnung zu handeln versucht, zu ihrem Richter und Zerstörer. Hierin zeigt sich die latente Auswegslosigkeit der gesellschaftlichen Haltung Eichendorffs wie des „konservativen Revolutionärs Grillparzer"[59], daß gerade der

---

[57] Vgl. ebd., S. 152.
[58] Zur Untrennbarkeit von Wissen und Handeln vg. Culler, a.a.O., S. 270ff.
[59] Günter Schnitzler: Grillparzer und die Spätaufklärung, a.a.O., S. 200. Vgl. hier auch die Ausführungen zu der ähnlichen epigonalen Situation Eichendorffs und Grillparzers, deren kennzeichnender Widerspruch zwischen den Kräften der Bewegung und der Beharrung nicht nur für die Autoren des ‚konservativen Lagers', sondern ebenso für die des ‚Vormärz' gilt. (vgl. S. 197ff.).

Wille, die Gültigkeit des Bestehenden als Lebendiges zu bewahren, die politische Aktion verlangt, die zu seinem Untergang führen kann. Zwar ist hiermit auch die Möglichkeit der Erneuerung gegeben – die Chance, die Tradition als lebendigen Zusammenhang zu erhalten, ist aber nur um den Preis einer möglichen Revolution zu haben. Darüber hinaus verdeutlicht aber die Person des alten Grafen Dürande, der glaubt, sich der Gültigkeit der bestehenden Ordnung sicher zu sein, ohne handeln zu müssen, daß auch das Nicht-Handeln als Tat fungiert,[60] deren Folgen nicht abzusehen sind.

4. Der Teufelspakt mit der Revolution

Renald wird zum politisch Handelnden, als er sein persönliches Schicksal mit der aufkommenden Revolution verknüpft. Diese Verbindung ist aber nicht das Ergebnis taktischer Überlegungen oder seiner politischen Überzeugungen, sondern wird in der Art eines Pakts mit dem Teufel dargestellt, von dem Renald in dem Moment Gebrauch macht, als er sich der Wahrheit sicher glaubt.

Nachdem Renald auf der Suche nach seiner Schwester dem jungen Grafen Dürande nach Paris gefolgt ist, gelangt er dort in der Vorstadtschenke seines Vetters an. Erscheint der Bereich der Vorstadt als asozialer Untergrund der menschlichen Zivilisation, so gleicht das, was er in dem Wirtshaus erlebt, einem Teufelsspuk, dessen Ort hinterher nicht mehr wiederzufinden ist. (Vgl. 444) In diesem „roten Löwen" (438) trifft sich eine verschwörerische Gruppe[61] zwielichtiger Gestalten, die, als Ungeziefer beschrieben[62], dem Alkohol ergeben und in jeder Weise manipulierbar von einem mit den Zügen des Teufels ausgestatteten, revolutionären Demagogen beherrscht wird:

> „In den roten Widerscheinen saß dort ein wilde Haufe umher: abgedankte Soldaten, müßige Handwerksbursche und dergleichen Hornkäfer, wie sie in der Abendzeit um die großen Städte schwärmen. Alle Blicke aber hingen an einem hohen, hagern Manne mit bleichem, scharfgeschnittenem Gesicht, der, den Hut auf dem Kopf und seinen langen Mantel stolz und vornehm über die linke Achsel zurückgeschlagen, mitten unter ihnen stand. – Ihr seid der Nährstand, rief er soeben aus; wer aber die Andern nährt, der ist ihr Herr; hoch auf, Ihr Herren! – Er hob ein Glas, Alles jauchzte

---

[60] Vgl. Culler, a.a.O., S. 270.
[61] Zur konservativen Interpretation der Französische Revolution als Folge einer kriminellen Verschwörung und der konservativen Einschätzung der ‚Massen' vgl. Lindemann, a.a.O., S. 63ff.
[62] Vgl. ebd. S. 64.

wild auf und griff nach den Flaschen, er aber tauchte kaum die feinen Lippen in den
dunkelroten Wein, als schlürft' er Blut, seine spielenden Blicke gingen über dem
Glase kalt und lauernd in die Runde." (438f.)

Obwohl Renald von dem Geschehen abgestoßen ist – „Dem Renald aber gefiel hier die
ganze Wirtschaft nicht" (440) – und gegenüber der revolutionären Agitation weiterhin
die grundsätzliche Aufrichtigkeit seines Herrn Dürande verteidigt, gerät er in den Bann
einer Prophezeiung des Demagogen, als deren Pfand ihm dieser einen gesiegelten Brief
mit unbekanntem Inhalt übergibt:

„[Renald] entgegnete kurz und stolz: der junge Graf Dürande sei ein großmütiger
Herr, er wolle nur sein Recht von ihm und weiter nichts. – Bei diesen Worten hatte
der Fremde ihn aufmerksam betrachtet und sagte ernst: Ihr seht aus wie ein Scharfrichter, der, das Schwert unter'm Mantel, zu Gerichte geht; es kommt die Zeit, ge-
denkt an mich, Ihr werdet der Rüstigsten einer sein bei der blutigen Arbeit. – Dann
zog er ein Blättchen hervor, schrieb etwas mit Bleistift darauf, versiegelte es am
Licht und reichte es Renald hin. Die Grafen hier kennen mich wohl, sagte er; er solle
das nur abgeben an Dürande, wenn er einen Strauß mit ihm habe, es könnte ihm
vielleicht von Nutzen sein. – Wer ist der Herr? fragte Renald seinen Vetter, da der
Fremde sich rasch wieder wandte. – Ein Feind der Tyrannen, entgegnete der Vetter
leise und geheimnisvoll." (439f.)

Im Unterschied zu den literarischen Beispielen eines Pakts mit dem Teufel, bei denen
der Gegenstand des Handels bekannt ist oder gar Leistung und Gegenleistung wie im
»Faust« mit pedantischer Genauigkeit bestimmt werden,[63] wird hier das Medium der
Urkunde selbst zum Inhalt des Bündnisses. Doch auch hier verspricht der Dienst des
geheimnisvollen „Fremde[n]" (440) eine Macht, die über die Möglichkeiten der eigenen
Person hinausgeht, mit deren Wahrheit – der Seele – aber am Ende bezahlt werden muß.
Kommt bereits in Goethes Faust der Teufel ohne „was Geschriebnes"[64] nicht aus, ver-
bündet sich Renald unmittelbar mit der Macht des geschriebenen Wortes, die hier zu-
gleich die Macht des Anderen ist, und bürgt dafür mit seiner Person. Gegenstand und
Medium des Vertrages fallen zusammen. Mit dem Brief, dessen Inhalt Renald nicht
weiß, macht er sich in dem Moment, in dem er ihn einlöst, eine Wahrheit und ein
Handeln zu eigen, die er nicht kennt, und steht dafür ein, diese Wahrheit am Ende zu

---

[63] Vgl. Johann Wolfgang Goethe: Faust I, in: ders.: Werke, Hamburger Ausgabe, hg. von Erich Trunz, München 1988, Bd. 3, S. 55ff.
[64] Ebd. S. 57.

erfüllen. Gerade mit seinem Nicht-Wissen handelt er und begibt sich auf den Weg zu seiner endgültigen Wahrheit, in der im Opfer die Wahrheit des souveränen Subjekts und diejenige des Anderen zusammenfallen. Dieser unterschwelligen ‚Komplizenschaft' zwischen beiden isolierten Positionen entspricht es, wenn Eichendorff die Revolution, wie er sie im »Schloß Dürande« als Werk dämonischer Mächte darstellt,[65] an anderer Stelle zugleich auf den „tollgewordene[n] Rationalismus"[66] zurückführt, und daran mag es auch liegen, daß in den literarischen Beispielen eines Pakts mit der Macht des dämonischen Anderen der Teufel meist um seinen Lohn betrogen wird.[67]

Der Augenblick, in dem sich Renald des Briefes erinnert und ihn dem Grafen Dürande übergibt, bezeichnet den Moment, in dem er von der Suche nach einer vermeintlich feststehenden Wahrheit zum eigenen Handeln übergeht. Das Zusammentreffen der beiden im Pariser Stadtschloß des Grafen ist die einzige direkte Begegnung, die zwischen ihnen stattfindet. Nachdem Renald seine Überzeugung geäußert hat, daß sich seine Schwester beim Grafen aufhält, und sie von ihm zurückfordert, worauf dieser nur mit „erzwungener Lustigkeit" (442) reagieren kann, glaubt er sich seiner Sache und der Lüge des Grafen völlig sicher zu sein, als er das Taschentuch Gabrieles sieht. Dem Schweigen, in das beide verfallen, erfolgt die Übergabe des Briefes:

„Renald blickte finster vor sich nieder, sein Gesicht verdunkelte sich immer mehr. Da gewahrte er Gabrielens Schnupftuch auf einem Tischchen; der Graf, der seinen Augen gefolgt war, stand einen Augenblick betroffen. – Renald hielt sich noch, es fiel ihm der Zettel des Fremden wieder ein, er wünschte immer noch, Alles in Güte abzumachen, und reichte schweigend dem Grafen das Briefchen hin. Der Graf, an's Licht tretend, erbrach es schnell, da flog eine dunkle Röte über sein ganzes Gesicht. – Und weiter nichts? murmelte er leise zwischen den Zähnen, sich die Lippen beißend. Wollen sie mir drohen, mich schrecken? – Und rasch zu Renald gewandt, rief er: Und wenn ich deine ganze Sippschaft hätt', ich gäb' sie nicht heraus! Sag deinem Bettler-Advokaten, ich lachte sein und wär zehntausendmal noch stolzer als er, und wenn ihr Beide euch im Hause zeigt, lass' ich mit Hunden euch vom Hofe hetzen,

---

[65] Außer in der Wirtshausszene wird diese Charakterisierung der Revolution bei der späteren Plünderung des Schlosses Dürande besonders deutlich. Die revolutionären Verschwörer erscheinen hier als tierische Ausgeburt der Hölle: „[U]nbekannte Gesichter erschienen überall an den Kellerfenstern, die Kecksten arbeiteten sich gewaltsam hervor und sanken, ehe sie sich draußen noch aufrichten konnten, von den Kugeln der wachsamen Jäger wieder zu Boden, aber über ihre Leichen weg kroch und rang und hob es sich immer von neuem unaufhaltsam empor, braune verwilderte Gestalten, mit langen Vogelflinten, Stangen und Brecheisen, als wühlte die Hölle unter dem Schlosse sich auf." (457).
[66] Joseph von Eichendorff, Der Adel und die Revolution, a.a.O., S. 408.
[67] Beispiele hierfür sind neben Goethes »Faust« Hoffmanns »Elixiere des Teufels« und »Peter Schlemihls wundersame Geschichte« von Adelbert von Chamisso.

das sag' ihm; fort, fort, fort! – Hiermit schleuderte er den Zettel dem Jäger in's Gesicht, und schob ihn selber zum Saal hinaus, die eigene Tür hinter ihm zuwerfend, daß es durch's ganze öde Haus erschallte.

Renald stand, wild um sich blickend, auf der stillen Treppe. Da bemerkte er erst, daß er den Zettel noch krampfhaft in den Händen hielt; er entfaltete ihn hastig und las an dem flackernden Licht einer halbverlöschten Laterne die Worte: ‚Hütet Euch. Ein Freund des Volks.'" (Ebd.)

Entscheidend ist, daß die eigentliche Auseinandersetzung nicht im Dialog des gesprochenen Wortes, sondern schweigend durch ‚stumme' Zeichen vermittelt wird, über welche die Kontrahenten selbst nicht verfügen. In diesem Sinn ist die Szene zugleich eine Allegorie sprachlichen Handelns. Gemäß der Einheit von Wissen und Handeln besitzt die Sprache neben ihrer konstativen gleichzeitig eine performative Funktion.[68] Indem Renald Dürande den Brief überreicht, weist er dem vieldeutigen Zeichen der Anwesenheit Gabrieles eine Bedeutung zu, die ihrerseits das weitere Geschehen in schicksalhafter Weise bestimmt und sich gerade in ihrer Blindheit bis zum Ende seiner Geschichte fortschreibt. Der Allianz mit einem unbeherrschbaren Anderen entsprechend, auf die sich Renald dadurch einläßt, daß er seine eigene Wahrheit sucht, gleicht das Handeln mit der Sprache der Übergabe eines Briefes, dessen Inhalt man nicht kennt. Sprache erscheint hier nicht als nachgeordnete Rede eines souveränen Subjekts, sondern als Medium, das in seinen Folgen seinerseits das Subjekt bestimmt. Von der Intention des Handelnden losgelöst führt die Sprache als ‚Schrift'[69] ein Eigenleben, in dem sich neben ihrer eigenen Bedeutung zugleich diejenige des Subjekts konstituiert. Sie ist nicht Ausfluß einer Wahrheit, über die der Sprecher verfügt, sondern das konstitutive Medium ihrer aufgeschobenen Präsenz, auf welche sie sich in vergleichbarer Weise zubewegt, wie der Brief Renalds im Hinblick auf seine unvorhersehbaren Folgen die Geschichte seiner eigenen Wahrheit vorantreibt. Die eigentliche Bedeutung des Briefes besteht denn auch nicht in der unbestimmten Drohung, die er enthält, sondern in der Blindheit, mit der ihn Renald einsetzt – eine Blindheit, in der sich zuletzt die Blindheit

---

[68] Zum Zusammenhang konstativer und performativer Äußerungen auf der Ebene der Sprechakttheorie vgl. Culler, Dekonstruktion, a.a.O., S. 125ff.
[69] Vgl. dazu den Schrift-Begriff Derridas, den er in Auseinandersetzung mit dem Strukturalismus Saussures in der ‚Grammatologie' entwickelt: Jacques Derrida: Grammatologie [Aus dem Französischen von Hans-Jörg Rheinberger und Hanns Zischler], 7. Aufl., Frankfurt am Main, 1998. Im textuellen Verständnis der Sprache ist ‚Schrift' der „Name für den Text, der nicht von einem Autor kontrolliert wird und nicht einem, von diesem intendierten, Sinn untersteht". (Bettine Menke: Dekonstruktion – Lektüre: Derrida literaturtheoretisch, a.a.O., S. 243). Zum Begriff der ‚Schrift' bei Derrida vgl. ebd. und Culler, Dekonstruktion, a.a.O., S. 99-123.

gegenüber Gabriele als dem Anderen seiner selbst spiegelt und in der er schließlich im versehentlichen Schuß auf seine Schwester seine eigene Wahrheit erfüllt.

Indem Renald dem Zeichen einer trügerischen Wahrheit unterliegt, wird er zum Handelnden, der, nachdem er zunächst den Bruch mit dem Grafen herbeigeführt hat, „von der Großmut des stolzen Grafen" (444) nichts mehr erwartet: „er wollte jetzt nur sein *Recht*!" (ebd.). Da sich die vermeintliche Wahrheit im Vertrauen auf die persönliche Bindung als wirkungslos erweist, soll sie zumindest als diejenige eines gesellschaftlich sanktionierten Rechts ihre Gültigkeit erlangen. Der Rechtsweg, den Renald nun einschlägt, führt ihn von der Ebene des Privatrechts, um das er sich mit Hilfe der Advokaten bemüht, über die Polizeibehörde als Instanz der mit Zwangsgewalt ausgestatteten öffentlichen Ordnung zur übergeordneten und zuletzt allein durch das Gottesgnadentum legitimierten Rechtsinstanz des Königs (vgl. 445). Sein Recht findet er aber nirgends, vielmehr endet seine Suche letztendlich damit, daß man ihn in das Irrenhaus sperrt (vgl. 447). Daß Renalds Suche nach seinem Recht zuletzt zum Wahnsinn erklärt wird, beinhaltet zunächst eine Kritik am offensichtlichen Versagen der staatlichen Institutionen, zugleich ist der Wahnsinn aber Reflex einer Vernunft, die sich in der Abgrenzung zu diesem erst konstituiert und den Bereich des Wahren bestimmt.[70] Dabei ist diese Abgrenzung keine selbstverständliche. Kann zum einen der Wahnsinn wie der Traum zum Medium einer ‚eigentlichen' Wahrheit werden,[71] wie sie der Autor Renald in seinem späteren Lied aussprechen läßt (vgl. 461f.),[72] so ist die Möglichkeit, jemanden zum Wahnsinnigen zu erklären, nur die extremste Ausprägung der Tatsache, daß die Festlegung des Wahren u.a. Gegenstand einer machtbestimmten gesellschaftlichen Auseinandersetzung ist.[73] Indem Dürande Renald als Wahnsinnigen kennzeichnet, schließt er ihn ebenso aus dem Bereich eines durch den gesellschaftlichen

---

[70] Vgl. Michel Foucault: Die Ordnung des Diskurses. [Aus dem Französischen von Walter Seitter], Frankfurt 1991 (im folgenden zitiert als ‚Die Ordnung des Diskurses'). Nach Foucault ist die Entgegensetzung von Vernunft und Wahnsinn eines der drei „Ausschließungssysteme" (ebd. S. 16), das wie das „verbotene Wort" (ebd.) und der „Wille zur Wahrheit" (ebd.) die Produktion des Diskurses bestimmt. Zur Entgegensetzung von Vernunft und Wahnsinn vgl. ebd. S. 11ff. Während Foucault die Geschichte der Vernunft mit dem Ausschluß des Wahnsinns beginnen läßt, versucht Derrida die Möglichkeit von Vernunft und Wahnsinn als Gleichzeitiges zusammenzudenken. In diesem Sinne versteht er das kartesianische ‚Cogito' nicht als Ausgrenzung des Wahnsinns, sondern als ‚Nullpunkt' des Denkens, in dem die sich gegenseitig determinierende Vernunft und Unvernunft ihren gemeinsamen Ursprung haben. Vgl. Jacques Derrida: Cogito und Geschichte des Wahnsinns, in: ders.: Die Schrift und die Differenz, a.a.O., S. 53-101 (90).

[71] Vgl. Foucault, Die Ordnung des Diskurses, a.a.O., S. 12.

[72] Vgl. S. 87 dieser Arbeit.

[73] Zur Bedeutung des Machtbegriffs innerhalb der historischen Diskursanalyse Michel Foucaults vgl. Clemens Kammler: Historische Diskursanalyse (Michel Foucault), in: Klaus-Michael Bogdal (Hg.): Neue Literaturtheorien., Opladen 1997, S. 32-56 (42ff.) und Foucault, Die Ordnung des Diskurses, a.a.O., S. 24ff.

Diskurs bestimmten Wahren wie aus der Gesellschaft selbst aus, dessen abseitiger Ort das Irrenhaus ist.[74] Hier kann er nun sagen, was er will, selbst, wenn er vernünftig sprich, hält man es für eine List der Unvernunft, die sich als Vernunft tarnt: „[J]e heftiger er beteuerte, verständig zu sein, für desto toller hielt ihn der Wärter." (447) Renalds letzter Versuch, sein Recht zugesprochen zu bekommen – „den König selber anzutreten" (445) –, wird aber nicht allein durch den Grafen Dürande vereitelt, er steht bereits unter dem Schatten des mit dem teuflischen Demagogen eingegangenen Bündnisses und damit dem Anderen der gesellschaftlichen Ordnung. In dieser Hinsicht erscheint die Verurteilung zum Wahnsinn bereits als Folge des Verrats, den Renald mit seinem Bittgang zum König an dem mit der Übergabe des Briefes eingeschlagenen Weg begangen hat und der der Kontrolle der wachsamen Augen des Fremden nicht entgangen ist: Als Renald durch die Wache von der Hofgesellschaft weggeführt wird und noch einmal zurückblickt, „hatte sich Alles schon wieder nach dem Garten hingekehrt, nur ein bleiches Gesicht aus der Menge war noch zurückgewandt und funkelte ihm mit scharfen Blicken nach. Er glaubte schaudernd den prophetischen Fremden aus des Vetters Schenke wiederzuerkennen" (447).

5. Die ‚rekreative Kraft der Apokalypse'[75]

Wie dies bereits bei der Interpretation des »Marmorbildes« und der »Meerfahrt« deutlich wurde, so ist auch in der Erzählung vom »Schloß Dürande« die Dimension der Zeit von herausragender Bedeutung. Eichendorff hatte wie viele seiner Zeitgenossen die Revolution als Phänomen einer unheimlichen Zeitbeschleunigung erfahren: „Von ferne ziehen Gewitter (die rasende neue Zeit)."[76] Im »Schloß Dürande« erfolgt der deutlichste Hinweis auf das Rasen der Zeit an zentraler Stelle in dem Moment, als der junge Graf die Wahrheit der Liebe Gabrieles, die bereits vom nahenden Tode gezeichnet ist, erkennt, und er seinerseits Gabriele der Wahrheit seiner eigenen Liebe versichert:

„Ihm war's auf einmal, wie in den Himmel hineinzusehen. Die Zeit fliegt heut entsetzlich, rief er aus, dich liebte ich immerdar, da nimm den Ring und meine Hand auf ewig, und so verlaß mich Gott, wenn ich je von dir lasse!" (459)

---

[74] Vgl. ebd., S. 11ff.
[75] Vgl. Massimo Cacciari: Der Tod der Zeit, in: Dietmar Kamper, Christoph Wulf (Hg.): Die sterbende Zeit: 20 Diagnosen, Darmstadt 1987, S. 13-22 (19).
[76] Joseph von Eichendorff: Bilderbuch aus meiner Jugend, W 5, S. 378.

In ihrem entsetzlichen Flug stürzt die Zeit und mit ihr die Geschichte der durch das Schloß Dürande vertretenen Welt ebenso wie die Liebesgeschichte der sich zum Ende hin immer mehr beschleunigenden Erzählung der eigenen Wahrheit zu. Im Erlebnis der Revolution verdichtet sich für Eichendorff und seine Zeitgenossen ein Verhältnis zur Zeit, das sich bereits seit der zweiten Hälfte des achtzehnten Jahrhunderts tiefgreifend verändert hatte: „Die Zeit bleibt nicht nur die Form, in der sich alle Geschichte abspielt; sie gewinnt selber eine geschichtliche Qualität. Nicht mehr in der Zeit, sondern durch die Zeit vollzieht sich dann die Geschichte. Die Zeit wird dynamisiert zu einer Kraft der Geschichte selber."[77] Konstituiert sich somit der Sinn der Geschichte von Ich und Welt in der Dimension der Zeit, so zeigt sich dies im »Schloß Dürande« als eschatologische Vision, in welcher der Untergang einer umfassenden, durch das Bild des Schlosses repräsentierten Ordnung und der Untergang der von ihr bestimmten Subjekte zusammenfallen.[78]

Das Phänomen der Revolution, wie es in der dichterischen Gestaltung im »Schloß Dürande« zur Geltung kommt, steht zur ganzheitlich-organischen Geschichtsauffassung Eichendorffs, wie er sie als politisches Postulat in seinen historisch-politischen Schriften und in der Erzählung selbst etwa in der Darstellung des Lebens auf dem Klostergut vertritt, in einem zwiespältigen Verhältnis. Die Revolution ist nicht allein die gewaltsame Umwälzung, die der „Behauptung eines geschichtlichen Kontinuums"[79] entgegensteht, sondern zugleich das Prinzip, das dem organischen Geschichtsbild inhärent ist, insofern es das darin enthaltene Telos des Sinn verheißenden Endes der Geschichte vorausnimmt. Gerade an der Auseinandersetzung mit der Revolution läßt sich erkennen, daß dem liberalen Fortschrittsdenken, dem Eichendorff als Zeichen einer Alleinherrschaft des Verstandes mißtrauisch gegenüberstand, und dem Geschichtsbild des politischen Konservativismus, wie ihn Eichendorff vertrat, letztlich die gleiche Bedeutungskonzeption von Geschichte im Spannungsfeld von Natur und Kultur zugrunde liegt. Während sich aber der liberale Fortschrittsoptimismus durch den Gewinn

---

[77] Reinhard Koselleck: Vergangene Zukunft, Frankfurt 1979, S. 321. Vgl. außerdem Christoph Wulf: Lebenszeit – Zeit zu leben? Chronokratie versus Pluralität der Zeiten, in: Dietmar Kamper, Christoph Wulf (Hg.): Die sterbende Zeit. 20 Diagnosen, Darmstadt 1987, S. 266-275 (268f.).

[78] Apokalyptische und eschatologische Phantasmen erscheinen ebenso wie das Phänomen der Zeitbeschleunigung als kompensatorische Versuche, der unüberwindlichen Differenz zwischen der Lebensdauer des Individuums und der Weltzeit entgegenzuwirken. Vgl. Christoph Wulf: Die Zeitlichkeit von Weltbildern und Selbstbildern, in: Dietmar Kamper, Christoph Wulf (Hg.): Rückblick auf das Ende der Welt, München 1990, S. 21-31 (30). Zum Verhältnis von ‚Leben' und Geschichte vgl. außerdem, H. D. Kittsteiner: Über das Verhältnis von Lebenszeit und Geschichtszeit, in: Dietmar Kamper, Christoph Wulf (Hg.): Die sterbende Zeit. 20 Diagnosen, Darmstadt 1987, S. 72-82.

an Freiheit zu legitimieren sucht, den Geschichte als fortlaufende Emanzipation des Menschen von seiner Naturverfallenheit in Aussicht stellt, zielt Eichendorffs Kritik am einseitigen Rationalismus solchen Denkens auf die ‚alte Freiheit' eines durch Natur begründeten Lebens, die er einer durch Geschichte bewirkten und sich als Entfremdung gestaltenden neuen Abhängigkeit entgegenstellt. „Die Gewinnung und die Behauptung eines geschichtlichen Kontinuums"[80], das Wolfgang Frühwald für Denken und Werk Eichendorffs als bestimmend feststellt und das den Sinn von Geschichte als lebendigen Zusammenhang erlebbar machen soll, setzt voraus, zunächst der Alleinherrschaft einer alles naturhafte Leben verschlingenden Geschichtszeit entgegenzutreten. „[I]n die Termini der Repräsentation gezwungen"[81] bewirkt die Zeit der Geschichte als fortlaufende Signifikation von Wirklichkeit die Abstraktion von der lebendigen Natur, indem sie fortdauernd deren Wahrheit enthüllt.[82] Letztlich, mit dem Ende der Geschichte, fällt sich die Zeit selbst zum Opfer.[83] Die zu denkende Apokalypse besitzt neben ihrer negativen Seite, die als Rückfall in Chaos und bloße Naturhaftigkeit erscheint, zugleich eine Kraft, die ‚rekreativ'[84] ist: Natur, Leben und Sein als Authentisches zu denken, wird wieder möglich, nachdem Kultur, Geschichte und Zeit zu Ende gedacht sind.[85] Wenn die Erzählung vom »Schloß Dürande« gegen die eigene Zeit geschrieben ist, dann ist sie dies zuletzt in eben diesem subtilen Sinn. Im Erzählen eröffnet sich die Möglichkeit, sich der Irreversibilität von Geschichte entgegenzustellen, „die Zeit zurückfließen zu lassen"[86] und Ursprung und Ziel der Geschichte neu zu bestimmen.[87] Wenn Eichendorff hierbei die Kräfte der Phantasie gegen die Alleinherrschaft des rationalen Verstandes aufruft,[88] so bedient er sich zuletzt der gleichen Macht der Bilder, die er bei seinen Gegnern als

---

[79] Wolfgang Frühwald: Die Entdeckung der Erinnerung. Zu Eichendorffs historischen, politischen und autobiographischen Schriften, in: Kommentarteil der Werkausgabe W 5, S. 845-876 (850), (im folgenden zitiert als ‚Die Entdeckung der Erinnerung').
[80] Ebd.
[81] Cacciari, a.a.O., S. 18.
[82] Vgl. ebd.
[83] Vgl. ebd.
[84] Vgl. ebd., S. 19.
[85] Vgl. ebd.
[86] Ebd., S. 20.
[87] Vgl. ebd.
[88] Eichendorff betont immer wieder die Notwendigkeit eines ausgeglichenen Verhältnisses zwischen den verschiedenen menschlichen Seelenkräften. Vgl. Anmerkung 7. In der »Geschichte der poetischen Literatur Deutschlands« (W 6, S. 805-1074) bestimmt Eichendorff die Poesie als „Dreiklang" (822), der „den ganzen Menschen, Gefühl, Phantasie und Verstand gleichmäßig in Anspruch nimmt" (ebd.). Dabei ist die Phantasie die „Zauberformel, um die erkannten Elementargeister herauf zu beschwören, während der vermittelnde und ordnende Verstand sie erst in die Formen der wirklichen Erscheinung festzubannen vermag" (ebd.).

den Versuch kritisiert, die Welt nach vorgefertigten Vorstellungen einzurichten.[89] Denn die Einbildungskraft, die das Medium einer das Sein verzehrenden Zeit[90] ist, indem sie laufend Ersatzwirklichkeiten schafft, ist zugleich das Vermögen, durch das sich eine Ordnung denken läßt, in der Natur und Kultur als gleichzeitig Präsentes im Erzählen miteinander vermittelt und andere Geschichten denkbar werden, nachdem die Zwangsläufigkeit der einen Geschichte einmal zu Ende gedacht ist.[91]

---

[89] So wirft Eichendorff in seiner autobiographischen Schrift »Halle und Heidelberg« (W 5, S. 416-452) im Zuge seiner Aufklärungskritik den Enzyklopädisten vor, „sie wollten .. schlechterdings die Welt ganz von neuem anfangen und abstrakt konstruieren" (417).
[90] Vgl. Cacciari, a.a.O., S. 18.
[91] Vgl. ebd., S. 20f.

V. Der Taugenichts und die anderen: »Aus dem Leben eines Taugenichts«

Die Wirkungsgeschichte des »Taugenichts« zeigt eine bemerkenswerte Tendenz, den Text in moralisierender Weise zu identifizieren[1] und seine somit gefundene Aussage zum Gegenstand polemischer Ablehnung oder emphatischer Zustimmung zu machen. Übereinstimmend wird dabei der »Taugenichts« in seiner Charakterisierung als Paradebeispiel einer romantischen Erzählung oder romantischer Poesie schlechthin selten in Frage gestellt.[2] Dem depravierten Verständnis der Romantik entsprechend, das diese mehr oder weniger mit kultur-und intellektfeindlicher Weltflucht gleichsetzt und bereits in den zwanziger Jahren des neunzehnten Jahrhunderts wirksam wird, erscheint schon einem zeitgenössischen Kritiker der romantischen Bewegung der »Taugenichts« wie „das freudige Wedeln der thierischen Bewußtlosigkeit"[3] und noch in neuerer Zeit bemängelt Jost Hermand in ähnlicher Weise ein Zuwenig an einem wie auch immer zu bestimmenden gesellschaftlichen Bewußtsein, wenn er am »Taugenichts« trotz berechtigter Kritik an der bürgerlichen Ökonomie „ein dialektisches Überwinden der bestehenden Widersprüche"[4] vermißt. Andererseits wird den Bewunderern der Erzählung gerade ihre angebliche Bewußtlosigkeit zum Zeichen ihrer tieferen Wahrheit. So lobte bereits Thomas Mann an der Novelle den „Stand[] politischer Unschuld"[5] und die Figur des Taugenichts selbst ist ihm nichts geringeres als die Verkörperung des wahren Menschseins[6]. Der zustimmenden wie der ablehnenden Haltung ist gemeinsam, daß sie

---

[1] Eine kritische Beurteilung der Rezeptionsgeschichte des »Taugenichts« findet sich bei Alexander von Bormann: Joseph von Eichendorff: »Aus dem Leben eines Taugenichts« (1826), in: Paul Michael Lützeler (Hg.): Romane und Erzählungen zwischen Romantik und Realismus. Neue Interpretationen, Stuttgart 1983, S. 94-116, (im folgenden zitiert als: ‚Aus dem Leben eines Taugenichts'). Zur Identifikation des Textes und der Figur des Taugenichts vgl. ebd. S. 107 und Helmut Koopmann: Um was geht es eigentlich in Eichendorffs »Taugenichts« ? Zur Identifikation eines literarischen Textes, Augsburg 1975.

[2] Zur Wirkungsgeschichte des »Taugenichts« vgl. Hartwig Schultz: Erläuterungen und Dokumente. Joseph von Eichendorff: »Aus dem Leben eines Taugenichts«, Stuttgart 1994 (im folgenden zitiert als ‚Erläuterungen und Dokumente'), S. 61-104.

[3] Zitiert nach ebd. S. 67.

[4] Jost Hermand: Der ‚neuromantische' Seelenvagabund, in: Wolfgang Paulsen (Hg.): Das Nachleben der Romantik in der modernen deutschen Literatur. Die Vorträge des zweiten Kolloquiums in Amherst/Massachusetts, Heidelberg 1969, S. 95-115 (97).

[5] Zitiert nach Schultz, Erläuterungen und Dokumente, a.a.O., S. 74.

[6] „Er ist Mensch, und er ist es so sehr, daß er überhaupt nichts außerdem sein will und kann: eben deshalb ist er der Taugenichts. Denn man ist selbstverständlich ein Taugenichts, wenn man nichts weiter prästiert, als eben ein Mensch zu sein." (Zitiert nach ebd. S. 78).

der Erzählung eine Eindeutigkeit unterstellen, die sie zuletzt zur Projektionsfläche für die Wahrheitssuche der Interpreten werden läßt.

Was die Novelle hierfür geeignet macht, ist das scheinbare Fehlen einer problematischen Subjektivität. Zwar erzählt ein Ich-Erzähler seine Geschichte, doch tut er dies, wie Dierk Rodewald gezeigt hat, gewissermaßen in statu nascendi und im Vertrauen auf das Walten Gottes und nicht von der Position eines „erzählerischen Jetzt"[7] aus, die dem erzählenden Ich im Rückblick auf sein Leben zugleich die Verantwortung für das Erzählte zuschreiben würde. Die Momente der Melancholie, Angst und Einsamkeit, in denen der Taugenichts auf sich selbst zurückgeworfen ist, so wurde betont, bedeuten nirgends eine existentielle Gefährdung,[8] sondern gehen in gleicher Weise vorüber, wie der Taugenichts sich wiederum aufmacht und die Geschichte ihren Fortgang nimmt. Und schließlich mündet die Erzählung in eine Eichendorffsche Formel, die im »Taugenichts« ihre bekannteste Ausprägung gefunden hat: „ ... – und es war alles, alles gut!" (W 2, 561). Mit dieser tautologischen Wendung läßt der Autor das Erzählte in ähnlicher Weise wie der biblische Schöpfergott sein Werk am siebten Tag der Schöpfung auf sich beruhen, und so gesehen wäre die märchenhafte Zeitlosigkeit des „ewige[n] Sonntag[s]" (448), den der Taugenichts bei seinem Aufbruch in die Welt „im Gemüte" (ebd.) fühlt, das eigentliche Ende seiner Geschichte. Doch wird gerade in diesem Schluß auch eine Ambivalenz erkennbar, die zeigt, daß die Problemlosigkeit, mit welcher der Taugenichts ‚Ich' sagt,[9] trotz der offensichtlichen Schwerelosigkeit der Erzählung in ihren Voraussetzungen vom strukturellen Bedeutungsgehalt des Textes reflektiert wird. Denn zum einen wirft dieser Schluß die Frage nach dem Danach auf,[10] zum anderen läßt er die Widersprüchlichkeit zwischen einem erzählenden Ich, das sich allein dem Walten

---

[7] Dierk Rodewald: Der »Taugenichts« und das Erzählen, in: Zeitschrift für deutsche Philologie 92 (1973) S. 231-259 (232). Rodewald weist in einer „Analyse des Erzählvorganges" (ebd., S. 233) und des „Ich, das in ihm figuriert" (ebd.) nach, inwiefern es sich bei der Novelle nicht, wie Benno von Wiese meint, um eine „typische Ich-Erzählung" handelt. [Benno von Wiese: Joseph von Eichendorff: »Aus dem Leben eines Taugenichts«, in: ders.: Die deutsche Novelle von Goethe bis Kafka. Interpretationen, Bd. 1, Düsseldorf 1956, S. 79-96 (81)] Die typische Ich-Erzählung gehe davon aus, „daß das ‚sein Leben' erzählende Ich ausdrücklich erzählt, und zwar von einem erzählerischen Jetzt aus" (Rodewald, a.a.O., S. 232), das es ermöglicht, aus der temporalen Erzählhaltung des Präteritums „das Frühere und das Spätere" (ebd.) zusammenzusehen. Dieses erzählerische Jetzt fehle im Taugenichts in der gleichen Weise, wie ihm „jeglicher Überblick über ‚seine Geschichte' fehlt" (ebd., S. 235). Rodewald stellt die These auf, daß durch das Ich des Taugenichts „gleichsam hindurcherzählt wird" (ebd., S. 237). Der Taugenichts sei in diesem Sinn als Ich „kein Erzähler, sondern .. eine Charaktermaske im Sinne von Per-sona" (ebd.). An die Stelle des erzählenden Ich als Sinn garantierende Instanz tritt die „Konstruktivität des Textes" (ebd., S. 236), die in der „Spannung zwischen situativem Erzählen und der Gesamtkonstruktion der Erzählung" (ebd.) sichtbar wird.

[8] Vgl. Alexander von Bormann: Philister und Taugenichts. Zur Tragweite des romantischen Antikapitalismus, in: Aurora 30/31 (1970/71), S. 94-112 (im folgenden zitiert als ‚Philister und Taugenichts'), (99).

[9] Vgl. ebd. S. 100.

Gottes anheimstellt, und der erzählerischen Souveränität, die ein solches abschließendes Urteil erfordert, deutlich werden.

Versucht man die Figur des Taugenichts zu charakterisieren, so geschieht dies meist in Abgrenzung zu den ‚anderen'. Diese anderen sind einerseits die Philister einer bürgerlichen Arbeitswelt und andererseits die Künstler, denen er in Rom begegnet – Nachfolger der klassisch-romantischen Kunstauffassung, deren geniales Außenseitertum ironisch auf seine soziale Ausprägung als Boheme-Existenz reduziert ist und die von einer Gesellschaft von dilettierenden und wiederum mit den Philistern verwandten Kunstliebhabern umgeben sind.[11] Mit beiden Gruppen, den Philistern wie den Künstlern, die beide mit versöhnlicher Ironie gezeichnet werden, verbindet den Taugenichts eine bestimmte Disposition, die offenbar Teil seiner ‚Wahrheit' als Taugenichts ist und ironisch zur Sprache kommt: Als Einnehmer auf dem Schloß schmückt er sich mit den Zitaten des Philisterdaseins seines verstorbenen Vorgängers (vgl. 466) und in Rom muß er sich der „verfänglichen Redensarten" (536) eines sinnierenden Künstlers erwehren, der ihn als „vazierendes Genie" (ebd.) erkannt zu haben glaubt. Mit Ironie kann aber nur gezeichnet werden, was eine Beziehung zur eigentlichen Wahrheit hat. Daher bleibt zu fragen, was es ist, das den Taugenichts mit den Philistern und den Künstlern verbindet und über die Funktion der bloßen Kontrastierung hinausgeht. Oder anders gesagt: Welchen Anteil haben die anderen, die Philister und Künstler, an der Wahrheit, die dem Taugenichts als Verkörperung des wahren Menschen und der wahren Poesie immerzu zugesprochen wird? Zunächst soll dabei auf das unterschwellige und nicht nur negativ zu benennende Beziehungsgefüge zwischen den Philistern und den Künstlern eingegangen werden.

1. Philister und Künstler

Mit seiner Darstellung der philiströsen Gegenwelt und ihrer Ausprägung als künstlerischer Dilettantismus, die im »Taugenichts« die Folie bildet, vor welcher der Held als Kontrastfigur erscheint, bewegt sich Eichendorff im Rahmen der klassischen und ro-

---

[10] Vgl. Rodewald, a.a.O., S. 258f.
[11] Zur Bedeutung der Philisterkritik in der Romantik und im »Taugenichts« vgl. Bormann, Philister und Taugenichts, a.a.O.. Zur speziellen Ausprägung des Philistertums als künstlerischer Dilettantismus und seiner Bedeutung bei Eichendorff vgl. den Aufsatz von Wolfgang Frühwald: Der Philister als Dilettant. Zu den satirischen Texten Joseph von Eichendorffs, in: Aurora 36 (1976), S. 7-26 (im folgenden zitiert als ‚Der Philister als Dilettant').

mantischen Philisterkritik. Goethe und Schiller hatten versucht, das Problem des Bedeutungsverlustes in der Nachfolge des klassischen Kunstverständnisses in ihrem Entwurf eines Dilettantismus-Schemas zu erfassen,[12] während Brentano den Dilettantismus in der Kunst dem Phänomen des Philistertums unterordnete[13] und ihm die polemische Abhandlung »Der Philister vor, in und nach der Geschichte« gewidmet hatte. Beide Male zeigen sich Dilettantismus und Philistertum als Nachahmungsproblem, bei dem der Wahrheitsanspruch einer authentischen Kunst und eines nicht entfremdeten Lebens verloren geht. In der geschichtsphilosophischen Einkleidung seines Pamphlets identifiziert Brentano den Philister im Abbildungsprozeß der sich selbst zum Gegenstand und damit erkennbar werdenden Wahrheit mit der Verabsolutierung des Bildes, das „als erscheinend und handgreiflich und selbstisch und voll Eigenheit, und als die Eigenheit selbst, nur sich wollte und nach der Einheit nicht mehr fragte"[14]. In vergleichbarer Weise bezeichnet Eichendorff als Philister, „wer mit Nichts geheimnisvoll und wichtig tut"[15] und „im vornehmgewordenen sublimierten Egoismus sich selbst als Goldenes Kalb in die Mitte der Welt setzt und es ehrfurchtsvoll anbetend umtanzt"[16]. Damit ist diese Charakterisierung des Philisters von der Selbstüberhebung, die Eichendorff an anderer Stelle der neuzeitlichen Emanzipation des Subjekts vorwirft und die er als Gefahr in der Autonomieästhetik der zeitgenössischen Kunst gegeben sieht, nicht zu unterscheiden. Und so ist denn auch die ‚jungdeutsche' Poesie, die nach Eichendorffs polemischer Geschichte des Romans das Erbe der Autonomieästhetik angetreten hat, dadurch gekennzeichnet, daß sie einerseits dem „emanzipierten Subjekt"[17] eine „Souveränität"[18] zugesteht, die nach der „unbedingte[n] subjektive[n] Freiheit bis zum Naturstande des Orang-Utang"[19] strebt und andererseits „den Stempel der Philisterei als Emblem ihrer Weltherrschaft"[20] trägt.

In beiden Fällen besteht der Bedeutungsverlust von Ich und Welt im Verlust der Differenz zwischen einer als authentisch gedachten Wahrheit und dem notwendigen Supplement ihres Abbildes, ohne das diese ursprüngliche Wahrheit nicht in Erscheinung

---

[12] Vgl. dazu den Aufsatz von Helmut Koopmann: Dilettantismus. Bemerkungen zu einem Phänomen der Goethezeit, in: Helmut Hotzhauer, Bernhard Zeller (Hg.): Studien zur Goethezeit. Festschrift für Lieselotte Blumenthal, Weimar 1968, S. 179-208, und Frühwald, Der Philister als Dilettant, a.a.O., S. 7f.
[13] Vgl. Frühwald, der Philister als Dilettant, a.a.O., S.7f.
[14] Clemens Brentano: Der Philister vor, in und nach der Geschichte, in: ders.: Werke, Band 2, herausgegeben von Friedhelm Kemp, München 1963, S. 959-1014 (971).
[15] Joseph von Eichendorff: Der deutsche Roman des achtzehnten Jahrhunderts in seinem Verhältnis zum Christentum, W 6, S. 628.
[16] Ebd.
[17] Ebd., S. 627.
[18] Ebd.
[19] Ebd.

treten kann.[21] Die geistfeindliche Selbstgenügsamkeit des Philisters, der gleichsam die Schwundstufe des Genies darstellt, verbindet mit diesem die Selbstverfallenheit des nur noch um sich selbst kreisenden Subjekts, dessen beanspruchte Souveränität die notwendige Folge des Willens zur Wahrheit ist und bereits die Wurzel der Entfremdung in sich trägt. Beide Male droht der Rückfall aus kultureller Bedeutsamkeit in die Bedeutungslosigkeit eines neuen Naturzustandes. Was den Philister vom ‚romantisch-genialen' Menschen wesentlich unterscheidet, ist neben dem unterschiedlichen intellektuellen und künstlerischen Potential dieser neuen ‚Natur' sein Verhältnis zu den Wünschen und den Bildern, in denen sich diese Wünsche manifestieren: Während der Philister in seiner Bewegungslosigkeit in der zum festen Bild erstarrten Welt wunschlos glücklich ist, droht dem Romantiker die ganze Welt in der ständigen Bewegung changierender Bilder zum bloßen Spiegel seiner Wünsche zu werden.

Versucht man die Position des Taugenichts in der Welt der anderen zu bestimmen, so wird deutlich, daß seine Wahrheit sowohl an den Philistern – im weiteren Sinn verstanden als die Repräsentanten der sozialen Ordnung und eines zweckbestimmten Handelns – als auch an den Künstlern Anteil hat: Während seine Reise in die Welt von einer unbestimmten Sehnsucht gekennzeichnet ist, die sich in der Art einer romantischen Künstlerliebe in der Verehrung der für ihn eigentlich unerreichbaren ‚schönen, gnädigen Frau' manifestiert und die ihn schließlich nach Rom zu den Künstlern führt, sind es die adligen Vertreter der etablierten gesellschaftlichen Ordnung, die im Hintergrund die Fäden ziehen und für sich selbst planend und zweckbestimmt handelnd auch seine Geschichte bestimmen, und es ist sein eindeutig als Philister gekennzeichneter Vater, der den Taugenichts aus der Mühle „hinaus in die Welt" (446) treibt und durch den sich dadurch verwirklicht, was der Taugenichts in seinem Lied im nachhinein als Gottes „Gunst" (448) bezeichnet.

Die Mühle des Vaters, mit deren sich drehendem Rad die Geschichte beginnt, von wo aus er in die Welt hinaus zieht und nach der er sich in der Fremde immer wieder sehnt, ist denn auch das zentrale Bild, das beide Welten, die der zweckbestimmten Arbeit und diejenige der romantischen Sehnsucht, in sich vereint und die Gefahr des In-sich-selbst-Kreisens verbildlicht, dem wie oben beschrieben sowohl der Philister als auch der seinem Begehren folgende romantische Mensch in gleicher Weise ausgesetzt

---

[20] Ebd., S. 628.
[21] Vgl. das Kapitel zum »Schloß Dürande«, Anmerkung 32.

sind.[22] So wie es in dem Volkslied »Müllers Abschied« aus »Des Knaben Wunderhorn«[23] in dem Bild vom Mühlrad, das durch „nichts als Liebe"[24] getrieben wird, zum Ausdruck komm, ist das Bild von Mühle und Rad zugleich mit dem romantischen Liebesthema verbunden[25] und als „Ort der schweren Arbeit"[26] das „Sinnbild des philiströsen Arbeitslebens"[27]. Die Mühle ist daher wie kein anderes Bild geeignet, die Problematik der Selbstbezüglichkeit einer weltimmanenten Wahrheit zu verbildlichen, von der die Geschichte des Taugenichts bestimmt wird und in der sich die Konstitution des Subjekts und der Außenwelt gegenseitig bedingen. Ich und Welt, Innen und Außen zeigen sich analog dem Verhältnis von Natur und Kultur in diesem Sinne als Pole innerhalb der latenten Ungeschiedenheit eines Spannungsfeldes changierender Bilder. In welcher Weise diese weltimmanente Wahrheit erfahren wird, richtet sich nach der Position, die das Subjekt in diesem Spannungsfeld bezieht, und nach dem Grad von Bewußtsein, das es erlangt. Bricht der Spannungszustand zwischen Ich und Welt zusammen, weil dem Philister, dessen Phantasie als bildererzeugendes Vermögen verkümmert ist und der nach nichts Höherem mehr fragt, die Welt zum erstarrten Abbild wird, oder sich das geniale Subjekt mit den Bildern seines Inneren an die Stelle des Ganzen setzt, gleicht die Wahrheit von Ich und Welt schließlich jener „sich selbst mahlende[n] Mühle"[28], mit der Novalis in polemischer Wendung gegen die Aufklärung die Problematik des neuzeitlichen Subjekts beschrieben hat.[29] Der Taugenichts nun unterliegt letztlich weder den Gefahren des Philistertums, noch läßt er sich auf der „Heidenheide"[30] in der römischen Campagna durch die Schimären des eigenen Begehrens „anfechten" (522). Dennoch ist auch seine Art und Weise, die Welt zu erleben, von einer unvollständigen Trennung von Ich und Welt geprägt.

---

[22] Zur ‚geheimen Identität' von Philister und Genie vgl. auch Wilhelm Emrich: Dichtung und Gesellschaft bei Eichendorff, in: Paul Stöcklein: Eichendorff heute, 2., ergänzte Aufl., Darmstadt 1966, S. 56-65 (62f.).
[23] Die entsprechenden Verse lauten: „Da unten in jenem Thale,/ Da treibt das Wasser ein Rad,/ Das treibet nichts als Liebe,/ Vom Abend bis wieder an Tag." Achim von Arnim und Clemens Brentano: »Des Knaben Wunderhorn«. Alte deutsche Lieder, gesammelt von Achim von Arnim und Clemens Brentano, Kritische Ausgabe, herausgegeben und kommentiert von Heinz Rölleke, Stuttgart 1987, Bd. 1, S. 94.
[24] Ebd.
[25] Vgl. Schultz, Erläuterungen und Dokumente, a.a.O., S. 5.
[26] Ebd.
[27] Ebd.
[28] Novalis: Die Christenheit oder Europa, Schriften. Die Werke Friedrich von Hardenbergs, Herausgegeben von Richard Samuel in Zusammenarbeit mit Hans-Joachim Mähl und Gerhard Schulz, Bd. 3, Darmstadt 1968, S. 501-524 (515).
[29] Vgl. Bormann, Aus dem Leben eines Taugenichts, a.a.O., S. 103.
[30] Oskar Seidlin: Der Taugenichts ante portas, in: ders.: Versuche über Eichendorff, a.a.O., S. 14-31 (30).

Die Welt, in die geschickt zu werden dem Taugenichts als Gottes „Gunst" (448) erscheint, ist zugleich das Abbild, in dem sich das eigene Begehren manifestiert und in dem „der Liebeszauber mit der Weltbezauberung zusammenfällt"[31]. Nach Robert Mühlher ist der Taugenichts „selbst ein Bezauberter"[32], der „in einem ständigen Zustand von Liebe und Weltbezauberung"[33] lebt. Fühlt er sich der Liebe der schönen gnädigen Frau sicher, so wird ihm die ganze Natur zum Abbild seiner Geliebten: „Die Rosen waren nun wieder wie *ihr* Mund, die himmelblauen Winden wie ihre Augen, die schneeweiße Lilie mit ihrem schwermütig gesenkten Köpfchen sah ganz aus wie *Sie*." (478) Die Welt ist die Welt, wie sie aus der Perspektive des Ich-Erzählers erscheint, und abhängig davon, in welcher Weise sich sein Begehren äußert. „Je einsamer sich der Taugenichts dünkt, um so größer und weiter erscheint ihm die Welt. ... Andererseits ist der Liebe die Welt zu eng und die Ewigkeit zu kurz. Dem liebeleeren Herzen erscheint es, als wäre es ganz allein auf einer ausgestorbenen Welt, dem liebeerfüllten Herzen zeigt alles das Antlitz der Geliebten."[34]

Herbert Anton hat diese Selbstbezüglichkeit einer weltimmanenten Wahrheit, so wie sie im »Taugenichts« in Erscheinung tritt, mit dem „Geist des Spinozismus"[35] gleichgesetzt und im Sinne Goethes als Ausdruck der „Freude am Dasein"[36] gewertet. Dies gelingt aber nur dann in widerspruchsloser Weise, wenn man die Frage, inwiefern der Taugenichts nicht nur „Inkarnation"[37] dieser Freude ist, sondern als Ich gleichzeitig davon erzählt und seine Geschichte zur Geschichte eines wahren Lebens wird, weitgehend ausklammert. Der Kreisbewegung der Mühle entsprechend beschreibt auch die Geschichte des Taugenichts einen Kreis, in dem Heimat und Ferne als sich gegenseitig spiegelnde Pole die Grenzen seiner Welt bezeichnen und der Taugenichts trotz der Abenteuer, die er erfährt, sich selbst gleich bleibt. Diese Art eines ganzheitlichen Verhältnisses von Ich und Welt ist zwar einerseits die Voraussetzung des Glücks, das im zuteil wird, daß seine Geschichte aber zuletzt ‚tatsächlich' zu einem glücklichen Ende geführt wird und er nicht wie die Philister oder die Genies der Gefahr unterliegt, sich selbst oder der Welt zu verfallen, hat er letztlich den anderen beziehungsweise der

---

[31] Robert Mühlher: Die künstlerische Aufgabe und ihre Lösung in Eichendorffs Erzählung »Aus dem Leben eines Taugenichts«. Ein Beitrag zum Verständnis des Poetischen, in: Aurora 22 (1962), S. 13-44 (im folgenden zitiert als ‚Die künstlerische Aufgabe und ihre Lösung'), (25).
[32] Ebd.
[33] Ebd.
[34] Ebd. S. 26.
[35] Herbert Anton: „Geist des Spinozismus" in Eichendorffs »Taugenichts«, in: Hans-Georg Pott (Hg.): Eichendorff und die Spätromantik, a.a.O., S. 13-25.
[36] Ebd., S. 20.
[37] Ebd.

„strukturellen Ironie"[38] der Erzählung zu verdanken, deren bedeutungsstiftende Differenz die mangelnde Selbstreflexivität[39] und Kontur seiner Person ersetzt. Während der Taugenichts selbst als Verkörperung des ‚wahren' Menschen erscheinen mag, fragt die Erzählung auf diese Weise gleichzeitig nach den Voraussetzungen dieser Wahrheit. Ein gutes Beispiel hierfür sind die beiden Rom-Kapitel, die den Taugenichts in die Welt der Künstler führen und in denen der Wirklichkeit der Bilder nachgegangen wird, die auch das Begehren des Taugenichts bestimmen.

2. Rom, die Kunst und die Wahrheit der Bilder

Wie im »Marmorbild« die Reise Florios, so ist auch die Reise des Taugenichts in die ‚Welt' durch die Bilder des eigenen Inneren motiviert, die auch hier bis in die Zeit der Kindheit zurückreichen[40] und in denen das Begehren gegenüber der ‚schönen gnädigen Frau', die gleichzeitige Sehnsucht nach Heimat und Ferne und die Erinnerung an die von der Mutter erzählten Geschichten[41] eine innige Verbindung eingegangen sind.[42] Als

---

[38] Rodewald, a.a.O., S. 255.
[39] Zur mangelnden Selbstreflexivität des Taugenichts vgl. ebd. S. 240f.
[40] Einer der deutlichsten Belege hierfür ist, wie Seidlin gezeigt hat (vgl. Seidlin, a.a.O. S. 14-31), die Art und Weise, wie der Taugenichts der Stadt Rom begegnet: „Unterwegs erfuhr ich, daß ich nur noch ein paar Meilen von Rom wäre. Da erschrak ich ordentlich vor Freude. Denn von dem prächtigen Rom hatte ich schon zu Hause als Kind viele wunderbare Geschichten gehört, und wenn ich dann an Sonntags-Nachmittagen vor der Mühle im Grase lag und alles ringsum so stille war, da dachte ich mir Rom wie die ziehenden Wolken über mir, mit wundersamen Bergen und Abgründen am blauen Meer, und goldnen Toren und hohen glänzenden Türmen, von denen Engel in goldenen Gewändern sangen." (521)
[41] Die Reiselust des Taugenichts zeigt sich literarisch motiviert: „Wie oft, wenn mir zu Hause meine verstorbene Mutter von wilden Wäldern und martialische Räubern erzählte, hatte ich mir sonst immer heimlich gewünscht, eine solche Geschichte selbst zu erleben." (496) Vgl. dazu Mühlher, Die künstlerische Aufgabe und ihre Lösung, a.a.O., S. 32ff.
[42] Am deutlichsten wird dies im Traum des Taugenichts auf dem Weg nach Italien, der nach Mühlher zusammenfaßt, „daß die Traumbilder, die der Knabe schaute, als er zu Hause in die Wolken sah, oder in den Weiher bei der Mühle blickte, mit den Gestalten jener alten Lieder und Geschichten eins sind, die das Kind daheim hörte" (Mühlher, Die künstlerische Aufgabe und ihre Lösung, a.a.O., S. 30): „‚... ich dachte an meine Mutter und an den Garten der schönen gnädigen Frau, und wie das alles nun so weit weit lag – bis ich zuletzt einschlummerte. Da träumte mir, als käme die schöne Fraue aus der prächtigen Gegend unten zu mir gegangen oder eigentlich langsam geflogen zwischen den Glockenklängen, mit langen weißen Schleiern, die im Morgenrote wehten. Dann war es wieder, als wären wir gar nicht in der Fremde, sondern bei meinem Dorfe an der Mühle in den tiefen Schatten. Aber da war alles still und leer, wie wenn die Leute Sonntag in der Kirche sind und nur der Orgelklang durch die Bäume herüber kommt, daß es mir recht im Herzen weh tat. Die schöne Frau aber war sehr gut und freundlich, sie hielt mich an der Hand und ging mit mir, und sang in einemfort in dieser Einsamkeit das schöne Lied, das sie damals immer frühmorgens am offenen Fenster zur Guitarre gesungen hat, und ich sah dabei ihr Bild in dem stillen Weiher, noch viel tausendmal schöner, aber mit sonderbaren großen Augen, die mich so starr ansahen, daß ich mich beinah gefürchtet hätte." (490) Die Gebanntheit und Furcht des Taugenichts im Angesicht der starren Augen seiner schönen Geliebten deutet auch hier auf die Gefahr des Selbstverlustes, indem der Liebesblick des anderen als projizierter Blick des eigenen Begehrens auf das Ich zurückgelenkt wird.

er sich gegen Ende der Schloß-Episode nach dem mißglückten Stelldichein mit der schönen gnädigen Frau in seinen Hoffnungen getäuscht sieht und sich in den „Ruinen [s]eines Glück's" (486) in sich selbst zurück zieht, befreit er sich aus seinem Zustand, indem er seine Sehnsucht wiederum auf die Ferne richtet und seine „ehemalige Reiselust: alle die alte Wehmut und Freude und große Erwartung" (487) von neuem erwacht.[43]

Sein Weg führt ihn nach Italien, das auch für ihn ein bereits literarisches Sehnsuchtsziel[44] ist, das er vom Hörensagen kennt, eine Art Schlaraffenland, wo der „liebe Gott" (489) für alles sorgt (vgl. ebd.), und gleichzeitig die geheimnisvoll-gefährliche und moralisch verdächtige Fremde[45], „woher immer die kuriosen Leute" (503) zum „Herrn Pfarrer kamen, mit Mausefallen und Barometern und Bildern" (ebd.). Die merkwürdige Beziehung, in welcher der Pfarrer mit den an den ‚Wetterglashändler Coppola' aus Hoffmanns »Sandmann« erinnernden kuriosen Leuten steht, verweist auf Italien als Ort einer untergründigen Wahrheit, in der das Wissen vom Heiligen und der Natur mit der Kunst verflochten ist. Nach diversen Abenteuern kommt der Taugenichts schließlich nach Rom, und dieses stellt sich nun in besonderer Weise als ein zur Heimat antipodischer Kulminationspunkt dar, in dem sich die Fragen nach der Wahrheit des Begehrens, der Religion und der Kunst miteinander verbinden. Als Abbild des himmlischen Jerusalem und einer christlich kodierten Gewißheit bedeutet Rom, wie Seidlin gezeigt hat, das aus der Kindheit stammende innere Sehnsuchtsbild des Taugenichts,[46] das aber, insoweit es auch Ausdruck eines nicht moralisierbaren Körpers ist, zugleich Rom als Stätte der heidnischen Antike meint. Was den metaphorischen Bereichen der christlichen Kultur und der heidnisch-naturhaften Antike gemeinsam ist, sind auch hier, wie im »Marmorbild«, die *Bilder*, in denen sich, wie bereits gezeigt werden konnte, das Begehren jeweils manifestiert. Gleichzeitig ist Rom aber auch die Heimat der Kunst, und damit führt Eichendorff den Taugenichts an einen Ort, an dem die Frage nach der Wahrheit und Lüge dieser Bilder zum expliziten Thema der Erzählung wird.

---

[43] Zu der Art und Weise, in der Eichendorff diesen Aufbruch sprachlich gestaltet vgl. die beispielhafte Analyse von Klaus-Dieter Krabiel: Tradition und Bewegung. Zum sprachlichen Verfahren Eichendorffs, Stuttgart 1973, S. 76-82.

[44] Zur deutschen Italiensehnsucht als Reflex des eigenen Selbstverständnisses vgl. Wilhelm Gössmann: Der »Taugenichts« als literarisches Deutschlandbuch, in: Wilhelm Gössmann, Christoph Hollender (Hg.): Joseph von Eichendorff. Seine literarische und kulturelle Bedeutung, Paderborn u.a. 1995, S.143-161.

[45] Zum literarischen Topos des dämonischen Italien vgl.: Silvia Cresti: Das Italienbild in der Spätromantik: Exil, Fremde und Heimat in »Aus dem Leben eines Taugenichts« von Joseph von Eichendorff, in: Giulia Cantarutti, Hans Schumacher (Hg.): Germania – Romania. Studien zur Begegnung der deutschen und der romanischen Kultur, Frankfurt a. M. 1990, S. 125-136.

[46] Vgl. Anmerkung 40.

Dabei steht Rom für jede Art von Kunst, die sich dadurch zu legitimieren sucht, daß sie für sich beansprucht, ‚wahr' und authentisch zu sein, und die seit der Renaissance immer mehr mit dem Wahrheitsanspruch des neuzeitlichen Subjekts und seiner Natur verbunden worden ist. Solcherart durch die Suche nach dem Ursprung bestimmt, ist der Geltungsanspruch der Kunst zugleich von ihrer Geschichte abhängig, und so wurde Rom als Hauptstadt der „Kunstheimat"[47] Italien immer wieder, wie auch für Winckelmann oder die romantische Malergruppe der Nazarener, zum metaphorischen Ort, an dem sich die Suche nach einer durch den Ursprung definierten Wahrheit in der Archäologie einer sichtbaren Kunstgeschichte verbildlicht hat. In diesem Sinne wird die Wahrheit der Kunst und ihrer Bilder zum Problem der künstlerischen Nachfolge, durch die der Künstler zum einen durch die Nachahmung des künstlerischen Vorbildes mit der Natur des Ursprungs verknüpft ist, die aber zum anderen die genuine Leistung des künstlerischen Subjekts erfordert. In eben dieser Weise beruft sich der Maler, dem der Taugenichts begegnet und dem er schließlich Modell sitzt, einerseits darauf, die Welt und den Taugenichts mit eigenen Augen „zu sehen, und hinterdrein abzumalen" (525), und folgt andererseits dabei dem Sujet der großen künstlerischen Vorbilder.[48] Im weiteren soll nun dem Spannungsverhältnis zwischen Nachahmungsgebot und künstlerischer Originalität nachgegangen werden, die in den beiden Rom-Kapiteln vorwiegend in der ironischen Behandlung der Kunst als Dilettantismus zur Sprache kommt.

Margret Walter-Schneider und Martina Hasler haben in ihrer Interpretation der beiden Rom-Kapitel die Künstlerszenen als „Persiflage der klassischen Kunst"[49] aufgefaßt und ausgehend von Eichendorffs Kritik am religiösen Anspruch der Genieästhetik, wie er sie in seinen literaturkritischen Schriften übt, der klassischen Kunst die „ideale[] Kunst, die sich im Taugenichts verkörpert"[50], entgegengesetzt. Abgesehen davon, in welcher Weise Rom tatsächlich „die Stätte der klassischen Kunst bedeutet"[51] und

---

[47] So die Bezeichnung aus dem Abschnitt »Sehnsucht nach Italien« in den »Herzensergießungen eines kunstliebenden Klosterbruders« von Wackenroder und Tieck, deren Leitbild einer einfühlenden Kunstbetrachtung zum Vorbild der romantischen Malergruppe der ‚Nazarener' in Rom wurde. Wilhelm Heinrich Wackenroder und Ludwig Tieck: Herzensergießungen eines kunstliebenden Klosterbruders, Stuttgart 1979, S. 13.
[48] Nach dem Sujet des Bildes, an dem der Maler gerade arbeitet und in das er das Portrait des Taugenichts einfügen will, der Geburt Christi, sowie den Bildern Leonardo da Vincis und Guido Renis, die der Taugenichts bei ihm findet, gehört der Maler zu den Nazarenern, die sich wiederum nach dem Vorbild der »Herzensergießungen« auf die Malerei der Renaissance berufen. Vgl. Schultz, Erläuterungen und Dokumente, a.a.O., S. 24.
[49] Margret Walter-Schneider, Martina Hasler: Die Kunst in Rom. Zum 7. und 8. Kapitel von Eichendorffs Erzählung »Aus dem Leben eines Taugenichts«, in: Aurora 45 (1985), S. 49-62 (52).
[50] Ebd., S. 59.
[51] Ebd., S. 52.

inwiefern diese zum Thema wird,[52] unterschätzt diese Interpretation Eichendorffs Selbstironie, die auch das eigene künstlerische Schaffen in das grundsätzlich problematische Verhältnis zur Selbstlegitimation von Kunst mit einbezieht und die im Gegensatz zur Polemik seiner literaturkritischen Schriften, in denen es darum geht, im publizistischen Kampf um eine diskursivierte Wahrheit Stellung zu beziehen, in seinen literarischen Texten immer wieder zum Ausdruck kommt. Außerdem ist es falsch, dabei den Kunstanspruch der Klassik mit dem Formalismus perfekter Nachahmung gleichzusetzen und ihn im Sinne einer „römischen Künstlichkeit"[53] der ‚religiösen' Kunst Eichendorffs bzw. des Taugenichts entgegenzustellen.[54] Die Art von Kunst, von der die römische Szene tatsächlich geprägt ist, ist der künstlerische Dilettantismus in der Nachfolge klassisch-romantischer Kunst, wie er vor allem in der Tableau-Szene Gestalt gewinnt, und nur in dieser indirekten Weise kommt Rom als Ort einer ‚klassischen' Kunst tatsächlich zur Sprache. Die in dieser Weise entworfene Frage des künstlerischen Wahrheitsanspruchs und der Nachahmung ist aber nicht nur für die Klassik und Romantik, sondern auch für Eichendorffs eigenen Kunstanspruch bestimmend.

Das Problem des Bedeutungsverlustes der künstlerischen und sprachlichen Bilder, die sich ‚verselbstständigt' haben[55] oder deren Bedeutung so selbstverständlich geworden ist, daß sie nichts mehr ‚sagen', verbindet das negativ konnotierte Phänomen der ‚bloßen' Nachahmung klassisch-romantischer Kunst mit der eigentlichen Mimesis-Problematik, die wiederum mit dem Subjektproblem eng verknüpft ist. Weit davon entfernt sich im „Streben nach formaler Perfektion"[56] bei der Nachahmung der als vorbildlich erkannten Kunst der griechischen Antike zu erschöpfen, meint bereits bei Winckelmann die „Nachahmung der griechischen Werke"[57] einen konstitutiven, schöpferischen Vermittlungsprozeß, durch den die Wahrheit einer als authentisch gedachten Natur zugleich erfahrbar und verständlich gemacht werden soll. Möglich wird dies erst im Kunstwerk,

---

[52] So handelt es sich bei dem Maler, dem der Taugenichts Modell sitzt und an dessen Kunstauffassung sich der hybride Anspruch der klassischen Kunst zeigen soll (vgl. Margret Walter-Schneider, Martina Hasler, a.a.O., S. 53), um einen Angehörigen der Künstlergruppe der Nazarener (vgl. Anmerkung 48), deren ‚romantische' Malerei nicht einfach mit dem klassischen Kunstverständnis Winckelmanns gleichgesetzt werden kann.
[53] Margret Walter-Schneider, Martina Hasler, a.a.O., S. 56.
[54] Vgl., ebd. S. 52 und S. 56-61. Völlig unverständlich ist es, wie hinter der Figur des dilettierenden Musikdirektors in der Tableau-Szene Winckelmann zu erkennen sein soll. (Vgl. ebd. S. 52).
[55] Vgl. dazu Schillers in Versform gefügte Kritik am literarischen Dilettanten: „Weil ein Vers dir gelingt in einer gebildeten Sprache,/ Die für dich dichtet und denkt, glaubst du schon Dichter zu seyn." Zitiert nach: Helmut Koopmann, Dilettantismus, a.a.O., S. 193.
[56] Margret Walter-Schneider, Martina Hasler, a.a.O., S. 52.
[57] Johann Joachim Wickelmann: Gedanken über die Nachahmung der griechischen Werke in der Malerei und Bildhauerkunst, in: ders.: Kleine Schriften und Briefe, herausgegeben von Wilhelm Senff, Weimar 1960, S. 29-61, (im folgenden zitiert als ‚Gedanken über die Nachahmung der griechischen Werke').

indem die Sprache der Natur zugleich zur lesbaren Schrift wird. Da in diesem Sinn nach Winckelmann „die Schönheit der griechischen Statuen eher zu entdecken ist, als die Schönheit in der Natur"[58], bildet die griechische Antike die Gewähr für eine Natur, deren Wahrheit als einem Nachträglichen in der Kunst durch Nachahmung von neuem überholt und damit bestätigt werden kann. Da aber erst die „innere Empfindung"[59] des Künstlers, der diese Vermittlung zustande bringt, „den Charakter der Wahrheit"[60] bildet, korrespondiert die sich in der Nachahmung manifestierende Wahrheit des Kunstwerks derjenigen des künstlerischen Subjekts, in welchem sich dieselbe Problematik als Wechselbeziehung zwischen der als Natur gedachten Ursprünglichkeit des Genies und seiner beanspruchten kulturellen Souveränität noch einmal wiederholt. Sieht man die ‚wahre' Kunst in dieser grundsätzlichen Weise im Spannungsfeld von Natur und Kultur, so wird deutlich, daß das Problem der Nachfolge in ihren verschiedenen Ausprägungen von der Kunst eines sich selbst bewußten Epigonentums über die verschiedenen Stufen des Dilettantismus bis zum geistlosen Philistertum der notwendige Begleiter jeder Kunst ist, die für sich Authentizität beansprucht, je nach dem Grad des künstlerischen Bewußtseins den Wahrheitsanspruch des Vorbildes bestätigend oder entwertend. Die Gefahr des Sinnverlustes, dem sowohl die Kunst als auch das künstlerische Subjekt in seinem Selbstverständnis ausgesetzt sind, besteht, wie bereits erwähnt, darin, daß die Differenz und damit das Spannungsverhältnis zwischen der als authentisch gedachten Wahrheit und dem notwendigen Supplement ihres Abbildes verlorengeht.

Gegen diese Drohung des Differenzverlustes, durch den das Leben erstarrt, wird in Eichendorffs Dichtung immer wieder das ‚wahre' Leben aufgerufen, dessen „Quelle"[61] aber in seiner Dichtung keineswegs mit dem Jenseitigen identisch ist,[62] sondern im Rückbezug auf das Leben selbst besteht, und dies meint gerade nicht den abschließenden Verweiß auf seinen transzendenten Sinn als vielmehr dessen selbstironische Destruktion, die, auf sein Anderes vertrauend, den Zauber des vergänglichen Lebens von neuem hervortreten läßt. In der Tableau-Szene des zweiten Rom-Kapitels hat Eichendorff das Verhältnis von Kunst und Leben und ihre Nachfolgeproblematik anhand eines Gesellschaftsspiels dilettierender Kunstliebhaber in einer vielschichtigen Weise dichterisch gestaltet, die zuletzt auch den eigenen Kunstanspruch ironisch kommentiert und

---

[58] Ebd. S. 38.
[59] Ebd. S. 34.
[60] Ebd.
[61] Margret Walter-Schneider, Martina Hasler, a.a.O., S. 54.
[62] Vgl. ebd.

verdeutlicht, daß die Richtung der sinnzuweisenden Bewegung zwischen Kunst und Leben keineswegs eindeutig ist. Dem soll im weiteren nachgegangen werden.

Bei dem tableau vivant, dem durch lebende Personen nach Vorlagen aus der bildenden Kunst oder Gemälden nachgestellten Bild, dessen Zuschauer der Taugenichts wird, als er zusammen mit dem Maler eine Gartengesellschaft außerhalb der Stadt besucht, handelt es sich um eine im 18. und 19. Jahrhundert beliebte und in ihrem Anspruch zwischen Kunst und Gesellschaftsspiel schwankende[63] Unterhaltung von Kunstliebhabern.[64] „Sobald wir hineintraten", so erzählt der Taugenichts,

„winkten uns alle zu, uns still zu verhalten, und zeigten auf die andere Seite des Gartens hin. Dort saßen in einer großen, grünverwachsenen Laube zwei schöne Frauen an einem Tisch einander gegenüber. Die eine sang, die andere spielte Guitarre dazu. Zwischen beiden hinter dem Tische stand ein freundlicher Mann, der mit einem kleinen Stäbchen zuweilen den Takt schlug. ... Wie sie nun so eben, mit zum Himmel gerichteten Augen, eine lange Kadenz anhielt, und der Mann neben ihr mit aufgehobenem Stäbchen auf den Augenblick paßte, wo sie wieder in den Takt einfallen würde, und keiner im ganzen Garten zu atmen sich unterstand, da flog plötzlich die Gartentüre weit auf, und ein ganz erhitztes Mädchen und hinter ihr ein junger Mensch mit einem feinen, bleichen Gesicht stürzten in großem Gezänke herein. Der erschrockene Musikdirektor blieb mit seinem aufgehobenen Stabe wie ein versteinerter Zauberer stehen, obgleich die Sängerin schon längst den langen Triller plötzlich abgeschnappt hatte, und zornig aufgestanden war. Alle übrigen zischten den Neuangekommenen wütend an. ‚Barbar' rief ihm einer von dem runden Tische zu, ‚du rennst da mitten in das sinnreiche Tableau von der schönen Beschreibung hinein, welche der selige Hoffmann, Seite 347 des »Frauentaschenbuchs für 1816«, von dem schönsten Hummelschen Bilde gibt, das im Herbst 1814 auf der Berliner Kunstausstellung zu sehen war!'" (531)

Die Szene, die in parodierender Weise auf Hoffmanns Erzählung »Die Fermate« Bezug nimmt, ist durchaus vielschichtig. Ihre Ironie besteht zunächst darin, daß sich die Geschichte, welcher der Augenblick, den die Gemäldebeschreibung festhält, entnommen ist – nämlich die folgende Störung der Szene – ähnlich wie bei Hoffmann in der

---

[63] Vgl. Dagmar von Hoff, Helga Meise: Tableaux vivants – Die Kunst- und Kultform der Attitüden und lebenden Bilder, in: Renate Berger, Inge Stephan (Hg.): Weiblichkeit und Tod in der Literatur, Köln, Wien 1987, S. 69-86 (69).
[64] Vgl. Schultz, Erläuterungen und Dokumente, a.a.O., S. 25 und den Kommentar der Eichendorff-Ausgabe, W 2, S. 822.

Realität der Erzählung wiederholt[65] und somit ‚tatsächlich' Wirklichkeit wird. Die Kunst wird durch das Leben bestätigt, das lebende Bild tatsächlich lebend und wirklich, damit aber als Kunstwerk gleichzeitig zerstört.[66] Die künstlerische Szene erreicht somit ungewollt eine Authentizität, die nicht zu überbieten ist. Dennoch fühlt sich das Publikum durch das Leben, das in seine Kunstandacht einbricht, gestört. Die Antwort des Malers, der den Tumult verursacht hat – „Ach was! ... mit euren Tableau's von Tableaus! Mein selbst erfundenes Bild für die andern, und mein Mädchen für mich allein!" (531) – übt Kritik am Authentizitätsverlust, den die Kunst durch die Entfernung vom ursprünglichen Leben erleidet, andererseits ist es aber gerade die „ironisierende[] Enthüllung der Quelle"[67], welche den Wahrheitsanspruch des Kunstwerks destruiert, indem die genaue Nennung von Ort und Zeit die Desillusionierung der Zuschauer bewirkt. Die Szene verbildlicht somit, in welcher Weise Natur und Kultur – das Leben und die Bilder, in denen es in Erscheinung tritt – von einander abhängen und eine Folge eröffnen, in der sich die Konstruktion und Destruktion von Sinn gegenseitig bedingen und Leben und Kunst die Stellen einander ablösender Signifikanten besetzen. Erst die Scheinhaftigkeit des Lebens läßt seine Bedeutung erkennen, die aber erst im Augenblick der Zerstörung des Scheins auf dieses zurückfällt. Betrachtet man die konkrete Abfolge der Bilder in der Szene, so ergibt sich eine geschlossene Kreisgestalt: Das Leben, wie es in Hummels „lebenskräftige[m] Bild"[68] zur Geltung kommt und dessen Wahrheit in Hoffmanns Gemäldebeschreibung bezeugt wird, wird als lebendes Bild wiederum ins Leben gerufen und bestätigt und durch die Zerstörung des Bildes an sich selbst zurückverwiesen.

Betrachtet man den Sinngehalt des lebenden Bildes als solchem, so wird in ihm die gleiche Frage nach der Konstitution von Bedeutung noch einmal wiederholt. Der musikalische Moment der Fermate ist nicht nur der sich auf Hummels Bild beziehende Titel der Erzählung Hoffmanns[69], sondern als Schwellensituation der eigentliche Ort von Bedeutsamkeit, der im Einhalten der Bewegung von dem Davorliegenden und dem erwarteten Danach gezeichnet ist. Während das Gemälde den musikalischen Moment des Übergangs zitierend verbildlicht, ist er für die Kunst der lebenden Bilder selbst

---

[65] Vgl. Kommentar der Eichendorff-Ausgabe, W 2, S. 822.
[66] Vgl. Schultz, Erläuterungen und Dokumente, a.a.O., S. 25.
[67] Kommentar der Eichendorff-Ausgabe, W 2, S. 821.
[68] Ernst Theodor Amadeus Hoffmann: Die Serapions-Brüder, nach dem Text der Erstausgabe (1819-21) unter Hinzuziehung der Ausgaben von Carl Georg von Maassen und Georg Ellinger, mit einem Nachwort von Walter Müller-Seidel und Anmerkungen von Wulf Segebrecht, sowie den Illustrationen von Theodor Hasemann zur ersten Gesamtausgabe von 1844/45 [Ausgabe Wissenschaftliche Buchgesellschaft Darmstadt], Darmstadt 1970, S. 57.

konstitutiv: Deren Gegenstand ist allgemein „die Darstellung eines Momentes, der aus einer in der Kunst dargestellten oder durch Mythologie, Bibelüberlieferung und Geschichte verbürgten ‚Handlung' herausgelöst wird"[70]. Dabei stellen sich die lebenden Bilder „als Übergänge dar: von einem Stil in einen anderen, von einer Kunstform in eine andere, von Kunst in Gesellschaftsspiel, von einer historischen Epoche in eine andere"[71]. Zwischen den einzelnen Stellungen „muß der Augenblick sprechen"[72]. In dieser Weise kommentiert die Wahl des Sujets zugleich die Kunstform der lebenden Bilder. Der Musikdirektor sodann ist nicht derjenige, der mit seinem Taktstock die ganze Szene bestimmt und damit der Kunst der Primadonna ungerechtfertigter Weise Gesetze auferlegen würde,[73] er paßt vielmehr, was in Hoffmanns Bildbeschreibung noch deutlicher wird,[74] auf den richtigen Moment auf, in dem die Sängerin ihre Kadenz beenden wird, dieser aber ist wie die Fermate selbst abhängig vom selbstverliebten Subjektivismus der Künstlerin. In der Erzählung Hoffmanns besteht die Komik der Szene vor allem darin, daß der Dirigent als derjenige, der für das Kunstwerk als Ganzes verantwortlich ist, seine Souveränität gegenüber der Verlockung durch die Kunst wie die Künstlerin nicht behaupten kann.[75]

Damit kommt man zur Frage des Subjektivismus, die als drittes Moment neben Kunst und Leben in der Tableau-Szene von Bedeutung ist. Hier zeigt sich, daß dieser im Verhältnis von Kunst und Leben und ihren moralischen Bewertungen weder eindeutig dem ‚wahren' Leben noch der ‚falschen' Kunst zugeordnet werden kann. Während die Selbstverliebtheit der Sängerin den Wahrheitsanspruch künstlerischer Objektivität entwertet, ist der Maler, der in die Szene hereinplatzt und sie damit ins Leben setzt und dem lebenden Bild zur eigentlichen Wahrheit verhilft, das „liederliche Genie" (538), das hier auf niemanden und nichts Rücksicht nimmt. Begleitet wird er von der etwas zwielichtigen „schnippische[n] Kammerjungfer" (532), der er im Streit ihre Falschheit vorwirft; tatsächlich spielt sie ihm auch in diesem Moment etwas vor. (Vgl. 531f.) So zeigt sich, daß das Leben, das in die falsche Kunstandacht einbricht, genauso wenig unschuldig wie die Kunst, sondern ebenso eine gespielte Szene ist, in der die eigentliche

---

[69] Vgl. ebd.
[70] Dagmar von Hoff, Helga Meise, a.a.O., S. 69.
[71] Ebd. S. 70.
[72] Ebd.
[73] Vgl. Margret Walter-Schneider, Martina Hasler, a.a.O., S. 51.
[74] Vgl. Hoffmann, a.a.O., S. 57: „Mit aufgehobener Battuta paßt er auf den Moment, wenn Signora die Kadenz, in der sie mit himmelwärts gerichtetem Blick begriffen, endigen wird im langen Trillo, dann schlägt er nieder und die Chitarristin greift keck den Dominanten-Akkord. – Der Abbate ist voll Bewunderung – voll seligen Genusses – und dabei ängstlich gespannt. – Nicht um der Welt willen möchte er den richtigen Niederschlag verpassen."

Wahrheit verborgen wird und die vom Subjektivismus der Akteure abhängig ist. Das ganze Durcheinander hat schließlich den Zweck, dem Taugenichts den „fatalen Zettel" (532) zukommen zu lassen, der sich hinterher für ihn als Täuschung herausstellt und mit dem sich eine ganz unbekannte römische Gräfin mit ihm zum moralisch bedenklichen Stelldichein verabreden will. Das lebendige Leben, so zeigt sich hier, ist nicht wahrer als die Kunst.

Nachdem der Taugenichts auf die irrtümliche Verabredung mit der falschen römischen Gräfin hereingefallen ist, beschließt er, „dem falschen Italien mit seinen verrückten Malern, Pomeranzen und Kammerjungfern auf ewig den Rücken zukehren" (541). Seine wahre Geliebte, deren Identität ihm aber immer noch verborgen bleibt, ist, so erfährt er, längst wieder nach Deutschland zurückgekehrt. (Vgl. 540) In gewisser Weise ist der Wunsch des Taugenichts, einmal selbst etwas von den ihm als Kind erzählten Wundergeschichten[76] zu erleben, in den Verwicklungen, die er auf seiner Reise erfahren hat, in Erfüllung gegangen, den eigentlichen Gegenstand des Begehrens hat er aber in der Wirklichkeit nicht gefunden. Statt dessen wird ihm das, was er erlebt, wiederum zum erinnerten Bild, in dem sich sein Begehren von neuem manifestiert. So denkt er in Rom an seine „schöne Fraue" (536) und „die ferne Heimat" (ebd.), wie er sich dann später, nachdem er in diese Heimat zurückgekehrt ist, zusammen mit seiner neu erworbenen ‚Familie' nach diesem doch so falschen und immer gleichen Rom der „schönen Wasserkünste"[77] (561) zurücksehnen wird. Stellte sich Rom bei seiner Ankunft zunächst wie das Wirklichkeit gewordene Traumbild seines Inneren dar, so zeigt sich diese Wirklichkeit schließlich als eine Wirklichkeit der Bilder. Daher ist es nur folgerichtig, daß ihn sein Weg wiederum in die Heimat als Gegend der Kindheit, in der die Bilder ihren Ursprung haben, zurückführt. Der geringe Abstand zwischen der heimatlichen väterlichen Mühle und dem gräflichen Schloß, auf das er zurückkehrt, bezeichnet zum einen das Glück, das ihm dadurch zuteil wird, daß andere seine Geschichte zu Ende erzählen, und läßt zum anderen erkennen, daß das eigentliche Ziel des Begehrens sich in den Bildern des eigenen Inneren verliert und auch für den Taugenichts unerreichbar bleiben muß. Deutlich wird dies insbesondere in der Schlußszene, in

---

[75] Vgl. ebd., S. 71f.
[76] Vgl. Anmerkung 41.
[77] Das Bild der ‚Wasserkünste' oder des Springbrunnens ist mit den anderen Bildern des In-sich-selbst-Gefangenseins wie ‚Mühle', ‚Rad' und ‚Mantel' verwandt. Akustisch sind die Motive eines fortgehenden und immer gleichen ‚Rauschens' und ‚Rumorens' vergleichbar.

der sich das Motiv des Kreises[78] und der ihm verwandten Bilder der Selbstbefangenheit immer mehr verdichten.

3. Die Rückkehr des Taugenichts

Wußte der Taugenichts bei seiner ersten Einkehr auf dem gräflichen Schloß nicht wie ihm geschieht, trägt seine Rückkehr bereits alle Zeichen einer mit leichter Ironie gezeichneten wehmütig-sentimentalen Heimkehr an sich, bei der die Bedeutungstiefe der Bilder weniger einer heiteren Gegenwart als bereits der Erinnerung an das Vergangene entspringt:

> „Mein Zollhaus ... stand noch auf der alten Stelle, die hohen Bäume aus dem herrschaftlichen Garten rauschten noch immer darüber hin, ein Goldammer, der damals auf dem Kastanienbaume vor dem Fenster jedesmal bei Sonnenuntergang sein Abendlied gesungen hatte, sang auch wieder, als wäre seitdem gar nichts in der Welt vorgegangen." (552)

Alles ist „wie damals" (ebd.) und, was geschieht, geschieht „wieder" (ebd.). Dementsprechend gestaltet sich die erneute Begegnung mit der schönen gnädigen Frau als ‚Verzauberung'[79] durch die Selbstbegegnung mit den Bildern des eigenen Inneren, bei denen er zunächst mit sich allein bleibt und in denen sich das Motiv der Selbstbefangenheit im Bild des Kreises nochmals wiederholt: „[W]ie verzaubert" (554), so erzählt der Taugenichts, „blieb ich plötzlich .. stehen.

> Denn auf dem grünen Platze am Schwanenteich, recht vom Abendrot beschienen, saß die schöne gnädige Frau, in einem prächtigen Kleide und einem Kranz von weißen und roten Rosen in dem schwarzen Haar, mit niedergeschlagenen Augen auf einer Steinbank und spielte während des Liedes mit ihrer Reitgerte vor sich auf dem Rasen, grade so wie damals auf dem Kahne, da ich ihr das Lied von der schönen Frau vorsingen mußte. Ihr gegenüber saß eine andre junge Dame, die hatte den weißen runden Nacken voll brauner Locken gegen mich gewendet, und sang zur Guitarre, während die Schwäne auf dem stillen Weiher langsam im Kreise herumschwammen." (Ebd.)

---

[78] Zum Motiv des Kreises bei Eichendorff vgl. den Aufsatz von Hartmut Marhold: Motiv und Struktur des Kreises in Eichendorffs Novelle »Das Marmorbild«, in: Aurora 47 (1987), S. 101-125.

Schließlich gerät der Taugenichts tatsächlich in einen Kreis, den die kleinen Mädchen seines Dorfes um ihn bilden und in dem sich nochmals die Selbstbefangenheit des eigenen Begehrens verbildlicht, bevor ihm seine Geliebte zugeführt wird, der Kreis sich zuletzt öffnet und als Liebeskreis in der Institution der Ehe seine soziale Kodierung erfährt. Von sich aus ist der Taugenichts aber nicht in der Lage, sich aus der Runde der ihn umtanzenden Mädchen zu befreien:

> „Ich kneipte sie in die Wangen und wäre gern aus dem Kreise entwischt, aber die kleinen schnippischen Dinger ließen mich nicht heraus. – Ich wußte gar nicht, was die Geschichte eigentlich bedeuten sollte, und stand ganz verblüfft da." (555)

Daß der Taugenichts nicht weiß, was die Geschichte, sprich seine Geschichte, bedeuten soll, ist nun aber gerade dasjenige, was sie auszeichnet. In gleichem Maß, wie die Wahrheit des namenlosen Taugenichts eine weltimmanente und nicht diejenige eines transzendenten Subjekts ist, mithin zwischen seiner Person und der ihm erscheinenden Welt keine wirkliche Trennung besteht, fehlt seiner Geschichte, obwohl er sie selbst erzählt, die erzählerische Fiktion des eigenen Ich, das für seine Geschichte die Verantwortung übernehmen könnte. Damit sie dennoch sinnvoll endet und das zu Beginn der Erzählung dem Walten Gottes unterstellte Glück seine erzählerische Verwirklichung findet, der Taugenichts aber in seiner kindlichen Unschuld bewahrt bleibt, wird die Wahrheitsposition des Textes aus der Mitte des erzählenden Ich an die erzählerische Peripherie verlagert. Und so ist es schließlich die Nebenfigur des Herrn Leonhard, der von außen den Kreis, in dem der Taugenichts gefangen ist, öffnet und in seiner Rede die Geschichte des Taugenichts rhetorisch in sinnvoller Weise noch einmal zusammenfügt und zu einem ‚glücklichen' Ende führt. Dabei kann er aus der Perspektive des Außenstehenden zugleich die eigentliche Wahrheit der Geschichte des Taugenichts benennen. Diese ist das Glück oder Unglück eines Begehrens, das über sich selbst keine Rechenschaft zu geben vermag und in dessen Bildern Ich und Welt untergehen. Dieser Zusammenfall von Ich und Welt wird anschaulich im Bild des Mantels[80], der die Grenzen von Ich und Welt zusammenschließt, und dessen nachwachsende Schleppe, deren Enden in der Hand der Geliebten ruhen, die Reise in die ‚Welt' als Ausdehnung des sich selbst nicht bewußt werdenden Ich bezeichnet. So wird denn in der gelehrten Rede (vgl. 555)

---

[79] Zum Verzauberungsmotiv im »Taugenichts« vgl. Mühlher, Die künstlerische Aufgabe und ihre Lösung, a.a.O., S. 23ff.
[80] Zum Bild des Mantels bei Eichendorff vgl. Mühlher, Der Poetenmantel, a.a.O.

des Herrn Leonhard das Begehren in der Perspektive des Wissenden zur bedeutungsvollen Liebe, und diese

> „ist eigentlich ein Poeten-Mantel, den jeder Phantast einmal in der kalten Welt umnimmt, um nach Arkadien auszuwandern. Und je entfernter zwei getrennte Verliebte von einander wandern, in desto anständigern Bogen bläst der Reisewind den schillernden Mantel hinter ihnen auf, desto kühner und überraschender entwickelt sich der Faltenwurf, desto länger und länger wächst der Talar den Liebenden hinten nach, so daß ein Neutraler nicht über Land gehen kann, ohne unversehens auf ein Paar solche Schleppen zu treten. O teuerster Herr Einnehmer und Bräutigam! obgleich Ihr in diesem Mantel bis an den Gestaden der Tiber dahinrauschtet, das kleine Händchen Eurer gegenwärtigen Braut hielt Euch dennoch am äußersten Ende der Schleppe fest, und wie Ihr zucktet und geigtet und rumortet, Ihr mußtet zurück in den stillen Bann ihrer schönen Augen. – Und nun dann, da es so gekommen ist, ihr zwei lieben, lieben närrischen Leute! schlagt den seligen Mantel um euch, daß die ganze andere Welt rings um euch untergeht ..." (555f.)

Trotz der märchenhaften Art und Weise, in der dem Taugenichts schließlich sein Glück zu Teil wird, ist die Erzählung letztlich weder im Sinne der Volkspoesie noch der Romantik ein Märchen. Der Schluß der Erzählung entspricht vielmehr dem rationalen Geist der Verwechslungskomödie[81], die davon lebt, daß sich am Ende alle Verwicklungen und Irrtümer aufklären und hinter allen Zufällen ein sich zum Ganzen fügender Sinn steht. Die Rolle des Aufklärers übernimmt wiederum der „Herr Leonhard" (556), der den Taugenichts dazu auffordert, sich in aller Geschwindigkeit ‚auszuwundern', um nicht hinterher ‚alte Geschichten aufzurühren' und ‚neue Erdichtungen und Vermutungen auszuschütteln'. (Vgl. 557) Nichts desto weniger bezeichnet er aber das, was der Taugenichts erlebt hat, als ‚Roman', was in seiner Doppeldeutigkeit von erfundener Geschichte und erlebter Liebesgeschichte nochmals auf die Gemeinsamkeit der Bilder hindeutet: „‚[A]ber du hast wohl noch keinen Roman gelesen?', fragt Herr Leonhard den Taugenichts, und nachdem er dies verneint: ‚Nun, so hast du doch einen mitgespielt.'" (557) Ist das Leben des Taugenichts zum einen durch die Geschichten bestimmt, die er gelesen hat, so erscheint es im nachhinein als Rolle in einem Roman der anderen. Zwar ist es zugleich sein eigener Roman, in dem er mitgespielt hat, doch macht die nachträgliche Logik des Geschehens den Ich-Erzähler zur Nebenfigur in einer

---

[81] Zu den musikalisch-komödienhaften Aspekten im »Taugenichts« vgl. Mühlher, Die künstlerische Aufgabe und ihre Lösung, a.a.O., S. 15ff.

Geschichte, über die er nicht verfügt. In diesem Sinn ist die Geschichte der Roman des jungen Grafen und Floras, den sie als bewußt handelnde, souveräne Subjekte bestimmen. Während der Taugenichts das Geschehen zu keinem Augenblick durchschaut, spielen Flora und der Graf Theater, um ihre Zwecke zu erreichen,[82] und bedienen sich dabei aller Möglichkeiten physiognomischen Wissens aus dem Arsenal der Komödie.[83] Der Taugenichts dagegen spielt sein Leben zwar ebenfalls als Rolle, aber ohne es zu wissen. Indem seine Geschichte im ‚Kontext‘, den die Geschichte der anderen darstellt, aufgehoben und zu einem guten Ende geführt wird, kann er für den bürgerlichen Leser zur Verkörperung des Wunsches werden, in seinem eigenen Leben Subjekt sein zu können, ohne dabei die Verantwortung übernehmen zu müssen.

Versucht man die anfängliche Frage, auf welche Weise die Figur des Taugenichts als Inkarnation der wahren Menschennatur erscheinen kann und welchen Anteil die anderen an dieser scheinbar einfachen Wahrheit des Taugenichts haben, zusammenfassend zu beantworten, so ist zu betonen, daß diese anderen, die Philister und Künstler, nicht allein die Funktion der Kontrastierung erfüllen, sondern in der ihnen gemeinsamen Subjektproblematik mit der Figur des Taugenichts verflochten sind. Der Text reflektiert die Voraussetzungen der Konstitution von Wahrheit, indem der Taugenichts ironisch-unterschwellig durch die Strukturen des Erzählens und die Gemeinsamkeit der Bilder mit den Philistern und Künstlern verbunden ist und besonders im Rom-Kapitel auf die Frage nach der Wahrheit dieser Bilder eingegangen wird. So ist seine Wahrheit als Naturgestalt in gleicher Weise, wie der Taugenichts auf eine äußere, objektive Wahrheit vertraut, von Beginn an von einem Kontext abhängig, in dem sich aber die gleiche Problematik nochmals wiederholt. Allein auf diese Weise kann der Taugenichts zum Spiegel einer ihm zugeschrieben inneren Wahrheit werden, die er als Figur, die von den Voraussetzungen des Erzählens abhängig ist, gar nicht besitzt. Als ‚Naturgestalt‘, in der sich die unverbildete Menschennatur verkörpern soll, ist er immer schon deren Abbild, dem aber aufgrund der „strukturellen Ironie"[84] der Erzählung, die darin besteht, daß er in der merkwürdigen Spannung eines sich nicht selbst verantwortlichen Subjekts seine Geschichte erzählt, nicht die Künstlichkeit einer bedeuteten Naturhaftigkeit anhaftet.

---

[82] Vgl. ebd. S. 34.
[83] Vgl. ebd. S. 24.
[84] Rodewald, a.a.O., S. 255.

Teil II
Naturgestalten in den Erzählungen Adalbert Stifters

I. Einleitung

Bereits ein zeitgenössischer Kritiker bemerkte, daß der „Einklang", welcher in Adalbert Stifters Werk „die Natur durchzieht, ein vom Menschen ihr unterschobener Friede"[1] sei. Doch ist dieser Aspekt vor allem in der Zeit der nach 1900 einsetzenden Stifter-Renaissance in der Forschung wenig beachtet worden.[2] Erst seit den Arbeiten der 60er Jahre setzte sich die Erkenntnis durch, daß es gerade der im Verhältnis zwischen Subjekt und Natur bestehende „Widerspruch zwischen Dichtung und These"[3] ist, der Stifters Werk seine spezifische Gestalt verleiht und die Naturdarstellung untrennbar mit der Subjektproblematik verbindet.[4] Deutlich wird dieser Widerspruch in der zunehmen-

---

[1] Emil Kuh, zitiert nach Moriz Enzinger: Adalbert Stifter im Urteil seiner Zeit. Festgabe zum 28. Jänner 1968, Wien 1968, S. 304.

[2] Eine kritische Beurteilung der Stifter-Rezeption bietet Ursula Naumann: Adalbert Stifter, Stuttgart 1979. Zur neueren Stifter-Forschung vgl. außerdem die Forschungsberichte von Herbert Seidler: Adalbert-Stifter-Forschung 1945-1970, in: Zeitschrift für deutsche Philologie 91 (1972), S. 113-157 (1. Teil), S. 252-285 (2. Teil), und die Fortsetzung: Die Adalbert-Stifter-Forschung der siebziger Jahre, in: VASILO 39 (1981), S. 89-134.

[3] Gerhart Baumann: Adalbert Stifter. Dichter der „Zuversicht", in: Lothar Stiehm (Hg.): Adalbert Stifter. Studien und Interpretationen, Heidelberg 1968, S. 121-138 (123).

[4] Den ontologischen Stellenwert der Natur und ihren Bezug zum Menschen haben unter anderen Hermann Kunisch in seiner Arbeit ‚Adalbert Stifter. Mensch und Wirklichkeit. Studien zu seinem klassischen Stil', Berlin 1950 und Dehn herausgestellt. Vgl. Wilhelm Dehn: Ding und Vernunft. Zur Interpretation von Stifters Dichtung, Kiel 1968. Daneben rückte die Erzählfunktion der Naturdarstellung verstärkt in das Interesse der Forschung. Hier sind die Aufsätze von Wolfgang Preisendanz ‚Die Erzählfunktion der Naturdarstellung bei Stifter', in: Wirkendes Wort 16 (1966), S. 407-418 (im folgenden zitiert als ‚Naturdarstellung') und Mautz ‚Das antagonistische Naturbild in Stifters »Studien«', in: Lothar Stiehm (Hg.): Adalbert Stifter. Studien und Interpretationen, Heidelberg 1968, S. 23-56, zu nennen. Während die Meinung, daß die Naturbeschreibung bei Stifter integraler Bestandteil der Erzählung ist, in der Forschung weitgehend durchgesetzt hat, betont Friedrich Sengle in seiner Epochendarstellung: Biedermeierzeit. Deutsche Literatur im Spannungsfeld zwischen Restauration und Revolution 1815-1848, Bd. 3, Stuttgart 1980, daß „Beschreibung und Erzählkörper ... meistens klar voneinander getrennt" (ebd. S. 966) seien, und wendet sich gegen den „Fehler der Überinterpretation" (ebd.). Der Frage, inwiefern sich in Stifters Werk naturwissenschaftliche Denkweisen bemerkbar machen, ist Martin Selge nachgegangen. Vgl. Martin Selge: Adalbert Stifter. Poesie aus dem Geist der Naturwissenschaft, Stuttgart, Berlin, Köln, Mainz 1976. Gegen die Arbeit von Selge ist vor allem einzuwenden, daß zwischen naturphilosophischem und modernem naturwissenschaftlichen Denken nicht klar unterschieden wird. So hebt er zwar einerseits Stifters Naturbild von demjenigen Goethes ab, vergleicht es aber gleichzeitig mit demjenigen Humboldts als einer „zugleich wissenschaftlichen und ästhetischen Naturerfahrung" (ebd., S. 13). Zuletzt bleibt unklar, was das „Erschauen" (ebd., S. 91), auf das Selge die Erkenntnismethode Stifters im Rahmen einer phänomenologischen Interpretation bezieht, mit modernen ‚naturwissenschaftlichen Erkenntnismethoden' zu tun haben soll. Das Verdienst der literatursoziologischen und literaturpsychologischen Arbeiten ebenso wie der literarischen Kritik an Stifter besteht vor allem darin, daß sie jenseits des Bildes Stifters als

den Künstlichkeit der Stifterschen Sprache, die J. P. Stern als „ontologischen Stil"[5] bezeichnet hat. Die Probleme, die sich hieraus ergeben, sind bereits von Fritz Martini in seiner Epochendarstellung am Beispiel des »Witiko« und des »Nachsommers« prägnant beschrieben worden: „Das Individuelle dient nur, um das Allgemeine hervorzuheben, bestimmte Lebensformen in typischen Gruppenzügen zu verdeutlichen. [...] Damit glaubte Stifter eine höchste Objektivität zu erreichen. Ihm wurde nicht bewußt, wie sie zu einer alle Einzelheiten, das ganze Gefüge des Stils durchdringenden Sprache einer subjektiven Geschichtsauslegung wurde; in der ‚objektiven' Erscheinung der Dinge eine ‚subjektive' Konstruktion. Auch im »Nachsommer« verstand er als ‚organischen' Bau, was das Resultat eines fast mathematischen epischen Konstruktivismus wurde, eine Formleistung des Künstlers, obwohl er nur die wirklichen Dinge wiederzugeben meinte."[6]

Seit den siebziger Jahren zeigt sich eine verstärkte Aufmerksamkeit für die ästhetischen Probleme des Stifterschen Werkes, die den Blick auf die Eigentümlichkeit seiner Erzählweise richtet.[7] Dabei rückte im Zuge linguistischer, diskursanalytischer und dekonstruktiver Literaturtheorien die eigene Literarizität der Texte und ihre Affinität zur Problematik einer sprachlich verfaßten Wirklichkeit immer mehr in den Mittelpunkt des Interesses. Einerseits geht es dabei um die Widersprüchlichkeit der Stifterschen Dichtung zwischen der Ordnungs- und Sinnbehauptung der Texte und ihrem sich in der

---

‚Künder ewiger Wahrheiten' die Aufmerksamkeit auf die expliziten und impliziten Bezüge seines Werkes zu den politischen und sozialen Umbrüchen seiner Zeit gelenkt haben. Hier ist die Nachsommer-Studie H. A. Glasers: Die Restauration des Schönen. Stifters »Nachsommer«, Stuttgart 1965, hervorzuheben, die in einer Verbindung von ästhetischer und soziologischer Interpretation Stifters Utopie in ihrer Differenz zur ‚Realität' analysiert. Vgl. außerdem die Polemiken von Arno Schmidt: Der sanfte Unmensch. Einhundert Jahre Nachsommer, in: ders.: Dya Na Sore, Karlsruhe 1958, S. 194-229 und ders.: ...Und dann die Herren Leutnants! Betrachtungen zu »Witiko« und Adalbert Stifter, in: ders.: Die Ritter vom Geist. Von vergessenen Kollegen, Karlsruhe 1965, S. 283-317.

[5] Joseph Peter Stern: Adalbert Stifters ontologischer Stil, in: Lothar Stiehm (Hg.): Adalbert Stifter. Studien und Interpretationen, Heidelberg 1968, S. 103-120.
[6] Fritz Martini: Deutsche Literatur im bürgerlichen Realismus 1848-1898, 4. Aufl., Stuttgart 1981, S. 538.
[7] In seiner umfassenden Arbeit ‚Wirklichkeitserfahrung und gegenständliche Darstellung', München 1971, hat Hans Dietrich Irmscher untersucht, wie sich das Spannungsverhältnis von Ich und Welt, Gegenstandsorientierung und Subjektivismus in den Besonderheiten der Darstellung niederschlägt. Dabei zeigt sich vor allem die Bedeutung räumlicher Konfigurationen als eines der wichtigsten Darstellungsmittel Stifters. Eine neuere Arbeit ‚Zur Funktion räumlicher Modellbildung' bei Stifter hat Stefan Gradmann vorgelegt, in welcher er den Raum als die zentrale, konstitutive Kategorie der Stifterschen Texte versteht. Vgl. Stefan Gradmann: Topographie / Text. Zur Funktion räumlicher Modellbildung in den Werken von Adalbert Stifter und Franz Kafka, Frankfurt a. M. 1990. Mit der gegenständlichen Gestaltung von Wahrnehmungsprozessen und der Frage nach der ‚richtigen' Wirklichkeitserfassung im Verhältnis von Mensch und Natur in Stifters Wegerzählungen hat sich Marcel Oswald auseinandergesetzt. Vgl. Marcel Oswald: Das dritte Auge: Zur gegenständlichen Gestaltung der Wahrnehmung in Adalbert Stifters Wegerzählungen, Berlin, Frankfurt, New York, Paris 1988.

Eigenmächtigkeit der Sprache Geltung verschaffenden Anderen,[8] andererseits vor allem darum, auf welche Weise sich diese behauptete Ordnung als ‚erschriebene' konstituiert.[9]

Für das Problemgefüge von Natur, Kultur und Subjekt haben insbesondere die Arbeiten von Hans Dietrich Irmscher und Christian Begemann grundlegende Erkenntnisse vermittelt. Findet bereits Irmscher in Stifters Texten den Widerspruch, daß der gleichen Natur, an der sich das Subjekt ausrichten soll, durch die Eingriffe des Menschen „zu sich selbst zu verhelfen"[10] sei, so ist Begemann diesem „durchkreuzten Gegensatz"[11] in seiner umfassenden Arbeit „Die Welt der Zeichen" in konsequenter Weise nachgegangen.[12] Nach Begemann steht der Bearbeitung der inneren Natur des Menschen, durch die das Ich in die objektiven Ordnungen der Außenwelt integriert werden soll, die Kulturation dieser äußeren Natur entgegen. Denn Natur bietet in Stifters Ordnungsentwürfen nur insofern die normative Grundlage für die Orientierung des Subjekts, als sie ‚gut' und ‚vernünftig' erscheint, dies kann sie aber nur, wenn sie zuvor durch den Menschen bearbeitet worden ist. Auf diese Weise mündet die Normierung des Subjekts in eine Restitution des Ich und der Gegensatz von schlechter Subjektivität und guter Natur führt

---

[8] So geht Eva Geulen in ihrer Arbeit: Worthörig wider Willen. Darstellungsproblematik und Sprachreflexion in der Prosa Adalbert Stifters, München 1992, dem paradoxen „Verbal-Realismus" (ebd. S. 154) der Stifterschen Prosa nach. Dessen „angestrebte Konvertibilität von Wort und Sache" (ebd.) bleibt aber letztlich „Postulat, das nur durch den permanenten Rekurs aufs eigene Sprechen zur Geltung kommen kann und erfüllt wird, indem es unerfüllbar bleibt" (ebd.). Die widersprüchliche Dynamik von Sinnlichkeit und Ordnung ist Gegenstand der Arbeit von Franziska Schößler: Das unaufhörliche Verschwinden des Eros. Sinnlichkeit und Ordnung im Werk Adalbert Stifters (= Epistemata. Würzburger wissenschaftliche Schriften. Reihe Literaturwissenschaft, Bd. 168), Würzburg 1994. In vergleichbarer Intention setzt sich Isolde Schiffermüller: Buchstäblichkeit und Bildlichkeit bei Adalbert Stifter. Dekonstruktive Lektüren, Bozen 1996, mit der „unauflösliche[n] Spannung zwischen dem figurativen und dem referentiellen Sinn des Textes" (ebd. S. 24) auseinander.
[9] Hier sind vor allem zwei Arbeiten zu nennen, die sich mit den textuellen Konsequenzen der Konstruktion von Geschichte in den Texten Stifters befassen. Zum einen ist dies die Arbeit von Cornelia Blasberg: Erschriebene Tradition. Adalbert Stifter oder das Erzählen im Zeichen verlorener Geschichten, Freiburg im Breisgau 1998, welche die Textstrukturen, in denen sich Geschichte konstituiert, in den intertextuellen Zusammenhang diskursiver Traditionskonzepte stellt, zum anderen die Arbeit von Oliver Fischer: Ins Leben geschrieben – Zäsuren und Revisionen: Poetik privater Geschichte bei Adalbert Stifter und Wilhelm Raabe, Würzburg 1999, die, ausgehend von einem geschichtsphilosophisch begründeten Modell von Bedeutung, der autobiographischen Fiktion „privater Geschichte" (ebd. S. 7) innerhalb des ‚Scharnast-Komplexes' der Stifterschen Erzählungen nachgeht, dabei geht es um das Spannungsverhältnis von Leben und Schrift und die Möglichkeit ihrer „Verwechslung" (ebd. S. 26), die „Frage, ob in erster Linie ein Lebensmodell erzählt wird oder nicht vielmehr ein Erzählmodell in die Funktion eines Lebensmodells rückt" (ebd.).
[10] Irmscher, a.a.O., S. 115.
[11] Christian Begemann: Natur und Kultur. Überlegungen zu einem durchkreuzten Gegensatz im Werk Adalbert Stifters, in: Adalbert Stifters schrecklich schöne Welt. Beiträge des internationalen Kolloquiums Antwerpen 1993 (= Acta austriaca-belgica 1). Eine Koproduktion von Germanistischen Mitteilungen 40 (1994) und Jahrbuch des Adalbert-Stifter-Instituts Linz (1994), S. 41-52 (im folgenden zitiert als ‚Natur und Kultur').
[12] Vgl. Christian Begemann: Die Welt der Zeichen. Stifter-Lektüren, Stuttgart, Weimar 1995 (im folgenden zitiert als ‚Welt der Zeichen').

zu einer Aufspaltung in eine gute und eine schlechte Natur, in die das Subjekt selbst immer schon verstrickt ist.[13]

In Stifters Erzählungen und Romanen bringt der Versuch, der Einheit von Mensch und Natur in einer textuell begründeten Ordnung zum Durchbruch zu verhelfen, die spezifische Eigenständigkeit seiner Dichtung hervor. Dabei zeigt sich bei ihm die Auseinandersetzung mit den ideellen und politischen Umbrüchen seiner Zeit in besonderer Weise als eine Suche nach den Bedingungen und Möglichkeiten des sprachlichen Kunstwerks und damit letztlich seines Materials, der Sprache. Stifter führt hier die Tendenzen der Romantik unter den veränderten Bedingungen einer neuen ‚Realismusfrage' fort.[14] Wie schon bei Eichendorff führt dabei die erneute Überholung der klassisch-romantischen Vorgaben in den Texten zu einer Verschiebung innerhalb des strukturellen Zusammenhangs von Natur und Kultur, die anstelle einer bereits ideologisierten Beziehung des Menschen zur Natur deren sprachlich-kulturelle Voraussetzungen hervortreten läßt.

Der widersprüchlichen Konstitution des Subjekts und seiner Abhängigkeit von einer ambivalenten Natur entsprechend ist auch Stifters Absage an den Subjektivismus von vornherein fragwürdig, zum anderen ist seine ablehnende Haltung gegenüber den Äußerungen einer subjektiven Innerlichkeit, den ‚Leidenschaften', durchaus nicht so eindeutig, wie dies auf den ersten Blick scheinen mag. Im »Alten Siegel« und im »Waldgänger« ist es offensichtlich gerade der Verzicht, der gegenüber den Ansprüchen

---

[13] Vgl. Begemann, Natur und Kultur, a.a.O., S. 41f.
[14] In der Realismusdiskussion des 19. Jahrhunderts erhält das Spannungsverhältnis von Mimesis und Poiesis neue Relevanz. Hans Joachim Piechotta: Aleatorische Ordnung. Untersuchungen zu extremen literarischen Positionen in den Erzählungen und dem Roman »Witiko« von Adalbert Stifter, Gießen 1981, spricht auf Stifter bezogen von der „Konkurrenz zweier Poetiken, der in realistischen Schranken verwiesenen Fiktion und der fiktional verwandelten Wirklichkeit" (ebd., S. 9), die er als eine „Poetik der Grenze" (ebd.) bezeichnet. Vgl. dazu auch Wolfgang Preisendanz: Voraussetzungen des poetischen Realismus in der deutschen Erzählkunst des 19. Jahrhunderts, in: Richard Brinkmann (Hg.): Begriffsbestimmung des literarischen Realismus, 3. erw. Aufl., Darmstadt 1987, S. 453-479, (456). Der romantische Subjektivismus erscheint nicht mehr als Weg zu einer intersubjektiv erfahrbaren Wirklichkeit, sondern als Symptom der Vereinzelung. Der Verfall einer allgemeingültigen Wirklichkeitsvorstellung, in welche das Subjekt als konstitutiver Bestandteil integriert ist, läßt aber die Frage nach der ‚wahren' Wirklichkeit nur noch dringender erscheinen. Dies führt einerseits zur Suche nach neuen Ganzheitlichkeiten, andererseits rücken gerade die Bedingungen und Möglichkeiten der Erfassung von Wirklichkeit und die Frage nach der jeweiligen Wirklichkeit des einzelnen verstärkt in den Mittelpunkt der Dichtung. Dabei richtet sich die Aufmerksamkeit bei der Frage nach der ‚richtigen' Vermittlung von Realität immer mehr auf die Sprache. Die Wirklichkeit erscheint nicht nur als eine im weitesten Sinne sprachlich vermittelte, sondern wird zunehmend zu einer ‚Wirklichkeit der Sprache'. Vgl. dazu Richard Brinkmann: Zum Begriff des Realismus für die erzählende Dichtung des 19. Jahrhunderts, in: ders.: Begriffsbestimmung des literarischen Realismus, a.a.O., S. 222-235 (227 und 229) und Gerhard Kaiser: Um eine Neubegründung des Realismusbegriffs, ebd., S. 236-258. Zum Realismusproblem bei Stifter vgl. Christian Begemann: ‚Realismus' oder ‚Idealismus'? Über einige Schwierigkeiten bei der Rekonstruktion von Stifters Kunstbegriff, in: Hartmut Laufhütte, Karl Möseneder (Hg.): Adalbert Stifter. Dichter und Maler, Denkmalpfleger und Schulmann. Neue Zugänge zu seinem Werk, Tübingen 1996, S. 3-17.

des eigenen Ich geleistet wird, und die gesellschaftliche Disziplinierung, die für ein verfehltes Leben verantwortlich gemacht werden. Im »Nachsommer« wird aus eben dieser Perspektive nach einer Glücksmöglichkeit gesucht, welche die Affekte einbezieht.[15] Besonders bemerkenswert ist es aber, daß Stifter zur gleichen Zeit, in der er im »Witiko« in der dichterischen Darstellung die Entäußerung des Ichs auf die Spitze treibt, mit dem »Waldbrunnen« eine Erzählung gestaltet, in welcher die offensichtliche, von einem schönen Körper ausgehende erotische Faszination zum Ausgangspunkt der Suche nach einer geradezu emphatischen Identitätsstiftung wird.[16] Aber nicht nur in dieser späten Erzählung Stifters, sondern in allen Perioden seines Werks treten immer wieder Figuren auf, die als Sehnsuchtsgestalten einer zeichenlosen Natur und eines ursprünglichen Körpers die Abarbeitung problematischer Subjektivität und die Konstruktion subjektunabhängiger Ordnungen begleiten und die man aufgrund ihrer Gemeinsamkeiten als ‚Naturgestalten' bezeichnen kann. Im weitesten Sinn werden davon alle Figuren in Stifters Werk berührt, die als ‚dichterisch' charakterisiert werden können, im engeren Sinn – und dies steckt für Stifter den Rahmen der ausgewählten Erzählungen ab – sind damit alle diejenigen Figuren gemeint, die deutlich erkennbar als Gegenbilder des zivilisatorischen und sozialisierten Menschen fungieren. Im einzelnen sind dies das exotische Geschöpf Chelion in der »Narrenburg«, die Gestalt der Ditha in »Abdias«, das ‚nußbraune Mädchen' in »Katzensilber« und das ‚wilde Mädchen' Juliana in »Waldbrunnen«. Außerdem ist unter umgekehrtem Vorzeichen das Mädchen in »Turmalin« zu nennen. Alle diese Figuren umgibt eine Aura des Geheimnisvollen und Fremden, sie kommen aus einer ‚anderen' Welt und verkörpern das, was man mit den Attributen des Naturhaften, Poetischen, Magischen, Sehnsüchtigen und Mythischen bezeichnet hat.[17] Fast durchweg handelt es sich um Kinder, im Falle Chelions um eine junge Frau; meist an der Schwelle zum Erwachsenwerden sind es Mädchen von knabenhafter, zum Androgynen neigender Gestalt. Als ‚romantische' Figuren sind sie Gegenstand der Erzählung, nicht Teil einer ebensolchen Perspektive.

---

[15] Vgl. Walter Thomas: Die Weltentschärfung des Adalbert Stifter. »Witiko« zwischen ständischem Recht und bürgerlichem Glück, Frankfurt a. M. 1992, S. 18. Zur Präsenz des Erotischen bei Stifter vgl. Joachim W. Storck: Eros bei Stifter, in: Hartmut Laufhütte, Karl Möseneder (Hg.): Adalbert Stifter. Dichter und Maler, Denkmalpfleger und Schulmann. Neue Zugänge zu seinem Werk, Tübingen 1996, S. 135-156, und Jörg Kastner: Die Liebe im Werk Adalbert Stifters, ebd., S. 119-134. Vgl. außerdem den Aufsatz von Michael Böhler: Die Individualität in Stifters Spätwerk. Ein ästhetisches Problem, DVjs 43 (1969), S. 652-684.

[16] Zur Entstehungszeit der einzelnen Werke vgl. Urban Roedl: Adalbert Stifter, Reinbek bei Hamburg 1965, S. 147ff.

[17] Vgl. G. H. Hertling: Mignons Schwestern im Erzählwerk Adalbert Stifters: »Katzensilber«, »Der Waldbrunnen«, »Die Narrenburg«, in: Gerhart Hoffmeister (Hg.): Goethes Mignon und ihre Schwestern. Interpretationen und Rezeption, New York 1993, S. 165-197 (194).

Wie gerade im »Waldbrunnen« besonders deutlich wird, leistet Stifter mit seinen Naturgestalten in vergleichbarer Weise wie Eichendorff den Anschluß an die Konzepte einer Selbstbildung des Subjekts aus der unversehrten Natur des Körpers, wie sie die Klassik, ausgehend von Winckelmanns Konstrukt von der griechischen Statue, entwikkelt hatte.[18] Als zusätzliches motivisches Vorbild ist für Stifter außerdem Goethes Mignon von Bedeutung.

Bei Stifter erfährt nun, wie gezeigt werden soll, das klassische Identitätsparadigma eine signifikante Verschiebung von der aus sich selbst sprechenden Natur des Körpers zur Sprache als der eigentlichen Instanz, an welche die Frage nach der Identität des neuzeitlichen Subjekts gestellt wird.[19] Dabei wird der Wechsel zwischen den Positionen von Natur und Kultur, wie er in den analysierten Erzählungen Eichendorffs in Erscheinung tritt, von der Suche nach einer dauerhaften Vermittlung abgelöst, aus der die Einheit des Subjekts garantiert werden könnte. Doch sind es erneut die Naturgestalten, die bei der Frage nach der Möglichkeit einer solchen Vermittlung im Brennpunkt stehen. Einerseits verkörpern sie ein fremdartiges, anderes Leben und gehören in diesem Sinne ganz der Natur an, andererseits fungieren sie bereits als bewußte Gegenbilder des zivilisierten Menschen und haben als solche schon in ihrer Gestaltung die ‚Unschuld' einer unbezeichneten Natur verloren. Dabei hat Stifter anders als Eichendorff in seinen dichterischen Wirklichkeitsentwürfen vom Phantasma einer aus sich selbst sprechenden Natur bereits Abstand genommen. Wo sie als solche zum Thema wird, ist sie wie in »Abdias« der Gegenstand eines erzählerischen Experiments oder es handelt sich schon um bewußte Versuche einer Vermittlung in der Sprache, entweder als Versuche eines textuell erreichten Ausgleichs zwischen Natur und Kultur, wie in »Katzensilber«, oder als Zitat des klassischen Schönheitsparadigmas wie in »Waldbrunnen«. In entsprechender Weise sollen »Die Narrenburg« und »Turmalin« als Gegenmodelle einer verfehlten Vermittlung von Natur und Kultur gelesen werden, die sich in »Turmalin« in besonderer Weise als Verlust oder Verformung der Sprache äußert.

Die Problematik von Natur, Kultur und Subjekt zeigt sich dabei vor allem im Hinblick auf die Stellung und Funktion der Naturgestalten im Rahmen der Figurenkonstellation der jeweiligen Erzählungen. So geht die Interpretation der Texte davon aus, daß die Naturgestalten, wie dies auch in den Erzählungen Eichendorffs deutlich geworden ist, innerhalb dieser Figurenkonstellationen weniger als eigenständige Subjekte als im Hinblick auf andere Figuren zu sehen sind, denen sie zugeordnet werden. Daher er-

---

[18] Vgl. Einleitung, S. 3, Anmerkung 5.

scheint es auch hier wiederum angebracht, die Frage nach der Vermittlung ursprünglicher Natur nicht in engem Sinn auf die Bedeutung der Naturgestalten zu begrenzen. So zeigt sich insbesondere die Figur der Ditha im »Abdias« als Bestandteil eines erzählerischen Experiments, das die Lebensgeschichte des Abdias zum Prüfstein der Frage nach einem sinnvollen Zusammenhang von Ich und Welt werden läßt. Bei den Erzählungen »Katzensilber« und »Waldbrunnen« handelt es sich um Sozialisationsgeschichten, in denen sich die ‚Zähmung' der Naturwesen innerhalb einer Figurenkonstellation abspielt, die man als ‚pädagogische Beziehung' bezeichnen kann. Die Naturgestalten fungieren hier gleichsam als Versuchsfeld ‚richtiger' Subjektbildungsprozesse. In »Turmalin« und »Die Narrenburg« sind sie Spiegelbilder, welche die ‚fehlende' oder ‚falsche' Vermittlung von Natur und Kultur anzeigen.

---

[19] Vgl. Neumann, Der physiognomische Blick, a.a.O., S. 274f.

II. Natur und Kultur
in der Konstellation von Idealisierung und Verführung:
»Die Narrenburg«

Versucht man anhand der unterschiedlichen dichterischen Gestaltung, die das Problemgefüge von Natur, Kultur und Subjekt bei Eichendorff und Stifter erfährt, in den Texten den letztlich gemeinsamen Ort ihrer Wahrheit innerhalb des strukturellen Zusammenhanges der Sprache zu benennen, so bietet es sich an, der Position der *Stimme* in den Texten Eichendorffs in der Dichtung Stifters die Position der *Schrift* entgegenzustellen.[1] Dies wird bereits deutlich, wenn man Stifters frühe Erzählung aus den »Studien«, die »Narrenburg«, mit der ersten veröffentlichten Erzählung Eichendorffs, dem »Marmorbild«, vergleicht. In beiden Erzählungen geht es für die jugendlichen Helden darum, aus der Selbstbezogenheit des eigenen Ich den Weg in die soziale Gemeinschaft zu finden, der durch die Erfahrung der Liebe vermittelt werden soll. Außerdem erinnert manches an der literarischen Gestaltung und den Motiven der »Narrenburg« neben anderen literarischen Vorbildern[2] auch an das »Marmorbild« Eichendorffs, so beispielsweise die Art und Weise, wie die Abschließungstendenzen des Helden, die den psychologischen Innenraum kennzeichnen, in den Raumstrukturen verbildlicht werden,[3] das exotische Kolorit, in dem die erotische Leidenschaft ihren Ausdruck findet, und nicht zuletzt das Motiv der Statue und der unheimlichen Wiedergänger, die auch hier das Thema einer ambivalenten Natur des Körpers vermitteln. Die Sozialisation des Helden ist dabei gleichbedeutend mit der Aneignung einer Geschichte, von der sich die eigene Identität ursprünglich abhängig erweist. Während es aber im »Marmorbild« das *Lied* des zauberischen Spielmanns ist, das als erinnerte Sehnsucht aus der Kindheit den Helden Florio in die Welt treibt und sein Leben von Beginn an bestimmt, wird das Leben Heinrichs und seines Ahnherrn Jodok in Stifters »Narrenburg« durch die *Schriften* der Vorfahren bedingt. In entsprechender

---

[1] Beide Konzepte stehen sich aber wiederum nicht in einem ausschließlichen Gegensatz gegenüber, sondern bilden analog zu den Konzepten von Natur und Kultur zuletzt selbst die Signifikanten innerhalb einer Kette, die als zirkuläre Vermittlung der beiden Positionen vorangetrieben wird und die in ihrem undenkbaren gemeinsamen Ursprung gelegene Wahrheit des naturhaften Körpers einzuholen sucht. Vgl. dazu Dietmar Kamper und Christoph Wulf: Zwischen Archäologie und Pathographie: Körper-Subjekt, Körper-Objekt, in: dies. (Hg.): Der Andere Körper, Berlin 1984, S. 3-10 (4).
[2] Vgl. dazu Begemann, Welt der Zeichen, a.a.O., S. 210f.
[3] Zur »Narrenburg« vgl. ebd., S. 211f.

Weise sind auch die poetologischen Vorstellungen der beiden Autoren ausgerichtet: So steht der Suche nach der „Grundmelodie"[4] eines authentischen Subjekts bei Eichendorff die Suche nach den ‚Vorschriften' seiner wahren Natur bei Stifter gegenüber. Doch erweisen sich letztlich beide Konzepte als Produkt einer kulturellen Einschreibung. In entsprechender Weise, wie sich das Lied des Spielmanns als Erinnerungsspur in einer immer weiter zurückweichenden und zugleich immer wieder neu zu entwerfenden Kindheit verliert, findet sich das Ich bei Stifter im naturhaften und zugleich erschriebenen Ordnungszusammenhang von Geschichte und Familie wieder. In dieser naturhaft-geschichtlichen Ordnung nimmt das Subjekt eine vergleichbare Stellung wie in der Sprache ein: Das Ich erscheint innerhalb der Geschichte und der Sprache als dezentriertes, das von der Erinnerung an die Vorfahren und den Vorschriften ihrer Ordnung bestimmt wird und sich in einem zwiespältigen Akt der Einordnung und der Distanzierung immer wieder von neuem behaupten muß.

Ganz in diesem Sinne verbindet die »Narrenburg« die Problematik des Subjekts auf kunstvolle Weise mit dem Thema der Schrift und des darin aufgeschrieben Lebens, wobei die Bereiche von Natur und Kultur noch einmal untrennbar miteinander verbunden sind. Denn es ist die Verschriftlichung des Lebens, zu der jeder Scharnast mit dem Verfassen seiner Autobiographie nach dem Willen des Gründervaters gezwungen ist, welche die närrische Identität der Familie begründet und die im Prozeß des Lesens immer wieder erneut zum Leben erweckt wird. Dieses „Familienübel"[5] der Narrheit, von der auch Heinrich, der letzte Sproß der Familie, trotz seiner zuletzt gelingenden Sozialisation gezeichnet ist, entsteht aus einem ins Absolute gesteigerten Subjektivismus, der sich in einem radikalen Abschluß von Ich und Außenwelt bemerkbar macht und sich in den Raumstrukturen des Rothensteins wiederfinden läßt.[6] Während die Geschichte Heinrichs, der am märchenhaften Schluß der Erzählung als „gnädigster Herr Graf" (BF, HKG 1.4, 436) in eine glückliche Zukunft entlassen wird, den „heiteren freundlichen, Rahmen" (361) der Erzählung liefert,[7] bildet ihren Kern das

---

[4] Vgl. S. 13, Anmerkung 15.
[5] Begemann, Welt der Zeichen, a.a.O., S. 211.
[6] Vgl. ebd. Zur Bedeutung der räumlichen Modellbildungen von grüner Fichtau und Rothenstein vgl. außerdem Gradmann, a.a.O., S. 57-68, und Erich Burgstaller: Zur künstlerischen Gestalt von Adalbert Stifters »Narrenburg«, in: Seminar. A Journal of Germanic Studies 12 (1976), S. 89-108. Zu der sich in den räumlichen Strukturen des Rothensteins abbildenden sexuellen Symbolik vgl. Arno Schmidt: ...Und dann die Herren Leutnants! Betrachtungen zu »Witiko« und Adalbert Stifter, in: ders.: Die Ritter vom Geist. Von vergessenen Kollegen, Karlsruhe 1965, S. 283-317 (312ff.).
[7] Doch zeigt der metaphorische Verweisungszusammenhang, daß auch Heinrich von der Vergangenheit der Familie bestimmt ist. Vgl. Begemann, Welt der Zeichen, a.a.O., S. 219ff. Im Gegensatz hierzu vgl. Rudolf Wildbolz: Adalbert Stifter. Langeweile und Faszination, Berlin, Köln, Mainz 1976, S. 23.

„dämmernde[] düstere[] Bild" (ebd.) der Autobiographie seines Vorfahren, des Grafen Jodok, in der die Narrheit der Familie, die Selbstverfallenheit des Subjekts, ihren deutlichsten Ausdruck gefunden hat. Dessen Lebensgeschichte wiederum ist zugleich die Geschichte des exotischen Naturgeschöpfes Chelion, die von Jodok nach Europa gebracht wird und deren Weg in die Kultur auf mehrfache Weise Jodoks eigene problematische Subjektivität beleuchtet.

Das ambivalente Verhältnis, das zwischen der Kultur eines fehlgeleiteten Subjektivismus und dem Gegenbild einer Natur besteht, die dieser Selbstsetzung des Subjekts gegenübergestellt wird, und das auch die Thematik der Schrift bestimmt, ist von Begemann in seiner Interpretation der »Narrenburg« ausführlich analysiert worden.[8] So soll im weiteren lediglich auf die Geschichte Chelions eingegangen werden, um an ihr die Entwicklung des Statuenmotivs, das schon bei Eichendorff im Mittelpunkt der Problematik von Natur, Kultur und Subjekt gestanden hatte, vor dem Hintergrund der Schriftproblematik bei Stifter weiter zu verfolgen. Erneut erscheint das Verhältnis von Natur und Kultur in der Bildlichkeit des männlichen Blicks auf die Frau, die sich in der Konstellation von Idealisierung und Verführung entfaltet. Während aber bei Eichendorff am Motivkomplex der Statue die latente Selbstverfallenheit des Subjekts als Verfallenheit an die Natur verhandelt wurde, so zeigt sie sich bei Stifter bereits in expliziter Weise als Verfallensein an die Schrift. Unter diesen Voraussetzungen soll nun der Logik des psychologischen Dramas nachgegangen werden, das der Geschichte Chelions und Jodoks zu Grunde liegt, um danach die negativ konnotierte kulturelle Aneignung von Natur, die hier als ‚Versteinerung' der Frau verbildlicht wird, mit der positiven Gestaltung des Statuenmotivs im Kontext einer ‚gelungenen' Vermittlung von Natur und Kultur im »Nachsommer« zu vergleichen. Dabei folgt die Interpretation, soweit es den widersprüchlichen Verweisungszusammenhang zwischen Natur und Kultur im Verhältnis Jodoks und Chelions betrifft, den Ergebnissen Begemanns.

1. Chelion als Jodoks Geschöpf

Vom widersprüchlichen Verweisungszusammenhang von Natur und Kultur, der die Erzählung im Ganzen strukturiert, ist auch die Figur Chelions bestimmt. Ablesbar

---

[8] Vgl. Bgemann, Welt der Zeichen, a.a.O., 5. Kapitel: Metamorphosen eines ‚Gegenbildes'. Natur und Kultur in die »Narrenburg«, S. 210-241.

ist dies an den Schwierigkeiten, ihr Erscheinen in eindeutiger Weise einem der beiden Bereiche zuzuordnen.

Jodok begegnet Chelion in Indien, wohin es ihn aus Ekel vor der Kultur Europas getrieben hatte. Dabei wurde seine Zivilisationsmüdigkeit durch das Studium der Lebensläufe seiner Vorfahren und die Erkenntnis, daß sein eigenes Leben eine Wiederholung vergangener Irrtümer darstellt, bestätigt:

„In den Pergamentrollen hatte ich gelernt, wie Alles nichtig und eitel sei, worauf Menschen ihr Glück setzen; denn es war Thorheit, was alle meine Vorfahren thaten." (412)

Als Gegenbild zur fehlgeleiteten Zivilisation Europas[9] erscheint Indien in der Bedeutung einer Natur vor dem Sündenfall, als „keusche Tochter Gottes" (JF, HGK 1.1, 387) in der „Gestalt, ehe die Menschen mit ihr buhlen und sie schänden" (ebd.), und es ist dementsprechend die kulturelle Außenseiterexistenz, die Chelion, die „Tochter eines Paria" (BF, HKG 1.4, 412) und das „Schlechteste und Verachtetste, was die Menschheit hat" (ebd.), als „Engel" (ebd.) erscheinen läßt. Doch nimmt gerade ihre Kennzeichnung als das Andere einer paradiesischen Natur ihren Fall voraus[10] und läßt sie schließlich zum schuldigen Opfer des männlichen Blickes werden. Die Beziehung von Natur und Kultur stellt sich in der Geschichte Jodoks und Chelions als Vorgang der Vereinnahmung dar, der in den Bildern von Verführung und Gewalt lebendig wird. Einerseits wird Chelion als Verkörperung unschuldiger Natur gezeichnet, andererseits wird ihr in der Rolle der schönen Verführerin, als „schöne Sünde" (390) und „Apfel des Paradieses" (ebd.), zugleich die Verantwortung für die männliche Gewalttätigkeit zugeschrieben. So ist die Opferung und Eliminierung der ursprünglichen Natur in der Suche nach ihr schon angelegt. Dem entspricht, daß Chelions Erscheinen von Jodok auf zweifache Weise hergeleitet wird:

„[D]enn ich gehe dem Engel meiner schwersten That entgegen, und aus den Pergamenten des rothen Felsensaales kam dieser Engel zu mir." (411)

„Das Land Indien war es, wo mir der Engel meiner schwersten That erschien." (412)

Als „Engel [s]einer schwersten That" (411) steht Chelion mit jenem „Dämon der Thaten" (410) in Verbindung, der dem kulturellen Gedächtnis der Schriften aus dem

---

[9] Zum literarischen Vorbild Indiens als ‚Garten der Natur' und Gegenbild zur Zivilisation Europas bei Herder vgl. Peter A. Schoenborn: Adalbert Stifter. Sein Leben und Werk, Bern 1992, S. 159f.
[10] Vgl. Begemann, Welt der Zeichen, a.a.O., S. 237.

biographischen Archiv des roten Felsensaales und seiner „schauderhaft durcheinanderredende[n] Gesellschaft" (411) entspringt. Auf diese Weise wird Chelion als das Andere einer unschuldigen Natur mit dem Bereich des Dämonischen in Beziehung gesetzt, das aber seinerseits nicht in der Natur, sondern in der Kultur der Narrenburg seinen Ursprung hat.[11] So zeigt sich die Sehnsucht nach dem Anderen einer unverfälschten Natur den Prinzipien einer Kultur zugehörig, die in den Autobiographien ihrer Vertreter als eine andere, wilde und ungezähmte Natur erscheint, deren Attribute diejenigen des Blutes sind und der Jodok zu entfliehen hoffte.[12] Wie Jodok selbst vom „tolle[n] Blut" (JF, HKG 1.1, 304) seiner Ahnen ist, so ist auch Chelion Teil jener Schrift, die aus eben diesem Herzblut geschrieben ist. (Vgl. BF, HKG 1.4, 375) Gerade in ihrer Gegenbildlichkeit ist sie das Geschöpf Jodoks:

„Ihre Seele war in mir, und sie wußte es nicht, darum liebte ich sie mehr, als eine Zunge sagen kann." (414)

Die Journalfassung ist noch deutlicher:

„[D]enn sie war ja mein Geschöpf ..." (JF, HKG 1.1, 389).

2. Das Mörderauge des Jodok

Jodoks Ermächtigung über Chelion wird als Ehebruch dramatisiert, dessen projektive Bedeutung in den Grenzen des eigenen Ich verbleibt. Daher erschließt sich der tropologische Sinn dieser Ehebruchsgeschichte erst dann, wenn man die beteiligten Figuren in vergleichbarer Weise, wie dies an der Figur Renalds in Eichendorffs »Schloß Dürande« gezeigt werden konnte, als Verbildlichung verschiedener Ich-Anteile des Jodok begreift, deren psychologische Bedeutungskonstellation wiederum auf den strukturellen Gegensatz von Natur und Kultur bezogen werden kann.[13] So ist es als eine Art wortwörtliche Bildlichkeit zu verstehen, wenn Jodok seinen Bruder Sixtus, dessen „Fieber der Leiden-

---

[11] Vgl. ebd., S. 240.
[12] Vgl. ebd., S. 235f.
[13] Vgl. im Gegensatz hierzu die Interpretation von Michael Titzmann: Text und Kryptotext. Zur Interpretation von Stifters Erzählung »Die Narrenburg«, in: Hartmut Laufhütte, Karl Möseneder (Hg.): Adalbert Stifter. Dichter und Maler, Denkmalpfleger und Schulmann. Neue Zugänge zu seinem Werk, Tübingen 1996, S. 335-373. Titzmann überträgt bruchstückhaft die Metaphorik der Erzählung auf eine psychologische Ebene, deren vermeintliche ‚Realität' mit der Bedeutung der Erzählung verwechselt wird, ohne deren erneute Bildlichkeit zu beachten.

schaft" (BF, HKG 1.4, 416) Chelion in einer „heiße[n] Julinacht" (417) erliegt, dadurch gekennzeichnet, daß er ihn liebe „wie ein Teil [s]eines eigenen Herzens" (416). Nach den Worten Chelions ist Sixtus Jodoks „armer vertriebener Bruder" (421), eine Aussage, die auf der Handlungsebene der Erzählung durch nichts bestätigt wird und nur in übertragener Weise sinnvoll ist. Außerhalb der Ehebruchsgeschichte gewinnt Sixtus keinerlei Bedeutung. Als ein unerwarteter Besucher, der von „seinen weiten Reisen" (416) zurückgekehrt ist, wird er von Jodok unvermittelt in seine Autobiographie eingeführt.

Was geschieht, wird von Jodok vorausgeahnt. Gegenüber dem ihm völlig Vertrauten darf er aber kein Mißtrauen hegen; so äußert sich als Angst vor einer dunklen Macht, was Teil seines eigenen Ich ist:

„Das sah ich gleich, daß er vor der Schönheit meines Weibes erschrak, und zurückfuhr, und daß in sein armes Herz das Fieber der Leidenschaft gleichsam wie geflogen kam; aber ich kannte ihn als gut, und mißtraute nicht, ja er dauerte mich, und ich sagte ihr, daß sie ihm gut sein möge, wie man einen Bruder liebt." (416)

„Ich mißtraute nicht – und dennoch schwirrte es oft mit dunkeln Fittigen um mein Haupt, als laure irgendwo ein Ungeheuer, welches zum Entsetzen hereinbrechen würde." (Ebd.)

Je näher schließlich die Abreise Sixtus' rückt, desto dringlicher muß sich erfüllen, was als unausweichliches Schicksal erscheint und in der Analogie eines Naturvorganges nach einer Lösung der aufgestauten Spannung drängt:

„Seine Abreise näherte sich immer mehr. Ich aber war gedrückt, wie ein Tropenwald, auf dem schon die Wucht unsichtbarer Gewittermaterie liegt, wenn die Regenzeit kommen soll und die Sonne doch noch in dem heitern, aber dicken Blau des Himmels steht." (Ebd.)

Daß Jodok die Reise, welche erst die Gelegenheit zum Ehebruch schafft, des „schnöden Mammons" (417) wegen „thun mußte" (ebd.), ist insofern bemerkenswert, als Geld bei Stifter ebenso wie bei Eichendorff ein Musterbeispiel des Unechten darstellt, ein ‚falsches' Zeichen, dessen leerer Signifikant nicht mehr auf ein dahinterliegendes Signifikat ‚durchschaut' werden kann.[14] In vergleichbarer Weise ist auch Chelion, die als Projektionsgestalt der ‚schlechten' Subjektivität Jodoks beziehungsweise der ‚schlechten' Kultur aus den Schriften des roten Felsengewölbes nachgeordnet ist, in der ihr von

---

[14] Vgl. Begemann, Welt der Zeichen, a.a.O., S. 69f.

Jodok zugeschriebenen Bedeutung ursprünglicher Natur ein ‚unechtes Zeichen'. Jodok, so kann man schließen, tut seine Reise eben dieser Lüge wegen, die danach drängt, aufgedeckt zu werden.

So ist das „düstere[], elektrische[] Geheimniß" (417), dessen Enthüllung Jodok in dieser Nacht mit Angst entgegeneilt, das er ahnt aber dennoch nicht einholen will, seine eigene ‚Wahrheit'. Als Jodok, nachdem er durch Dritte von dem vermeintlichen Ehebruch erfahren hat, mit dem tödlichen Gift das Zimmer Chelions betritt, beginnt er zwar bereits, durch den Anblick der schlafenden Chelion zum Mitleid gerührt, seine Tötungsabsicht zu bereuen (vgl. 420), allein der einmal gefaßte Gedanke läßt sich nicht mehr ungeschehen machen. Die Wahrheit liest ihm Chelion von den Augen ab:

„‚Jodok, du willst mich tödten.'

‚Ich dich tödten, Chelion ?'

‚Ja, du bist so furchtbar.'" (421)

„‚... denn siehe, dein Auge, dein gutes Auge ist so krank, es ist so krank. – Du wirst mich tödten, Jodok; ich bitte dich aber, tödte mich sanft, daß ich nicht leide, und dir etwa zürne.'" (422)

Entscheidend ist schließlich die Frage Jodoks nach Chelions Schuld, die erst Wahrheit von Lüge trennt und Chelion aus der Welt paradiesischer Unschuld, die nur in ihrem anfänglichen Schweigen bezeugt werden kann, in die Welt der Sprache überführt und die ursprüngliche Natur ihres Körpers zum immer schon fragwürdigen Zeichen werden läßt:

„‚Nein, nein, ich will nicht furchtbar sein,' rief ich – ‚siehe, sage mir nur du, Chelion, daß du unschuldig bist – ich will dir glauben und wieder glücklich sein; denn du hast ja nie gelogen, – – du schweigst ? – – Chelion, so sag' es doch.'" (421)

Zur Wahrheit gezwungen, bleibt Chelion nichts anderes übrig, als eine ausweglose Schuld zu gestehen:

„‚Nein, Jodok, ich bin nicht unschuldig,' sagte sie furchtsam, ‚wie du es meinst, bin ich nicht unschuldig ...'" (Ebd.)

„‚... aber ich hielt es nicht für Sünde ...'" (Ebd.)

Als „schöne Sünde" (390) haften an Chelion noch die Attribute der schönen Verführerin, doch wird die Schuld im Zuge psychologischer Motivierung auf den Mann verlagert.[15] Dabei wird Jodok zum eigentlich Schuldigen und seine Schuld eine doppelte. Er erkennt sie selbst in der Verpflanzung Chelions, und die Tötungsabsicht ist nur die letzte Konsequenz hiervon (vgl. 420), gleichzeitig tritt er in der Person des Sixtus als Verführer auf. In ihm verkörpert sich das als Erschrecken vor der Schönheit gekennzeichnete Überwältigtwerden von der Natur des erotischen Körpers (vgl. 416), dessen Idealisierung weder möglich ist noch gewollt wird. Der Wunsch, solcherart die Grenzen von Ich und Welt aufzuheben, zeigt sich in der Bildlichkeit einer regressiven Mutter-Kind-Beziehung. Sixtus ist zugleich Verführer und schutzbedürftiges Kind und als „armer vertriebener Bruder" (421) Jodoks Teil seines narzißtischen Ich. In entsprechender Weise erscheint Chelion zugleich als Mutter und Geliebte:

> „‚Ich streichelte ihm die Locken aus der Stirne – er weinte, wie ein Kind, wollte aufstehen – denn er war bisher auf dem Teppiche gekniet – er wollte gehen – – er weinte nicht mehr, aber seine Lippen zitterten noch vor Schmerz – er kam mir vor Augen, als wäre er noch ein Knabe, der keine Mutter habe – ich hielt noch einmal meine Hand auf seine Locken, wie er sich gegen mich neigte, und seinen Mund reichte, küßte ich ihn – er hielt meine Hand – und wir küßten uns wieder. – – Ach, Jodok, dann küßte ich ihn – nicht mehr, wie deinen Bruder – es wehte so heiß im Zimmer, das Fühlen seines Mundes war süß, das Drücken seines Armes süß, wie deines – – mir war, als seiest du's – – ach, deine arme, arme Chelion! – und dann war er fort.'" (421f.)

Die Chelion von Jodok zugesprochene Bedeutung als reine und gerade deswegen verführerische Natur bringt sie in den Zustand der Schändung und inneren Spaltung, der ihr schließlich keinen anderen Ausweg mehr läßt, als dem Weg in die Kultur im eigenen Opfer zu folgen und ihre Verwandlung zum Marmorengel zu phantasieren. Zu Jodok sagt sie, er müsse ihr ein Leid antun, sie werde

> „auf den weißen Kissen liegenbleiben, bis das rothe Blut darüber wegfließt, und sie purpurrot färbt; dann werden sie roth sein, und ich weiß – aber ich werde dann ruhig sein, nicht gequält, nicht fehlend, sondern ich werde sein, wie einer der weißen marmornen Engel in deiner Kirche." (422)

---

[15] So ist in Stifters Epoche der betrogene Ehemann, der seine Ehre rächen will, bereits zu einer schuldbeladenen und tragischen Figur geworden. Vgl. Elisabeth Frenzel: Motive der Weltliteratur. Ein Lexikon dichtungsgeschichtlicher Längsschnitte, 4., überarb. und ergänzte Aufl., Stuttgart 1992, S. 235. Vgl. im Gegensatz hierzu die moralisierende Interpretation von Schoenborn, a.a.O., nach der es in der »Narrenburg« um das „Rätsel der schönen, aber unzuverlässigen Frau" (ebd., S. 165) geht und Chelion zur gefühlskalten und machtgierigen Männerverführerin wird.

Mit der vorgestellten Verwandlung zum Marmorengel vollzieht Chelion auf andere Weise nach, was im Mörderblick des Jodok auf die schlafende Frau bereits vorgebildet ist.[16] Als Phantasma reiner Natur erweist sich Chelion als Allegorie seines eigenen Begehrens, das nicht erfüllt werden kann.[17] Da Chelion Jodoks Geschöpf ist, ist er zugleich Opfer und Täter: Der Blick, der Chelion als reine Natur erschafft, tötet sie auch, schändet sie, indem er sie zur Wahrheit zwingt. Diese wahre Reinheit einer schuldlosen Natur kommt Chelion erst im Tode zu, der die Überführung des Körpers in den verklärten und sakralisierten Leib eines Marmorengels ermöglicht und somit von seiner Schuld befreit.[18] Dieses dem Prinzip der Sprache analoge Verfahren der Moralisierung von Natur folgt, wie Gerhard Neumann bemerkt, dem bereits im biblischen Paradigma vorgebildeten Prinzip einer Heilung des sündhaften Körpers durch den Logos, seiner Verwandlung in Sprache und Schrift.[19] Erst durch das Verfließen des Blutes, die Eliminierung einer unberechenbaren, beängstigenden Körpernatur, und die Überführung in die Welt des ästhetischen Scheins kann der Körper zum dauerhaften Zeichen ursprünglicher Natur werden. Die Instanzen dieser Verklärung des Leibes sind in der Geschichte Chelions Christentum und klassische Kunst, verbunden im Bild des marmornen Engels.

Doch wird der Trennung in eine zweifelhafte körperliche und eine verklärte Natur durch eine vielbezügliche Metaphorik entgegengearbeitet. So verweist das „Blut[] der Thiere" (419), aus dem das Gift gemacht ist, mit dem Jodok Chelion töten will, nicht nur auf die wilde Natur des Jodok, sondern auch wiederum auf den roten Felsensaal[20] und seine Pergamente[21], aus dessen in eins gesetzter Bildlichkeit von ungezähmter Natur und Schrift der Ursprung Chelions hergeleitet wurde. Damit berühren sich Anfang und Ende Chelions. Aus einer Schrift geboren, die als wilde Natur erscheint, wird sie im ‚Mörderblick' Jodoks wiederum zum Teil einer Schrift, die in der Verwandlung zum marmornen Engel als geläuterte Natur beglaubigt werden soll. Dieser Zirkelschluß von Natur und Kultur, Körper und Schrift, wie er im Motiv des Blutes

---

[16] Zur Augenmetaphorik vgl. Jürgen Manthey: Die doppelt verriegelten Verließe der Kunst. Stifter: »Der Nachsommer«, in: ders.: Wenn Blicke zeugen könnten. Eine psychohistorische Studie über das Sehen in Literatur und Philosophie, München, Wien 1983, S. 261-286 (261ff.). Zur Augenmetaphorik in Stifters »Studien« vgl. Erika Tunner: „Zum Sehen geboren, zum Schauen bestellt". Reflexionen zur Augensymbolik in Stifters »Studien«, in: Etudes Germaniques 1985 (40), S. 335-348.
[17] Vgl. Mattenklott, a.a.O., S. 76.
[18] Vgl. Begemann, Welt der Zeichen, a.a.O., S. 239.
[19] Vgl. Neumann, Erziehung zur Liebe, a.a.O., S. 62.
[20] Zur Farbsymbolik vgl. den Aufsatz von Erika Tunner: Farb-, Klang- und Raumsymbolik in Stifters »Narrenburg«, in: Recherches germaniques 7 (1977), S. 113-127.
[21] Zur metaphorischen Verbindung von ‚Blut' und ‚Schrift' in der »Narrenburg« vgl. Begemann, Welt der Zeichen, a.a.O., S. 243f.

verbildlicht wird, wiederholt sich nochmals im Motiv des Wassers, denn das Gift ist zugleich „ein klares, schönes, helles Wasser" (ebd.). Damit die Lippen zu befeuchten, führt dazu, „daß augenblicklicher, süßer, seliger Tod die Sinne umnebelt" (ebd.). In entsprechender Weise, wie das Blut in seiner doppelten Qualität sowohl eucharistisches Symbol der Reinigung als auch Zeichen einer unkodierten Körpernatur ist,[22] verbindet das Motiv des Wassers die Bedeutungen von Eros, Tod und Wiedergeburt.[23] Der über die feuchten Lippen empfangene süße Tod, hervorgerufen durch ein schönes Wasser, führt zurück zum Undifferenzierten als dem Ursprung allen Seins, aus dem wieder neues Leben möglich wird.

Somit scheint der metaphorische Tod, dem Chelion anheimfällt, zweifach konnotiert zu sein und zwei scheinbar gegenläufigen Modellen zu entsprechen, die auch im übrigen Werk Stifters zu finden sind: Dem Tod, dem die lebendige Natur bei Stifter allenthalben überantwortet wird, indem sie in Kunst verwandelt und zum Zeichen wird, steht der Tod entgegen, der sich gerade im Amorphen und Zeichenlosen manifestiert und als solcher sowohl gefürchtet wird als auch Gegenstand der Faszination ist.[24] Die doppelte Bedeutung des Todes spiegelt die widersprüchliche Position des Subjekts innerhalb der als Schrift verstandenen naturhaft-kulturellen Ordnung wider, in deren fortgesetzter Dialektik von Natur und Kultur die verlorene Einheit wiedergefunden werden soll. In diesem unendlichen Prozeß der Signifikation bezeichnet der Tod die manifesten Zustände des noch nicht Bezeichneten (Natur) und des Bezeichneten (Kultur / Schrift) und ist solchermaßen doch zugleich das Prinzip der signifikativen Erneuerung, durch das die Kette der Differenzen fortgeschrieben wird.

Die gleiche Ambivalenz, die der Bedeutung des Todes in seiner signifikativen Funktion zukommt, gilt im allgemeinen für die kulturelle Wiederholung der Natur in der Schrift, deren unmittelbarste Konfiguration die Abbildung des Körpers in der Statue darstellt. Der eigenen Diskrepanz des Subjekts zwischen seiner beanspruchten Souveränität und seiner Abhängigkeit von Natur entsprechend, erscheint die Schrift entweder als Prinzip des Lebens und Werkzeug, durch das sich das Subjekt der Welt bemächtigt, oder als Medium der kulturellen Entfremdung. Zuletzt erweist sich die Kulturation von Natur als ein aufs Ganze gehender Prozeß, der die Suche nach der ursprünglichen Natur

---

[22] Vgl. Neumann, Erziehung zur Liebe, a.a.O., S. 62f.
[23] Vgl. J. C. Cooper: Illustriertes Lexikon der traditionellen Symbole, Leipzig 1986, S. 209f.
[24] Vgl. Begemann, Welt der Zeichen, a.a.O., S. 66ff. Zu Leben und Tod im Werk Stifters vgl. außerdem Werner Kohlschmidt: Leben und Tod in Stifters »Studien«, in: ders.: Form und Innerlichkeit. Beiträge zur Geschichte und Wirkung der deutschen Klassik und Romantik, Bern 1955, S. 211-232.

in die Abhängigkeit von der Schrift münden läßt. Die divergierenden Wertungen, welche die Dialektik von Natur und Kultur, Körper und Zeichen erfährt, sind am Modell der Statue in besonderer Weise ablesbar. So soll nun die Kodierung der ursprünglichen Körpernatur, wie sie im Fall Chelions als Mortifikation erscheint, die immer schon unter der Herrschaft einer ‚schlechten' Schrift gestanden hatte, mit dem affirmativen Verständnis der Statue in der kulturellen Utopie des »Nachsommers« verglichen werden.

3. Vergleich »Nachsommer« – »Narrenburg«

Im »Nachsommer« bietet Stifter das positive Gegenbeispiel, wie sich aus der noch unvermittelten Erfahrung des naturhaften Körpers und dessen sozialer und kultureller Kodierung, in einem Wechselspiel natürlicher und kultureller Zeichen, die Identität des Helden entwickelt.[25] Dieser in der Beziehung Heinrichs zu Nathalie gestaltete Vorgang wird möglich durch die Vermittlung zweier Statuen, denen im Kontext des Romans eine Schlüsselbedeutung zukommt, der unbekleideten Nymphe im Brunnen des Gartens und der bekleideten Marmorstatue im Hause Risachs.[26]

Die Liebesbegegnung zwischen Heinrich und Nathalie in der Gartengrotte, die mit einer Art verträglich geregeltem Bund besiegelt wird, ereignet sich im Blick auf die nackte Nymphe.[27] Das weiße Standbild, über dessen Marmor sich beide unterhalten, wird als Abbild Nathalies gleichzeitig zu ihrem verklärten Leib und zum erotisierten Gegenstand:

‚,Haltet ihr nicht auch den bloßen Stein schon für schön?'

‚Ich halte ihn für ganz besonders schön', erwiderte ich.

‚Mir ist immer, wenn ich ihn lange betrachte', sagte sie, ‚als hätte er eine sehr große Tiefe, als sollte man in ihn eindringen können, und als wäre er durchsichtig, was er nicht ist. Er hält eine reine Fläche den Augen entgegen, die so zart ist, daß sie kaum Widerstand leistet, und in der man als Anhaltspunkte nur die vielen feinen Splitter funkeln sieht.'

‚Der Stein ist auch durchsichtig', antwortete ich, ‚nur muß man eine dünne Schichte haben, durch die man sehen will. Dann scheint die Welt fast goldartig, wenn man sie

---

[25] Vgl. Neumann, Erziehung zur Liebe, a.a.O., S. 64ff. und 66ff.
[26] Vgl. ebd., S. 67.
[27] Vgl. Peter von Matt: Liebesverrat. Die Treulosen in der Literatur, München, Wien 1989, S. 147ff.

durch ihn ansieht. Wenn mehrere Schichten übereinanderliegen, so werden sie in ihrem Anblicke von außen weiß, wie der Schnee, der auch aus lauter durchsichtigen kleinen Eisnadeln besteht, weiß wird, wenn Millionen solcher Nadeln aufeinanderliegen.'

‚So habe ich nicht unrecht empfunden', sagte sie.

‚Nein', erwiderte ich, ‚ihr habt recht geahnt.'" (GW 7, 259)

Im Bild des durchsichtigen Steins, dessen aufeinanderliegende Schichten erst die scheinbar undurchlässige Oberfläche bilden, wird die Faszination des naturhaft-nackten Körpers sogleich der kulturellen Kodierung überantwortet; gleichzeitig bleibt die erotische Strahlkraft des Körpers durch den Prozeß fortgesetzter Signifikation auch dort als Schein bestehen, wo er zum Zeichen wird. Die ‚wahre Natur' ist somit immer dasjenige, was hinter den ‚Dingen' liegt, und als solches nicht erreichbar, doch bleibt sie gerade solchermaßen in ihrer Möglichkeit bestehen.

In ähnlicher Weise wird die Vermittlung einer als ursprüngliche Schönheit erscheinenden emphatischen Naturerfahrung mit ihrer kulturellen Kodierung in der Marmorstatue des Risachschen Hauses vergegenwärtigt. Auch sie vertritt, vermittelt durch die literarische Figur der Nausikaa, Nathalie. (Vgl. 73) In ein griechisches Gewand gehüllt ist sie zunächst das bekleidete Pendant zur unverhüllten Nymphe. (Vgl. 73f.) So wie die Nacktheit der Nymphe aber zur Hülle wird, die wieder auf ein Dahinterliegendes durchschaut werden kann, so bildet letztlich auch das Kleid des Marmorbildes nur eine der vielen Schichten, die auf dem endlosen Weg zu ihrer wahren Natur zu durchdringen sind, wie in der Geschichte ihrer Entdeckung verdeutlicht wird. (Vgl. 76ff.) Versteckt in einem Bretterverschlag wurde sie in Italien gefunden und war mit Gips überzogen, von dem sie erst entkleidet werden mußte, um ihren „edle[n] Kern" (81) unter der Schicht verfälschender kultureller Einschreibungen sichtbar zu machen.[28] Daß diese „schlechte[] Hülle" (ebd.) gleichzeitig den Schutz bedeutet, welche das Marmorbild die Zeiten unbeschadet überstehen ließ, verweist auch hier auf den unlösbaren dialektischen Zusammenhang von Natur und Kultur. Die erotische Konnotation dieser Verhüllung wird darin deutlich, daß der ‚Unterleib' der Statue noch einmal eigens „mit Holz verbaut" (76), geschützt und verborgen ist, so daß das Standbild als Büste erscheint. (Vgl. ebd.) Auch hier tritt die Ambivalenz der Natur zutage. Ihre ‚Enthüllung' ist nicht schlechthin das Positive, wo sie als erotische ‚gefährlich' werden könnte, bietet gerade

---

[28] Vgl. Neumann, Erziehung zur Liebe, a.a.O., S. 67.

ihre kulturelle Kodierung den Schutz vor ihrer bedrohlichen Unmittelbarkeit. So ist es bemerkenswert, daß Heinrich, kaum daß ihm die Schönheit der Marmorstatue zum ersten Mal zu Bewußtsein gekommen ist, noch fasziniert von der erotischen Ausstrahlung ihres Kleides, sogleich wieder ihre erneute Abschließung phantasiert, die ihrer unmittelbaren Körperlichkeit in radikaler Weise ein Ende bereitet. Dabei wird der Körper ganz und gar von seiner äußeren Hülle absorbiert und zu einem reinen Außen, das sich als Reliquie wiederum zum Gegenstand eines geheimnisvollen Inneren verwandelt:

„Das Kleid war eher eine schön geschlungene Hülle als ein nach einem gebräuchlichen Schnitte verfertigtes. Es erzählte von der reinen, geschlossenen Gestalt und war so stofflich treu, daß man meinte, man könne es falten und in einen Schrein verpacken." (74)

Die ‚Entkleidung' des Marmorbildes bedeutet gleichzeitig ihre ‚Entdeckung' als ‚wahre' Kunst und damit eine erneute Kodierung, die sie in den sozialen und kulturellen Kontext der Rosenhauswelt überführt. Erst die Einsicht Heinrichs in die Dialektik von Naturerfahrung und kultureller Kodierung, die im plötzlichen Erkennen der Schönheit des Marmorbildes deutlich wird und auf die letztlich der gesamte Erziehungsprozeß Risachs hinsteuert, macht ihn reif für die Liebesbegegnung mit Nathalie, welche die erfolgreiche Sozialisation und Integration in die Rosenhauswelt zum Abschluß bringt.

Im »Nachsommer« scheint zu gelingen, was in der »Narrenburg« unmöglich ist: die erfolgreiche Vermittlung von Natur und Kultur, aus der die Identität des Helden, vermittelt durch die Liebe, erwächst. Freilich unter Umständen, die fragwürdig sind. Die Statue kann im Nachsommer ihre beispielhafte Funktion nur deshalb in dieser zweifelsfreien Weise erfüllen, weil sie in einem Kontext positioniert ist, in dem Natur und Kultur im prästabilierten Verhältnis einer gemeinsamen Schrift zueinander stehen, und die Grenzen ihrer Ordnung zuletzt mit denjenigen des Subjekts zusammenfallen. Während in der »Narrenburg« Natur und Kultur unverbunden nebeneinander stehen und gleichzeitig gegeneinander austauschbar sind, zusammen- und wieder auseinanderfallen[29], wird im »Nachsommer« dadurch eine scheinbare Synthese erreicht, daß die in der »Narrenburg« vorgeführte tendenzielle Ungeschiedenheit radikalisiert wird. Alles ist Kunst, und dies von Anfang an. Die erfolgreiche Sozialisation Heinrichs im »Nachsommer« folgt zwar dem klassischen, von Goethe in »Wilhelm Meisters Lehrjahre« erprobten Paradigma einer Identitätsstiftung aus der Erfahrung eines naturhaften Körpers und sei-

---

[29] Vgl. Begemann, Welt der Zeichen, a.a.O., S. 233f.

ner kulturellen Kodierung[30], andererseits ist sie unglaubwürdig, da der Weg Heinrichs von Anfang an vorbestimmt ist. So führt im »Nachsommer« der Weg des Helden nicht von der Liebeserfahrung zur gesellschaftlichen Sozialisation und Kunst, sondern von der Kunst zur Liebe. Gleichzeitig ist die Kunstwelt des »Nachsommers« eine geordnete und nicht eine Art anderer Wildnis, wie sie in der »Narrenburg« erscheint. Damit wird unterschlagen, was in der »Narrenburg« noch deutlich ist: das schlechthin Andere, das im traditionellen Sinn die Natur bezeichnet und mit deren zunehmender Eliminierung als das Andere einer Kultur in Erscheinung tritt, die zur zweiten Natur geworden ist. So gewinnt die alles umfassende Ordnung im »Nachsommer« etwas Unheimliches, da sie sich als Produkt einer Vernunft erweist, welche ihre Antinomie zu leugnen versucht. Die scheinbar widerspruchslose Bildung des Subjekts wird hier nur durch die Ausgrenzung alles Fremden möglich, die letztlich gerade derjenigen Vorstellung von Identität entgegenarbeitet, zu deren Schutz sie aufgeboten wurde. Die neuzeitliche Vorstellung des Subjekts, wie sie im klassischen Paradigma der Statue entwickelt wurde,[31] und das Andere einer als Ursprung verstandenen Natur sind untrennbar aufeinander bezogen und füreinander konstitutiv. So wird im »Nachsommer« gerade mit fortschreitendem Herrschaftsanspruch der kulturellen Ordnung die Position des Subjekts in Frage gestellt. Im Prozeß fortlaufender Signifikation, wie sie im »Nachsommer« anhand der Statue vorgeführt wird, bildet Natur die Größe, die nicht erreichbar ist, und nur als ein solcher ‚Rest' hat sie eine Chance. Dabei sind, wie zu Anfang erwähnt, verschiedene Bewertungen möglich.

Das Prinzip der fortlaufenden Signifikation, wie es im »Nachsommer« am Beispiel der Statue, gedacht als Prinzip des Lebendigen, zutage tritt, zeigt sich in der »Narrenburg« als Prinzip des Toten. Das Leben verliert sich in der Schrift, ist darin aufgehoben als ein Untotes. Der Körper, wie er in Chelion als ursprüngliche Einheit und sprechende Natur verstanden wird, erweist sich als Produkt kultureller Einschreibungen.[32] Hervorgegangen aus den Pergamenten des roten Felsensaals, kommt sie aus der Schrift und kehrt wieder zu dieser zurück. Damit ähnelt sie den anderen Figuren, welche die Gesellschaft des roten Felsensaales bilden. Diese führen das Leben von Untoten und

---

[30] Vgl. Neumann, Erziehung zur Liebe, a.a.O., S. 66ff.
[31] Vgl. Schneider, a.a.O., S. 1ff.
[32] Zum Problem von sprechendem und beschriftetem Körper vgl. Dietmar Kamper, Christoph Wulf: Zwischen Archäologie und Pathographie: Körper-Subjekt, Körper-Objekt, in: dies. (Hg.): Der Andere Körper, Berlin 1984, (im folgenden zitiert als ‚Archäologie und Pathographie'), S. 3-10.

Wiedergängern, sind Gespenster, die ihre Existenz einzig der Schrift verdanken und im Prozeß des Lesens zu neuem Leben erweckt werden:[33]

> „Dort liegen die Schläfer, von ihrem Ahnherrn verurtheilt, daß sie nicht sterben können; eine schauderhaft durcheinanderredende Gesellschaft liegt dort, vor jedem Ankömmling müssen sie ihre Thaten wieder neu thun, sie seien groß oder klein; – diese Thaten, genug, sie waren ihr Leben, und verzehrten dieses Leben." (BF, HKG 1.4, 411)

Einerseits ist das Leben, das aus den Autobiographien hervorgeht, künstlich und tot, andererseits gewinnt es im Prozeß des Lesens für die Lebenden tatsächlich Relevanz. Die Narrheit der Familie vererbt sich über die Schrift.[34] Erst durch das Lesen der Autobiographien werden die Leser dazu gebracht, dieselben Taten noch einmal zu tun. Durch das Verfassen der eigenen Biographie schließlich werden auch diese zu ‚Untoten' und reihen sich ein in die lange Kette ihrer Vorfahren.[35] In dem „lächerliche[n] Fideicommiß" (321), das vom Gründervater Hanns von Scharnast gestiftet wurde und jeden Nachkommen zum Lesen der bereits vorhandenen Lebensbeschreibungen und zum Abfassen der eigenen Biographie zwingt, zeigen sich Leben und Schrift, Körper und Zeichen im Verhältnis einer „zirkulären Vermittlung"[36]. Dieses erzeugt eine unendliche Reihe von Signifikanten, in welcher das vorausgehende Leben das darauffolgende, die Vergangenheit die Zukunft bestimmt und das Leben „rein und anfangsfähig" (412) noch aussteht.

In der »Narrenburg« bleibt das glückliche Ende der Rahmenerzählung unglaubwürdig, da der gelungene Ausgleich zwischen Natur und Kultur zwar behauptet, aber nirgends vorgeführt wird. Dagegen ist Stifter im »Abdias« bemüht, der Frage nach einer Vermittlung am Beispiel der Lebensgeschichte des Helden zu folgen.[37] Vor allem in der Erziehung von Abdias' Tochter Ditha wird dabei die Suche nach der Sprache einer ursprünglichen Natur und die Konstitution des Subjekts als Vorgang gezeigt, der nur als geschichtlicher möglich ist. Gemeinsam ist beiden Erzählungen das Motiv der Schicksalsverfallenheit, das die Kehrseite der beanspruchten Souveränität des Subjekts bezeichnet. Während aber in der »Narrenburg« anhand des Gegensatzes von Natur und

---

[33] Vgl. Begemann, Welt der Zeichen, a.a.O., S. 243f.
[34] Vgl. ebd.
[35] Vgl. ebd.
[36] Kamper, Wulf, Archäologie und Pathographie, a.a.O., S. 6.
[37] Daß die Vermittlung von Natur und Kultur in seiner Vorgängigkeit erzählt wird, sieht Begemann erstmals in »Brigitta« gegeben. Vgl. Begemann, Welt der Zeichen, a.a.O., S. 260.

Kultur gleichsam die Symptome des romantischen Subjektivismus behandelt werden, ohne dabei die Position des Subjekts genauer zu bestimmen, gleicht »Abdias« einer differenzierten Studie über seine Voraussetzungen.

III. Das Glücksversprechen der eigenen Innerlichkeit: »Abdias«

Im »Abdias« unternimmt Stifter den paradoxen Versuch, vom Ich und seiner Beziehung zur Welt zu sprechen und dabei die Möglichkeitsbedingungen solchen Sprechens zugleich zum Gegenstand des Erzählens zu machen. Indem der Autor vorgibt, nicht mehr zu wissen als sein Text, wird dieser zum erzählerischen Experiment, in welchem sich der sinnvolle Zusammenhang von Ich und Welt und damit die Möglichkeit des Erzählens selbst zu erweisen haben. Im Mittelpunkt dieses Experiments steht die Figur Dithas, die als blind geborene das Sehen lernt. In ihrer Geschichte zeigen sich die Konstitution des Subjekts und diejenige der gegenständlichen Außenwelt als gleichzeitige und wechselseitig aufeinander bezogene Vorgänge, die gleichbedeutend sind mit dem Eintritt in die symbolische Ordnung der Sprache. Gleichzeitig ist Ditha in ihrer erzählerischen Funktion der Figur des Abdias zugeordnet und damit Bestandteil seiner rätselhaften Lebensgeschichte.

Mißt man die Figur des Abdias an der Norm des klassischen Dichtungsideals, das die Vermittlung von Ich und Welt zum Ziel hat, so ist Abdias der zum Propheten und Seher berufene Dichter, der an eben dieser Berufung scheitert.[1] Nach einer Schuld[2] für dieses Scheitern zu suchen, erscheint aber nur dann sinnvoll, wenn sie als die existentielle einer problematisch gewordenen Individualität verstanden wird. Ins Realistische gewendet, ist Abdias ein Abkömmling des bereits in der Romantik zur tragischen Figur gewordenen Genies, das an der Selbstverfallenheit der eigenen Subjektivität zugrunde geht. Dabei macht ihn die Absurdität des Schicksals, das ihm begegnet, klammheimlich zur heroischen Gestalt, welche die Sympathie des Erzählers bei aller vorgegebenen Objektivität gegen voreilige Schuldsprüche der Rezipienten in Schutz nimmt.

---

[1] Dies ist die Grundthese der Interpretation von Gerhard Kaiser: Stifter – dechiffriert? Die Vorstellung vom Dichter in »Das Haidedorf« und »Abdias«, in: Sprachkunst. Beiträge zur Literaturwissenschaft 1 (1970), S. 273-317 (im folgenden zitiert als ‚Stifter – dechiffriert?'). Vgl. dazu auch ders.: Der Dichter als Prophet in Stifters »Haidedorf«, in: ders.: Wandrer und Idylle. Goethe und die Phänomenologie der Natur in der deutschen Dichtung von Geßner bis Gottfried Keller, Göttingen 1977, S. 240-257 (im folgenden zitiert als ‚Der Dichter als Prophet').

[2] Benno von Wiese: Adalbert Stifter. »Abdias«, in: ders.: Die deutsche Novelle von Goethe bis Kafka, Bd. 2, Düsseldorf 1965, betont in seiner Interpretation, daß sich die einfache Vorstellung von Schuld und Sühne nicht auf Abdias anwenden lasse. Abdias entziehe sich „der einfachen Alternative von Lei-

Ihre volle Bedeutung erhält die Geschichte Abdias' und Dithas erst, wenn man sie mit der ihr vorangestellten Vorrede in Beziehung setzt. Mit ihrer Aufforderung zur Reflexion und ihrem möglicherweise in Aussicht zu stellenden Sinnpostulat steht sie im Gegensatz zur nachfolgenden Lebensgeschichte des Abdias und stellt somit die Differenz her, aus welcher der Leser den Sinn der Erzählung ermitteln soll, während die eigentliche Geschichte des Abdias dazu tendiert, ihre zu abstrahierende Bedeutung in sich zu verschließen. Dabei wäre es aber falsch, die Vorrede einfach nur als den der Erzählung vorangestellten philosophischen Kommentar und die Erzählung selbst als Exemplifizierung oder Nichtexemplifizierung ihrer These zu betrachten. Vielmehr ist auch die Vorrede Teil der Erzählung und muß als solcher interpretiert werden. Legt man die Vorrede darauf fest, eine „logisch-sinnerfüllte[] Weltgesetzlichkeit"[3] geltend zu machen, und betrachtet man die Geschichte des Abdias als deren erzählerische Probe, so bleiben in der Tat nur die beiden Möglichkeiten, denen viele Interpreten gefolgt sind[4]: Entweder man konstatiert den krassen Gegensatz von Abdias' Schicksal und der in der Vorrede in Aussicht gestellten Sinnhaftigkeit, oder aber man konstruiert gegen alle Evidenz des Textes eine persönliche Schuld des Abdias, um Vorrede und Geschichte wieder in Einklang zu bringen.

1. Die Vorrede

Die Frage nach den Möglichkeiten von Erkenntnis und Sinnstiftung, das heißt die Frage, ob und wie die als Schicksal oder Natur erscheinende Wirklichkeit auf ihren verborgenen Sinn hin zu lesen sei, wird auch in der Vorrede entgegen allem Anschein nicht beantwortet. Vielmehr wird in der Bildlichkeit der Blumenkette und den daran anschließenden Überlegungen die genannte Problematik erst recht entfaltet. Dabei verbindet Stifter auf komplexe Weise die traditionelle Theodizee-Vorstellung mit den konstitutiven Bedingungen des neuzeitlichen Subjekts. Dem als Naturverfallenheit ge-

---

denschaft, die in die Irre geht, auf der einen Seite und gelassener, ruhiger Erkenntnis, die den richtigen Weg einschlägt, auf der anderen." (Ebd., S. 129)

[3] Johann Lachinger: Adalbert Stifters »Abdias«. Eine Interpretation, in: VASILO 18 (1969), Folge 3/4, S. 97-114 (im folgen zitiert als ‚Abdias'), S. 97.

[4] Vgl. dazu den Forschungsbericht von H. R. Klieneberger: Stifter's »Abdias« and its Interpreters, in: Forum for Modern Language Studies 14 (1978), S. 332-344.

dachten Ausgeliefertsein an ein blindes Schicksal stellt die Vorrede die Möglichkeit einer gesetzhaften Ordnung derselben Natur gegenüber, die es zu erkennen gilt:

„Aber eigentlich mag es weder ein Fatum geben, als letzte Unvernunft des Seins, noch auch wird das einzelne auf uns gesendet; sondern eine heitre Blumenkette hängt durch die Unendlichkeit des Alls und sendet ihren Schimmer in die Herzen – die Kette der Ursachen und Wirkungen – und in das Haupt des Menschen ward die schönste dieser Blumen geworfen, die Vernunft, das Auge der Seele, die Kette daran anzuknüpfen, und an ihr Blume um Blume, Glied um Glied hinab zu zählen bis zuletzt zu jener Hand, in der das Ende ruht. Und haben wir dereinstens recht gezählt, und können wir die Zählung überschauen: dann wird für uns kein Zufall mehr erscheinen, sondern Folgen, kein Unglück mehr, sondern nur Verschulden; denn die Lücken, die jetzt sind, erzeugen das Unerwartete, und der Mißbrauch das Unglückselige." (BF, HKG 1.5, 238)

Im Bild der heiteren Blumenkette wird die Erfahrung des Schicksals zunächst zur Theodizee-Frage. Stifter greift hier auf die Philosophie Leibniz' zurück, die als vorkritische Philosophie die wirklichkeitskonstituierende Bedeutung des Subjekts unbeachtet läßt, und verknüpft die Theodizee mit einer nach naturwissenschaftlichen Prinzipien gedachten Kontinuitätsvorstellung, die metaphysische Sinngehalte gleichsam naturwissenschaftlich zu erschließen meint.[5] Zu dieser Metaphorik der Blumenkette steht das Subjekt in einer zwiespältigen Beziehung der Zugehörigkeit und der Nicht-Zugehörigkeit: Einerseits ist es als ‚Blume der Vernunft', die „in das Haupt des Menschen [...] geworfen" (238) ist, immer Teil der Kette, andererseits tritt es als Erkennendes aus dieser heraus und behauptet seine Autonomie.

Das Bild von der Blumenkette, dessen einzelne Blätter im Laufe der Menschheitsgeschichte aufzudecken sind (vgl. ebd.), verweist über seine implizite Buchmetaphorik auf die traditionelle Vorstellung einer „Lesbarkeit der Welt"[6], wie sie Blumenberg beschrieben hat. Erst im Zustand ihrer Lesbarkeit zeigt sich Natur als ein Ganzes, und das scheinbar zufällige Schicksal wird zum Zeichen, das auf dieses Ganze verweist. Stand die Lesbarkeit der Welt in der christlich-vorsäkularen Welt unter dem Vorbehalt der Vorläufigkeit, welche das Göttlich-Numinose als ein gläubig zu Erwartendes bestehen ließ, ist die nicht nur als vorläufig gedachte Bedeutung solchen Lesens von den Bedin-

---

[5] Vgl. Gerhard Kaiser, Stifter – dechiffriert?, a.a.O., S. 310.
[6] Hans Blumenberg, Lesbarkeit der Welt, a.a.O., S. 10.

gungen der neuzeitlichen Subjektkonstitution abhängig.[7] Diese sind aber wiederum in besonderer Weise mit denjenigen der Sprache verschränkt. Als ontologischer Zusammenhang sind Welt, Sprache und Subjekt untrennbar miteinander verbunden.[8] Einerseits konstituiert sich das Subjekt nur als ein sprachliches und ist damit selbst Teil der symbolischen Ordnung der Sprache, andererseits steht es außerhalb der sprachlichen Ordnung und ist nur als ein autonom gedachtes in der Lage, der Wirklichkeit mit der Freiheit der Reflexion entgegenzutreten.[9]

Dieses zwiespältige Verhältnis des Menschen zur sprachlichen Ordnung, in der er lebt, wird von der Bildlichkeit der Vorrede genauestens widergespiegelt. Als einzelnes konkretes Individuum ist er lediglich Objekt der Geschichte und unterliegt als solches dem Prozeß der Signifikation. Seine moralische Aufgabe besteht darin, die Zählung fortzuführen, die „Lücken" (238) zu schließen und als Teil der Geschichte selbst zum Signifikanten zu werden. Die Blumen bilden im Zustand ihrer Ungelesenheit die Leerstellen in der imaginären Kette des göttlichen Weltplanes, der erst im Prozeß des Lesens einen konkreten Gehalt gewinnt, der göttliche Plan gibt lediglich die Struktur vor, an welcher sich Geschichte konkretisieren soll. Im Zustand seiner Lesbarkeit sodann erweist der Weltplan als das Ganze der Natur seine strukturelle Analogie zur Sprache. In den Lesenden konkretisiert sich Geschichte, ihre Aufgabe besteht darin, ‚richtig' zu lesen und sich dem Prozeß der Signifikation nicht entgegenzustellen. Die letztliche Sinngewißheit erweist sich aber erst mit dem Ende der Geschichte. Im Zuge dieses imaginären Zuendelesens, mit dem die „Zählung" (ebd.) überschaut werden kann, wird der Mensch, gedacht als phylogenetisches Menschheitssubjekt, schließlich selbst zum einsamen Gott der Geschichte: Bildet die „Vernunft, das Auge der Seele" (ebd.), den Ausgangspunkt der Kette, so schließt das Hinabzählen „bis zuletzt zu jener Hand, in der das Ende ruht" (ebd.), die Erkenntnis Gottes ein. Indem somit das Subjekt eigentlich Anfang und Ende der Kette ist, wandelt sich die „heitere Blumenkette" (ebd.), die in Ursprung und Ziel Sinn verheißt, zur Kreisbewegung eines in das Gefängnis der eigenen Subjektivität eingeschlossenen Ich. Der Versuch, Sinnhaftigkeit als die sich im Akt des Lesens erschließende Logizität des Zusammenhangs von Ich und Welt, Wirklichkeit und

---

[7] Vgl. ebd., S. 38.
[8] Vgl. Jochen Hörisch: Die Sprachlosigkeit des Kaspar Hauser, in: ders. (Hg.): Ich möchte ein solcher werden wie... Materialien zur Sprachlosigkeit des Kaspar Hauser, Frankfurt a. M. 1979, S. 263-308 (285).
[9] Vgl. ebd.

Vernunft nachzuweisen, zeigt gerade die unlösbaren Widersprüche auf, die sich daraus ergeben, und die aufgeworfene Möglichkeit, zwischen Subjekt und Schicksal im Zuge einer Lesbarkeit von Natur eine sinnvolle Beziehung herzustellen, mündet schließlich in den aporetischen Zusammenhang, daß das Subjekt seine Emanzipation von einer als dunkles Schicksal erscheinenden Naturverfallenheit einzig und allein der Sprache verdankt, von der es aber wiederum in uneinholbarer Weise abhängig ist.[10]

Auch wenn man von den immanenten Widersprüchen absieht, bleibt die philosophische Sinnbehauptung der Vorrede bloßes Postulat. So zieht sich der Erzähler schließlich aus den Aporien einer geschichtsphilosophisch begründeten Wahrheit auf das Erzählen zurück:

„Wir wollen nicht weiter grübeln, wie es sei in diesen Dingen, sondern schlechthin von einem Manne erzählen, an dem sich manches davon darstellte, und von dem es ungewiß ist, ob sein Schicksal ein seltsameres Ding sei, oder sein Herz. Auf jeden Fall wird man durch Lebenswege wie der seine zur Frage angeregt: ‚warum nun dieses?' und man wird in ein düsteres Grübeln hinein gelockt über Vorsicht, Schicksal und letzten Grund aller Dinge." (239)

Was durch sprachliche Reflexion nicht faßbar ist, soll sich im Erzählen selbst als Erfahrung materialisieren. Dieser Rückzug auf eine ‚Natur' des Erzählens verweist auf die ursprüngliche Metaphorizität der Sprache und stellt insofern die logische Konsequenz aus den Widersprüchen der Vorrede dar. Zuletzt wird die Schwierigkeit des Lesens an den Leser verwiesen. Indem er „über den Juden Abdias [urteilen soll], wie es ihm sein Herz nur immer eingibt" (ebd.), und damit zu hermeneutischer Sinnstiftung aufgerufen wird, bildet erst die vom Text ausdrücklich geltend gemachte Rezeptionsstufe diejenige Ebene des Textes, auf der sich Bedeutung manifestiert. Aus der Perspektive der Vorrede ist der Leser dazu aufgerufen, eine sinnvolle Entsprechung des Inhalts, der Frage nach dem Zusammenhang von Subjekt und Natur, und der Form, der erzählten Lebensgeschichte des Abdias, zu finden, während sich das Erzählersubjekt aus der eigentlichen Erzählung weitgehend zurückzieht.

---

[10] Vgl. ebd., S. 272.

2. Die Wüstenstadt

In der Lebensgeschichte des Abdias wird die Frage nach dem Zusammenhang von Ich und Welt in ähnlicher Weise, wie dies Friedrich Schlegel für den Roman als Einheit von Theorie und Praxis gefordert hatte,[11] selbst zur Erzählung. Ist die Vorrede in ihrem philosophischen Gehalt immer schon von den sprachlichen Bildern abhängig, so beinhaltet die Erzählung mit dem dichterischen Entwurf von Wirklichkeit zugleich eine Theorie ihrer sprachlichen Voraussetzungen. In diesem Sinne geht es im »Abdias« immer wieder um das Lesen von Zeichen, die richtige Zuordnung von Innen und Außen und das Erkennen einer verborgenen Gesetzmäßigkeit, von der das Zusammenspiel von einzelnem und gesellschaftlichem Ganzen, Natur und kultureller Ordnung abhängig ist. Für Abdias und seine Sippe stellt die afrikanischen Wüste eine Welt dar, in der es keine selbstverständlichen Bedeutungen gibt und das Leben auf seine eigenen Voraussetzungen zurückgeworfen ist. Daher soll zunächst auf die Zeichenwelt der Wüstenstadt und die Ordnung ihrer Bewohner eingegangen werden.

Auch im »Abdias« ist die eindeutige Zuordnung von Natur und Kultur, an der sich das Subjekt orientieren könnte, ungewiß. Vielmehr zeigt sich auch hier das Subjekt immer schon als Teil eines ambivalenten Wechselverhältnisses. In der „alten, aus der Geschichte verlorene[n] Römerstadt" (BF, HKG 1.5, 239) ist Kultur in Natur zurückgefallen.[12] So wie die Ruinen von der Wüste gleichsam verschlungen worden sind, ist die Geschichte als eine auf das Subjekt zentrierte Zeiterfahrung von der naturzeitlichen Fortdauer des immer Gleichen eingeholt worden. Die Stadt ist vergessen und hat keinen Namen mehr. (Vgl. ebd.) Nur der römische Triumphbogen zeugt noch von der vergangenen heroischen Geschichte des Subjekts. Zusammen mit den verdorrten Palmenstämmen kennzeichnet er den Weg durch die Ruinen zur unterirdischen Wohnung von Abdias' Vater Aron. (Vgl. 240f.) In der Welt der Wüstenstadt stehen die Menschen einer Wirklichkeit gegenüber, die gleichermaßen als menschenfeindliche und gestaltlose Wildnis wie als Ort einer verborgenen Ordnung erscheint, die Welt zeigt sich als das

---

[11] Vgl. Friedrich Schlegel: Gespräch über die Poesie, Kritische-Friedrich-Schlegel-Ausgabe, hg. von Ernst Behler, München, Paderborn, Wien 1958ff, Bd. 2, S. 284-362 (333, 337).
[12] Zum Problem der Beständigkeit kultureller Zeichen in Stifters Werk vgl. Helga Bleckwenn: Gegründete Häuser, verschwindende Spuren. Vom Wandel der Menschen und Dinge bei Stifter und Ransmayr, in: Adalbert Stifters schrecklich schöne Welt. Beiträge des internationalen Kolloquiums Antwerpen 1993 (= Acta austriaca-belgica 1). Eine Koproduktion von Germanistische Mitteilungen 40 (1994) und Jahrbuch des Adalbert-Stifter-Instituts Linz (1994), S. 31-40.

offenkundig Andere, dem gegenüber das Subjekt bestehen muß. Dabei befindet es sich in einer Situation, die Ähnlichkeit mit der Perspektive besitzt, aus der Stifter an anderer Stelle die Großstadt Wien betrachtet.

In »Wien und die Wiener« beschreibt er die Großstadt mit den Metaphern unbeherrschbarer Natur, die eine überwältigende amorphe Menge bildet, in welcher der einzelne orientierungslos untergeht. Die Stadt erscheint als „Steinmeer[]" (GW 13, 16) und „prachtvolle Wildnis" (36), das Leben darin als die Totalität einer Menschenmasse, für die das Individuum bedeutungslos ist.[13] (Vgl. 35) Wie der Ozean der Großstadt ist auch die afrikanische Wüste eine Horizontlandschaft, in welcher sich der Blick verliert. In dieser offenbar gestalt- und zeichenlosen Umwelt ist das Überleben des Subjekts um so mehr von der Kunst des Lesens abhängig. In der Großstadt Wien versucht der Erzähler, der vom Stephansturm die Stadt überblickt, im Benennen dessen, was er sieht, dem Gestaltlosen eine Gestalt zu verleihen.[14] (Vgl. 19ff) Dabei zeigt sich, daß die Frage nach einer verborgenen Ordnung des Anderen, mag dieses nun als wilde Natur oder denaturierte Kultur erscheinen, und die Position des Subjekts von einander abhängig sind: Einerseits konstituiert sich das Subjekt gerade dadurch, daß es sich gegenüber der Übermacht des Anderen behauptet, andererseits produziert sich die zu erkennende Ordnung, durch die es an seiner Herrschaft Anteil gewinnt, erst im Prozeß des Lesens.

Auf vergleichbare Weise sind auch die Wüstenbewohner ein konstitutiver Bestandteil der Ordnung, in der sie leben. Deutlich wird dies an der überall im »Abdias« aufzufindenden Versteckmotivik[15]. Das Leben liegt in der Wüstenstadt nicht an der Oberfläche zutage, sondern ist ein Verborgenes, die Menschen wohnen in Höhlen, die unter dem Schutt vergangener Zeiten versteckt sind. (Vgl. BF, HKG 1.5, 239ff.) Die ihnen allein bekannten Regeln des Verbergens und Findens, nach denen die unscheinbaren Zeichen in den Ruinen gelesen werden können, sind letztlich gleichbedeutend mit der sozialen Ordnung ihrer Gemeinschaft und bilden das Prinzip, von dem das Überleben des einzelnen und der Gruppe abhängig ist. In der existentiellen Weise, in der sie darauf angewiesen sind, sich selbst und ihren Besitz geheimzuhalten, zeichnet ihr Leben auf metaphorischer Ebene die Struktur des zweistelligen Zeichens und die Dialektik von Innen und Außen nach, in der die Äußerlichkeit des Signifikanten die Wahrheit eines

---

[13] Vgl. Mautz, a.a.O., S. 51f.
[14] Vgl. Begemann, Welt der Zeichen, a.a.O., S. 22f.
[15] Zur Versteckmotivik im »Abdias« vgl. Eva Geulen: Worthörig wider Willen. Darstellungsproblematik und Sprachreflexion in der Prosa Adalbert Stifters, München 1992, S. 57-81.

Inneren zugleich hervorbringt und verstellt. Darüber hinaus bezeichnet das Verheimlichen der eigenen Identität aber auch eine wörtlich zu nehmende Notwendigkeit, wenn es darum geht, sich vor einer rechtlosen Umwelt zu schützen, in der das Gesetz des Stärkeren herrscht. (Vgl. 240, 242) Nur im Verborgenen ist es ihnen möglich, ihren Reichtum zu genießen. Das Verstecken der eigenen Identität sichert die eigene Macht, während ihre Preisgabe zur Beherrschbarkeit führt und das eigene Leben in Gefahr bringt.

So ist die Wüstenstadt zunächst eine Welt der Äußerlichkeit, die den Blick auf ein Inneres verstellt. Dabei folgt das Verstecken und Finden wertvoller Gegenstände, wie es von Abdias vorgeführt wird (vgl. 263), nicht allein der Dialektik von Innen und Außen, sondern zugleich der vorgegebenen Struktur der Gleichartigkeit, welche die Wüstenstadt an ihrer Oberfläche bietet und in der die Bedeutsamkeit des einzelnen in derjenigen des Ganzen aufgehoben ist. In analoger Weise ist auch die Identität des einzelnen Subjekts in der Wüstenstadt eine äußere. So hat der einzelne zuallererst als Teil eines Ganzen Bedeutung, der Sippe, der Familie, der Landschaft. Leben erfüllt sich als Nach-leben eines bereits Vorgelebten und wird somit Teil einer naturhaften Ordnung des Gleichen:

„Sie handelten mit Gold und Silber und mit andern Dingen von dem Lande Egypten herüber, auch mit verpesteten Lappen und Wollenzeugen, davon sie sich wohl selber zuweilen die Pest brachten und daran verschmachteten – aber der Sohn nahm dann mit Ergebung und Geduld den Stab seines Vaters, und wanderte und that, wie dieser gethan, harrend, was das Schicksal über ihn verhängen möge. Ward einmal einer von einem Kabilen erschlagen, und beraubt, so heulte der ganze Stamm, der in dem wüsten weiten Lande zerstreut war – und dann war es vorüber und vergessen, bis man etwa nach langer Zeit auch den Kabilen irgendwo erschlagen fand." (240)

Der Kettenmetaphorik der Vorrede entsprechend erlangt das Leben des einzelnen in der Folge der Generationen die Qualität eines Zeichens, das auf ein Ganzes verweist und gleichzeitig dessen konstitutiver Bestandteil ist, und nur als ein solches Zeichen hat es hier Bedeutung.[16] Die Einordnung des Ich in einen vorgegebenen Ordnungszusammen-

---

[16] Vgl. zur Metaphorik der Kette den Aufsatz von Ferdinand van Ingen: Band und Kette. Zu einer Denkfigur bei Stifter, in: Hartmut Laufhütte, Karl Möseneder (Hg.): Adalbert Stifter. Dichter und Maler, Denkmalpfleger und Schulmann. Neue Zugänge zu seinem Werk, Tübingen 1996, S. 58-74. Auffallend ist die Ambivalenz der Kettenmetaphorik in Stifters Werk, die einmal als blinder, schicksalhafter Zusammenhang erscheint, in dem das Individuum untergeht, gleichzeitig aber auch die einzige Möglichkeit ist, die sein Überleben sichert. Zur Gleichartigkeit von Stifters Identitätskonzept

hang folgt der Logik des semiotischen Prozesses und ist gleichbedeutend mit dem Vorgang des richtigen Lesens, in welchem das Subjekt selbst Teil des signifikatorischen Geschehens wird. In diesem Sinne ist die Ordnung der genealogischen Kette strukturgleich mit derjenigen der Sprache. Doch ist damit die Position des Subjekts keineswegs geklärt. Wie schon in der Bildlichkeit der Vorrede steht auch in der sozialen Ordnung der Wüstenbewohner die Unterordnung des einzelnen Individuums im Widerspruch zu der erzwungenen Autonomie, wenn es darum geht, für das Ganze Verantwortung übernehmen zu müssen. Vor allem stellt sich aber die Frage, auf welche Weise zwischen den Ansprüchen des Individuums und der sozialen Ordnung vermittelt werden soll.

3. Die Erfahrung des Körpers und die Ordnung des Vaters

Von den Voraussetzungen eines nur im Verborgenen möglichen Lebens ist auch die Figur des Abdias von Beginn an bestimmt. Die unterirdische Behausung von Abdias' Vater Aron ist der zur Wohnhöhle degenerierte Abkömmling der bürgerlichen Wohnung, in dem die Privatsphäre als Schutzraum des Individuums, in dem es möglich ist, seine Identität frei zu entfalten, zur völligen Abgeschlossenheit gesteigert ist. Gleichzeitig wird die Wohnhöhle selbst zum veräußerlichten Bild eines Inneren, das an Kafkas »Der Bau« erinnert.[17] Ihr Eingang ist hinter dem Schutt vergangener Kultur verborgen, aus deren Bruchstücken ist auch die Treppe, die in Arons Wohnung hinabführt:

„Oben gingen Trümmer einer Wasserleitung darüber, unten lagen Stücke, die man gar nicht mehr erkannte, und man mußte sie übersteigen, um zu dem Loche in der Mauer zu gelangen, durch welches man in die Wohnung Arons hinein konnte. Innerhalb des ausgebrochenen Loches führten Stufen hinab, die Simse einer dorischen Ordnung waren, und in unbekannter Zeit aus unbekanntem zerstörenden Zufalle hierher gefunden hatten. Sie führten zu einer weitläufigen Wohnung hinunter, wie man sie unter dem Mauerklumpen und dem Schutte von Außen nicht vermuthet hätte." (240f.)

---

und seiner Vorstellung eines Fortlebens in den Zeichen, der Kette der Generationen, vgl. Begemann, Welt der Zeichen, a.a.O., S. 45ff.

Folgt man dem Weg hinab in Arons Wohnung, so gelangt man zuletzt, gut getarnt hinter einem armselig erscheinenden Vorraum und unsichtbar hinter einem „krummen Gang" (241) liegend, in das mit allem Reichtum ausgestattete Zentrum der ganzen Anlage, in welchem Mutter und Kind als die „zwei höchsten Güter" (242) des Aron die Einheit bilden, aus der die Geschichte des Abdias ihren Ausgang nimmt:

> „Hier saß Esther, Arons Weib. Ihr Leib ruhete auf dem Seidengewebe von Damaskus, und ihre Wange und ihre Schultern wurden geschmeichelt von dem weichsten und glühendsten aller Zeuge, dem gewebten Märchen aus Kaschemir, so wie es auch die Sultana in Stambul hat. [...] Das größte Kleinod Arons außer dem Weibe Esther war ihr Sohn, ein Knabe, der auf dem Teppich spielte, ein Knabe mit schwarzen rollenden Augenkugeln und mit der ganzen morgenländischen Schönheit seines Stammes ausgerüstet. Dieser Knabe war Abdias, ..., jetzt eine weiche Blume, aus Esthers Busen hervorgeblüht." (241f.)

Die Kindheit und Jugend des Abdias zeigt die Geschichte einer gescheiterten Sozialisation, in der es nicht gelingt, das Glücksversprechen des eigenen Inneren und die Ordnung der Gemeinschaft, die Sprache des Körpers und seine kulturelle Kodierung zu vermitteln. Seine Kindheits- und Jugendgeschichte ist bestimmt von der Liebe der Mutter und dem Gehorsam gegenüber dem Vater. Dabei stehen beide Bereiche isoliert nebeneinander. Die Subjektivität, die er entwickelt, auf die seine Schönheit verweist und die sein eigentliches Vermögen ist – „der Schatz von Liebe in seiner Brust" (111) –, bleibt auf sich selbst verwiesen, da ihr die soziale Kodierung, die Vermittlung von Innen und Außen, fehlt. In der Beschreibung des Knaben Abdias verbindet sich das Bild seiner Schönheit mit dem Eindruck der Verlorenheit des auf sich selbst verwiesenen Kindes, dessen erwachende innere Kräfte ins Leere gehen. Er wächst auf „in der Üppigkeit des Reichthums und in der übertriebenen Liebe seiner Eltern" (JF, HKG 1.2, 109), was unterbleibt, ist jede Art der Erziehung.[18] Das intellektuelle und seelische Vermögen, ‚Geist' und ‚Herz' (vgl. ebd.), werden sich selbst überlassen. So ist bereits für Abdias' Vater Aron Subjektivität der Gegenstand einer unerreichbaren, dunklen Verheißung:

---

[17] Vgl. hierzu C. Goodden: Two quests for surety – a comparative interpretation of Stifter's »Abdias« and Kafka's »Der Bau«, in: Journal of European Studies 5 (1975), S. 341-361.

[18] Vgl. die Ambivalenz dieses laissez-faire-Prinzips im Sinne Rousseaus, wie es in positiver Weise im »Haidedorf« und in seinen negativen Wirkungen im »Abdias« zutage tritt, und Stifters eigenes pädagogisches Konzept der sanften Führung, dessen Wirkung in den »Bunte Steine«-Erzählungen überall zu spüren ist.

„Und wenn ihm auch zuweilen war, als gäbe es noch andere Seligkeiten, die im Herzen sind, so meinte er, es sei ein Schmerz, den man fliehen müsse, und er floh ihn auch, nur daß er dachte, er wolle den Knaben Abdias eines Tages auf ein Kamehl setzen und ihn nach Kahira zu einem Arzte bringen, daß er weise würde, wie es die alten Propheten und Führer seines Geschlechtes gewesen. Aber auch aus dem ist wieder nichts geworden, weil es in Vergessenheit gerathen war. Der Knabe hatte also gar nichts, als daß er oft oben auf dem Schutte stand, und den weiten ungeheuren Himmel, den er sah, für den Mantelsaum Jehovas hielt ..." (BF, HKG 1.5, 243)

Die besitzergreifende Liebe der Mutter trägt Züge narzißtischer Selbstspiegelung und läßt Abdias zum kompensatorischen Gegenstand der eigenen Wünsche werden. Die wechselnden Einkleidungen und der Schmuck, den sie ihm anlegt, lenken die Aufmerksamkeit in besonderer Weise auf den Körper, als wechselnde Bezeichnungen desselben stehen sie aber einer Identitätsbildung im Weg. Sie leisten hier nicht die soziale Kodierung der Körpererfahrung, aus der ein selbstbewußtes Subjekt entstehen könnte, sondern sind der ständige Verweis auf ein Inneres, der dessen Isolation nur noch verstärkt. Der Spiegel, den Abdias' Mutter ihrem Sohn vorhält, wird zum Symbol auf sich selbst verwiesener Subjektivität. Der weite Himmel, das einzige, was das Kind hat, und unter dem es in sich versunken träumt, korrespondiert mit der Selbstverfallenheit des Knaben und die Mutter, die den Träumenden zu sich ruft, verweist ihn nur erneut auf sein eigenes Inneres:

„Aber Esther rief ihn wieder hinab, und legte ihm ein braunes Kleidchen an, dann ein gelbes, und wieder ein braunes. Sie legte ihm auch einen Schmuck an, und ließ die Schönheit der Perle um seine dunkle feine Haut dämmern, oder das Feuer des Demanten daneben funkeln – sie legte ein Band um seine Stirne, streichelte seine Haare, oder rieb die Gliedlein und das Angesicht mit weichen, feinen, wollenen Lappen – öfters kleideten sie ihn als Mädchen an, oder die Mutter salbte seine Augenbraunen, daß sie recht feine schwarze Linien über den glänzenden Augen waren, und hielt ihm den silbernen gefaßten Spiegel vor, daß er sich sähe." (BF, HKG 1.5, 243)

Auch Abdias' Eintritt in die Ordnung des Vaters und der Sippe ändert nichts an seiner Situation, da sie in ihrer Übermacht die Entfaltung und soziale Wirksamkeit seines Inneren ebenso verhindert wie die besitzergreifende Liebe der Mutter. Sein Gehorsam gegenüber dem Gesetz des Vaters, der als Vertreter einer gottgewollten Ordnung[19] erscheint, ist bedingungslos und geht bis zur völligen Selbstverleugnung:

„[D]enn seine Ehrfurcht vor dem Vater und dessen Macht war unbegrenzt, wie sie noch heute in den Vorstellungen patriarchalischer Stämme unbegrenzt ist – und wenn ihm Aron als Lehrzeit aufgelegt, dreißig Jahre den Pflug eines Ackerers zu ziehen, so wäre Abdias hingegangen und hätte dreißig Jahre den Pflug gezogen, ohne ein einzigmal zu stöhnen, und am ersten Tage danach wäre er heimgekehrt, und hätte sich ausgewiesen, daß er gehorsam gewesen." (JF, HKG 1.2, 114)

In der Initiation durch den Vater, die Abdias in die Identität seines Volkes einführt – die Journalfassung spricht vom „Schicksal" (109), „wie es seinem Volke seit Jahrtausenden besser oder übler bereitet war" (ebd.) –, wiederholt sich das zwiespältige Verhältnis des Subjekts zur Ordnung des Ganzen in der Widersprüchlichkeit von Ausgeliefertsein und erzwungener Autonomie, sie hat Ähnlichkeit mit einer Aussetzung und macht gerade das völlige Aufsichselbstgestelltsein zum identitätsstiftenden Prinzip:

„Sohn, Abdias, gehe nun in die Welt, und da der Mensch auf der Welt nichts hat, als was er sich erwirbt, und was er sich in jedem Augenblicke wieder erwerben kann, und da uns nichts sicher macht, als diese Fähigkeit des Erwerbens: so gehe hin und lerne es." (BF, HKG 1.5, 243f.)

Mit diesen Leitsätzen, die Aron seinem Sohn mit auf den Weg gibt, beginnt die eigentliche Sozialisation des Abdias, durch die er die grundlegenden Voraussetzungen für das Leben in der Gemeinschaft erlernen soll. Die Fähigkeit des Erwerbens besitzt dabei sowohl eine wörtliche, explizit soziale als auch eine zu abstrahierende Bedeutung, welche die Händlerexistenz zur Metapher für das Menschsein schlechthin werden läßt. Wie Kaiser bemerkt, funktionieren die sozialen Beziehungen des Abdias vorrangig als Geschäftsbeziehungen, was sogar bis in den Bereich der Familie hineinreicht.[20] Das Verhältnis des Menschen zu den Dingen, deren Substitut das Geld ist, und dasjenige der Menschen untereinander und zu sich selbst folgen dem gleichen Prinzip. Der Materialismus Arons behauptet auf zeichentheoretischer Ebene nichts anderes als die Suprematie des Signifikanten über das Signifikat, wie sie dem Prinzip des Geldes an sich

---

[19] Vgl. Peter Schäublin: Stifters »Abdias« von Herder aus gelesen, in: VASILO 23 (1974), Folge 3/4, S. 101-113 (104).
[20] Vgl. Gerhard Kaiser, Stifter – dechiffriert?, a.a.O., S. 293.

inhärent ist, und folgt demselben Muster von Identität, die der einzelne als Teil eines Ganzen gewinnt, indem er sich einordnet und selbst die Qualität eines Zeichens erhält. Wie die Interpretation der Vorrede gezeigt hatte, sind auch Identität und Bedeutung immer etwas ‚Erworbenes', das von der Sprachfähigkeit des Menschen abhängig ist. Der Mensch, „der in der Welt nichts hat, als was er sich erwirbt" (ebd.), ist in der paradigmatischen Situation des sprachlosen Kindes, das, einem unbeschriebenen Blatt vergleichbar, alles erlernen muß und ohne dieses Erworbene der Kultur keine soziale Wirklichkeit erlangt. Letztlich ist es die „Fähigkeit des Erwerbens" (ebd.) selbst, die den Menschen „sicher macht" (ebd.), das heißt die in ihm angelegte Sprachbegabung, die es zu entwickeln gilt. Bestätigt wird diese Interpretation vor allem dadurch, daß im weiteren Verlauf der Erzählung in der Person Dithas, die ein Spiegelbild des Abdias ist, ein solcher Ich- und Welterwerb als Erwerb der Sprache tatsächlich vorgeführt wird.

So wie sich in Abdias' Zugehörigkeit zum jüdischen Volk[21] und dessen Dichotomie von ursprünglichem Auserwähltsein und Ausgesetztsein, die der Polarität zwischen dem verlorenen und verheißenen Paradies entspricht, die existentielle Situation des Menschen spiegelt, ist Abdias selbst zerrissen zwischen dem Glücksversprechen der eigenen Innerlichkeit und der Unmöglichkeit, diese zu leben; die zerrissene Aloe, in deren Umgebung sich Abdias gerne alleine aufhält, ist sein persönliches Symbol. (Vgl. 250) Dabei scheint das Problem, Subjektivität fruchtbar zu machen und zu einer sinnvollen Vermittlung von Ich und Welt zu gelangen, nicht grundsätzlich unlösbar zu sein. Allerdings wird die Erfüllung solcher Wünsche an eine utopische Vergangenheit verwiesen. In einer solchen Zeit, so suggeriert der Text, wäre es Abdias möglich gewesen, seiner inneren Berufung nachzukommen, auf die seine Schönheit verweist und die durch die kontrastierende Unangemessenheit seiner realen Lebensumstände nur noch mehr herausgestellt wird:

> „[E]r lebte sehr dürftig, daß er oft nichts anders hatte, als eine Hand voll trockner Datteln, und doch war er so schön, wie einer jener himmlischen Boten gewesen ist, die einstens so oft in seinem Volke erschienen sind. So hat auch einmal jener Mohamed, wenn er Tage lang, Wochen lang allein war blos mit seinem Thiere in dem weiten Sande, die Gedanken gesonnen, die dann eine Flamme wurden und über den

---

[21] Zum jüdischen Themenkreis im »Abdias« vgl. Ulrich Dittmann: Adalbert Stifter: »Abdias«. Erläuterungen und Dokumente, Stuttgart 1971, S. 72-76.

Erdkreis fegten. Sonst war Abdias ein Ding, das der blödeste Türke mit dem Fuße stoßen zu dürfen glaubte, und stieß." (245)

Der Traum des großen einzelnen, den Abdias träumt, entspricht in der literarischen Tradition der Vorstellung vom Dichter als Held und politisch Handelndem, wie sie sich im Bild des alttestamentarischen Propheten- und Königtums ausspricht.[22] Ihre deutlichste Ausprägung erhalten diese Phantasien in Abdias' Machtträumen vom Handelskönigtum und in seiner Sehnsucht nach Europa, wo Gelehrsamkeit und sozialer Stand einander zu entsprechen scheinen. Die soziale Identität des Bildungsbürgers, in der sich Bildung mit dem Anspruch auf gesellschaftlichen Einfluß und ein standesgemäßes Leben verbindet, entspricht genauestens dem, was sich der bereits durch die Pocken entstellte Abdias erträumt:

„Er dachte, er sehne sich nach dem kalten feuchten Weltheile Europa, es wäre gut, wenn er wüßte, was dort die Weisen wissen, und wenn er lebte, wie dort die Edlen leben. [...] Aber es waren nur flatternde Gedanken ... Wenn Abdias nur erst wieder hoch auf dem Kamehle saß, ... , befehlend und herrschend: dann war er ein anderer und es funkelten in Lust die Narbenlinien seines Angesichtes, ... und daneben glänzten in Schönheit die früheren Augen, die er behalten hatte, – ja sie wurden in solchen Zeiten noch schöner, wenn es um ihn von der Wucht der Menschen, Thiere und Sachen schütterte – wenn sich die Größe und Kühnheit der Züge entfaltete, und er mit ihnen ziehen konnte, gleichsam wie ein König der Karawanen; denn in der Ferne wurde ihm zu Theil, was man ihm zu Hause entzog: Hochachtung, Ansehen, Oberherrschaft." (251)

---

[22] Vgl. Gerhard Kaiser: Der Dichter als Prophet, a.a.O., S. 240.

4. Der Traum vom eigenen Ich

Dem Verlust der sozialen Dimension innerhalb einer Gemeinschaft, in der Kommunikation nur über das Geld und den Warentausch möglich ist und deren Mitglieder nur als isolierte einzelne Teil eines Ganzen sind, entspricht im persönlichen Bereich die Sprachlosigkeit, in welche die Ehe Abdias' mit Deborah gerät. In der mangelnden Vermittlung von Innen und Außen, von der die Beziehung zwischen beiden von Anfang an geprägt ist, zeigt sich die soziale und persönliche Wirkungslosigkeit ihrer Subjektivität, die in der Unfruchtbarkeit Deborahs ihre metaphorische Entsprechung findet. Beider Schönheit ist der Gegenstand eines bloß ‚leiblichen' Sehens, das zu keinem ‚wirklichen' Erkennen fähig ist. An den schönen Körpern, die Glück verheißen sollten, exemplifiziert sich statt dessen das gegenseitige Verkennen, als Abdias durch die Pocken häßlich geworden ist:

> „Da er aber einmal in Odessa krank geworden war, und die böße Seuche der Pocken geerbt hatte, die ihn ungestaltet und häßlich machten, verabscheute ihn Deborah, als er heimkam, und wandte sich auf immer von ihm ab; denn nur die Stimme, die sie gekannt hatte, hatte er nach Hause gebracht, nicht aber die Gestalt [...] sie hatte nur leibliche Augen empfangen um die Schönheit des Körpers zu sehen, nicht geistige, die des Herzens. Abdias hatte das einst nicht gewußt; denn als er sie in Balbeck erblickte, sah er auch nichts, als ihre große Schönheit, und da er fort war, trug er nichts mit, als die Erinnerung dieser Schönheit. Darum war für Deborah jetzt alles dahin." (249f.)

Bei allem Gehorsam gegenüber der Tradition und der Autorität des Vaters ist Abdias derjenige, der aus dem vorgegebenen Ordnungszusammenhang auszubrechen versucht und hierfür bestraft wird. Erst die Zurschaustellung des eigenen Reichtums, genauer „die eitlen Kleider" (255), in denen er gegangen ist, lenken die Aufmerksamkeit der Machthaber auf die Wüstenstadt. In den schönen Kleidern, die Abdias trägt, zeigt sich nicht nur der Wunsch, die eigene innere Größe nach außen zu tragen, sie bedeuten letztlich selbst die Identität, nach der er sich sehnt. In den prächtigen Kleidern des Kaufmanns setzt sich fort, was bereits als Kind durch die wechselnden Einkleidungen durch die Mutter geweckt worden ist, der Wunsch nach einem eigenen Körper, aus dem sich Identität bezeugen ließe. In der Schönheit des jungen Abdias spiegelt sich die

Schönheit seines Innern, insofern kompensieren die „seidenen Kleider und glänzenden Waffen" (BF, HKG 1.5, 251) die äußere Häßlichkeit, die er sich durch die Pocken erworben hatte. Da Abdias gegen die Ordnung der Sippe verstoßen hat, trifft ihn die ursächliche Schuld an der Plünderung der Wüstenstadt durch Melek. Gleichzeitig wird aber diese Schuld durch den Text dadurch relativiert, daß er Abdias im biblischen Duktus des Opfers und seine Mitbewohner als Rächer auftreten läßt:

„‚... und wie diese jetzt den unvermuthet herbeigekommenen Abdias gewahr wurden, jubelten sie laut und schreiend, ergriffen ihn sogleich, schlugen ihn, spieen ihm ins Angesicht und riefen: ‚Da bist du nun – du bist es, du, du!! – – du hast dein eigen Nest beschmutzt, du hast dein eigen Nest verrathen und den Geiern gezeigt. Weil du in ihren eitlen Kleidern gegangen bist, haben sie's geargwohnt, der Grimm des Herrn hat dich gefunden und zermalmt, und uns mit dir. [...]'" (255)

Die Folgen, die Abdias' Zuwiderhandeln gegenüber dem Gesetz des Vaters (vgl. 244) nach sich ziehen, bestimmen sein weiteres Leben. Die Plünderung seiner Wohnung, die Geburt Dithas und der Tod seiner Frau Deborah verdichten sich zum ersten Wendepunkt seiner Geschichte.

In dieser letzten Begegnung zwischen Abdias und Deborah wiederholt sich gerade in dem Augenblick, in welchem in der identifikatorischen Szene zwischen Vater, Mutter und Kind die realistische Möglichkeit eines sich selbst verwirklichenden und sozial vermittelten Lebens aufscheint, auf tragische Weise das Verkennen, von dem ihr gemeinsames Leben bestimmt war. Die Geburt Dithas trotz der vermeintlichen Unfruchtbarkeit ihrer Mutter und die unglücklichen Umstände, die ihre Geburt begleiten, tragen die Züge des Wunders und der Epiphanie.[23] Für Abdias wird sie zum Glücksversprechen eines sinnerfüllten Lebens, dessen Verwirklichung in der familiären Szene aber nur augenblickshaft ist. Mit der Geburt Dithas, so hat es den Anschein, ändert sich alles. Dem tragischen Ende der Begegnung geht zunächst das gegenseitige Erkennen Abdias' und Deborahs voraus. Dieses wechselseitige Erkennen, das die „verstehende und liebende Wahrnehmung des anderen"[24] bedeutet, verbindet den liebenden Blick auf den Körper des anderen mit dem Verständnis seines Äußeren und ermöglicht somit zum ersten Mal die identifikatorische Vermittlung von Innen und Außen. Selbst die äußere Häßlichkeit des Abdias kann nun zur Kodierung seiner inneren Schönheit werden:

---

[23] Vgl. Kaiser, Stifter – dechiffriert?, S. 299.

„... es fiel ihm von den Augen herunter, wie dichte Schuppendecken, die darüber gelegen waren – es war ihm mitten in der Zerstörung nicht anders, als sei ihm das größte Glück auf Erden widerfahren – und wie er neben der Mutter auf dem nackten Boden saß, und wie er den kleinen wimmernden Wurm mit den Händen berührte, so wurde ihm in seinem Herzen, als fühle er drinnen bereits den Anfang des Heiles, das nie gekommen war, und von dem er nie gewußt hatte, wo er es denn suchen sollte – es war nun da, und um unendliches süsser und linder als er sich es je gedacht. Deborah hielt seine Hand, und drückte sie und liebkoste sie – er sah sie zärtlich an – sie sagte zu ihm: ‚Abdias, du bist jetzt nicht mehr so häßlich, wie früher, sondern viel schöner.' Und ihm zitterte das Herz im Leibe." (259)

Daß dem gegenseitigen Erkennen keine Dauer beschieden ist und ein Verkennen von seiten des Abdias folgt, ist Teil des ‚blinden' Schicksals, unter welchem er steht und als das sich im Rahmen der Erzählung die Aporien ihrer sprachphilosophischen Fragestellung gestalten. In der Notsituation, in der sich die Familie befindet, leistet Abdias alles, was notwendig ist, und tut das Nötigste zuerst. Dennoch macht er gerade in seiner Fürsorglichkeit das Falsche, und es ist wiederum das Mißverstehen ihrer Körper, das schließlich zur Katastrophe führt. In der konkreten Situation ist die Wärme seines Körpers die falsche Antwort auf die Blässe, die er an Deborah bemerkt:

„... dann deckte er noch sein von seinem Leibe warmes Oberkleid auf sie, weil er meinte, es friere sie; denn sie war so bleich." (259)

Auch ihre Schläfrigkeit deutet Abdias falsch. Sein Kleid, das er über sie gebreitet hatte, verhindert schließlich, daß er bemerkt, daß Deborah darunter verblutet. Aber auch Deborah selbst bleiben die Zeichen ihres Körpers unverständlich:

„Das unerfahrene Weib hatte sich, wie ein hilfloses Thier verblutet. Sie wußte es selber nicht, daß sie sterbe, sondern da ihr Abdias die stärkende Brühe gegeben hatte, that sie wie eines, das recht ermüdet ist, und sanft einschläft." (267)

Deborah geschieht, wovon Chelion in der »Narrenburg« nur phantasiert hatte. Dachte Chelion, durch das Ausfließen ihres Blutes zum Marmorengel zu werden, so wird Deborah tatsächlich zum toten Abbild ihrer selbst, „ein Bild von Wachs, bleich und schön und starr" (267). Sowohl die Szene zwischen Chelion und Jodok als auch

---

[24] Vgl. Neumann, Der physiognomische Blick, a.a.O., S. 271.

diejenige zwischen Abdias und Deborah sind Augenblicke des wechselseitigen Erkennens. Dieses Erkennen zieht den Tod nach sich, da im Wechselspiel von Körperzeichen und kultureller Kodierung die Übermacht sprachlicher Signifikation den unbewußten Schein des Authentizität verheißenden Körpers zum Verlöschen bringt. Das Glücksversprechen der eigenen Innerlichkeit, wie es Abdias und Deborah als ein plötzliches Sehendwerden ins Bewußtsein tritt, bleibt letztlich wirkungslos, da es auf Dauer nicht kommunikabel ist. Einerseits ist die soziale Wirksamkeit der Körperzeichen von ihrer Lesbarkeit und daher von ihrer Übersetzung in die Sprache abhängig, andererseits ist eine dauerhafte Vermittlung der Körpersprache mit ihrer sozialen Kodierung nicht möglich. Somit bleibt die Authentizität verbürgende Sprache des Körpers im ‚tatsächlichen' Leben unverständlich, da ihre Vermittlung unabdingbar von der Funktionslogik der Sprache abhängig ist.

Der Versuch des Abdias, aus der gegebenen Ordnung auszubrechen und zum Bewußtsein des eigenen Selbst zu kommen, dem in der inneren Logik der Erzählung die Erkennungsszene zwischen ihm und Deborah entspricht, endet wiederum im Gefängnis des eigenen Ich. In Ditha setzt sich die Geschichte des Abdias fort. In ihr verkörpert sich Abdias' Sehnsucht nach einem eigenen Körper und einer eigenen Identität. Sein Begehren, das in der zur Schau gestellten Schönheit seiner Kleidung aufgebrochen war, die Geburt Dithas und sein Entschluß, nach Europa zu gehen, folgen einander. In Europa scheint sich Abdias' Traum vom eigenen Ich in seiner Tochter Ditha zu erfüllen. Auf metaphorischer Ebene ist es nur folgerichtig, daß sie blind ist, da sie letztlich weniger eine eigenständige Person als ein Spiegelbild des Abdias ist. Darauf verweist auch die reale Ursache ihrer Blindheit, die verfrühte Geburt aufgrund des Schreckens, den ihre Mutter bei der Plünderung der Wohnung erlitten hatte, und für die Abdias zuletzt die Verantwortung trägt.

5. Ditha

Durch „das wunderschöne Ereignis" (JF, HKG 1.2, 128), das die Geburt Dithas für Abdias bedeutet, erhält sein Dasein zunächst einen neuen Sinn. Ditha wird ihm zum Inhalt seines Lebens, der ihn die Rachepläne an Melek vergessen läßt (vgl. 128f.). Als Geniusgestalt seines Inneren ist sie die Verkörperung seiner eigenen unverstandenen

Subjektivität, „ein ehrwürdig Räthsel, aus seinem eigenen Wesen aufgeblüht und ihm doch fremd und einer unbekannten göttlichen Enthüllung harrend" (129).

Vom Beginn eines neuen Lebens spricht auch die Existenz, die sich Abdias in Europa begründet. Dabei wird er nicht einfach von der Zivilisation Europas aufgenommen, vielmehr tragen seine Bemühungen selbst die Züge eines zivilisatorischen Neubeginns, der Abdias geradezu zu einer Gründerfigur werden läßt, die durch Hausbau und die Kultivierung des Landes die Grundlage für zukünftige Generationen legt, so wie es in vielen nachfolgenden Erzählungen, wie beispielsweise »Brigitta« oder »Die Nachkommenschaften«, zu finden ist. Abdias läßt sich nicht in einer typischen Gegend des „menschenwimmelnden Welttheiles" (BF, HKG 1.5, 300) nieder, sondern in einem „sehr vereinsamte[n] Thal" (ebd.), über dem der „sanfte[] Reiz der Oede und Stille liegt" (ebd.). Das Tal ist unbewohnt und nicht kultiviert und hat nicht nur äußerlich Ähnlichkeit mit Abdias' alter Heimat. Es ist wie die afrikanische Wüste des Abdias eine biblische Gegend des Ursprungs und der Anfänglichkeit aller menschlichen Zivilisation:

> „Was die meisten abgeschreckt hatte, das Tal zur Wohnung zu nehmen, die Oede und Unfruchtbarkeit: das zog ihn vielmehr an, weil es eine Ähnlichkeit mit der Lieblichkeit der Wüste hatte. Vorzüglich erinnerte ihn unsere beschriebene Wiege an einen Thalbogen, der im Grase Mossuls seitwärts jener Stelle herum ging, an der der Sage nach die uralte Stadt Ninive gestanden haben soll." (302)

Die Kulturation der äußeren Natur deutet wie in »Brigitta« auf die Heranbildung eines Inneren, wie es in der Person Dithas vorgeführt wird. Allerdings unterbleibt zunächst jede Art der Erziehung, die über die äußere Versorgung ihres Körpers hinausgeht, was Abdias ihre Blindheit erst spät erkennen läßt. Es erinnert an Rousseaus Prinzip der negativen Erziehung, wenn Abdias beschließt, seine Tochter „ein wenig" (306) zu erziehen, und widerspricht Stifters eigenen pädagogischen Prämissen, die dem bloßen Wachsenlassen das Konzept von Entwicklung und Bildung gegenüberstellen, eines ‚sanften Führens', wie es beispielsweise in der Erziehungsgeschichte »Die zwei Schwestern« oder im »Waldbrunnen« deutlich wird.[25] Als Abdias schließlich mit „Eifer" (306) darangeht, sich mit Ditha zu beschäftigen, tritt an die Stelle des Sichselbstüberlassenseins des Kindes die Gemeinschaft mit dem Vater, die soziale Isolation bleibt aber bestehen:

„Abdias saß mit Ditha allein. Dieser wollte er nun alle Aufmerksamkeit zuwenden, daß sie, wie er sich vorgenommen hatte, ein wenig erzogen würde, indem er bisher, da er eine Wohnung für sie baute, nicht viel Zeit gehabt hatte, sich nach ihr umzusehen, und auch die Diener, die ihr beigegeben worden waren, sie blos nährten, pflegten und schützten, und im Andern sie liegen ließen, wie sie nur wollte. Sie war aber übrigens in ihrem Körperchen gesund und blühend." (306)

Als Abdias Dithas Entwicklungsrückstand bemerkt, stellt er mit ihr Versuche an, setzt sie verschiedenen Sinnesreizen aus und beobachtet die Reaktionen ihres Körpers, dessen äußere Hilflosigkeit ihrer inneren Teilnahmslosigkeit entspricht[26]:

„Er berührte sie, er redete mit ihr, er setzte sie auf ihrem Bettchen auf, er setzte sie auf den Teppich des Fußbodens, er stellte sie auf ihre Füße, er versuchte, ob sie gehen könne, ... : aber sehr bald sah er, daß das Mädchen nicht sei, wie es sein sollte. Er gab die Schuld auf die zwei Dienerinnen, die er in Europa blos zu dem einzigen Dienste für Ditha genommen hatte, und welche nur für ihren Körper gesorgt hatten, daß er gesund sei und gedeihe, für die sonstige Entwicklung aber nichts gethan zu haben schienen." (306f.)

„Sie konnte noch nicht gehen, und zeigte auch keinen Drang dazu ... Ja sogar sie kroch auch nicht einmal, wie doch die unentwickeltsten Kinder versuchen, sobald sie sich nur sitzend zu erhalten vermögen. Wenn man sie auf den Boden niedersetzte, so blieb sie auf demselben Platze sitzen, man mochte noch so reizende Gegenstände oder Naschwerk, das sie sehr lieb hatte, in ihre Nähe legen. Stehen konnte sie schon, aber wenn man sie auf die Füße stellte, blieb sie unbeweglich stehen, klammerte sich an die sie haltende Hand, und wenn man diese weg zog, stand sie einsam in der Luft da, strebte nach keiner Richtung weiter, ihre Füßchen zitterten, und in den Mienen sprach sich Angst und die Bitte um Hilfe aus. [...] Am vergnügtesten schien sie zu sein, wenn sie in ihrem Bettchen lag." (307f.)

Die mit der Genauigkeit einer medizinischen Fallstudie geschilderten Reaktionen Dithas lassen die Vermutung ihrer Blindheit bereits zwingend erscheinen. Die Unsicherheit

---

[25] Zum pädagogischen Konzept Stifters vgl. den Aufsatz von Kurt Gerhard Fischer: Entwicklung und Bildung in Adalbert Stifters Dichten und Denken, in: VASILO 33 (1984), Folge 1/2, S. 53-60.
[26] Vgl. Wilhelm Kühlmann: Von Diderot bis Stifter. Das Experiment aufklärerischer Anthropologie in Stifters Novelle »Abdias«, in: Hartmut Laufhütte, Karl Möseneder (Hg.): Adalbert Stifter. Dichter und Maler, Denkmalpfleger und Schulmann. Neue Zugänge zu seinem Werk, Tübingen 1996, S. 395-409 (404).

ihrer Bewegungen entspricht der Hilflosigkeit in einem Raum, über den sie nicht verfügen kann. Sicherheit empfindet Ditha nur gegenüber Dingen der Außenwelt, die unmittelbar über den Tastsinn erfahrbar sind. Erst das Sehen als Fernsinn ermöglicht es, die Entfernungen im Raum zu überbrücken und Beziehungen zu Dingen aufzunehmen, die nicht unmittelbar zu erfassen sind; gleichzeitig bedeutet es aber auch die Fähigkeit, die Dinge auf Distanz zu halten, und ermöglicht damit eine Freiheit gegenüber der Außenwelt, die der Blinden „wie ein todtgeborner Riese" (JF, HKG 1.2, 129) auf den Augen liegt. Aus der Unverfügbarkeit des Raumes in einer Welt, die ganz auf das Sehen ausgerichtet ist, resultiert ihre Bewegungslosigkeit, der wiederum ihre kognitive Zurückgebliebenheit entspricht, da alle Erfahrung ihren Ursprung in der Bewegung hat, die das Kind mit den Dingen der Außenwelt ‚zusammenstoßen' läßt, und alles Verstehen zunächst ein wörtlich zu nehmendes ‚Begreifen' ist.[27] Durch die Blindheit Dithas und die zunächst unangepaßte Erziehung ist dieses Wechselspiel der Sinne, das einer normalen kognitiven Entwicklung zugrunde liegt, nachhaltig gestört.

Es ist bemerkenswert, wie sich in der Entwicklungsgeschichte Dithas die medizinische und metaphorische Bedeutungsebene des Sehens aufeinander beziehen lassen.[28] Das medizinische und das erzählerische Experiment gehen in eins und die Konstitution des Inneren und diejenige der äußeren Wirklichkeit erweisen sich als gleichzeitige und dialektisch aufeinander bezogene Vorgänge.[29] Dabei wird das Auge sowohl auf der Ebene der medizinischen Entwicklungsgeschichte als auch im metaphorischen Sinn zum Träger der Subjektkonstitution. Es ist nicht nur Organ, das die Wahrnehmung und Beherrschung der Außenwelt ermöglicht, sondern gleichzeitig der Spiegel eines Inneren und Fenster der Seele.[30] Demzufolge entspricht die Blindheit Dithas ihrem vorpersonalen, sprachlosen Zustand, den Abdias mit dem Fehlen einer Seele gleichsetzt:

„Die Züge des unaussprechlich schönen Angesichtes blieben immer ruhig, die Augen mit dem lieblichsten, von Abdias oft so bewunderten Blau standen offen, gingen nicht hin und her, und waren leer und leblos. Die Seele schien noch nicht auf den schönen Körper heruntergekommen zu sein. Ihre Zunge redete auch noch nicht, sondern wenn es sehr gut ging, lallte sie seltsame Töne, die keiner der menschlichen

---

[27] Vgl. dazu die Erkenntnisse der Entwicklungspsychologie nach Jean Piaget, dargestellt bei H.G. Furth: Intelligenz und Erkennen. Die Grundlagen der genetischen Erkenntnistheorie, Frankfurt a. M. 1972, S. 127-146.
[28] Zu den folgenden Ausführungen vgl. den Aufsatz von Kühlmann, a.a.O., S. 398ff.
[29] Vgl. ebd.

Sprachen ähnlich waren, und von denen man auch nicht wußte, was sie bedeuteten. Abdias konnte sich nicht helfen, er mußte denken, daß Ditha blödsinnig sei." (BF, HKG 1.5, 308)

Folgerichtig wird Ditha als „Lüge" (ebd.) bezeichnet, weil sie dem Blick auf die Wahrheit eines Inneren nichts entgegenzusetzen hat. In den nun einsetzenden Bemühungen Abdias' um Dithas Körper spiegelt sich die grundlegende Dialektik von Leib und Seele, Körpererfahrung und Idealisierung wider. Die Seele, so deutet es sich an, entsteht aus der emphatischen Empfindung des eigenen Körpers. Alle Maßnahmen zielen darauf ab, Dithas Aufmerksamkeit auf den eigenen Körper zu lenken. Frische Luft, Wasser, Diätnahrung und leichte Kleidung sind die Zeichen einer freien Natur, deren Reize aufgeboten werden, um die entsprechenden Antworten des Körpers hervorzulocken, der ihnen ausgesetzt ist:

„Er wollte wenigstens aus dem blödsinnigen Körper so viel entwickeln, als aus ihm zu entwickeln wäre. Er dachte, wenn er den Körper recht gesund und recht stark machte, wenn er ihn zu außerordentlichen Thätigkeiten reizte – vielleicht könnte er eine Art Seele hervorlocken, wie jetzt ja gar keine vorhanden sei." (309)

Die Bemühungen Abdias' sind insofern erfolgreich, als er auf die andere Organisation der Sinne Dithas aufmerksam wird und schließlich ihre Blindheit erkennt.

6. Die Organisation der Sinne

Die blinde Ditha lebt in einer Welt aus Klängen, welche eine andere Art von Innerlichkeit begründet, die nicht kommunizierbar ist und der eine Privatsprache Dithas entspricht:

„Die meiste Regung einer Seele, ja eigentlich die einzige, glaubte er, gebe sie gegen Klänge; [...] Er hatte ein feines Silberglöckchen – dieses brachte er herbei, und ließ es leise vor ihren Ohren tönen. Sie merkte darauf hin, das sah man deutlich. Und wie man den Klang die Tage fort öfter vor ihren Ohren wiederholte, lächelte sie – und immer deutlicher und immer süßer wurde dieses Lächeln, je öfter man den schmeichelnden Klang vor sie brachte. Ja später begehrte sie ihn sogar selber; denn sie ward

---

[30] Vgl. ebd., S. 404.

unruhig, und sprach ihre unbekannten Worte, bis er begann: Dann ward sie stille, und ein Ding, wie Freude, ja sogar wie ein sehr verstandesvolles Mienenspiel, schimmerte in ihren Zügen." (310f.)

Daß Abdias, nachdem er die Blindheit Dithas erkannt hat, vor allem ihre materielle Absicherung im Auge hat, zeugt, so die Journalfassung, von der „Beschränktheit und Herrlichkeit seines Herzens" (JF, HKG 1.2, 140). Gleichzeitig wird er zum einzigen Gefährten ihres Inneren. Beide lernen die Sprache des anderen und bilden einen eigenen Kosmos ihrer Innerlichkeit, dessen Ganzheitlichkeit der Ausschluß der Außenwelt entspricht:

„Er lehrte sie Worte sagen, deren Bedeutung sie nicht hatte – sie sagte die Worte nach und erfand andere, welche aus ihrem inneren Zustande genommen waren, die er nicht verstand, und die er wieder lernte. So sprachen sie stundenlange mit einander, und jedes wußte, was das andere wollte." (BF, HKG 1.5, 314f.)

In der anderen Organisation der Sinne, durch die Dithas Wahrnehmung der Außenwelt gekennzeichnet ist, steht nicht das Sehen, sondern das Hören an erster Stelle. Was äußerlich durch ihre frühe Blindheit bedingt ist, entspricht auf metaphorischer Ebene der besonderen Identität des Abdias. Die Stimme ist das Ausdrucksmedium seiner Innerlichkeit, in der sich eine Identität dauerhaft manifestiert, die ansonsten in sich verschlossen ist. Bereits für Deborah, der die ‚Augen des Herzens' (vgl. 249f.) fehlten, war die Stimme des Abdias das Zeichen, in dem sich die Fortdauer seines eigentlichen Wesens ausgesprochen hatte.[31] (Vgl. 249) In Ditha als prototypischer Verkörperung eines blinden Sehens[32] schließlich erwächst Abdias die ideale Empfängerin für die Signale seiner Innerlichkeit. Die Welt der Klänge, in der Ditha lebt, korrespondiert mit dem Ausdrucksmedium, durch das Abdias' Subjektivität nach außen tritt. Während das Sehen wie die dem Zeichenparadigma verpflichtete Sprache korrumpierbar ist, so daß der häßlich gewordene Abdias unkenntlich wird, gewinnt die Stimme die Qualität eines täuschungssicheren, natürlichen Zeichens. Der plötzlich sehend gewordenen Ditha erscheint Abdias zunächst wie ein „Ungeheuer" (BF, HKG 1.5, 321), erst seine Stimme,

---

[31] Zur Ersetzung von Blick und Auge als physiognomische Organe, die den Weg zum Selbst des Menschen suchen, durch Sprache und Stimme, vgl. Gerhard Neumann: „Rede damit ich dich sehe". Das neuzeitliche Ich und der physiognomische Blick, in: Ulrich Fülleborn, Manfred Engel (Hg.): Das neuzeitliche Ich in der Literatur des 18. und 20. Jahrhunderts. Zur Dialektik der Moderne. Ein internationales Symposion, München 1988, S. 71-106.
[32] Vgl. Eva Geulen, a.a.O., S. 72.

als „das Gewisseste, was sie an ihm kannte" (ebd.), beschwichtigt den „furchtbar herrlichen Sturm des ersten Sehens" (ebd.).

In seiner Abhandlung »Über den Ursprung der Sprache« geht Herder[33] der Frage nach dem Zusammenspiel der Sinne, ihrer Rangfolge und Möglichkeiten nach und bestimmt das Gehör als den zwischen Gefühl und Sehen liegenden mittleren Sinn – die „eigentliche Tür zur Seele und das Verbindungsband der übrigen Sinne"[34]. Grundlage für die Erfahrung der Außenwelt sind die Empfindungen des eigenen Körpers.[35] In dieser Anfänglichkeit des Gefühls besteht eine ursprüngliche Ganzheitlichkeit des Menschen, in der aber bereits die Wurzel der Differenzierung liegt, aus der die Sprachentwicklung ihren Ausgang nimmt. Daß das Auge zum Träger des einsetzenden Abstraktions- und Rationalisierungsprozesses wird, ist nach Herder eine Folge der Erziehung der Sinne. Beim Blindgeborenen ist auch das Sehen zu Beginn ausschließlich Gefühl: „Der Mensch trat in die Welt hin; von welchem Ocean wurde er auf Einmal bestürmt! mit welcher Mühe lernte er unterscheiden! Sinne erkennen! erkannte Sinne allein gebrauchen! Das Sehen ist der kälteste Sinn; und wäre er immer so kalt, so entfernt, so deutlich gewesen, als ers uns durch eine Mühe und Übung vieler Jahre geworden ist: so sehe ich freilich nicht, wie man, was man sieht, hörbar machen könnte? Allein die Natur hat dafür gesorgt und den Weg näher angezogen: denn selbst dies Gesicht war, wie Kinder und Blindgewesene zeugen, Anfangs nur Gefühl. Die meisten sichtbaren Dinge bewegen sich; viele tönen in der Bewegung: wo nicht, so liegen sie dem Auge in seinem ersten Zustande gleichsam näher, unmittelbar auf ihm, und lassen sich also fühlen."[36] In ähnlicher Weise beschreibt Ditha die ersten Eindrücke ihres Sehens mit Bildern der akustischen Wahrnehmung, die der anfänglichen Differenzlosigkeit ihrer Sinne entspricht:

„Das geschreckte Kind beruhigte sich nach einiger Zeit – und in der Finsterniß vergaß es gemach den furchtbar herrlichen Sturm des ersten Sehens. Nach mehreren Augenblicken fing es sogar selber zu reden an, und erzählte ihm von fernen bohren-

---

[33] Zur Bedeutung von Herders Sprachphilosophie und Sinneslehre für die Entwicklungsgeschichte Dithas vgl. Schäublin, a.a.O., S. 108-112. Vgl. in diesem Aufsatz und der Fortsetzung in: VASILO 24 (1975) Folge 3/4, S. 87-105 auch weitere Beziehungen des »Abdias« zur Aufklärungsphilosophie Herders.
[34] Johann Gottfried Herder: Über den Ursprung der Sprache, in: ders.: Werke, hrsg. von Wolfgang Pross, Band II: Herder und die Anthropologie der Aufklärung, München, Wien, 1987, S. 251-401 (299).
[35] Vgl. ebd., S. 401.
[36] Ebd., S. 297f.

den Klängen, die dagewesen, von schneidenden, stummen, aufrechten Tönen, die in dem Zimmer gestanden seien." (321)

7. Der Prozeß des Sehenlernens

Im Prozeß des Sehenlernens konstituiert sich die Außenwelt als die wahrgenommene Umwelt des Subjekts im Zuge ihrer Versprachlichung. Ausgangspunkt ist die anfängliche Ungeschiedenheit von Ich und Welt, die an Stifters autobiographisches Fragment[37] erinnert:

> „... und die ganze große Erde und der ungeheure Himmel schlug in das winzig kleine Auge hinein. – – Sie aber wußte nicht, daß das alles nicht sie sei, sondern ein Anderes, außer ihr befindliches, das sie zum Theile bisher gegriffen habe, und das sie auch ganz greifen könnte, wenn sie nur durch die Räume in unendlich vielen Tagen dahin zu gelangen vermöchte." (322f.)

Die Erkenntnis der Dinge macht die Trennung von ihnen notwendig. Dieser Trennung von den Dingen der Außenwelt folgt das Benennen (vgl. 323) und die Genese von Raumvorstellungen, die sich in der Verbindung mit der Erfahrung von Entfernung und Zeit konstituieren:[38]

> „Um ihr dann den Raum zu weisen, führte er das widerstrebende Mädchen, weil es anzustoßen fürchtete, durch das Zimmer zu den verschiedenen Gegenständen, von einem zu dem andern, und zeigte, wie man Zeit brauche, um zu jedem zu gelangen, obgleich sie alle auf einmal in dem Auge seien." (324)

Identität verbürgt sich letztlich nur als erinnerte.[39] Als es dunkel wird, glaubt das Kind, es sei wieder blind. Erst im Schein der Lampe zeigt sich die dauerhafte Präsenz der Gegenstände:

> „Daß sie aber nicht blind sei, könne er ihr gleich zeigen. Er zündete eine große Lampe an, und stellte sie auf den Tisch. Sofort zeigten sich wieder alle Gegenstände,

---

[37] Vgl. PRA 25, S. 177f.
[38] Vgl. Kühlmann, a.a.O., S. 405f.
[39] Vgl. ebd., S. 405.

aber anders als bei Tage, grell hervortretend und von tiefen und breiten Schatten unterbrochen." (Ebd.)

Der Wahrnehmung der konkreten Außenwelt folgt das abstrahierende Erkennen von Farben, die Ditha in ihrer synästhetischen Wahrnehmung nur schwer von Klängen unterscheiden kann:

> „... er erklärte ihr die Farben, was namentlich ein ganz Neues für sie war, und was sie beim Nachsagen nicht nur durcheinander warf, sondern auch ganz unrichtig anwendete, insbesondere wenn Farben und Klänge zugleich sich in ihrem Haupte drängten." (325)

Abgeschlossen wird der Prozeß des Sehenlernens durch die Einsicht in die Relationen und Perspektiven des Raumes:

> „Sie schaute in einem fort, und begriff nicht, wie ihr ein Baum, ein Stück Mauer des Gartens, oder ein flatternder Zipfel des Gewandes ihres Vaters gleich einen so großen Theil der Welt nehmen könne, und wie sie mit der kleinen Hand, wenn sie sie unter die Stirne lege, gleich alles, alles bedecke." (326)

Nach den Interpretationen von Schäublin[40] und Kühlmann[41] folgt die Entwicklung Dithas dem Entwicklungsgedanken der aufgeklärten Anthropologie, wie er insbesondere in Herders Abhandlung »Über den Ursprung der Sprache« verfaßt ist. Dies ist aber nur bedingt richtig. Verglichen mit dem Modell der Sinnes- und Sprachentwicklung Herders repräsentiert Ditha nur deren frühe Stufe. Beide Interpretationen verkennen, daß Ditha zur eigentlichen Sprache im Sinne einer gelungenen Vermittlung von Ich und Welt nie gelangt. Wie Kaiser bemerkt, wird das „weltfremde Himmelskind"[42] durch das Sehen der Welt nur noch weiter entrückt.[43] Manifestiert sich in Herders humanistischem Entwicklungskonzept eine optimistische Sprachauffassung, indem Sehen und Sprache auf die anfängliche Ungeschiedenheit des Gefühls zurückgeführt werden und somit auch im Prozeß fortschreitender Differenzierung der sinnvolle Zusammenhang von Ich und Welt und die Authentizität der Sprache bewahrt bleiben, so ist zu betonen, daß dieser Prozeß bei Ditha die soziale Wirklichkeit erst gar nicht erreicht und die Trennung von

---

[40] Vgl. Schäublin, a.a.O.
[41] Vgl. Kühlmann, a.a.O.
[42] Gerhard Kaiser, Stifter – dechiffriert?, a.a.O., S. 298.
[43] Vgl. ebd.

Ich und Welt unvollständig bleibt.⁴⁴ In Dithas Sehen vermischen sich Traum und Wirklichkeit. Außerdem bleiben Abdias und Ditha weiterhin isoliert. Das erzählerische und medizinische Experiment des Sehenlernens findet gleichsam in der Retorte einer Welt statt, in der Abdias für Ditha das einzige Gegenüber darstellt. Als metaphysische Sphäre und Heimat des Menschen im Sinne Herders ist die Sprache im »Abdias« wie im übrigen Werk Stifters bereits äußerst prekär. Was sich offenbart, ist nicht die Sphäre der Transzendenz, sondern das Wesen der Sprache. Im Rahmen des semiotischen Modells geht die Sphäre der Metaphysik als einem Gegenüber verloren, die Metaphysik der Transzendenz wird durch die „immanente Metaphysik der Zeichen"⁴⁵ substituiert, deren Einlösbarkeit allerdings ungewiß bleiben muß. So erprobt Stifter zwar in Ditha die „Möglichkeit anderen Sprechens"⁴⁶, doch besitzt sie solchermaßen lediglich die Wahrheit einer allegorischen Figur, die als das transzendente Wesen einer „redenden Blume" (330) letztlich dem semiotischen Prozeß überantwortet wird.⁴⁷ Dem soll im folgenden nachgegangen werden.

8. Blindheit und Sehen

Die Ordnung, in der Abdias lebt, hatte sich als im weitesten Sinne strukturgleich zur Ordnung der Sprache erwiesen. Damit wird eine Weltsicht begründet, die völlig auf das Sehen ausgerichtet ist und in der Abdias, obwohl er die Gesetze der Ordnung beherrscht, letztlich ein Fremder bleibt. Das Sehen, das gleichzeitig Metapher für die symbolische Ordnung der Sprache ist, verstellt den Durchblick auf ein Inneres und ist daher ‚blind' wie das Sehen Deborahs, die, weil sie nur „leibliche Augen" (249) besitzt, den durch die Pocken entstellten Abdias nicht mehr erkennt.⁴⁸ Dementgegen verbildlicht sich in der Blindheit Dithas eine ursprüngliche Einheit von Signifikant und Signifikat. In ihr verkörpert sich die Sehnsucht nach einer vorsprachlichen Welt und die Suche nach einer anderen, natürlichen Sprache aus der Inständigkeit des Körpers. Gleichzeitig bedeutet

---

[44] Vgl. im Gegensatz hierzu die Interpretation Kühlmanns, a.a.O., nach der sich im Sehenlernen Dithas das „Gelingen von Humanität" (ebd., S. 408) manifestiere und die „Kluft zwischen subjektiver Bedingtheit des Individuums und der Eigengesetzlichkeit der Realität aufgehoben" (ebd.) sei.
[45] Begemann, Welt der Zeichen, a.a.O., S. 51.
[46] Eva Geulen, a.a.O., S. 80.
[47] Vgl. hierzu die Ausführungen ebd. S. 68-81.
[48] Vgl. Schäublin, a.a.O., 1. Teil, S. 110.

ihre Blindheit aber auch, daß die Sprache ihres Körpers zu keiner sozialen Wirklichkeit gelangt.

Entwicklungspsychologisch betrachtet ist die Zeit von Dithas Blindheit identisch mit derjenigen der Kindheit und entspricht somit in prononcierter Weise dem literarischen Topos einer als ganzheitlicher Naturzustand gedachten Kindheit im Gegensatz zum reflektierten In-der-Welt-Sein der Erwachsenen. So gesehen kommt die „wunderbare Begebenheit" (318) des Blitzes, der Ditha sehend macht, nicht aus ‚heiterem Himmel', sondern bezeichnet den Eintritt in die Pubertät. Dieser Zwischenzustand des Erwachsenwerdens bezeichnet im Rahmen der Erzählung die Utopie eines unbewußt-bewußten In-der-Welt-Seins, eines Lebens, das aus „Sehen und Blindheit" (330) gewebt ist, den Zustand eines gleichzeitigen ‚nicht mehr' und ‚noch nicht'. Im Kontext der gesamten Erzählung ist es der Wunschtraum einer verwirklichten, sehend gewordenen, zum Bewußtsein gekommenen Subjektivität, eines Lebens im Einvernehmen mit sich selbst. Dieser Zustand ist aber ein Zwischenzustand, der dem in der Schwebe gehaltenen Vermittlungszustand zwischen einem Innen und einem Außen entspricht. Als verwirklichte Utopie einer sprechenden Natur ist die sehend gewordene Ditha eine schein- und augenblickshafte Existenz. Der erste Blitz, der sie sehend macht, und der zweite Blitz, der sie tötet, begrenzen den zur Dauer gedehnten Augenblick ihres ‚Sehens': als Sehenlernen zunächst, dem im Zuge ihrer Subjektwerdung die Ausbildung ihrer Sprache entspricht, und als die schließliche Erkenntnis ihrer selbst im Moment des Todes. Die Dauer des Subjekts, die den unbewußt-naturhaften Zustand ihrer früheren Existenz mit dem Sehendwerden zu vermitteln sucht, ist aufgefaltet in einem Augenblick zwischen Leben und Tod. Hatte der erste Blitz „die eisernen Drähte des Käfigs, in dem das Schwarzkehlchen war, dessen Singen Ditha so erfreute" (319) und das ein Symbol für die im Gefängnis ihres Ich eingeschlossene Innerlichkeit ist, „niedergeschmolzen, ohne den Vogel zu verletzen" (ebd.), so wird Ditha zuletzt doch noch durch den zweiten Blitz vom Tod eingeholt, dem „künftigen unbekannten Bräutigam .., den ihr das Schicksal vorbehalten hatte." (JF, HKG 1.2, 154)

In der Bildlichkeit, mit welcher der Erzähler den Weg vom „engen, dunkeln, einsamen Tasten[]" (BF, HKG 1.5, 236) zum Sehen als die Genese eines Subjekts beschreibt, verdeutlicht die Metaphorik des Auges und eine phallische Symbolik den Ausgang aus der Bewußtlosigkeit des Körpers und den Eintritt in die Kultur. Das Auge wird zum Träger eines Abstraktions- und Idealisierungsprozesses, aus dem die Seele hervorgeht, die sich in einer neu gewonnenen Souveränität dem Gefängnis des Körpers entwindet.[49] Gleichzeitig lernt das Subjekt in seiner nun erlangten Autonomie die Außenwelt zu beherrschen. Dabei gleicht der Zustand des noch unbewußten Körpers dem Verpuppungszustand der Insektenlarve, der seine aus sich zu entwickelnde Wahrheit bereits in sich trägt. Die Entfaltung der Seele bleibt an das Erleben des eigenen Körpers zurückgebunden, der nur des Lichts bedarf, das durch die aufknospenden Augen aufgenommen wird. Erinnert man sich an die Vorrede, so manifestiert sich in den aufblühenden Augen Dithas Anspruch und Sieg der Vernunft. In den Bildern der aufbrechenden Blume und der zur Reife gelangten Insektenlarve verbildlicht sich somit die Genese des Subjekts:

„[A]ber wie man von jener fabelhaften Blume erzählt, die viele Jahre braucht, um im öden grauen Kraute zu wachsen, dann aber in wenigen Tagen einen schlanken Schaft emportreibt, und gleichsam mit Knallen in einem prächtigen Thurm von Blumen aufbricht: – so schien es mit Ditha; seit die zwei Blumen ihres Hauptes aufgegangen waren, schoß ein ganz anderer Frühling rings um sie herum mit Blitzesschnelle empor; aber nicht allein die äußere Welt war ihr gegeben, sondern auch ihre Seele begann sich zu heben. Gleichsam wie die Falterflügel wachsen, daß man sie sieht, wenn der junge Vogel noch an der Stelle sitzt, an welcher er aus der Puppe gekommen war, die die Fittige so lange eingefaltet gehalten hatte, so dehnte das junge Innere Ditha's die neuen eben erst erhaltenen Schwingen ..." (326f.)

Mit dem Aufbrechen ihrer Augen manifestiert sich die Wahrheit ihres Körpers als eines Inneren, das als Äußeres erkennbar wird. In Dithas lebendigem Gesicht zeigt sich ihr Herz, die Augen werden nun als sprechende zum Fenster der Seele:

„Auch die Augen, die einst so starren unheimlichen Bilder, wurden nun menschlich lieb und traulich; denn sie fingen zu reden an, wie Menschenaugen reden ..." (327)

Im Sinne der sprachlichen Signifikation werden Augen und Körper zu Signifikanten, die auf ein anderes verweisen. Letztlich bleibt aber der Prozeß der Subjektwerdung Dithas defizitär. Ihr Sehen bleibt von ihrer früheren Lebensweise geprägt, ebenso ihr Sprechen. Zur Natur steht sie in einem sympathetischen Verhältnis, daher bleibt die Trennung von Innen und Außen, Ich und Natur unvollständig, zwischen beiden

---

[49] Zu Zivilisationsprozeß und Metaphorik des Sehens vgl. Böhme, a.a.O., S. 215-244. Außerdem Knut Boeser: Der blinde Blick. Assoziationen zum Auge, in: Dietmar Kamper, Christoph Wulf (Hg.): Der Andere Körper, Berlin 1984, S. 177-199.

Bereichen besteht keine wirkliche Grenze. Die Seele Dithas spiegelt sich in der Natur, so wie sich Natur in ihrer Seele spiegelt. In ihrer Gewitterfreudigkeit und der Lichterscheinung, die manchmal an ihr sichtbar wird, verbindet sich das biblische Zeichen des Göttlich-Numinosen, der besonderen Erwählung und Erleuchtung, mit der romantischen Naturwissenschaft von der Sympathie aller Dinge. (Vgl. 328) Doch deutet die profane Maßnahme, welche die Installation eines Blitzableiters darstellt (vgl. 329), gleichzeitig ihre besondere Gefährdung an. In Dithas Denk- und Redeweise zeigt sich eine sprechende Natur. Die Natur ihres Körpers und diejenige der Außenwelt verständigen sich im Zustand eines gegenseitigen Ergriffenwerdens, ihre jeweiligen Bilder gehen ineinander über wie diejenigen von Träumen und Wachen:

> „Wie nemlich bei andern Menschen das Tag- und Traumleben gesondert ist, war es bei ihr vermischt. Bei andern ist der Tag die Regel, die Nacht die Ausnahme: bei ihr war der Tag vielmehr das Ausgenommene. Ihre vergangene, lange, vertraute Nacht reichte nun in ihren Tag herüber, und jene willkührlichen von andern Menschen nicht verstandenen Bilder ihrer innern Welt, die sie sich damals gemacht hatte, mischten sich nun unter ihre äußeren, und so entstand ein träumend sinnendes Wesen ... ; es entstand eine Denk- und Redeweise, die den andern, welche sie gar nicht kannten, so fremd war, wie wenn etwa eine redende Blume vor ihnen stände." (329f.)

In der synästhetischen Wahrnehmung von Farben (vgl. 330) ist die Trennung der Sinne in der Ganzheit des emphatisch empfindenden Körpers aufgehoben. Im Blau ihrer Augen, demjenigen des Flachses und dem Blau des Himmels vermischen sich die Sphären ihres Inneren, der äußeren Natur und diejenige der Transzendenz. Ebenso kommt in ihrem Singen ein ganzheitlicher Zustand zum Ausdruck, der einem noch vorsprachlichen In-der-Welt-Sein gleicht:

> „Ihre Stimme, die sie in der letzten Zeit ihrer Blindheit immer lieber zum Singen, als zum Sprechen erhoben hatte, wendete sich frühzeitig einem sanften klaren Alte zu. So lebte sie eine Welt aus Sehen und Blindheit, und so war ja auch das Blau ihrer Augen, so wie das unsers Himmels, aus Licht und Nacht gewoben." (330)

Versteht man Ditha als „Ekstase einer anderen Figur"[50], so wird deutlich, daß die Wirklichkeit, zu der sie kommt, diejenige des Abdias ist. Dieser bildet die Grenzen ihrer Welt:

> „... denn was die Außenwelt für ihre Augen war, das war er für ihr Herz – ja er war ihr noch mehr, als die Außenwelt; denn sie glaubte immer, er sei es, der ihr diese ganze äußere Welt gegeben habe." (328)

Was Ditha ist, ist sie durch Abdias. Zwischen beiden besteht keine wirkliche Trennung, und beider Welt reduziert sich auf die Kommunikation ihres Inneren. Ihre Seele wurde ihm „geschenkt" (JF, HKG 1.2, 149), so wie er ihr „die seine wiederschenken" (ebd.) mußte. „Aus Büchern lesen, oder sonst etwas lernen hatte er Ditha nicht lassen; es war ihm nicht eingefallen." (BF, HKG 1.5, 333) In dem Maße wie Abdias zum einzigen Erzieher Dithas wird, reduziert sich ihre soziale Wirklichkeit auch sprachlich auf die Welt ihres Innern. Dabei vermischen sich Elemente verschiedener Sprachen, die Bilder ihres Innern und diejenigen des Abdias zu einem Sprechen, das nur ihnen beiden verständlich ist:

> „Er dachte, er müsse mit ihr verständig reden, daß sie selber verständig würde, und fortleben könnte, wenn er todt sei. Und wenn sie so gingen, redete er mit ihr: er erzählte ihr arabische Wüstenmärchen, dichtete ihr südliche Bilder, und warf seine Beduinengedanken gleichsam wie Geier des Atlasses an ihr Herz. [...] ... mit Ditha sprach er am liebsten arabisch. Da er aber auch zuweilen eine andere Sprache des Morgenlandes gegen sie gebrauchte, ... so kannte sie eigentlich ein Gemisch von allem, drückte sich darin aus, und hatte eine Gedankenweise, die dieser Sprache angemessen war." (334f.)

In der Einheit von Vater und Tochter, in der die Sprache der Natur zur Privatsprache wird, spiegelt sich die soziale Wirkungslosigkeit der Sprache der Natur und des Körpers wider. Was im Sinne einer sprechenden Natur die Einheit von Ich und Welt verheißt, erscheint sozialpsychologisch als die regressive Ungeschiedenheit von Vater und Tochter, letztlich reduziert sich die Welt auf das Innere des Abdias. Solcherart wird er für Ditha zum „kindliche[n] aber unheimliche[n]" (JF, HKG 1.2, 153) Gespielen und sie selbst zu seiner „Herrin" (ebd.), da sie eine Projektionsfläche seines Inneren ist, dem er die Herrschaft über sich einräumt.

---

[50] Gerhard Kaiser, Stifter – dechiffriert?, a.a.O., S. 301.

9. Dithas Ende

Wie bereits erwähnt, ist Ditha als die verwirklichte Utopie einer sprechenden Natur eine schein- und augenblickshafte Existenz. Als der „schlanke Schaft einer Wüstenaloe" (BF, HKG 1.5, 334), die auch das Symbol des Abdias ist, die einmal blüht und dann verdorrt[51], verkörpert sie das Aufbrechen einer Innerlichkeit, die von Anfang an im Zeichen des Todes steht. Nicht ohne Grund kann sich Abdias als Bräutigam für Ditha nur den toten Uram vorstellen. (Vgl. 335) Da die Dauer ihrer Existenz als Sehende ein Werden ist, ist die „Zeit der Reife" (336) und der „Ernte" (ebd.) unausweichlich. Was sich als körperliche Reife und Erwachen der Sexualität mit dem „Hereintreten des Jungfrauenalters" (ebd.) ankündigt, bezeichnet den Eintritt ins Bewußtsein und das Aufbrechen einer Grenze zwischen Ich und Welt, die sich im „Ausdruck süßen Leidens" (ebd.) bemerkbar macht. Im zweiten Blitz, der Ditha tötet, vollendet sich, was sich mit dem ersten Blitz, der sie sehend machte, bereits angekündigt hatte. Als allegorische Figur ist der Tod ihr Bräutigam. Der Tod, dem sie schließlich anheimfällt, ist aber, was seine metaphorische Bedeutung angeht, ein anderer als derjenige, der im Zustand ihrer Blindheit ihre Existenz als stumme und seelenlose Natur bezeichnete. Ähnlich wie in der »Narrenburg« ist auch hier die metaphorische Bedeutung des Todes zweifach konnotiert als derjenige einer schweigenden Natur und derjenige einer bezeichneten Natur. Im Prozeß der Subjektwerdung Dithas sind Natur und Kultur die beiden Pole, welche die Dauer ihrer Existenz begrenzen.

In der Schlußrede Dithas verdichten sich die erzählerischen und thematischen Konstituenzien des Textes zur Quintessenz der Erzählung, gleichzeitig stellt sie den Bezug zur Vorrede her. In ihrem Sprechen erweist sich Ditha als die allegorische Verkörperung des Textes[52], indem sie das erzählerische Verfahren nachvollzieht, das die Vorrede in ihrem Verhältnis zur eigentlichen Erzählung vorgegeben hatte. Die leitende Frage nach einer Lesbarkeit der Natur, aus der sich ein sinnvoller Zusammenhang von Ich und Welt begründen ließe und die im Rückzug auf das Erzählen geklärt werden sollte, findet hier

---

[51] Vgl. ebd., S. 298.
[52] Vgl. dazu die Ausführungen von Eva Geulen, a.a.O., S. 68-81.

ihre erzählerische Probe. Die Natur, die zur Sprache kommt, ist diejenige ihres Körpers und bedeutet ihre eigentliche Identität:

> „‚Ich liebe die Flachspflanzen sehr,‘ fing nach einer Weile Schweigens Ditha wieder an, ‚es hat mir Sara auf mein Befragen vor langer Zeit, da noch das traurige schwarze Tuch in meinem Haupte war, vieles von dem Flachse erzählt, aber ich habe es damals nicht verstanden. Jetzt aber verstehe ich es und habe es selbst beobachtet. Sie ist ein Freund des Menschen, diese Pflanze, hat Sara gesagt, sie hat den Menschen lieb. Ich weiß es jetzt, daß es so ist. Zuerst hat sie die schöne Blüthe auf den grünen Säulchen, dann, wenn sie todt ist, und durch die Luft und das Wasser zubereitet wird, gibt sie uns die weichen silbergrauen Fasern, aus denen die Menschen das Gewebe machen, welches, wie schon Sara sagte, ihre eigentlichste Wohnung ist, von der Wiege bis zum Grabe. [...]'" (339f.)

Die Flachsblumen sind das zentrale Motiv des Textes, in welchem die Metaphernreihen einer sprechenden Natur und diejenigen von Tuch, Stoff und Gewebe aufeinander bezogen werden.[53] Als sprechende Blume, deren Augen die Farbe der sie symbolisierenden Flachsblumen zeigen, lebte Ditha in einer „Welt aus Sehen und Blindheit" (330), so wie auch das Blau ihrer Augen und des Himmels „aus Licht und Nacht gewoben" (ebd.) war. Bereits hier zeigte sich die Tuchmetaphorik als Übersetzung der Metaphern einer sprechenden Natur. Als Kleidung bedeuten die Stoffe den Körper, den sie zugleich verbergen. Gleichzeitig werden die Flachsblumen zum Medium eines Verwandlungsprozesses, der denjenigen der realen Flachspflanzen zum Gewebe metaphorisch nachvollzieht.[54] Vergleicht man die Rede Dithas mit der Kettenmetaphorik der Vorrede, so lebt Ditha nach, was dort bereits vorgebildet ist. In der Vorrede stand das als Blume der Vernunft symbolisierte Subjekt zur Kette im Verhältnis der Zugehörigkeit und der Nichtzugehörigkeit. Das Subjekt, so zeigte sich, konstituiert sich durch Sprache und ist gleichzeitig Produzent der Sprache, als Lesendes produziert es seine eigene Wahrheit. In gleicher Weise ist Ditha zugleich Subjekt und Objekt ihrer Rede, mit der sie sich als sprechende Natur zur Sprache bringt. Als allegorische Figur, deren In-der-Welt-Sein als sprechende Natur gerade dadurch gekennzeichnet war, daß sie zwischen Wort und Sache nicht unterschied und ausschließlich in der Welt der eigenen Innerlichkeit lebte, gehörte Ditha ganz der Sprache an. Da sie somit als ‚sprechende Blume‘ von der Meta-

---

[53] Zur Textilmetaphorik in »Abdias« vgl. Eva Geulen, a.a.O., S. 74f.

phoriszität der Sprache bestimmt ist, geschieht ihr, wie Eva Geulen bemerkt, in dem Moment, als ihr Sprechen bedeutsam wird und sie den Unterschied zwischen Wort und Sache, den lebenden Flachsblumen und deren Verwandlung zum Gewebe, erkennt, dasjenige, wovon sie spricht.[55] Sie stirbt mit Blick auf das blühende Flachsfeld, indem sie zum „Opfer der Indifferenz von Wort und Sache"[56] wird: So wie sie vom Verhüllen und den Blumen spricht, wird sie selbst verhüllt und als redende Blume dem Text zurückverwoben.[57]

Mit dem Ende Dithas wird die anfangs aufgeworfene Frage nach der Möglichkeit des Erzählens und einer Lesbarkeit der Welt, die einen sinnvollen Zusammenhang von Ich und Welt bestätigen und sich im Erzählen selbst erweisen sollte, auf frappante Weise beantwortet. Was sich mit dem Ende Dithas und damit auch der eigentlichen Existenz des Abdias enthüllt, ist nicht die Logizität des Zusammenhangs von Ich und Welt, sondern das Wesen einer sprachlich konstituierten Wirklichkeit. In diesem Sinne klärt sich auch die Frage nach dem referentiellen Gehalt des Textes und dem Verhältnis von Inhalt und Form, der philosophischen Fragestellung der Erzählung und der erzählten Lebensgeschichte des Abdias: In der gleichen Weise, wie sich Ditha als allegorische Figur selbst zur Sprache bringt, produziert der Text seine eigene Wirklichkeit.

---

[54] Vgl. ebd., S. 77.
[55] Vgl. ebd., S. 79.
[56] Ebd.
[57] Vgl. ebd.

IV. Die Frage nach der Möglichkeit der kulturellen Erneuerung: »Turmalin«

In »Turmalin«[1] wird die merkwürdige Geschichte eines in Wien lebenden Rentherrn erzählt, der, nachdem seine Frau mit einem mit ihm befreundeten Künstler die Ehe gebrochen und ihn verlassen hat, spurlos verschwindet, um Jahre später in der Kellerwohnung eines verlassenen Patrizierhauses in einer der Vorstädte wieder aufzutauchen. Nach seinem Tod läßt er eine kranke und der menschlichen Gesellschaft völlig entfremdete Tochter zurück, die nur durch die Hilfe einer mütterlichen Freundin, die ihrem Schicksal nachgespürt hatte, den Weg zurück in die menschliche Gemeinschaft findet. Die Geschichte ist nicht nur in ähnlicher Weise spektakulär wie diejenige des Abdias, auch sonst finden sich, was Erzählhaltung und Motivstruktur angeht, Parallelen. Die Erzählung beginnt wie »Abdias« mit einer eindeutigen Leseanleitung des Erzählers, welche die Geschichte zum Exempel einer allgemeingültigen Aussage werden läßt:

„Es ist darin wie in einem traurigen Briefe zu entnehmen, wie weit der Mensch kömmt, wenn er das Licht seiner Vernunft trübt, die Dinge nicht mehr versteht, von dem innern Geseze, das ihn unabwendbar zu dem Rechten führt, läßt, sich unbedingt der Innigkeit seiner Freuden und Schmerzen hingibt, den Halt verliert, und in Zustände geräth, die wir uns kaum zu enträthseln wissen." (BF, HKG 2.2., 135)

Das Licht der Vernunft und das innere Gesetz auf der einen, und die Zustände affektbestimmter Innerlichkeit auf der anderen Seite bilden somit die beiden inhaltlichen Pole, um welche die Erzählung aufgebaut ist. Damit sind aber zugleich die Grenzen problematischer Subjektivität zwischen dem aufklärerischen Konzept eines souverän erkennenden und handelnden Ich und der Selbstverfallenheit der eigenen Individualität beschrieben. Ist die Vernunft Ausdruck einer als moralischer Imperativ verstandenen gesetzmäßigen Ordnung der inneren Natur, die als Teil des sanften Gesetzes mit der naturgesetzlichen Ordnung der äußeren Natur in Verbindung steht, so hat die affektbe-

---

[1] Die Interpretation bezieht sich ausschließlich auf die Buchfassung »Turmalin«, da sie im Vergleich zur Erstfassung »Der Pförtner im Herrenhause« wesentlich ausgereifter und prononcierter ist. Zum Vergleich der beiden Fassungen vgl. Karen J. Campbell: Toward a Truer Mimesis: Sifter's »Turmalin«, in: The German Quarterly 57 (1984), S. 576-589, und außerdem Eve Mason: Sifter's »Turmalin«: A Reconsideration, in: The Modern Language Review 72 (1977), S. 348-358.

stimmte Innerlichkeit diesen Anspruch offensichtlich eingebüßt.[2] Solchermaßen erscheint die Natur des Körpers allein in der Konstellation eines bedeutungsunterscheidenden Gegensatzes. Dabei wendet sich die Reduktion der Vernunft auf das Wirken gesetzmäßiger Rationalität, welche der Wahrheit des Anderen keinen Platz mehr läßt, zuletzt gegen sich selbst.

1. Die Struktur der Erzählung

Die Erzählung ist zweigeteilt. Im ersten Teil, der die Vorgeschichte erzählt, tritt der Erzähler außer im einleitenden Kommentar nicht in Erscheinung. Was hier berichtet wird, ist gleichsam das allen Bekannte und wird zu Beginn des zweiten Teils nachträglich dadurch autorisiert, daß sich sein Autor in der Neutralität einer allgemeinen Erzählerinstanz verliert.[3] Der zweite Teil wird aus der unmittelbaren Perspektive einer Ich-Erzählerin geschildert, deren psychologisches, soziales und pädagogisches Interesse als recherchierende Figur ein konstitutiver Bestandteil der Erzählung darstellt.[4] Sie ist eine detektivähnliche Gestalt, deren Nachforschungen in ihrem Erzählen nachvollzogen werden können. Da der Leser um den Zusammenhang von Vorgeschichte und dem Gegenstand des nun Erzählten weiß, gilt sein Interesse vor allem der detektivischen Vorgehensweise der Erzählerin.[5] Dabei vermittelt sie gleichzeitig die Lebensauffassungen und Wertvorstellungen, die ihr Verhalten bedingen und diejenigen einer Gemeinschaft sind, die der Sonderlingsexistenz des Rentherrn entgegengestellt wird.[6] Nach dem Muster der Detektiverzählung beschränkt sich der zweite Teil der Erzählung auf das äußerlich Wahrnehmbare, das als Zeichen entziffert werden muß.[7] Ausgehend von den

---

[2] Vgl. Hans Esselborn: Adalbert Stifters »Turmalin«. Die Absage an den Subjektivismus durch das naturgesetzliche Erzählen, in: VASILO 34 (1985), Folge 1/2, S. 3-26 (5).
[3] Die Geschichte wird als die Erzählung einer Freundin vorgestellt, die sie wiederum von jemand anderem erzählt bekam, der sich nochmals auf Dritte stützt. (Vgl. 148) Zur Frage, ob Stifter zu seiner Erzählung durch damals lebende Personen angeregt wurde, vgl. Helmut Barak: „Gute Freundin" und „glänzender Künstler". Die dichterisch gestaltete Wirklichkeit in Stifters Erzählung »Turmalin«, in: Hartmut Laufhütte, Karl Möseneder: Adalbert Stifter. Dichter und Maler, Denkmalpfleger und Schulmann. Neue Zugänge zu seinem Werk, Tübingen 1996, S. 476-485. Zur Erzählhaltung in »Turmalin« vgl. Joachim Müller: Stifters »Turmalin«. Erzählhaltung und Motivstruktur im Vergleich beider Fassungen, in: VASILO 17 (1968), Folge 1/2, S. 33-44 (33f.).
[4] Vgl. Hans Geulen: Stiftersche Sonderlinge. »Kalkstein« und »Turmalin«, in: Jahrbuch der deutschen Schillergesellschaft 17 (1973), S. 415-431 (417).
[5] Vgl. ebd., S. 425.
[6] Vgl. ebd., S. 425f.
[7] Diese Beschränkung auf das äußerlich Wahrnehmbare wird ab dem mittleren Werk Stifters und insbesondere im »Witiko« auch in der Darstellung der Personen zum bestimmenden Element. Vgl. dazu

durch die Erzählerin repräsentierten Wertmaßstäben der Gemeinschaft vollzieht sich somit im detektivischen Erkennen im nachhinein die Vermittlung von Subjekt und Welt, die in der Lebensgeschichte des Rentherrn in grundsätzlicher Weise gefehlt hatte.

Was die metaphorische Bedeutung der Räume angeht, so folgt diese der Zweiteilung der Erzählung. Dem abgeschlossenen Kulturraum der Großstadt Wien steht die Vorstadt mit der Wohnung der Erzählerin gegenüber, die in ihrer Offenheit zur umgebenden Landschaft und durch die gleichzeitige Anbindung an die Stadt den Raum einer geglückten Verbindung von Natur und Kultur bedeutet.[8] Liegt die Vorstadt genau auf der Grenze zwischen Land und Großstadt, so wird diese Vermittlungsposition nochmals in der Wohnung selbst widergespiegelt. Sie ist gesund, hell, weit und offen, und die Aussicht aus ihren Fenstern ermöglicht sowohl den Blick auf den Garten und die „Weinberge und Waldhügel der Umgebung" (149) als auch „auf die breite gerade und schöne Hauptstrasse der Vorstadt, in welcher ein angenehmes, nicht zu bewegtes Leben herrschte, Kaufbuden und Waarenstände waren, und Wägen fuhren, und Menschen gingen" (149). In der glücklichen Mittellage der Vorstadt[9] zwischen Stadt und Land bildet lediglich das alte Perronsche Haus, die zweite Wohnung des Rentherrn, einen Fremdkörper. Alt und zerfallen stammt es aus einer anderen Zeit und soll abgerissen werden. (Vgl. 153) Als Wohnung des Rentherrn, der in dieser Umgebung ebenfalls ein Fremdkörper ist, steht es in Verbindung zur Stadt und seinem früheren Leben. In Form des Perronschen Hauses reicht der metaphorische Raum der Großstadt in den Vermittlungsraum von Natur und Kultur hinein. Wie der Rentherr gehört es einer untergehenden Zeit an.

Karlheinz Rossbacher: Erzählstandpunkt und Personendarstellung bei Adalbert Stifter. Die Sicht von außen als Gestaltungsperspektive, in: VASILO 17 (1968), S. 47-58.

[8] Zum Gegensatz von Stadt und Land als Topos der neueren Literatur vgl. Friedrich Sengle: Wunschbild Land und Schreckbild Stadt. Zu einem zentralen Thema der neueren deutschen Literatur, in: Klaus Garber (Hg.): Europäische Bukolik und Georgik, Darmstadt 1976, S. 432-460. Zum Bild der Großstadt Wien, wie es Stifter insbesondere in »Wien und die Wiener« entfaltet, vgl. Renate Obermaier: Stadt und Natur: Studie zu Texten von Adalbert Stifter und Gottfried Keller, Frankfurt am Main 1985.

[9] Die Vorstadt, wie sie sich im 19. Jahrhundert herausbildet und in der sich der Blick des Städters der Natur zuwendet, ist Teil des kulturgeschichtlichen Prozesses der Kolonisierung des Raumes. Daß gerade die Hinwendung zur Natur zu ihrer Kolonisierung führt, ist in Stifters Werk deutlich zu erkennen. Bildet in »Brigitta« der Bereich domestizierter Natur lediglich eine Insel, so ist er in »Katzensilber« bereits auf den gesamten überblickbaren Raum ausgedehnt. In »Wien und die Wiener« beschreibt Stifter besonders deutlich die Tendenz der wachsenden Großstadt, die sie umgebende Natur zu vertilgen. Aus der Stadt wird das Material genommen, um die Ziegel herzustellen, mit denen die Stadt gebaut wird, „bis der Berg erschöpft" (GW 13, 22) und „von der Stadt verschlungen" (ebd.) ist. Zum kulturgeschichtlichen Phänomen der Kolonisierung des Raumes vgl. Henning Eichberg: Stimmung über der Heide – Vom romantischen Blick zur Kolonisierung des Raumes, in: Götz Großklaus, Ernst Oldemeyer (Hg.): Natur als Gegenwelt. Beiträge zur Kulturgeschichte der Natur, Karlsruhe 1983, S. 197-233.

2. Die verlorene Sprache des Körpers

In den Figuren des Rentherrn, der das Leben eines dilettierenden Künstlers führt, und des Schauspielers Dall wird die Künstlerexistenz zum paradigmatischen Fall von Entäußerung. Im Prozeß der eigenen Kulturation geht der Bezug von Innen und Außen verloren. Identität als die nach außen vermittelte Erfahrung eines Inneren, wird durch die Verabsolutierung des Signifikanten zur leeren Pose. Die Innerlichkeit aber, um deren Verlust es geht, ist widersprüchlich konnotiert: positiv, wenn sie als inneres Gesetz und Ruhepol der Identität verstanden wird, negativ, wenn sie sich in „Zustände[n]" (135) zeigt, in die derjenige gerät, der „sich unbedingt der Innigkeit seiner Freuden und Schmerzen hingibt" (ebd.). Offenbar hat der Prozeß, der zum Verlust der Innerlichkeit führt, seine Ursache in sich selbst. Rentherr und Schauspieler sind beides romantische Künstlergestalten, die die Affirmation des eigenen Inneren zu ihrem eigentlichen Lebensinhalt machen, und gerade die Herausstellung der eigenen Innerlichkeit ist es, die im Prozeß der kulturellen Kodierung die Sprache ihrer Körper zum Verstummen bringt.[10]

Der Schauspieler Dall, die einzige Person mit welcher der Rentherr auch außerhalb seines privaten Raumes engeren Umgang pflegt, ist der Vertreter einer Identifikationskunst, deren im idealistischen Sinn verstandene Kunstcharakter aufgrund der fehlenden Vermittlungsleistung verloren geht. Gleichzeitig wird diese Art der Kunst als diejenige einer vergangenen Zeit ausgewiesen und betont, „daß alles, was die neue Zeit bringe, keinen Vergleich mit dem aushalten könne, was die Väter in dieser Art gesehen haben". (139) Für die psychologisch-realistische Darstellungskunst Dalls sind Wirklichkeit und Illusion ein und dasselbe, die innere Wirklichkeit geht über dasjenige, was sich auf der Oberfläche seines Körpers abzeichnet, nicht hinaus und verliert somit in ihren wechselnden „Zuständen" (141) die Fähigkeit, in der doppelten Organisation bedeutender Körpernatur nach den Prinzipien von Innen und Außen, Ruhe und Bewegung Ruhepol von Identität zu sein:

---

[10] Zu dieser Problematik vgl. Dietmar Kamper: Vom Schweigen des Körpers, in: Dietmar Kamper, Volker Rittner (Hg.): Zur Geschichte des Körpers. Perspektiven der Anthropologie, München, Wien 1976, S. 7-12.

„Es haben sich noch Erzählungen von einzelnen Augenbliken erhalten, in denen er die Zuschauer bis zum Äußersten hinriß, zur äußersten Begeisterung oder zum äußersten Schauer, so daß sie nicht mehr im Theater sondern in der Wirklichkeit zu sein meinten, und mit Bangen den weiteren Verlauf der Dinge erwarteteten. [...] Ein sehr gründlicher Kenner solcher Dinge sagte einst, daß Dall seine Rollen nicht durch künstliches Nachsinnen oder durch Vorbereitungen und Einübungen sich zurecht gelegt, sondern daß er sich in dieselben, wenn sie seinem Wesen zusagten, hineingelebt habe, daß er sich dann auf seine Persönlichkeit verließ, die ihm im rechten Augenblike eingab, was er zu thun habe, und daß er auf diese Weise nicht die Rollen spielte, sondern das in ihnen Geschilderte wirklich war." (140)

Mißt man die Kunst Dalls an ihrem intellektuellen Gehalt und ihrer Vermittlungsleistung von Geist und Gefühl, so ist er ein schlechter Künstler. So heißt es zwar von ihm, daß er „seinen Körper als den Ausdruk eines lebhaften und beweglichen Geistes [trug], der sich durch dieses Werkzeug sehr deutlich aussprach" (140), und daß die „Gefühle, die in seinem feurigen Geiste entstanden" (ebd.), sich „auf der Oberfläche seines Körpers feurig dar[stellten]" (ebd.), das somit sichtbar werdende Innere ist aber gerade nicht das „Ergebnis einer sorgfältigen Inszenierung von Körperzeichen"[11], sondern ähnelt vielmehr dem bewußtlosen Spiel eines Körpers, der in seinen wechselnden Äußerungen nicht zu kontrollieren ist:

„Daraus erklärt sich, daß, wenn er sich der Lage grenzenlos hingab, er im Augenblike Dinge that, die nicht nur ihn selber überraschten, sondern auch die Zuschauer überraschten, und ungeheure Erfolge hervorbrachten." (140)

Ensteht Identität aus der erfolgreichen Vermittlung von Körpererfahrung und kultureller Kodierung, so bedeutet die Veräußerlichung, die den Ausdruck seines Körpers zum bloßen Spiel werden läßt, den Verlust der Differenz, der die Wahrheit des Körpers suspendiert, da Innen und Außen ein und dasselbe bedeuten. Das naturalistische Spiel des Schauspielers Dall tendiert dazu, in die Natur eines naiven Realismus zurückzufallen. Sein unberechenbarer Körper beherrscht sein Leben und übt eine magische Faszination auf seine Umwelt aus:

„Er lebte daher in Zuständen, und verließ sie, wie es ihm beliebte." (141)

---

[11] Franziska Schößler: Das unaufhörliche Verschwinden des Eros. Sinnlichkeit und Ordnung im Werk Adalbert Stifters (= Epistemata. Würzburger wissenschaftliche Schriften. Reihe Literaturwissenschaft, Bd. 168), Würzburg 1994, S. 72.

Während der Körper des Schauspielers Dall, indem er sich ihm hingibt und nur seiner Wahrheit folgt, zum Kunstwerk wird, das gerade diese Wahrheit wieder destruiert, folgt der Rentherr ganz und gar der Wahrheit der Kunst, der er seinen Körper unterordnet. Der Effekt ist letztlich der gleiche wie beim Schauspieler Dall: „Weil der Rentherr seinen Körper nicht wie der Schauspieler als Oberfläche auszunutzen weiß, macht der Rentherr aus seiner Wohnung ein Kunstwerk. Beide Figuren verwandeln den psychologischen beziehungsweise häuslichen Innenraum in einen Außenraum."[12] Im Zimmer des Rentherrn sind „alle Wände ganz vollständig mit Blättern von Bildnissen berühmter Männer beklebt" (136), so daß von „der ursprünglichen Wand" (ebd.) nichts mehr zu sehen ist. Das einzige aber, das sich in den Bildern ausspricht, ist der ständige Verweis auf eine Subjektivität, deren Bedeutung eingezogen scheint:

„In Hinsicht des Ruhmes der Männer war es dem Besizer einerlei, welcher Lebensbeschäftigung sie angehört hatten, und durch welche ihnen der Ruhm zu Theil geworden war, er hatte sie womöglich alle." (136)

So wie der Schauspieler Dall die Darstellung „hoher Personen" (140) bevorzugt, hat der Rentherr seine „Heldenstube" (141) mit den Portraits berühmter Männer ausstaffiert.[13] Der Schauspieler spielt seine Rollen, ohne eigentlich zu spielen[14], für den Rentherrn werden seine Rolleitern zum „Medium des Dilettanten"[15]:

„Damit er, oder gelegentlich auch ein Freund, wenn einer kam, diejenigen Männer, die ganz nahe oder hart an dem Fußboden sich befanden, betrachten konnte, hatte er ledergepolsterte Ruhebetten von verschiedener Höhe und mit Rollfüßen versehen machen lassen. [...] Man konnte sie zu was immer für Männern rollen, sich darauf niederlegen, und die Männer betrachten. Für die hoch und höher hängenden hatte er doppelgestellige Rollleitern, ... von deren Stufen aus man verschiedene Standpunkte gewinnen konnte. Überhaupt hatten alle Dinge in der Stube Rollen, daß man sie leicht von einer Stelle zu der andern bewegen konnte, um im Anschauen der Bildniße nicht beirrt zu sein." (136)

Die verschiedenen Standpunkte, die man beim Betrachten der Bilder einnehmen kann, gleichen den Zuständen, die Dall nach Belieben einnehmen und wieder verlassen kann. Versteht man die Wohnung des Rentherrn als veräußerlichter Innenraum, so ist das, was

---

[12] Eva Geulen, a.a.O., S. 140.
[13] Vgl. ebd.
[14] Vgl. ebd.

ihm beim Betrachten der Bilder entgegentritt, immer nur er selbst. In diesem Sinn wird das Ich zu einer spiegelnden und leeren Hülle. Dabei entspricht die totale Veräußerlichung dem Rückzug in ein Inneres. Im selben Maße, wie ihm seine Wohnung zum hauptsächlichen und abgeschlossenen Aufenthaltsraum wird, spiegelt sich in ihr ein Inneres, das seine soziale Dimension verloren hat und sich selbst verfallen ist. In der Liebe des Rentherrn zu den Bildern berühmter Männer und den verschiedenen Perspektiven, die er einnimmt, um sie zu betrachten, wird der Perspektivenwechsel, der ursprünglich ein Mittel darstellt, sich selbst zu genießen, zur „künstlichen Polyperspektivität"[16], die, auf das eigene Ich angewendet, den Ganzheitlichkeit verbürgenden Spiegelblick zum Facettenblick eines fragmentierten Selbst werden läßt.

Die Ehefrau des Rentherrn wird schließlich zum Opfer der Kunst des Schauspielers Dall, die darin besteht, die Zuschauer völlig für sich einzunehmen. Sie unterliegt der Anziehungskraft seines Körpers, dessen magischer Unmittelbarkeit sie sich nicht entziehen kann. Dall erscheint als Dämon, der, selbst seelenlos, sich der Seele eines anderen bemächtigt. Für den Rentherrn bedeutet dies eine späte Erkenntnis:

> „Da ging er zu seinem Weibe, und sagte, sie habe an Dall fallen müssen, warum habe er ihn ins Haus geführt, sie habe ihm das Herz gegeben, wie er es Tausenden an einem Schauspielabende aus dem Leibe nehme." (143)

Dem Verstehen des Rentherrn[17] geht die Suche nach dem Schauspieler voraus. Dieser verschwindet zunächst spurlos, um erst dann wieder aufzutauchen, als der Rentherr „ruhig und sinnend" (143) geworden ist. Daß der Rentherr, nachdem ihn seine Frau verlassen hat, nicht nur mit seiner Tochter die Wohnung verläßt, sondern zunächst völlig aus der Geschichte verschwindet, um in der Kellerwohnung eines Wiener Vorstadthauses wieder in Erscheinung zu treten, ist auf metaphorischer Ebene mit dem Erkenntnisfortgang gleichzusetzen, der vom Leser aufzudecken ist. Was einerseits als Bruch erscheint, ist andererseits die logische Konsequenz aus dem bisherigen Geschehen, die Fortsetzung seiner Existenz unter geändertem Vorzeichen, welche die zerstörerischen Konsequenzen seines bisherigen Lebens in vollem Maße in Erscheinung treten läßt.

---

[15] Ebd.
[16] Schößler, a.a.O., S. 140.

3. Das Perronsche Haus

Während die Stadtwohnung den veräußerlichten Raum eines Innern bedeutete, zeigt das Leben in der Kellerwohnung des Perronschen Hauses den Rückzug in ein Inneres, der dieser Veräußerlichung von Anfang an inhärent ist. Der Weg vom vierten Stock des Stadthauses in die Kellerwohnung der Vorstadt zeichnet dabei in eigentümlicher Weise die Dialektik der Kulturation nach: Der signifikatorische Prozeß der Veräußerlichung führt über die Verabsolutierung des Signifikanten zu einer Kultur, die als neue Ungeschiedenheit von Wort und Sache zur zweiten Natur zu werden droht und damit in gewisser Weise den Weg zurück zu den Grundlagen nimmt, von welcher die Kulturation ihren Ausgang nahm. Dieser Rückfall in die Natur, der an die Wüstenstadt des »Abdias« erinnert, versinnbildlicht sich im „alten Perronschen Hause" (153). „[I]m Begriffe abgetragen zu werden" (ebd.) und mit seinen „Verzierungen aus sehr alten Zeiten" (154) steht es für eine überholte Kultur, als deren Vertreter der Rentherr und der Schauspieler Dall ausgewiesen wurden und die in Form des Hauses, gleichsam ein Ausläufer der Stadt und vergangener Zeiten, in die neu entstehende, jugendliche Kultur der Vorstadt (vgl. 149) und die Gegenwart hineinragt. „Schwarz" (154) und halb verfallen stellt es inmitten der neu entstandenen Vorstadthäuser einen Fremdkörper dar und bezeichnet somit den Wandel der Kultur und ihre gleichzeitige Erneuerung:

> „Wer überhaupt etwa fünfzehn bis zwanzig Jahre her Wien kennt, der wird wissen, daß diese Stadt in beständigem Umwandeln begriffen, und daß sie troz ihres Alters eine neue Stadt ist; denn die Häuser werden immer nach neuer Art und zu dem Zweke der Benüzung umgebaut, ... und so sieht sie immer wie eine von gestern aus." (153f.)

Durch das Motiv des allgemeinen Wandels, das der Erzählung explizit eingeschrieben ist, gewinnt der prozeßhafte Charakter der Lebensgeschichte des Rentherrn ihre gesellschaftliche Dimension.[18] Als Vertreter eines romantischen Subjektivismus ist die Zeit bereits über ihn hinweggegangen, so wie seine Geschichte und sein plötzliches Verschwinden bereits vergessen ist und mit dem Reich der Sage verwoben wird:

---

[17] Vgl. Hans Geulen, a.a.O., S. 424.
[18] Zur Beziehung der »Bunte Steine«-Erzählungen zur Revolution von 1848 vgl. Paul Requadt: Stifters »Bunte Steine« als Zeugnis der Revolution und als zyklisches Kunstwerk, in: Lothar Stiehm (Hg.): Adalbert Stifter, Studien und Interpretationen, Heidelberg 1968, S. 139-168, und Helga Bleckwenn: Adalbert Stifters »Bunte Steine«. Versuche zur Bestimmung der Stellung im Gesamtwerk, in: VASILO 21 (1972), Folge 3/4, S. 105-117.

„Einmal ging die Sage, der Rentherr sei in den böhmischen Wäldern, wohne dort in einer Höhle, halte das Kind in derselben verborgen, gehe unter Tags aus, um sich den Lebensunterhalt zu erwerben, und kehre Abends wieder in die Höhle zurük." (148)

Zusammen mit dem Professor Andorf ist der Rentherr der einzige Bewohner des Perronschen Hauses. Wie der Rentherr ist Andorf ein dilettierender Künstler. Während der Rentherr die untergehende Kultur des Subjektivismus in ihrem tragischen Vollzug verkörpert, ist Andorf ihr melancholischer Beobachter. Er hat gerade deswegen seine Wohnung im Perronschen Haus gewählt, weil es ihm „zusagte, das allmähliche Verschwinden, Vergehen, Verkommen zu beobachten, und zu betrachten, wie die Vögel und andere Thiere nach und nach von dem Mauerwerke Besiz nahmen, aus dem sich die Menschen zurückgezogen hatten" (155). Als dilettierender Künstler, dessen „dichtende[] Kräfte" (ebd.) „sich nicht sowohl im Hervorbringen als vielmehr im Empfangen äußerten" (ebd.), verkörpert er bereits das unproduktive Dekadenzstadium einer Kultur, deren Verfall ihm zum ästhetischen Genuß wird.

Die Besonderheit des Perronschen Herrenhauses sind seine „unterirdische[n] Wohnungen" (154), eine „Eigenthümlichkeit, welche die jezigen jungen Bewohner der Hauptstadt nicht mehr kennen" (ebd.):

„Die Fenster solcher Wohnungen gingen gewöhnlich dicht an dem Pflaster der Straßen heraus. Sie waren nicht sehr groß, hatten starke eiserne Stäbe, hinter denen sich gewöhnlich noch ein dichtes eisernes Drahtgitter befand, das, wenn der Bewohner nicht besonders reinlichkeitsliebend war, mit dem hingeschleuderten und getrokneten Kothe der Straße bedekt war, und einen traurigen Anblik gewährte." (ebd.)

Die Abschließungstendenzen[19], welche bereits die Stadtwohnung des Rentherrn auszeichneten, sind hier zur Allegorie der Verlassenheit und des Ausschlusses aus der menschlichen Gesellschaft gesteigert. Dabei erinnert die unterirdische Wohnung sowohl an die Naturhöhle, wie sie vom Text selbst aufgeworfen wird (vgl.148), als auch an die künstliche Höhle aus dem Schutt vergangener Kultur, wie sie bereits im »Abdias« beschrieben wurde.

Während die Kellerwohnung für den Rentherrn selbstgewähltes Domizil ist, wird seine Tochter, die hier den größten Teil ihres Lebens verbringt, in ihr zum fremdbestimmten Opfer. Der Fall des Mädchens erinnert dabei an denjenigen Kaspar Hausers, mit dem sich Anfang der Dreißiger Jahre des 19. Jahrhunderts die Öffentlichkeit Europas beschäftigte. Für Eva Geulen ist Kaspar Hauser wiederum ein „spätes Geschwister"[20] Mignons. Ist die Identität Mignons diejenige einer vorsprachlichen unbezeichneten Natur, so wird Kaspar Hauser zum Objekt einer Sprache, über die er nicht verfügt. In seiner Studie über Kaspar Hauser hat Jochen Hörisch diesen als ein „um ein weniges verrückter Normalfall von Subjektivität"[21] gekennzeichnet. Ein unbeschriebenes Blatt, „anfänglich im Zeichen der Schrift, nicht der Rede stehend"[22] und den Einschreibungen seiner Zeitgenossen ausgeliefert, figuralisiert sich in ihm die „Nachträglichkeit des Subjekts, das sich den Signifikanten einer transsubjektiven symbolischen Ordnung schuldet"[23]. Ebenso zeichenverfallen und heteronom ist die Tochter des Rentherrn. Zwar besitzt sie bereits eine ausgebildete Sprache, diese hat aber ihre soziale Dimension verloren. In doppelter Hinsicht wird sie zum Objekt ihres Vaters. Zum einen verkörpert sich in ihr die Abgeschlossenheit seines Innern, zum anderen ist sie dessen einziges Gegenüber und bildet mit ihm zusammen einen eigenen Kosmos, der von der übrigen Welt getrennt ist.

4. Die Reste romantischer Natursprache

Wie der Lebensraum so ist auch die Lebenseinstellung der Erzählerin in allem der Sphäre des Rentherrn entgegengesetzt. Sie ist fürsorgliche Mutter und Gattin und nimmt an ihrer Umwelt regen Anteil. Diese hohe soziale Kompetenz und das Interesse für andere, ihre „Neugierde" (150), machen sie zur idealen Vermittlerin. Der Blick aus dem offenen Fenster verbildlicht ihre Weltoffenheit und ihre konstruktive Beziehung zur Außenwelt.[24] Dieser Fensterblick ist es auch, der ihr den Rentherrn und seine Tochter zum ersten Mal vor Augen führt. Die banale Tätigkeit des Staubwischens, mit der sie gerade beschäftigt ist (vgl. ebd.), erhält dabei durchaus eine tiefere Bedeutung: Die Beziehung zu den Dingen aufrechtzuerhalten, ist hier offenbar eine aktive Leistung des Ich, während die Gegenstände in der verlassenen Wohnung des Rentherrn, unter dem Staube trauernd, tot und stumm begraben liegen. (Vgl. 146f.) „Von Neugierde getrieben" (150) geht sie beiden nach, verliert sie jedoch aus den Augen. Die zweite Begegnung findet in

---

[19] Zur Bedeutung des geschlossenen Raumes bei Stifter vgl. Kersten, a.a.O.
[20] Eva Geulen, a.a.O., S. 128.
[21] Hörisch, Die Sprachlosigkeit des Kaspar Hauser, a.a.O., S. 271.
[22] Ebd.
[23] Ebd., S. 272.

der Sphäre der Kunst statt. Sie ist zwar nicht unmittelbar, aber gleichzeitig die intimste, denn es ist ihr Interesse für die Kunst, das sie dem ‚Wesen' des Rentherrn am nächsten bringt. Auf dem Nachhauseweg von einem Theaterbesuch bildet die romantische Atmosphäre einer „herrlichen Mondnacht" (152) die Kulisse, in der sie und ihr Ehemann ein „seltsames Flötenspiel" (152) belauschen, das sich später als dasjenige des Rentherrn herausstellen wird:

> „... aber das Flötenspiel war so sonderbar, daß wir länger stehen blieben. Es war nicht ein ausgezeichnetes Spiel, es war nicht ganz stümperhaft, aber was die Aufmerksamkeit so erregte, war, daß es von allem abwich, was man gewöhnlich Musik nennt, und wie man sie lernt. Es hatte keine uns bekannte Weise zum Gegenstande, wahrscheinlich sprach der Spieler seine eigenen Gedanken aus ... . Was am meisten reizte, war, daß, wenn er einen Gang angenommen, und das Ohr verleitet hatte, mit zu gehen, immer etwas anderes kam, als was man erwartete, und das Recht hatte, zu erwarten, so daß man stets von vorne anfangen, und mitgehen mußte, und endlich in eine Verwirrung gerieth, die man beinahe irrsinnig hätte nennen können." (152f.)

Das Flötenspiel des Rentherrn ist absolute Musik im Sinne der Romantik, fast unverständlich, da ausschließlich Ausdruck seiner Innerlichkeit. Sie besitzt keine Melodie, das heißt, ihrer Aussage liegt keine allgemeinverständliche Syntax zugrunde. Stattdessen ist sie bruchstückhaft und zusammenhanglos. Doch obwohl ihre Bedeutung dunkel bleibt, erzählt sie in „ungefügen Mitteln" (153) den „Kummer" (ebd.) dessen, der sie hervorbringt, zwar in einem allgemeinen Sinn mitteilungslos, spricht sie dennoch gerade von der Sprachlosigkeit des Ich. Dabei nimmt die Zusammenhangslosigkeit des Spiels Tendenzen auf, die sich in der Art und Weise des Erzählens, der Bruchstückhaftigkeit der Erzählung, widerspiegeln. In der Musik scheint sich die Möglichkeit einer sprachlosen Kommunikation aufzutun, die in ihrer bestimmten Unbestimmtheit noch am ehesten geeignet ist, das eigene Innere mitzuteilen.

Dieser nächtlichen Merkwürdigkeit folgen weitere – die Begegnung mit dem unbekannten Pförtner des Perronschen Hauses und die Erzählung ihres Sohnes, der ein „fürchterlich großes Angesicht" (159) hinter den Kellerfenstern des Hauses gesehen hatte –, welche die Erzählerin in die Lage versetzen, die Indizien in einen sinnvollen Zusammenhang zu bringen. (Vgl.160) Doch ist es erst der Tod des Rentherrn, der ihr den Zugang zu dem „Mädchen mit dem großen Haupte" eröffnet (163). Während die

---

[24] Vgl. Esselborn, a.a.O., S. 18.

geheime Existenz des Rentherrn mit seinem Tod in den Bereich einer öffentlich festgestellten Wahrheit überführt wird und die „Männer des Amtes" (163) seine Leiche beschauen, kümmert sich die Erzählerin um das Mädchen:

> „Ich näherte mich, und sprach es an, wobei ich die höflichste aber einfachste Sprache versuchte. Das Mädchen antwortete mir zu meinem Erstaunen in der reinsten Schriftsprache, aber was es sagte, war kaum zu verstehen. Die Gedanken waren so seltsam, so von Allem, was sich immer und täglich in unserem Umgange ausspricht, verschieden, daß man das Ganze für blödsinnig hätte halten können, wenn es nicht zum Theile wieder sehr verständig gewesen wäre." (164)

Mit der Schriftsprache antwortet das Mädchen in einer vom Körper abgelösten Rede, deren Wirkungslosigkeit als Ausdrucksmedium des Sprechenden sich in der Inkohärenz des darin Ausgesprochenen wiederholt. Dies wird noch deutlicher in den schriftlichen Aufzeichnungen des Mädchens. Von diesen Schriften, in denen es auf Anweisung des Vaters dessen Tod und den Selbstmord der Mutter beschreiben sollte, sagt die Erzählerin:

„Ich würde sie Dichtungen nennen, wenn Gedanken in ihnen gewesen wären, oder wenn man Grund Ursprung und Verlauf des Ausgesprochenen hätte enträthseln können. Von einem Verständnisse, was Tod was Umirren in der Welt und sich aus Verzweiflung das Leben nehmen heiße, war keine Spur vorhanden, und doch war dieses alles der trübselige Inhalt der Ausarbeitungen. Der Ausdruk war klar und bündig, der Sazbau richtig und gut, und die Worte obwohl sinnlos waren erhaben." (177)

In den Aufzeichnungen des Mädchens hat die Sprache jeden Bezug zur Wirklichkeit verloren. Das Mädchen hat alles wortwörtlich aufgeschrieben, ohne etwas zu begreifen. Die absolute Selbstreferentialität des Aufgeschriebenen[25] mündet in die Bedeutungslosigkeit, weil sie die Differenz von Bezeichnendem und Bezeichnetem unterschlägt. Dieser fehlenden Unterscheidung zwischen Wort und Wirklichkeit entspricht unter „andern merkwürdigen Eigenschaften" (170) des Mädchens auch die, „daß es den Worten eines andern blind glaubte" (ebd.).

Der Blindheit seines Sprachverhaltens, das auch die gesprochene Sprache vom sozialen Ausdrucksmedium auf die Fixierung abstrakter Wahrheiten reduziert,

---

[25] Zur Ähnlichkeit dieses Sprechens mit der poetischen Praxis Stifters, seiner eigenen ‚Worthörigkeit', vgl. Eva Geulen, a.a.O., S. 137ff. Zur poetologischen Dimension der Erzählung vgl. außerdem Isolde

korrespondiert die Kommunikationslosigkeit seines Körpers. Da er jeden Ausdruck eines Inneren verweigert, widersetzt er sich der Identifizierbarkeit. Der Erzählerin ist es daher unmöglich, die Gesichtszüge des Mädchens zu entziffern:

„Ich versuchte bei dieser Gelegenheit auch, ob ich aus den Zügen heraus lesen könnte, wie alt das Mädchen sein möge; aber es war mir wegen der ungewöhnlichen Bildung des Hauptes und des Angesichtes nicht möglich. Es konnte sechzehn Jahre alt sein, es konnte aber auch zwanzig Jahre alt sein." (164)

Somit beansprucht das semiotische Modell auch im Bereich der Natur des Körpers seine Geltung. In der Figur des Mädchens mündet das romantische Phantasma einer unbezeichneten und dennoch sprechenden Körpernatur in die Sprachlosigkeit. Gleichzeitig Opfer und allegorische Verkörperung der als Abirrung gekennzeichneten romantischen Künstlerexistenz ihres Vaters, wird das Mädchen zum Vexierbild der romantischen Konzepte von Natur und Kunst, deren fehlende Vermittlung sich in den Einzelkonzepten jeweils fortsetzt und in die Bedeutungslosigkeit führt. So wie den Überbleibseln sprechender Natur die kulturelle Kodierung abgeht, werden die künstlerischen Erzeugnisse des Mädchens durch die fehlende Anbindung an ein Identität verbürgendes, naturhaftes Inneres zur sinnentleerten Phrase. Einerseits sind die Unterhaltungen des Mädchens mit einer Dohle, sowie die besondere Beziehung zu ihr, sein Singen und Flötenspiel die kümmerlichen Reste romantischer Naturgläubigkeit:

„[Es] sprach .. oft, für uns unverständlich, mit der Dohle, wir trafen es zuweilen leise singend an, und es konnte auf der Flöte des Vaters, ... , ein wenig spielen." (173)

Andererseits ist der Gegenstand seiner literarischen Produktion, die Beschreibung, „wie der Vater todt auf der Bahre liegt, und wie die Mutter in der Welt unher irrt, und in der Verzweiflung ihrem Leben ein Ende macht" (173f.), bereits ein zum sentimentalen Kitsch verkommenes literarisches Sujet. In entsprechender Weise erscheint das Schwärmerische des Mädchens, das es beim Aufsagen von Gedichten entwickelt und das an den Schauspieler Dall erinnert, paradoxerweise als nichtssagendes Schauspiel, obwohl es zugleich naiv ist. Letztlich sind sowohl die künstlerischen Produktionen des Mädchens als auch seine Äußerungen einer Natursprache das Ergebnis einer grotesken Erziehung, nichts eigenes, sondern ausschließlich dasjenige, was ihm der Vater beigebracht hat:

„Ich nahm von diesem Umstande [der formal korrekten Sprache des Mädchens] Veranlassung, aus Dichtern oder anderen Schriftstellern Säze mit bestimmter gehobner Betonung vorzutragen. Das Mädchen merkte hoch auf. [...] Wenn man aber näher in das Werk einging, von dem es eine Stelle gesagt hatte, und nach dessen Inhalt Bedeutung und Gestalt forschte, verstand es nicht, was man wollte. [...] Das Aufsagen solcher Stellen war ein Reiz für das Mädchen, dem es sich schwärmerisch hingab. Wir kamen dahinter, daß die leisen Worte, die es zur Dohle sagte, ähnliche Dinge enthielten, so wie die Weisen, die es der Flöte des Vaters abzulocken suchte, in dem selben Geiste erschienen." (177)

5. Heilung als Sozialisation

In ihrem Bemühen um die Aufdeckung der Geschichte des Mädchens und seine Erziehung wird die Erzählerin zur Ärztin. Der körperliche Heilungsprozeß des Mädchens vollzieht sich dabei als Sozialisations- und Signifikationsvorgang, durch den ihm eine neue Identität zugeschrieben wird. Eigentlich selbst schon eine zutiefst künstliche und heteronome Existenz, beginnt mit der Erziehung des Mädchens durch die Erzählerin der Prozeß der Kulturation von neuem. Am Ende dieses Prozesses besitzt das Mädchen eine eigene Wahrheit, die mit seiner sentimentalisierten Lebensgeschichte identisch ist.

Die Erziehung des ‚wilden' Geschöpfes beginnt mit Elementen der Tierdressur, setzt sich fort in einer Psychologie von Freiheit und Zwang, versucht, über die Mittel des Verhörs, der Nachforschungen über die Vergangenheit und der medizinischen Diagnose der Wahrheit des Mädchens auf die Spur zu kommen, und endet mit der Erziehung zur Arbeit[26], dem Erlernen der weiblichen Rolle und der Einordnung in den wirtschaftlichen Produktionsprozeß. Zunächst beginnt die Erzählerin, das Mädchen mit Süßigkeiten zu locken, und schafft somit erste Abhängigkeiten, deren Befriedigung sie sich vorbehält und mit Bedingungen verknüpft:

„Ich hatte zufällig in meinem Mantel einige Stüke Zukerbäkerei und etwas Obst. Ich nahm ein Stükchen Bakwerk heraus, und both es dem Mädchen an. Es langte

---

Bozen 1996, 219-243.
[26] Diese Erziehung zur Arbeit entspricht der Disziplinierungsmethode, die im 19. Jahrhundert gegenüber Kindern der Unterschicht angewendet wurde und sich beispielsweise in der Institution der Industrieschule niederschlug. Vgl. dazu auch Wolfgang Dreßen: Infame Körper: Widerstand im Erziehungsprozeß, in: Dietmar Kamper, Christoph Wulf (Hg.): Der Andere Körper, Berlin 1984, S. 67-83.

darnach, aß es, und zeigte in den Zügen des großen Antlizes einen augenfälligen Schein von Freude. [...] Ich fragte, ob es solche Speisen gerne äße, wenn es dieselben hätte, ob sie gut seien. ‚Ja, gut' sagte es, ‚gib mir noch mehr'. ‚Ich werde dir mehr geben,' antwortete ich, ‚wenn du mit mir gehst, und in einer anderen Stube bleibst, bis es Nacht wird, und bis es wieder Tag wird. Dann werde ich dich wieder in diese deine Stube zurük führen. Ich habe hier keine solchen süssen Dinge mehr, aber in der Stube, in welche du mit mir gehen sollst, sind viele.'" (164f.)

Indem das Mädchen seiner Erzieherin folgt, beginnt die Entwöhnung von der unterirdischen Wohnung und mit der Kontrolle über seinen Aufenthaltsort auch diejenige über seinen Körper. Das eingehaltene Versprechen, in seine ursprüngliche Wohnung zurückkehren zu können, und der Aufbau eines Vertrauensverhältnisses dienen dabei lediglich als Mittel zum Zweck:

„Nach einer Weile gingen wir wieder in die unterirdische Wohnung. Und so widerholte ich das Verfahren im Laufe des Tages mehrere Male, theils um das Mädchen zu beschäftigen, theils um es an eine Veränderung seiner Lage zu gewöhnen, und ihm den Schein von Freiheit zu lassen, damit es nicht durch Empfindung eines Zwanges widersetzlich und unbehandelbar würde." (171)

Der Spracherwerb des Mädchens geht einher mit der Einübung der sozialen und geschlechtsspezifischen Rolle, das Erlernen der Sprache und die spezifische Kodierung des Körpers im Sinne eines ‚angemessenen' weiblichen Verhaltens fallen offenbar zusammen:

„Allein so gut gewählt und rein seine Worte waren, die es sprach, so gut sie gesezt waren, wenn auch die Gedanken oft schwer errathen werden konnten, so wenig hatte es eine Vorstellung oder eine Kenntniß von der geringsten weiblichen Arbeit. Nicht einmal von dem Waschen und Reinigen eines Lappens von dem Zusammennähen zweier Fleke hatte es einen Begriff." (172f.)

Sodann forscht die Nachbarin in der Befragung des Mädchens nach dem Stand seiner bisherigen Sozialisation: „Ich begann nach und nach zu untersuchen, was es denn gelernt habe." (172) Dem Versuch, das Mädchen dahingehend zu beeinflussen, von seiner Vergangenheit zu reden und sich somit selbst zu benennen, widersetzt es sich aber mit dem ständigen Verweis auf die Beziehungslosigkeit seiner Existenz:

„Als es eine bedeutende Anhänglichkeit an mich gewonnen hatte, veranlaßte ich es, von seiner Vergangenheit zu sprechen. Allein entweder hatte es alles Frühere vergessen, oder es hatten die unmittelbar zulezt vergangenen Dinge eine solche Gewalt über sein Gedächtniß ausgeübt, daß es sich an das, was vorher war, nicht mehr erinnerte. Es erzählte nur immer von dem unterirdischen Gemache." (173)

Da das Mädchen in seinem anfänglichen und identitätslosen Zustand keine Vergangenheit besitzt, unternehmen es die Nachbarin und deren Ehemann, ihm eine solche zuzuschreiben. Indem das Mädchen zum Fall wird, den man in den Zeitungen veröffentlicht und über den man die verschiedensten Nachforschungen (vgl. 175f.) anstellt, beginnt die soziale Kodierung seiner Person. Zum bemitleidenswerten Opfer wird es tatsächlich erst dadurch, daß es die Geschichte seines Vaters zugeschrieben bekommt und somit als soziale Person Teil dieser Geschichte wird. Dabei zeigt sich der Bereich des Geldes, die Frage nach dem „Vermögensstand" (175) des Rentherrn, als wesentlicher Faktor der ihm zugewiesenen Identität: Die Ausführlichkeit, mit der das Thema des Geldes in der Erzählung zu Wort kommt, ist auffallend (vgl. 175f., 178f.) und spricht für seinen Stellenwert. Im Rahmen der Erzählung wird das Geld zu einem Zeichen mit schillernder Bedeutung, das sowohl zur bürgerlichen Welt, die in ihrer kleinbürgerlichen und sozial etablierten Ausprägung von der Familie der Erzählerin repräsentiert wird, als auch zur Künstlerexistenz des Rentherrn in Beziehung steht. Bildet Geld und Gelderwerb in der bürgerlichen Welt den wesentlichen sozialen Integrationsfaktor, so ist es für den Rentherrn, wie sein einziger Name schon sagt, die Voraussetzung für eine Art Bohemien-Existenz. Im semiotischen Verständnis ist das Geld ein unechtes Zeichen. Dennoch wird gerade der Vorschuß an Bedeutung, den es bietet, in der bürgerlichen Welt zur sozialen Grundlage des Zusammenlebens. So wie der Rentherr die Freiheit nützt, die ihm die wirtschaftliche Unabhängigkeit bietet, nützt er als dilettierender Künstler die Freiheit einer Zeichenwelt, deren Spiel mit Bedeutungen er aber weit weniger souverän beherrscht als der Schauspieler Dall, weswegen er letztlich zum Opfer wird. Diese immanente Verbindung zwischen der Bürgerwelt und der Existenz des Rentherrn zeigt den Künstler als besondere Ausprägung der Bürgerexistenz, verdeutlicht ihre Gefährdung und beschreibt die Tendenz zur Dekadenz, die den Grundlagen der bürgerlichen Gesellschaft bereits eingeschrieben sind, und wirft gleichzeitig ein zweideutiges Licht auf die Sozialisation des Mädchens. Die ‚Konkursmasse' der väterlichen Existenz bedeutet in jeder Hinsicht die Grundlage seines neuen Lebens. Im

Gegensatz zur wirtschaftlich unproduktiven Lebensweise seines Vaters endet seine Sozialisation mit seiner Eingliederung in den Produktionsprozeß, die parallel zur Erlernung der weiblichen Rolle und des sinnvollen Gebrauchs der Sprache verläuft:

> „Wir suchten ihm Geschmak an Verfertigung von allerlei weiblichen Handarbeiten beizubringen, und endlich durch Gespräche und durch Lesen einfacher Bücher hauptsächlich aber durch Umgang jene wilde und zerrissene ja fast unheimliche Unterweisung in einfache übereinstimmende und verstandene Gedanken umzuwandeln, und ein Verstehen der Dinge der Welt anzubahnen." (178f.)

Gleichzeitig bietet das Geld aus dem Verkauf der Hinterlassenschaft seines Vaters zusammen mit der Summe, die ihm die Hilfsbereitschaft von Bekannten eingebracht hat, die finanzielle Grundlage seiner Existenz. (Vgl. 176) Das Schicksal seines Vaters, das zum Teil seiner eigenen Geschichte geworden ist, wird, vermittelt durch die Rührung der daran Anteilnehmenden, zum wirtschaftlichen Faktor. Die Unterweisung in der Religion (vgl. 179) tut ihr übriges, um die Sozialisation des Mädchens zu vervollständigen, so daß es, wie die Erzählerin abschließend berichtet,

> „sich in den Lauf der Dinge schiken konnte, daß ihm mein Gatte, nachdem es die Volljährigkeit erreicht hatte, die Urkunden über seine gerichtlich anliegende Summe und über das, was bei der Beerdigung des Vaters übrig geblieben war, einhändigen konnte, und daß es endlich sogar Teppiche Deken und dergleichen Dinge anfertigte, von denen es im Vereine mit den Zinsen aus seinem kleinen Vermögen lebte, was um so eher möglich wurde, als ihm die Leute gerührt durch seine Schiksale die fertigen Stüke immer gerne abkauften." (179)

In der wirtschaftlichen Absicherung seiner Existenz, mit der die Resozialisierung des Mädchens zum Abschluß kommt, zeigt sich im Motiv des Geldes, das stellvertretend die Gültigkeit des Zeichenmodells von Bedeutung vertritt, noch einmal das Problem der Vermittlung von Innen und Außen, Natur und Kultur als die Grundlinie der Erzählung. Die Kritik am romantischen Kunst- und Wirklichkeitsverständnis mündet in einen neuen ‚Realismus' des Wirklichkeitsbezuges, der als soziale Kodierung der Person aus der Integration in den wirtschaftlichen Produktions- und Tauschprozeß erwächst. Daß das Geld somit als der wesentliche Faktor sozialer Identität bestätigt wird, bekräftigt letztlich die Gültigkeit eines sprachlich verfaßten Wirklichkeitsverständnisses, dessen Gefahren als die Wirklichkeitsverfehlung eines romantischen Subjektivismus zum Gegenstand der Erzählung wurden. Versteht man die Erzählung als Zeugnis der Revolution von 1848, die Stifter als Ausbruch unkontrollierter Affekte verstand und die dem wirtschaftlichen Liberalismus endgültig zum Durchbruch verhalf, so erscheint die in der Erzählung aufgezeigte Perspektive des gesellschaftlichen Wandels und der kulturellen Erneuerung in einem zwiespältigen Licht. Die in der metaphorischen Bedeutung der Vorstadt postulierte Vermittlung von Natur und Kultur als Grundlage eines neuen identifikatorischen Wirklichkeitsbezuges ist in der eigentlich erzählten Geschichte in »Turmalin« nirgends zu finden. Der dem Subjektivismus immanenten Tendenz zu Veräußerlichung und Selbstverlust, wie sie in der Geschichte des Rentherrn und des Schauspielers Dall deutlich wurde, hat die Sozialisation des Mädchens nichts wirklich Neues entgegenzusetzen. Die Identität ihres ‚Schicksals' ist von Anfang an nichts anderes als die leere Hülle eines ihr von außen zugeschriebenen, sentimentalisierten Selbst.

V. Die Vermittlung von Natur und Kultur als Geschichte einer gemeinsamen Schrift: »Katzensilber«

In »Katzensilber« wird die Geschichte eines geheimnisvollen ‚braunen Mädchens' erzählt, das als „Waldgeschöpf" (HKG 2.2, 274) den Kontakt zu den Kindern eines Hofbesitzers sucht und in einem stetig sich vollziehenden Prozeß in die Familie integriert wird. Die Sozialisation des Mädchens scheitert kurz vor der endgültigen Eingliederung, und das Mädchen verschwindet endgültig und ebenso plötzlich, wie es erschienen war. Gleichzeitig ist »Katzensilber« eine paradigmatische Geschichte der Kindheit, in der die Sozialisation des braunen Mädchens das Erwachsenwerden der Kinder begleitet.[1] Dabei ist die Polarität von Natur und Kultur, die neben der Sozialisationsgeschichte des braunen Mädchens vor allem die metaphorische Bedeutung des Landschaftsraumes bestimmt, für die ganze Erzählung strukturbildend und stellt den Hintergrund dar, vor welchem sich die Genese von Subjekten ereignet. Doch ist auch hier die Erfahrung ursprünglicher Natur, indem die Frage nach ihrer Vermittlung gestellt wird, immer schon mit ihrer Kulturation verknüpft. Als solche wird die in »Katzensilber« erzählte Kindheitsgeschichte am Ende der Erzählung zu einer in die Vergangenheit entrückten sentimentalisierten Vorgeschichte des Subjekts, wie der melancholische Rückblick des erwachsenen Sigismund, des jüngsten der Kinder und neben dem braunen Mädchen Hauptfigur der Erzählung, verdeutlicht. (Vgl. 315)

Wie Begemann gezeigt hat, bietet gerade »Katzensilber« ein besonders deutliches Beispiel für die ambivalente Gegensätzlichkeit, von der das strukturelle Verhältnis von Natur und Kultur in Stifters Texten bestimmt ist, und für die textuelle Strategie der „verwischte[n] Grenze"[2], die er anwendet, um zwischen beiden Bereichen eine Struktur der Gleichartigkeit herzustellen.[3] Im folgenden soll dagegen der bisher kaum beachtete genetische Aspekt der strukturellen Ordnung von Natur und Kultur in »Katzensilber« im Mittelpunkt stehen und mit der Frage nach der jeweiligen Bedeutung von Natur und Kultur die Frage nach der Historizität, dem Verhältnis von Zeitlichkeit und Zeitlosig-

---

[1] Beatrice Mall-Grob interpretiert »Katzensilber« im Rahmen der Gegenüberstellung verschiedener literarischer Kindheitsmodelle, der ‚Naturkindheit' im Sinne Rousseaus und der Herderschen Konzeption einer ‚Kulturkindheit'. Vgl. dies.: Fiktion des Anfangs. Literarische Kindheitsmodelle bei Jean Paul und Adalbert Stifter, Stuttgart, Weimar 1999, S. 242-307.
[2] Begemann, Welt der Zeichen, S. 292.
[3] Vgl. ebd. S. 292ff., 301ff.

keit, gestellt werden, an das diese Ordnung gebunden bleibt. So geht es darum, nachzuweisen, daß nicht erst die kulturelle Ordnung des Hofes, sondern bereits die Ordnung der Natur in »Katzensilber« eine Geschichte besitzt, die in der Erzählung vom braunen Mädchen und seiner Beziehung zu Sigismund mit der kulturellen Ordnung zu einer gemeinsamen Struktur zusammengeschlossen ist, deren Erbe Sigismund am Ende der Erzählung schließlich werden wird. Dabei vollziehen sich die phylogenetische Geschichte von Natur und Kultur, die Sozialisationsgeschichte des braunen Mädchens und die Entwicklungsgeschichte Sigismunds in analoger Folgerichtigkeit als Prozeß der Enkulturation von Natur, der, wie dies bereits an Eichendorffs »Marmorbild« deutlich wurde, immer schon begonnen hat. Während Eichendorff jedoch im »Marmorbild« die Moralisierung von Natur als Übergang von den vieldeutigen lockenden Stimmen im Götterreich der Natur zur monotheistischen Schrift der christlichen Heilslehre und Wechsel zur kulturellen Wahrheit gestaltet, wird bei Stifter der auch bei Eichendorff zu beobachtende Versuch, diese Eindeutigkeit von Wahrheit der Natur selbst zu unterstellen, zum inhaltlichen und strukturellen Prinzip seiner mittleren und späteren Erzählungen, das schließlich anstelle der ambivalenten Zuordnung von Natur und Kultur die behauptete Einförmigkeit eines gemeinsamen strukturellen Zusammenhanges hervorbringt.[4] Doch ist es auch hier, wie schon in den für sich allein betrachteten Bereichen von Natur und Kultur, die Differenz zum Anderen der Ordnung, die ihre Sinnhaftigkeit bestätigt und die bei Stifter in einem Vorgang formaler Introversion in den strukturellen Zusammenhang eingeschlossen ist.[5] So bilden in »Katzensilber« die beiden Ordnungen von Natur und Kultur eine gemeinsame Schrift, deren Wahrheitsanspruch von der Dynamik von Zeit und Zeitlosigkeit bestimmt und deren Geschichte als Kreislauf von Tod und Wiedergeburt, Destruktion und Erneuerung vorangetrieben wird. Dabei ergänzen sich die beiden Ordnungen wechselseitig.[6] In dieser Hinsicht können gerade die Naturkata-

---

[4] Vgl. ebd. S. 303f.
[5] Vgl. zu diesem Spannungsverhältnis die Untersuchungen von Martin Swales: Litanei und Leerstelle. Zur Modernität Adalbert Stifters, in: VASILO 36 (1987), S. 71-82, sowie Albrecht Koschorke und Andreas Ammer: Der Text ohne Bedeutung oder die Erstarrung der Angst. Zu Stifters letzter Erzählung »Der fromme Spruch«, in: Deutsche Vierteljahresschrift für Literaturwissenschaft und Geistesgeschichte 61 (1987), S. 676-719, außerdem den Aufsatz von Horst Turk: Die Schrift als Ordnungsform des Erlebens. Diskursanalytische Überlegungen zu Adalbert Stifter, in: Jürgen Fohrmann und Harro Müller (Hg.): Diskurstheorien und Literaturwissenschaft, Frankfurt a. M. 1988, S. 400-417. Zum mythologischen Verständnis der Natur, wie es in den Geschichten der Großmutter anklingt und seinem Verhältnis zur kulturellen Ordnung vgl. Hans Joachim Piechotta: Ordnung als Mythologisches Zitat. Adalbert Stifter und der Mythos, in: Karl Heinz Bohrer (Hg.): Mythos und Moderne. Begriff und Bild einer Rekonstruktion, Frankfurt a. M. 1983, S. 83-110. Nach Piechotta ist Stifters Beziehung zum Mythos lediglich äußerer Natur. Der Mythos besitze eine komplementäre Funktion im Sinne „zitierter Mythologeme" (ebd., S. 84).
[6] Das sich wechselseitig in seiner Bedeutung ergänzende Verhältnis von Natur und Kultur gilt in »Katzensilber« auch für das wiederholende Erzählen, das sich am Rhythmus der Jahreszeiten ausrichtet. So

strophen in »Katzensilber« wie auch in anderen Erzählungen Stifters eine andere Bewertung erfahren: In ihnen zeigt sich nicht nur eine Seite der Natur, die dem Menschen gleichgültig gegenüber steht[7], sie sind ebenso die Einbruchstelle eines nicht moralisierbaren und inkontingenten Anderen, an das die Imagination des kulturellen Menschen zurückgebunden bleibt.

So geht die folgende Interpretation davon aus, daß zwischen dem braunen Mädchen als Inkarnation ursprünglicher Natur und eines sprechenden Körpers, den beiden Naturkatastrophen und der Rettung Sigismunds sowie seiner schließlichen Einsetzung als Erbe der väterlichen Ordnung – dem seine in der suggerierten Bestimmung zum Dichter erlangte Herrschaft über die Sprache korrespondiert – eine strukturelle Verbindung besteht, die als Geschichte der Kindheit und des Erwachsenwerdens und in der Sozialisationsgeschichte des braunen Mädchens gestaltet wird und die im weiteren analysiert werden soll.

1. Naturgeschichte: Die Genealogie des braunen Mädchens

Auf die deutlichen Bezüge, die zwischen dem braunen Mädchen in »Katzensilber« und Goethes Mignon bestehen, ist in der Forschung immer wieder hingewiesen worden.[8] In struktureller Hinsicht betrifft diese Ähnlichkeit in erster Linie die beiden Aspekte, die ihre Figur wie Mignon in das Spannungsverhältnis von vorgeschichtlicher,

---

bliebe die stete Wiederkehr des Gleichen in der Natur, die in »Katzensilber« in besonderer Weise als Ordnungsform des kulturellen Lebens herausgehoben wird (vgl. Begemann, Welt der Zeichen, a.a.O., S. 304f.), zuletzt gleichgültig, wenn sie nicht mit der Geschichte sterblicher Subjekte in Beziehung gesetzt würde. In gleicher Weise, wie sich das kulturelle Leben der Familie an der zeitlichen Ordnung der Natur orientiert, wird diesem natürlichen Kreislauf erst durch die kulturelle Staffage der ebenfalls stets in gleicher Weise geschilderten Spaziergänge der Kinder (vgl. ebd., S. 305f.) eine Bedeutung zugeordnet. Zum Prinzip der Stetigkeit vgl. Walter Weiss: Stifters Reduktion, in: Germanistische Studien, Innsbruck 1969, S. 199-220 (204). Vor allem die Spaziergänge erfüllen in »Katzensilber« eine wichtige integrierende Funktion. Indem im Gehen eine natürliche Ordnung gleichsam körperlich erfahrbar wird, rekonstruiert Stifter erzählerisch einen Zustand, in dem der Körper als Handelnder in die Ordnung der Natur und der Gesellschaft eingeordnet ist. Vgl. dazu Volker Rittner: Handlung, Lebenswelt und Subjektivierung, in: Dietmar Kamper, Volker Rittner (Hg.): Zur Geschichte des Körpers. Perspektiven der Anthropologie, München, Wien 1976, S. 13-66 (18ff.). Zur erzählerischen Funktion des Spaziergangs bei Stifter vgl. außerdem Alfred Barthofer: Die Sprache der Natur. Anmerkungen zur Natur und Naturdarstellung bei Adalbert Stifter und Thomas Bernhard, in: VASILO 35 (1986), S. 213-226, und die Arbeit von Claudia Albes: Der Spaziergang als Erzählmodell. Studien zu Jean-Jacques Rousseau, Adalbert Stifter, Robert Walser und Thomas Bernhard, Tübingen 1999.

[7] Vgl. Mautz, a.a.O., S. 32.
[8] Wie Julia König in ihrer Arbeit zu Goethes Mignon und ihren Nachfolgefiguren formuliert, ist das braune Mädchen in Stifters »Katzensilber« „von seinem Wesen her die Mignon am meisten ähnliche Gestalt", Julia König: Das Leben im Kunstwerk. Studien zu Goethes Mignon und ihrer Rezeption, Frankfurt, Bern, New York, Paris 1991, S. 185.

unbezeichneter Natur und gesellschaftlich-kultureller Kodierung rücken: ihre besondere Erscheinung als sprechender Körper und die Frage nach ihrer Geschichte.

Als Naturgestalt ist das braune Mädchen in ähnlicher Weise wie Mignon mit den Merkmalen einer geheimnisvollen und außergesellschaftlichen Körperlichkeit gekennzeichnet. So besitzt es zigeunerhafte Züge und eine zum Androgynen neigende Gestalt[9], deren Verweigerung einer eindeutigen geschlechtlichen Identität durch seine Kleidung, die man als eine Art Naturkleid bezeichnen kann, zusätzlich unterstrichen wird: „... [es] hatte ein grünes Wams und grüne Höschen an, an welchen viele rothe Bänder waren." (258) Darin ebenfalls Mignon vergleichbar verweigert es sich lange Zeit gänzlich der Sprache, zeichnet sich durch tierhafte Scheu, Instinktsicherheit und Körpergewandtheit aus und errettet schließlich in einer akrobatischen Kletteraktion das Jüngste der Familie aus dem brennenden Haus, nachdem es sich schon davor bei einem Hagelunwetter als der gute „Schutzgeist der Familie"[10] erwiesen hatte. Die Bedeutung ihres Körpers, die in dieser besonderen Verbundenheit mit den Mächten der Natur zutage tritt, wird außerdem durch seine von König erwähnte statuarische Ruhehaltung hervorgehoben, ein „Dastehen ... mit am Körper herabhängenden Armen"[11], das die Erzählung immer wieder betont und an die Künstlichkeit einer Marionette erinnert.[12] Auch hier verweist die statuarische Erscheinung, die später der »Waldbrunnen« in der Assoziation einer schönen Zigeunerin mit einem Erzbild ausdrücklich als Motiv des schönen Menschenbildes

---

[9] Insbesondere in Kombination mit ihrer lange Zeit fast vollkommenen Stummheit entspricht die androgyne Gestalt des braunen Mädchens dem Hermaphroditenideal Winckelmanns, das auch für die Konzeption von Goethes Mignon bestimmend ist. Winckelmann schreibt in einem Brief: „Ein schöner junger Mensch ist derjenige, ... in dessen Gesichte der Unterschied des Geschlechts fast zweifelhaft ist." (Johann Joachim Winckelmann: Briefe, hg. von Walther Rehm, Berlin 1952, Band 1, S. 446) Die Idee der androgynen Vollkommenheit ist dabei nicht im Sinne einer poetischen Synthese des männlichen und weiblichen Prinzips zu verstehen, sondern bezeichnet den Zustand einer zeichenlosen Natur vor dem Sündenfall. Die Schönheit der sich seienden Natur wird im Gegensatz zu Ausdruck und Bezeichnung gedacht, so daß die Schönheit des Hermaphroditen mit seiner Unlesbarkeit zusammenfällt. Zur Konzeption der Androgynie bei Winckelmann und Goethe vgl. Achim Aurnhammer: Androgynie. Studien zu einem Motiv in der europäischen Literatur, Köln, Wien 1986, S. 161ff.

[10] König, a.a.O., S. 185.

[11] Ebd.

[12] Vgl. ebd.. König führt sodann die Stellen des Textes an, die diese Beobachtung bestätigen: Bei der ersten Begegnung mit dem braunen Mädchen heißt es, das Mädchen „hatte nackte Arme, die es an der Seite herab hängen ließ" (HKG 2.2, 258). Als man es zum zweiten Mal trifft, „trat [es] wieder aus den Gebüschen, blieb stehen, und sah die Kinder an. Als man es fragte, lief es nicht davon wie das erste Mal, zog sich aber gegen das Gebüsch zurük, daß die Blätter seine nakten Arme dekten, und sah auf die Kinder" (ebd.). Als die Kinder nach dem Hagelunwetter und der glücklichen Rettung nach Hause zurückkehren, steht das Mädchen am Rande der Szene: „Das fremde Mädchen stand in der Ferne, wie es sonst an dem Rande der Haselbüsche zu stehen gewohnt war, aufrecht und steif." (269) Nach einem Jahr ist es „größer und schlanker geworden" (285) und läßt „seine nakten Arme dicht an seinem Körper hinab hängen" (ebd.). König erwähnt außerdem die ganz ähnliche Haltung Mignons: „Wilhelm sah das wunderbare Kind auf der Straße bei andern spielenden Kindern stehn [...]. Es blieb am Eingange stehen, eben als wenn es gleich wieder hinausschlüpfen wollte..." (Goethe, Wilhelm Meisters Lehrjahre, a.a.O., S. 98).

benennt, wie in Eichendorffs »Marmorbild« über den kulturellen Kontext der griechischen Statue auf das Thema eines Körpers, der als Natur zum ambivalenten Zeichen wird – einerseits das Emblem einer ursprünglichen Einheit und gleichzeitig schon von der puppenhaften Künstlichkeit[13], die diese Natur nur noch bedeutet und bereits das literarische Muster einer kulturellen Überholung darstellt.

Die ambivalente Bedeutung des braunen Mädchens als Natur spiegelt sich auch in der Frage nach ihrer Geschichte wider, diese steht einerseits außerhalb des kulturellen Kontextes, andererseits ist sie durch ein dialektisches Verhältnis an ihn angeschlossen. So verweigert sich das braune Mädchen zunächst wie Mignon einer eindeutigen kulturellen Identität. Wie diese erscheint sie bis zuletzt als „Rätsel"[14], und alle Versuche, sie zu identifizieren, bleiben erfolglos. Auf die Frage der Großmutter bei ihrer ersten Begegnung mit dem braunen Mädchen – „Wer bist du denn?" (258) – gibt es keine Antwort, und auch die späteren Nachforschungen des Vaters, führen zu keinem Ergebnis. Bleibt der Name Mignons zweifelhaft, da er im eigentlichen Sinne keiner ist und ihr von außen zugeschrieben wird, so wird das namenlose braune Mädchen in der Rede der Leute gar zu einem geschlechts- und eigenschaftslosen „Ding" (279), mehr ein Bestandteil der Landschaft als ein Mensch:

„Der Pfarrer wußte nichts. Es war kein Ding dieser Art in die Pfarr- oder Schulbücher eingetragen, und war auch nie unter den Pfarrkindern zu sehen gewesen. Der Vater ging nun zu dem Jäger, der oft durch Felder Wälder und Fluren strich, und alle Dinge derselben kennen mußte. Allein auch dieser wußte nichts." (279f.)

Damit entzieht sich zwar das braunen Mädchen beharrlich den Instanzen kultureller Herrschaft, doch besitzt es als Naturgestalt eine Geschichte, die in ihm selbst zu suchen ist. So antwortet das braune Mädchen kurz vor seinem endgültigen Verschwinden auf die Frage nach seinen Eltern in einer Weise, die an die Antwort Mignons auf die Frage nach ihrem Vater – „der große Teufel ist tot"[15] – erinnert:

„‚Sture Mure ist todt, und der hohe Felsen ist todt', sagte das Mädchen." (313)

Dieser einzige wörtlich wiedergegebene Ausspruch[16] ist ein Hinweis auf die „Sture Mure" (248), die am Anfang der Erzählung in einer Geschichte der Großmutter vorkommt. Die Geschichte von der braunen Magd, die dem Hagenbucher-Bauern dient und

---

[13] Vgl. dazu die Ambivalenz des Kleistschen Modells der Marionette nach Neumann, Der physiognomische Blick, a.a.O., S. 267.
[14] Goethe, Wilhelm Meisters Lehrjahre, a.a.O., S. 98.
[15] Ebd.
[16] Vgl. König, a.a.O., S. 185.

plötzlich verschwindet, nachdem dieser von einem merkwürdigen Erlebnis im Wald berichtet, nimmt in direkter Weise die Geschichte des braunen Mädchens vorweg. Der Bauer hörte im Wald

„eine Stimme, die rief: ‚Jochträger, Jochträger, sag' der Sture Mure, die Rauh-Rinde sei todt – Jochträger, Jochträger, sag' der Sture Mure, die Rauh-Rinde sei todt.' ... Als er beim Abendessen die Sache erzählte, heulte das große Mädchen, lief davon, und wurde niemals wieder gesehen." (248)

Auch wenn die Geschichte von Sture Mure und Raurinde, die als Mutter und Großmutter des braunen Mädchens suggeriert werden,[17] ebenso geheimnisvoll wie die des braunen Mädchens selbst ist und über seine kulturelle Identität damit auch weiterhin nichts mitgeteilt wird, so schreibt es sich im Augenblick dieser sprachlichen Äußerung dennoch in die Ordnung eines verwandtschaftlichen Zusammenhanges ein. Der Inhalt der Familiengeschichte, zu deren Teil es wird, besteht im Aufenthalt der Naturgestalten in der Welt der Menschen, der in auffallender Weise auf sein notwendiges Ende und den Aspekt des Todes ausgerichtet ist. So ist es auch in der Geschichte von Sture Mure wie dann später in derjenigen des braunen Mädchens der Tod der vorgängigen Verwandten, der die Rückkehr in die eigene Welt erzwingt und in dessen Bedeutung das ambivalente Verhältnis von Natur und Kultur noch einmal fokusiert wird. Dergestalt erscheint der Tod in der Familiengeschichte des braunen Mädchens zum einen als destruktive Gewalt, welche die Verbindung zu einer fremden geheimnisvollen Welt herstellt, und zum anderen als das konstitutive Moment der genealogischen Folge, in der die immer schon kulturelle Geschichte der Bedeutung des braunen Mädchens als Natur durch den Tod der älteren Verwandten und die Rückkehr der Jüngeren fortgeschrieben und ihr Anfang immer weiter in die Vergangenheit entrückt wird.

Auch in den anderen Geschichten der Großmutter, in denen sich die Natur wie dann in den Schilderungen der Naturkatastrophen von ihrer befremdlichen und geheimnisvollen Seite zeigt, ist der Tod das eigentliche Thema. In allen diesen Erzählungen spiegelt sich die Geschichte des braunen Mädchens als Geschichte der Kulturation von Natur wider, die ihrerseits in paradigmatischer Weise den Vorgang des Erwachsenwerdens der Kinder erklärt. Dabei zeigt sich der Übergang von Natur in Kultur als das Prinzip, von dem die kulturelle Ordnung selbst bestimmt ist.

---

[17] Vgl. ebd.

So antizipiert neben der Erzählung von Sture Mure auch die Geschichte vom Wichtelchen (vgl. 248f.), das den Menschen hilft und hierfür belohnt werden soll, die Flucht des braunen Mädchens. Seinem plötzlichen Verschwinden geht der Entschluß der Karesberger voraus, das Wichtelchen aus Dankbarkeit für seine Leistungen zu bekleiden:

„Da dachten sie, sie müßten dem Gaißer eine Freude machen, und ließen ihm ein rothes Röklein machen. Sie legten das Röklein Abends auf den Stein, da die Ziegen schon zu Hause waren. Das Wichtelchen legte das rothe Röklein an, und sprang damit, es sprang wie toll vor Freude unter den grauen Steinen, sie sahen es immer weiter abwärts springen, wie ein Feuer, das auf dem grünen Rasen hüpft, und da der andere Morgen gekommen war, und die Ziegen auf die Weide liefen, war das Wichtelchen nicht da, und es kam gar nie wieder zum Vorscheine." (249)

Das Tabu, menschliche Geschenke anzunehmen, schützt die dämonische Welt vor der Zivilisation.[18] Dabei steht die Frage nach der Bekleidung der Naturgestalt nicht nur für das allgemeine Problem der kulturellen Bezeichnung von Natur, sondern auch für das spezielle der kulturellen Zuordnung geschlechtlicher Identität. Während die noch ungeteilte paradiesische Natur des Körpers in seiner geschlechtlichen Ungeschiedenheit zum Ausdruck kommt, bezeichnet dementsprechend die Investitur des braunen Mädchens mit ‚weiblichen Kleidern' den Höhepunkt seines Anpassungsprozesses, der seiner Flucht unmittelbar vorausgeht.[19]

In der Geschichte des verborgenen Edelsteins geht es um das widersprüchliche Wirkungsverhältnis zwischen Natur und Kultur, durch das die geheimnisvolle Macht ursprünglicher Natur zuletzt in den Dienst der kulturellen Herrschaft tritt. Der rote, blutige Tropfen aus Stein, den ein Schäfer aus dem Inneren einer Höhle holt, ist das „Herzsymbol"[20] einer tief im Innern der menschlichen Natur verborgenen seelisch-

---

[18] Vgl. Christine Oertel-Sjögren: Myths and Metaphors in Stifter's »Katzensilber«, in: Journal of English and Germanic Philology 86 (1987), S. 358-371 (365), (im folgenden zitiert als ‚Myths and Metaphors').

[19] „Endlich brachte man es auch dahin, daß es weibliche Kleider trug. Die Mutter hatte die Stoffe dazu gekauft, diese wurden zu Kleidern verarbeitet, und mit Bändern nach dem Gebrauche verziert. Da es weibliche Kleider trug, war es scheuer und machte kürzere Schritte." (HKG 2.2, 312) Dieser endgültigen geschlechtsspezifischen Kodierung durch die Kleidung geht die kulturelle Anverwandlung des Naturkleides voraus, die bereits leichte Abänderungen in Richtung auf eine vollständige Verhüllung des naturhaften Körpers enthält: „Da bekam es von der Mutter auch ein Kleid, welches wie das frühere war, nur daß es viel schöner war, und daß es Ärmel hatte, die bis zu dem Ellbogen herab gingen." (291) Das Zeichensystem der Kleidung erweist sich hier genau in dem Sinn als „überwachte Freiheit", wie es Barthes in seiner Untersuchung zur ‚Sprache der Mode' bestimmt. Die scheinbare Freiheit, die man dem Mädchen läßt, ist hier nur ein zweckhaftes Mittel seiner Erziehung. Vgl. Roland Barthes: Die Sprache der Mode, Frankfurt 1985, S. 167.

[20] Hertling, a.a.O., S. 168.

leiblichen Ganzheit. Als Herz ist es hier aber zugleich auch Auge der Vernunft, das, durch die Hülle eines unscheinbaren Äußeren geborgen, mit seinem aus ihm hervorbrechenden Licht die Dinge beleuchtet und bereits den Weg zu kultureller Erkenntnis und Herrschaft ebnet:

„... und da sah er, daß es ein Feldstein war, wie man viele Tausende findet, und daß aus dem Feldsteine ein rothes Äuglein hervor schaue, wie wenn es von den Lidern der harten Steinrinde bedekt wäre, und nur rosenfarb blinzen könne. Wenn man den Stein drehte, warf er Funken auf die Dinge." (256)

Ans Licht gebracht und von seiner gemeinen Hülle befreit und geschliffen, wird der Stein schließlich zum Kunstwerk und Handelsobjekt, um das Kriege geführt werden:

„Und der Hochbauer verkaufte ihn einem Arzte um ein Pferd, und der Arzt verkaufte ihn einem Lombarden um hundert Goldstüke, und der Lombarde ließ ihn von dem gemeinen Gesteine befreien und schleifen, und jezt tragen ihn Fürsten und Könige in ihren Kronen, er ist sehr groß und leuchtend, und ist ein Karfunkel oder ein anderer rother Stein, sie beneiden sich darum, und wenn sie das Land erobern, wird der Stein sorgsam fort getragen, als ob man eine eroberte Stadt in einem Schächtelchen davon trüge." (Ebd.)

Im Weg des Steins vom Naturobjekt, dessen Inneres als ein wertvolles sichtbar gemacht und solchermaßen kodiert wird, zum Herrschaftszeichen, zeigt sich die ursprüngliche Natur, wo sie als solche bezeichnet wird, im Spannungsfeld der Macht.[21] Wer die Natur veräußerlicht, instrumentalisiert und zur Ware macht, versündigt sich in eben der Weise gegen ihre alles verbindende und solcherart niemals völlig beherrschbare und notwendig heterogene Sprache, wie es der Bergmann in Novalis' »Heinrich von Ofterdingen« auf den Punkt bringt: „Die Natur will nicht der ausschließliche Besitz eines Einzigen seyn. Als Eigenthum verwandelt sie sich in ein böses Gift ... So untergräbt sie heimlich den Grund des Eigenthümers, und begräbt ihn bald in den einbrechenden Abgrund."[22]

---

[21] Zu den entsprechenden Vorstellungen Michel Foucaults vgl. Anmerkung 6, S. 4 und Anmerkung 73, S. 100 dieser Arbeit.
[22] Novalis: Heinrich von Ofterdingen, in: ders.: Schriften. Die Werke Friedrich von Hardenbergs, nach den Handschriften ergänzte, verbesserte und vermehrte Auflage, hrsg. v. Paul Kluckhohn und Richard Samuel in Zusammenarbeit mit Hans-Joachim Mähl und Gerhard Schulz, Stuttgart 1977ff., Band I, S. 245.

Die Erzählungen der Großmutter verdeutlichen trotz ihres märchen- und sagenhaften Charakters[23] in geradezu aufklärerischer Weise das Wechselverhältnis von Natur und Kultur, das letztlich einem immer schon gemeinsamen strukturellen Zusammenhang angehört. Auf die Geschichte des braunen Mädchens bezogen bilden sie – wie dann wiederum die Geschichte des braunen Mädchens im Hinblick auf die Sozialisationsgeschichte der Kinder – metasprachliche Kommentare der kulturellen Dialektik. Dabei kommt dem Verlust ursprünglicher Natur, beziehungsweise der Rückkehr der Naturgestalten in ihre eigene Welt, als dem Tod verwandten Bildern eine besondere Geltung zu. Ebenso wie in der Geschichte von Sture Mure der Tod, indem er in die Natur zurückführt, dem Übergang in die Welt der Menschen erst die eigentliche Bedeutung zuspricht, ist er in seiner ambivalenten Bedeutung als Mittler zwischen Natur und Kultur der kulturellen Ordnung als ein Anderes und zugleich konstitutives Prinzip selbst inhärent.

Analog zu der Art und Weise, in der das braune Mädchen und die anderen in den Erzählungen der Großmutter vorkommenden Naturgestalten eine eigene Geschichte besitzen und in ihrer Bedeutung als ursprüngliche Natur an den allgemeinen kulturellen Kontext angeschlossen sind, ist auch in der metaphorischen Bedeutung des Raumes nicht allein die kulturelle Ordnung des Hofes, sondern auch diejenige der äußeren Natur nur als eine geschichtliche denkbar. So können das Hagelunwetter und die Feuersbrunst als eschatologische Katastrophen verstanden werden, in der die nicht zu bezweifelnde Ordnung der Natur zu ihrer nur als kulturell zu denkenden Wahrheit kommt, gleichzeitig zeigt sie sich gerade in ihrer destruktiven Gewalt als das nicht moralisierbare Andere, von dessen Differenz die Konstitution der kulturellen Ordnung abhängig bleibt. In schroffer Weise wird hier in den scheinbar kontingenten Zusammenhang von Natur und Kultur eine Lücke gerissen, die zugleich einen Augenblick des aufscheinenden Sinns bedeutet, der jedoch untrennbar an die Drohung des Todes gebunden ist. So schildert die Erzählung, wie sich bei einer Wanderung der Kinder die friedliche Idylle des Nußbergs durch den Hagelsturm in einen Raum lebensbedrohlicher und entfremdeter Natur verwandelt:

> „Was Widerstand leistete, wurde zermalmt, was fest war, wurde zerschmettert, was Leben hatte, wurde getödtet. Nur weiche Dinge widerstanden, wie durch die Schlossen zerstampfte Erde und die Reisigbündel. Wie weiße Pfeile fuhr das Eis in der

---

[23] Zu den Sagenmotiven in »Katzensilber« vgl. Hanns-Peter Mederer: Sagenerzählungen und Sagenerzähler im Werk Adalbert Stifters, in: VASILO 38 (1989), S. 77-116.

finstern Luft gegen die schwarze Erde, daß man ihre Dinge nicht mehr erkennen konnte." (265)

Mit diesem plötzlichen Hervorbrechen einer alles vernichtenden Naturgewalt erscheint die strukturelle Ordnung von Natur und Kultur als Ganzes gefährdet, doch ist es nun gerade erneut das Andere einer von jeder kulturellen Bedeutung unabhängigen Natur, in deren zeitlosen Kreislauf von Tod und Wiedergeburt die Möglichkeit eines kulturellen Sinns weiterhin bestehen bleibt. So erscheint die Katastrophe zuletzt als Medium der Regeneration[24]:

„Der Vater hatte viele Pflanzen und Gewächse kommen lassen, und sie standen jetzt neben den noch erhaltenen in den Glashäusern, und es war, als ob nie ein Schaden angerichtet worden wäre. An den verstümmelten Bäumen wuchsen zahlreiche kleine Zweige hervor, die so schön waren, und so lebhaft wuchsen, als wäre das Abschlagen der Zweige kein Unglück gewesen, sondern als hätte ein weiser Gärtner dieselben beschnitten, daß sie nur desto besser empor trieben." (286)

Indem die Naturkatastrophe als solche zuletzt geleugnet wird, wird sie ganz im Sinne der Vorrede zu den »Bunten Steinen« als exzessive „Einzelheit[]" (HKG 2.2, 10) dem „Allgemeinen" (11) einer Natur untergeordnet, in der das „welterhaltende[]" (15) sanfte Gesetz wirksam ist.[25] Die Katastrophe selbst erscheint als Teil eines zum Besseren fortschreitenden, sinnvollen Ganzen.[26] Werden die negativen Auswirkungen der Katastrophe auf diese Weise verdrängt, so ist den Kindern zum anderen in der Person des braunen Mädchens ein guter Genius zugeordnet, ohne dessen konkrete Hilfe der gute Ausgang der lebensbedrohlichen Situation nicht möglich wäre und die somit dem ‚sanften Gesetz' erst zum Durchbruch verhilft. Als ‚Naturwesen' steht es in besonderem Verhältnis zur Natur als dem geheimnisvollen Anderen, als menschlich-liebende Natur vertritt es deren als positiv gedachte, dem Menschen zugewandte Seite. Am deutlichsten wird dies jedoch, wenn man seine besondere Verbindung zu Sigismund betrachtet.

---

[24] Vgl. Begemann, Welt der Zeichen, S. 310.
[25] Vgl. ebd., S. 311.
[26] Vgl. ebd.

2. Kulturgeschichte:
Die Geschichte Sigismunds als Dialektik von Opfer und Ermächtigung

Die engste Beziehung zum braunen Mädchen besitzt Sigismund. Neben ihm ist er die zweite Hauptfigur der Erzählung und steht als einziger Sohn und jüngstes der Kinder im Mittelpunkt der Familie. In der braunen Farbe seiner Haare vereinigen sich die hellen und dunkeln Kategorien der familiaren Ordnung. Die mittlere Haarfarbe bildet die Synthese der durch Vater und Mutter repräsentierten Oppositionen, gleichzeitig ist er dadurch dem braunen Mädchen zugeordnet.

„... Sigismund [war] Vater und Mutter, er war Blondköpfchen und Schwarzköpfchen." (HKG 2.2, 254)

Obwohl als Person eher eine unscheinbare Figur, ist der ganze gestaltete Lebenskreis in »Katzensilber« auf ihn ausgerichtet. Die zweimalige wunderbare Rettung vor der Bedrohung durch die Urelemente Wasser und Feuer durch das braune Mädchen trägt Züge einer sakramentalen Weihe.[27] In besonderer Weise scheint er von der Natur auserwählt zu sein, wobei das braune Mädchen zur Mittlerin wird. In der eigenen Beziehung, in der es zu ihm steht, bezeichnet es den Urgrund einer liebenden Natur, aus deren Erfahrung die Bildung des Subjekts ihren Anfang nimmt, deren Verlust aber unausweichlich ist und im Prozeß des Erwachsenwerdens überwunden werden muß. In diesem Sinn soll nun das Geschehen der Feuerkatastrophe, in dem sich die gesamte Problematik der Erzählung und die Beziehung zwischen Sigismund und dem braunen Mädchen verdichtet, einer genaueren Betrachtung unterzogen werden.

Das Auffallende diese Unglücks, von dem die Familie heimgesucht wird, ist weniger die Katastrophe selbst als die merkwürdige Verkettung von Unterlassungen, unter denen sie sich ereignet, und die zuletzt allein die Person Sigismunds in lebensbedrohliche Gefahr bringen. So ist der Vater wie schon bei dem Hagelunwetter abwesend (vgl. 295), die Mutter vergißt ihren Jüngsten, als sie die Kinder aus dem brennenden Haus in Sicherheit bringt (vgl. 296f., 299f.), und die Großmutter verschließt aus Angst vor Plünderern die Tür, die ihm als einzigem Fluchtweg übrig bleibt. (Vgl. 300f., 302) Diese Umstände sind so eigenartig und schlecht motiviert, daß man nach ihrer Notwendigkeit auf metaphorischer Ebene fragen muß. Aus dieser Perspektive erscheint das Geschehen weniger als Naturereignis denn als kultureller Akt einer potentiellen Opferung, der das signifikante Ereignis in der Entwicklungsgeschichte Sigismunds darstellt. Daß dieses Opfer seine Verwirklichung findet, verhindert hierbei allein der selbstlose Einsatz des braunen Mädchens. (Vgl. 303f.) In der tödlichen Bedrohung durch die Naturgewalt des Feuers und der spektakulären Rettung durch das braune Mädchen wird das ursprüngliche Opfer der Ablösung von der Natur, das phylogenetisch die Aufklärung und ontogenetisch die Entstehung von Subjekten bestimmt, in seiner positiv gedachten Bedeutung als Rationalisierung erzählerisch verbildlicht.

Erscheint die Gefährdung Sigismunds zunächst wie das Spiel mit der Opferung der unschuldigen Natur eines Kindes, so dokumentiert sie aus entwicklungsgeschichtlicher Perspektive die Preisgabe und Apotheose seiner eigenen anfänglichen Körpernatur, durch die er sich als Subjekt konstituiert. In diesem Sinn ist die Opfergeschichte zugleich eine Geschichte der Ermächtigung, in der das Subjekt durch den gleichzeitigen Ausschluß der unbeherrschbaren Natur und ihrer als Moralisierung und Rationalisierung erfolgenden Integration Anteil an der Macht des Anderen gewinnt.[28] Die Art und Weise, in der diese Geschichte von Verlust und Ermächtigung – auch wenn der geleistete Verzicht am Ende der Erzählung im melancholischen Bewußtsein Sigismunds deutlich zutage tritt – zuletzt in seiner Summe als Gewinn erscheinen kann, verkörpert sich hierbei in der Person des braunen Mädchens. In der wunderbaren Rettung, die Sigismund zuteil wird, und ihrer eigenen unglücklichen Geschichte bezeichnet sie die Imagination einer dem Menschen zugewandten Natur, in der die Widersprüchlichkeit des kulturellen Geschehens in die Vorzeitigkeit der Naturgeschichte zurückverwiesen wird. So verknüpft die Geschichte der Feuerkatastrophe und der Rettung Sigismunds die Logik des Opfers mit der Utopie einer liebenden Natur, in der dieselbe sinnerzeugende Spaltung bereits stattgefunden hat. Als deren Inkarnation, die selbst dem Tod und der inneren Zerrissenheit anheimgegeben ist, stellt das braune Mädchen die Verbindung zwischen den beiden strukturellen Bereichen von Natur und Kultur her. Als solche ist sie bereits Teil der kulturellen Schrift und in der gesteigerten Kennzeichnung als Natur, die ihr durch die doppelte Bestimmung als allegorische und psychologische Figur zukommt, gezwungen, stellvertretend für Sigismund das Opfer ihrer selbst zuletzt tatsächlich zu vollziehen: Indem sie am Ende der Erzählung in ihre Welt zurückkehrt und für immer verschwindet, geht sie als Person unter.

---

[27] Vgl. Oertel-Sjögren, Myths and Metaphors, a.a.O., S. 368.
[28] Vgl. dazu Max Horkheimer, Theodor W.: Adorno: Dialektik der Aufklärung. Philosophische Fragmente, Exkurs I: Odysseus oder Mythos und Aufklärung, S. 50-87, Frankfurt am Main 1993, S. 55ff.

Als Geschichte der Ermächtigung kennzeichnet Sigismunds Feuertaufe, die seine Beseelung als Subjekt bedeutet[29], zugleich seinen Eintritt in die Welt der Sprache, wie am Ende der Erzählung demonstrativ hervorgehoben wird. Dabei korrespondiert die Ohnmacht des Vaters, die in den beiden Naturkatastrophen zutage tritt, dem Verzicht, der seiner eigenen Ermächtigung als Herr der kulturellen Ordnung des Hofes vorausgegangen war. Zugleich erklärt sich seine Abwesenheit damit, daß Sigismund durch dieses Ereignis in seine Fußstapfen tritt und zum Erben sowohl der kulturellen Ordnung des Hofes als auch derjenigen der Sprache wird. Doch zeigt sich diese als Form einer Herrschaft über die Natur[30], die zuletzt fragwürdig bleiben muß. Ist der symbolische Tausch, der sich in der sprachlichen Bezeichnung der Wirklichkeit vollzieht, eine Säkularisierung des ursprünglichen Opfers an der Natur[31] und dieses selbst dessen „magische[s] Schema"[32], so findet in dieser sich als Rationalisierung ereignenden Kommunikation mit der Macht des Anderen[33] das Gewaltpotential, das der Unbeherrschbarkeit der Natur anhaftet, Eingang in die Welt der Sprache. Hier wird es, wie Foucault gezeigt hat, zur Wirkung einer ungebundenen Kraft, deren Besitz ebenso wie die Natur selbst der Gegenstand der gesellschaftlichen Auseinandersetzung ist.[34] So erscheint auch in der Erzählung die Sprache zuletzt in der Bedeutung als soziales Herrschaftsinstrument. In der besonderen Macht der Rede, die dem erwachsenen Sigismund, wie das Ende der Erzählung berichtet, zuteil wird und mit der er die anderen in seinen Bann zieht, manifestiert sich seine eigene Selbstbeherrschung, die Herrschaft, die er über seine eigene Natur erlangt hat und mit der er zugleich Macht über andere gewinnt:

„Sigismund war muthig heiter und frei, er war wirklich ein Mund des Sieges; denn wenn seine Rede tönte, flogen ihm die Herzen zu." (313)

Unschwer ist in dem hier anklingenden Bild eines heroischen Dichter-Subjekts, dem die Eigenschaften des Propheten und Herrschers zukommen, die Wunsch- und Größenphantasie zu erkennen, die im »Abdias« der Gegenstand einer scheiternden Innerlichkeit war. Doch steht diese abschließende Wertung seiner Entwicklungsgeschichte in einer merkwürdigen Spannung zu der melancholischen Einsamkeit des wehmütig auf das Reich seiner Kindheit zurückblickenden Sigismund. Dabei gewinnt er als Figur in der

---

[29] Vgl. dazu die biblische Bedeutung der Taufe mit dem Heiligen Geist nach Matthäus 3, 11.
[30] Vgl. dazu Horkheimer, Adorno, a.a.O.
[31] Vgl. ebd. S. 56.
[32] Ebd.
[33] Vgl. ebd., S. 55ff.
[34] Vgl. Anmerkung 21.

Erzählung erst in diesem Moment wirkliche Individualität. Nachdem die Zeit der Kindheit längst in die Vergangenheit entrückt ist,

„war es Sigismund, wenn er auf den Anhöhen stand, wo jezt das Bächlein mit den grauen Fischlein recht klein geworden war, wo der hohe Nußberg recht klein geworden war, als husche der Schatten des braunen Mädchens an ihm vorüber, er fühlte ein tiefes Weh im Herzen, und dachte: wie oft mußte es herüber gekommen sein, wie oft mußte es einsam gewartet haben, ob seine Gespielen kämen, und wie hat es seinen Schmerz, den es sich in der neuen Welt geholt hatte, in seine alte zurük getragen." (315)

Der Standpunkt des erwachsenen Sigismund ist ein sentimentaler. Die Welt seiner Kindheit erscheint nun tatsächlich klein und kindlich, und das braune Mädchen wird zum bemitleidenswerten Geschöpf. Die Erzählung endet mit einem frommen Wunsch:

„Er dachte: wenn dem Mädchen nur recht viel Gutes in der Welt beschieden wäre." (Ebd.)

Durch den abschließenden Blick, mit dem Sigismund die Landschaft überschaut, wird nicht nur diese selbst, sondern auch die erzählte Geschichte, die mit ihr untrennbar verbunden ist, auf seine Person hin zentriert.[35] Die Melancholie, die ihn bei dem Gedanken an das braune Mädchen befällt, gehört zur Geschichte seines eigenen Ich und bezeichnet die Verluste, die mit der Subjektwerdung unabdingbar verbunden sind.

In »Katzensilber« wird der erzählerische Versuch, als Struktur der Gleichartigkeit eine Vermittlung von Natur und Kultur zu erzielen, aus der die gelungene Genese von Subjekten abgeleitet werden könnte, bis zu einem hohen Grad vorangetrieben, doch zeigt sich diese gemeinsame Schrift von Natur und Kultur letztlich durch die gleiche widersprüchliche und nie völlig zu beherrschende Dynamik gekennzeichnet, von der auch das Spannungsverhältnis von Natur und Kultur bestimmt ist. Indessen geht es Stifter in »Katzensilber« nicht darum, die romantische Vorstellung einer Einheit von Natur und Kultur zu desillusionieren[36] – von dieser hat sich Stifter längst getrennt –, sondern darum, die Möglichkeitsbedingungen einer von ihm positiv verstandenen

---

[35] Zur ästhetischen Aneignung von Natur als Landschaft vgl. Hans Robert Jauß: Aisthesis und Naturerfahrung, in: Jörg Zimmermann (Hg.): Das Naturbild des Menschen, München 1982, S. 155-182 (156ff.).
[36] Diese Meinung vertritt Eve Mason: Stifter's »Katzensilber« and the Fairy-Tale Mode, in: The Modern Language Review 77 (1982), S. 114-129. Vgl. dazu auch dies.: Stifters »Bunte Steine«: Versuch einer Bestandsaufnahme, in: Adalbert Stifter heute. Londoner Symposion 1983, hg. von Johann Lachinger, Alexander Stillmark und Martin Swales, Linz 1985 (= Schriftenreihe des Adalbert-Stifter-Institutes des Landes Oberösterreich, Folge 35), S. 75-85 (82f.).

Kulturation vorzuführen. Hierbei ist Stifter in dieser Erzählung ‚ehrlich' genug, die Verluste des Kulturationsprozesses zu verzeichnen. Vor allem durch die doppelte Definition des braunen Mädchens als Verkörperung ursprünglicher Natur und psychologisch-realistische Figur gelingt es ihm, Sozialisation als Enkulturation von Natur anhand des Textes vorzuführen und diese gleichzeitig kritisch zu beleuchten. Sie scheitert in »Katzensilber« nicht grundsätzlich, auch wenn das braune Mädchen zuletzt in seine Welt zurückkehrt. Was die Kinder des Hofbesitzers angeht, so erweist sich ihre Sozialisation als erfolgreich, und die Erziehung des braunen Mädchens ist, mag man diese auch von einem kulturkritischen Standpunkt aus negativ beurteilen,[37] geradezu vorbildlich.

---

[37] Vgl. Mason, Stifter's »Katzensilber« and the Fairy-Tale Mode, a.a.O., S. 127.

VI. Zitat des klassischen Schönheitsparadigmas: »Der Waldbrunnen«

1. Das Thema des Körpers: Der Rahmen

Die eigentliche Geschichte im »Waldbrunnen«[1] wird gleich mehrfach motiviert. Dem Rahmen, in den die Binnenerzählung eingegliedert ist, geht eine kurze Einleitung voraus, die bereits mit dem ersten Satz benennt, worum es geht. Ausgangspunkt sind zwei Begegnungen des fiktiven Erzählers, in denen ihm das Erlebnis körperlicher Schönheit und erotischer Faszination zuteil wird:

„Ich habe zu zwei verschiedenen Malen ein Menschenbild gesehen, von dem ich jedesmal glaubte, es sei das Schönste, was es auf Erden gibt. Das eine Mal ist es ein Zigeunermädchen gewesen, das andere Mal eine junge Frau." (GW 5, 291)

Beide Begegnungen stehen nicht nur in unmittelbarem thematischem Bezug zur Binnenerzählung, mit den Figuren des Zigeunermädchens und der jungen Frau wird gleichzeitig der Anfangs- und Endpunkt der darin geschilderten Entwicklungsgeschichte des wilden Mädchens Juliana vorweggenommen.[2]

Am Beginn des Rahmengeschehens steht der Einbruch des erotischen Körpers in die Sphäre des Bürgerlichen. In Amtsgeschäften unterwegs, überfällt den Ich-Erzähler die erotische Faszination durch die körperliche Erscheinung eines fremden Zigeunerkindes. Völlig gebannt durch den Anblick des Mädchens gleicht die Szene einem augenblickshaften Geschehen, das aus dem tumultartigen Treiben der Zigeuner herausfällt und stillgestellt wird. Die Wahrnehmung des Erzählers läßt, was geschieht, zum Bild erstarren:

---

[1] Einen Überblick über die eher spärliche Forschung zu »Waldbrunnen« bietet Rosemarie Hunter-Lougheed: Adalbert Stifter. »Der Waldbrunnen«. Interpretation und Ursprungshypothese (= Schriftenreihe des Adalbert-Stifter-Instituts des Landes Oberösterreich, Folge 37), Linz 1988 (im folgenden zitiert als ‚Waldbrunnen'), S. 7-10. Hunters eigene Interpretation, nach der sich in der Entwicklung Julianas vom Naturkind zur Bürgersfrau der Weg zum „voll erfüllten Leben" (ebd., S. 68) eröffnet, ist trotz guter Einzelbeobachtungen im Ganzen affirmativ und als unkritisch gegenüber der gerade im »Waldbrunnen« sehr oberflächlichen Sinnbehauptung der Erzählung.

[2] Zur Bedeutung des Rahmens vgl. Rosemarie Hunter: Ist der Rahmen des »Waldbrunnen« überflüssig? Einige Bemerkungen zu Stifters Spätzerzählung, in: VASILO 1972, S. 119-123. Vgl. dazu auch Rosemarie Hunter-Lougheed: Waldschlange und Lerche im »Waldbrunnen«: Zu Tiervergleich und Tiersymbol bei Stifter, in: Seminar. A Journal of Germanic Studies 13 (1977), 2, S. 99-101.

„Neben der Tür des Gasthauses aber, zu der ich mir mühsam einen Weg bahnte, um mir für die Zeit, wann ich mit meinem Amtsgeschäfte fertig sein würde, ein Mittagmahl zu bestellen, stand ruhig, als ginge sie das alles nichts an, ein Mädchen der Zigeuner, und ich, der ich doch bereits in die reifenden Jahre trat, prallte fast zurück, als ich das Mädchen sah. Das war die schönste Menschengestalt, die ich je in meinen Augen gemalt hatte. Der Oberkörper war in ein rötlich-braunes, ausgebleichtes Zeug gehüllt, das so dünn war, daß man alle Gestaltungen durch dasselbe verfolgen konnte, und aus dem noch überdies die Arme von den Achseln an ganz nackt herabhingen. Von den Hüften war ein Rock mit gelben und roten Streifen bis über die Knie hinunter, der aber die Schwingungen der Gestalt vollkommen erkennen ließ. Die Füße waren nackt. Von dem wolkigen Stoffe des Oberkörpers hingen allerlei mit den grellsten Farben gefärbte Bänder und Schnüre und Flechtwerke herunter. Das Angesicht hatte die einfachsten Linien. Die Nase war gerade, die Lippen waren kräftig, die Augen waren sehr groß und so schwarz, wie weder schwarzer Sammet oder Kohle oder Rabengefieder oder irgend etwas anders in der Welt schwarz ist. Die Haare hatten dieselbe Farbe und schlangen sich in wunderlichen Knäueln mit Schleifen und hellen Flittern über den Nacken auf den Rücken hinunter." (291f.)

Die Wahrnehmung des Zigeunermädchens durch den Erzähler ist gleichbedeutend mit einer fortschreitenden Aneignung ihres Körpers. Diese beginnt mit einer Beschreibung der Kleidung, die den Körper eher enthüllt als verhüllt, des Gesichts und der Haare, um die Erscheinung des Mädchens über die Farbe des Körpers schließlich in den Bereich der Kunst und des schönen Scheins zu überführen:

„Die Farbe des Körpers, gelbbraun wie ältliches Erz, stand sehr gut zu den schreienden Farben der Bänder und zu dem Ebenmaße der Glieder, daß, wenn diese Gestalt genau, wie sie ist, gegossen gewesen wäre, sie das schönste menschliche Standbild geworden wäre, das hervorzubringen ist, und daß alle Völker in Bewunderung vor der Schönheit dieses Kunstwerkes hätten knieen müssen, obwohl in dem Abgusse der Glanz der Augen gefehlt hätte. [...] Ich dachte, da ich das Mädchen sah, daß keine Regelmäßigkeit der Kristalle, keine Pracht einer Pflanze, so herrlich sie sei, kein edles Tier, und wenn es das schlankste, kräftigste, feinste Wüstentier ist, so schön zu sein vermöge wie ein Mensch." (292)

Gleichzeitig wird der äußeren Schönheit die Tiefe einer inneren Wahrheit zugesprochen, die religiöse Züge trägt:

> „Den Ernst in den Mienen des Mädchens würde ich dem Ernste der Sixtinischen Madonna vergleichen, wenn ich nicht eine Ungerechtigkeit beginge; denn das Mädchen war schöner als die Raffaelische Madonna. In den Standbildern der Griechen, die auf uns gekommen sind, und auf den Tafeln aller Maler ist diese Gestalt nicht vorhanden." (293)

Trotz der irrealisierenden Vergleiche des Mädchens mit den Bildern des Wahren und Schönen kann der Beobachter sein eigenes Begehren nicht verbergen. Dabei verhält er sich vollkommen voyeuristisch. Eine Kommunikation zwischen Erzähler und Mädchen findet nicht statt, und der Erzähler ist auch nicht daran interessiert, wie seine spätere Antwort auf die Frage seiner Frau, ob er denn mit dem Mädchen gesprochen habe, deutlich macht:

> „‚Gesprochen? Ich habe mit dem Mädchen gar nicht gesprochen', antwortete ich, ‚daran habe ich auch nicht gedacht, ich habe nur die Gestalt angeschaut und um ihr Wesen mich nicht bekümmert [.']" (297)

Als Person ist das Zigeunermädchen bloße Projektionsgestalt für die Wünsche seines Beobachters, das Ich-Idol, das im anderen erfahren werden soll.[3] Dabei ist die Ästhetisierung des Körpers und der kodierende Vergleich mit einer Statue zugleich Strategie der Annäherung wie der Distanzierung.[4] Einerseits erlaubt die Wahrnehmung als Statue die völlige Verfügbarkeit des Objekts, andererseits ist sie eine Methode, um sich von der Unmittelbarkeit des eigenen Begehrens zu distanzieren. Durch die Assoziation des Mädchens mit einem schönen Standbild legitimiert der Erzähler seine eigenen Wünsche, indem er den begehrten Gegenstand zum Kunstwerk werden läßt.

Bei der Beschreibung der jungen Frau auf dem Rigi, an die sich der Erzähler im Anschluß an die Begegnung mit dem Zigeunermädchen erinnert, wiederholen sich die Superlative in der Beschreibung ihrer Schönheit ebenso wie das Statuenmotiv. Aber auch hier handelt es sich um eine Schönheit, die dem klassischen Ideal nicht völlig entspricht, was sich wiederum in der dunklen Farbe der Haut zeigt, die sich in ähnlicher Weise, wie sie sich bei dem Zigeunermädchen im Vergleich mit der Farbe von Erz und

---

[3] Vgl. Neumann, Erziehung zur Liebe, a.a.O., S. 56.
[4] Vgl. Schößler, a.a.O., S. 15.

dem gegossenen Erzbild ausgesprochen hatte, mit der Vorstellung des Vorklassisch-Ursprünglichen, Alten und Echten verbindet. Das Gießen in Metall besitzt außerdem die größtmögliche Nähe zum Urbild und steht dem Eindruck des Künstlichen entgegen:

„Die Menschen sagten, ihre Augen erscheinen nur so leuchtend und ihre Zähne nur so weiß, weil die Farbe ihres Angesichtes ungewöhnlich dunkel sei, dunkler, als sich mit Schönheit verträgt; aber gerade weil in das Rosenrot ihrer Wangen ein wenig Bräunlichschwarz gemischt war, glich die feine Wölbung dieser Wange so sehr der zarten Führung des schönsten uralten Standbildes." (294f.)

Was die junge Frau vor allem von dem Zigeunermädchen unterscheidet, ist die Tatsache, daß ihre Schönheit die domestizierte einer verheirateten und im höchsten Maße kultivierten Frau ist, die vollkommen im Kreis ihrer Familie sozialisiert ist. Dies wird nicht nur in ihrer Kleidung deutlich. Im Gegensatz zur Stummheit des Zigeunermädchens verfügt sie über Sprache und erfüllt ihre soziale Rolle im Kreis der Familie und im gesellschaftlichen Umgang, wie vom Erzähler bezeugt wird:

„An dem Tage, den wir auf dem Berg verbrachten, habe ich die Frau mit ihrem Gatten wandeln sehen, ich habe sie auf einem Steine sitzen sehen, ich habe sie in dem Gesellschaftssaale gesehen, und ich habe sie sprechen hören." (295)

Die „wunderbaren Gedichtchen" (ebd.), die sie angeblich macht, verweisen mit ihrem Diminutiv auf ihre Befähigung in einer zum bildungsbürgerlichen Dekor verkommenen Kunst. Die soziale Integration der jungen Frau drückt sich in ihrem Namen aus, der „mit einer klaren Handschrift" (ebd.) neben demjenigen ihres Mannes im Einschreibbuch der Herberge geschrieben steht.

Die Gegenüberstellung der beiden Frauen beinhaltet, ebenso wie bereits das Statuenmotiv, eine Moralisierung der Körpernatur; der äußeren Schönheit soll eine innere Wahrheit entsprechen. Die aufgebotenen Legitimationsstrategien können die gesellschaftlichen desintegrativen Tendenzen des aufgebrochenen Begehrens jedoch kaum verbergen. In den Fragen der Ehefrau, der der Erzähler von seinen Erlebnissen berichtet, scheint sich sein schlechtes Gewissen auszusprechen:

„‚Und wie alt waren denn deine Schönheitsgrößen, als du sie erblicktest?' fragte sie. ‚Daran habe ich wirklich nicht gedacht', antwortete ich. ‚Soweit ich mich zurückerinnere, mochte die schwarze Frau damals auf dem Rigi zweiundzwanzig oder vierundzwanzig Jahre alt gewesen sein, sie mochte auch jünger gewesen sein; denn solche dunkle Frauen sehen in ihrer Jugend immer älter aus, und das Zigeunermädchen von heute möchte ungefähr siebzehn Jahre alt sein.'" (297) Im schließlich gewährten Verzeihen der Ehefrau, daß er „unter Zigeunern und Malaien schönere Gestalten finde[], als [s]eine Frau ist" (ebd.), wird die Brisanz der Lage eher mühsam ins Harmlose umgeleitet. Um die ins Wanken geratene Ordnung wiederherzustellen und die innere Erschütterung zu verbergen, wird außerdem eine Geschichte nachgetragen, die dasselbe Begehren zum Thema hat und eine scheinbare Lösung bereithält.

2. „Mangel an Liebe': Stephan von Heilkun

Die Binnenerzählung handelt von der Geschichte des alten Mannes Stephan von Heilkun und des schönen wilden Mädchens Juliana, das abgeschieden mit seiner Großmutter in der Gegend des Waldbrunnens lebt, die der alte Heilkun jedes Jahr im Frühling und Sommer zusammen mit seinen Enkeln Franz und Katharina besucht. Es kommt zu einem mühelos vor sich gehenden Annäherungsprozeß zwischen dem alten Mann und dem Naturkind, der mit der Liebesbezeigung Julianas an Stephan sein eigentliches Ziel erreicht. Danach bahnt sich eher unmotiviert eine Beziehung zwischen Juliana und Heilkuns Enkel Franz an, mit der die Erzählung weitergeführt wird. Aber erst nach dem Tod der Großmutter folgt Juliana Stephan und den Kindern in die Stadt. Sie heiratet seinen Enkel Franz. Für den Leser wird erst am Schluß der Erzählung klar, daß die schöne junge Frau auf dem Rigi das einstmals ‚wilde Mädchen' Juliana ist.

Das in der Rahmenerzählung durch die erotische Faszination des schönen Körpers aufgebrochene Begehren wird in der Binnenerzählung zum Ausgangspunkt der Suche nach einer emphatischen Identitätserfahrung. Gleichzeitig wird eine Vermittlung von naturhaftem Körper und bürgerlicher Ordnung gesucht, die sich schließlich als paradoxes Unterfangen erweist. Dabei ähnelt der Großvater der Kindergeschichte, Stephan von Heilkun, in vielfacher Weise dem Ich-Erzähler der Rahmenhandlung. Auch bei seiner in Umrissen gezeichneten Lebensgeschichte ist das Thema des verfehlten Lebens wie in anderen Erzählungen Stifters, wie beispielsweise im »Waldgänger« und im »Hagestolz«, das bestimmende Element. Was ihn zusammen mit seinen Enkeln Katharina und Franz, deren Erzieher er ist, in die Gegend des Waldbrunnens treibt, ist die Sehnsucht nach den Versprechungen einer heilen Körpernatur, „Fröhlichkeit und Gesundheit" (300), auf die er Verzicht geleistet hat und deren zentrales Symbol der Waldbrunnen ist. Die ursprüngliche Reinheit des Wassers und der Luft sind die Metaphern einer vorsprachlichen, unbezeichneten Natur, deren Verkörperung Stephan schließlich in dem Zigeunermädchen Juliana findet. Seinen Enkeln erklärt Stephan:

„Und dieses Wasser gibt allen Wesen, selbst den Gräsern, Fröhlichkeit und Gesundheit, was das Wasser in den Ländern draußen, wo allerlei unreiner Boden ist, nicht geben kann. Und die Luft ist in den Höhen, die der Wald einnimmt, reiner, weil sie in allen Höhen reiner ist, und sie wird durch das Harz des Waldes und durch das Atmen seiner Millionen Blätter und Nadeln noch anmutiger und balsamreicher, daß sie ebenso Fröhlichkeit und Gesundheit bringt wie das Wasser. Und wer beides, Fröhlichkeit und Gesundheit, verloren hat, der erhält sie wieder, wenn er von diesem Wasser trinkt und von dieser Luft atmet. Darum gehe ich mit euch zu einem Brunnen, den ich in dem Walde weiß, und in die Luft, die um den Brunnen fließt." (300)

Das ‚Amt' wird auch hier zum Synonym einer sich selbst entfremdeten, unglücklichen Existenz, ein weiterer Grund für Stephans unglückliches Dasein ist sein „Mangel an Liebe" (301). Auf die Frage seiner Enkel, wodurch er denn Fröhlichkeit und Gesundheit verloren habe, antwortet Stephan:

„‚Ich werde sie durch manche Dinge verloren haben, mein Kind, ... , die du nicht verstehst. Ich bin freiwillig in ein Amt gegangen und bin dadurch schon in einer Zeit zuviel an einem Tische gesessen, als noch euer Vater und eure Mutter im Grase fröhlich herumsprangen, ich habe Kummer erlebt und werde Gesundheit und Fröhlichkeit auch verloren haben, weil ich Mangel an Liebe litt.'" (301)

Der Mangel an Liebe, an dem Stephan leidet, besteht darin, nicht um seiner selbst willen geliebt zu werden. Die voraussetzungslose Liebe, nach der sich Stephan sehnt, steht außerhalb der sozialen Bindungen und ist gleichbedeutend mit einer unmittelbaren Kommunikation, in der die Liebe zur identitätsstiftenden Kraft des Authentischen wird. In der Sehnsucht Stephans nach Natur wird die „zeichenlose Unschuld einer Liebe gesucht, der zu begegnen nur um den Preis ihrer Zerstörung möglich ist"[5]. Dieser unbedingten Liebe stehen die verwandtschaftlichen Bindungen und die dauerhafte Kodierung in der Institution der Ehe entgegen. Ähnlich wie in »Prokopus« war auch die Ehe Stephans trotz der Aufrichtigkeit der Gefühle in geradezu zwanghafter Weise zum Scheitern verurteilt. Seinen Enkeln erklärt er weiter:

> „‚[...] Ich habe eure Großmutter kennengelernt, welche die Mutter eures Vaters gewesen ist, sie ist meine Ehefrau geworden und hat mich sehr geliebt. Ich hatte ihr alles gegeben, was ich gehabt habe, ich habe ihr aufgeopfert, was mir lieb war, sie war mir sehr dankbar, ich wurde ihr Teuerstes auf der Welt; aber sie konnte nie tun, was gegen ihren Sinn und ihr Gemüt war, sie wußte es nicht und kränkte mich. Endlich starb sie und nahm noch mit brechenden Augen von mir Abschied.'" (Ebd.)

Der Vorstellung von der Liebe als einer Glück verheißenden Kraft ursprünglicher Natur steht die Realität der Ehe entgegen. Das Unglück erwächst wie in »Prokopus« nicht aus einem Verrat an der Liebe, sondern wird aus dieser selbst abgeleitet: Es ist gerade die Unbedingtheit des Gefühls, die sich letztlich gegen sich selbst wendet.[6] Das Unglück beginnt, wo der Wunsch nach Liebe und die Imagination des Glücks in die soziale Wirklichkeit überführt werden sollen. Um so fragwürdiger wird das spätere Verhalten Stephans, als er die beginnende Liebesbeziehung zwischen seinem Enkel Franz und dem wilden Mädchen Juliana in die Ehe zwingen will.

3. Pädagogische Beziehung: Stephan und das wilde Mädchen

War in der Rahmengeschichte gerade die Stummheit des Zigeunermädchens und die Distanz zwischen Beobachter und begehrtem Gegenstand die Bedingung einer um so sprechenderen erotischen Schönheit, die sich weniger einer Wesenhaftigkeit als dem Schein verdankt und deren Aura dem Bildhaften angehört, so versucht die Binnenerzählung zwischen den Bereichen des Imaginären und des Realen, Sprache und naturhaftem Körper, zu vermitteln und beide in ein Verhältnis zu setzen.[7] Die Bemühungen,

---

[5] Böhme, a.a.O., S. 183.
[6] Vgl. W. G. Sebald: Bis an den Rand der Natur. Versuch über Stifter, in: ders.: Die Beschreibung des Unglücks. Zur österreichischen Literatur von Stifter bis Handke, Salzburg, Wien 1985, S. 15-37 (34).
[7] Vgl. Michael Wetzel: „Le Nom/n de Mignon". Der schöne Schein der Kindsbräute, in: Dietmar Kamper, Christoph Wulf (Hg.): Der Schein des Schönen, Göttingen 1989, S. 380-410 (384, 392).

das Naturkind Juliana, die über das Zentralsymbol des Waldbrunnens, dem sie zugeordnet ist, an eine Wassernymphe erinnert, zu beseelen und zu alphabetisieren, sind dabei so erfolgreich und gehen so mühelos vor sich, daß der Wunschcharakter des Erzählten klar hervortritt. In der Erzählung selbst ist dies als melancholischer Grundton der Trauer zu spüren, der, wie Martini bemerkt, bis zuletzt bestehen bleibt.[8] Der Prozeß der Annäherung zwischen Stephan von Heilkun und dem wilden Mädchen Juliana, der damit endet, daß der unberechenbare Körper moralisiert und mit einer Wahrheit ausgestattet wird, erscheint als die Erziehung der ursprünglichen Körpernatur zur Liebe. Dabei wird von der Erzählung suggeriert, daß die Naturgestalt selbst von ihrer Sprachlosigkeit erlöst und alphabetisiert werden will. Die pädagogische Beziehung zwischen Stephan und Juliana stellt sich für Juliana als die Möglichkeit dar, von sich aus dasjenige zu entdecken und auszubilden, was sie als Anlage bereits in sich verborgen hielt und das allein in einer Liebesbeziehung entwickelt werden kann.[9] Für Stephan spricht sich darin seine Sehnsucht nach der eigenen heilen Körpernatur seiner Kindheit aus, deren Verlust er am Beginn seiner Reise seinen Enkeln gegenüber beklagt hatte. (Vgl. 301) Im Modell der pädagogischen Beziehung repräsentiert die Kindheit den verlorenen Naturzustand des Menschen, den es wiederzufinden und dann ‚richtig' weiterzuentwickeln gilt.[10] Dabei besteht das wichtigste Merkmal der Erziehung Julianas, wie sie die Erzählung vorführt, gerade darin, jeden Eindruck einer bewußt gesteuerten, zielgerichteten Entwicklung und den Anschein von Zwang zu vermeiden und ihre Verwandlung als Läuterungsprozeß und bruchloses Wachsenlassen erscheinen zu lassen. Dennoch kann am pädagogischen Anspruch Stephan von Heilkuns kein Zweifel bestehen.[11] Nachdem der zu Beginn der Geschichte noch als Großvater oder alter Mann bezeichnete Stephan mit seinen Enkeln am Ziel seiner Reise angekommen ist, nimmt die Erzählung zielgerichtet ihren Fortgang. Bereits sein erster Weg führt ihn am folgenden Tag in die Schule und bald darauf zur Begegnung mit dem wilden Mädchen. Dem Lehrer des Ortes stellt er sich als „Besitzer von Heilkun und Thanau" (304) vor und wird von ihm mit der gegebenen Unterwürfigkeit, die Honoratioren zusteht, als

---

[8] Vgl. Martini, a.a.O., S. 550.
[9] Vgl. Michael Wimmer: Erziehung und Leidenschaft – Zur Geschichte des pädagogischen Blicks, in: Dietmar Kamper, Christoph Wulf (Hg.): Der Andere Körper, Berlin 1984, S. 85-101 (88).
[10] Vgl. ebd., S. 92.
[11] Vgl. dazu die hiervon abweichende Meinung von Eva Geulen, a.a.O., S. 146, nach der sich die Annäherung Julianas an Stephan und ihre Verwandlung „nicht als Bildungsprozeß, sondern als Läuterung und physiologischer Heilungsprozeß" vollziehe. (Ebd., S. 146).

„hochedler" (305) und „hochverehrter Herr" (ebd.) empfangen. Entgegen der von Stifter selbst erfahrenen inferioren sozialen Stellung als Hauslehrer[12] erscheint Stephan von Heilkun als Wohltäter, dessen pädagogisches Interesse dankbar angenommen wird. Gegenüber den ernüchternden Ansichten des Lehrers, der sich darüber beklagt, von seinen Vorgesetzten so lange „bei so rohen Menschen" (ebd.) gelassen worden zu sein, vertritt Stephan das Sendungsbewußtsein eines scheinbar ungebrochenen Bildungsoptimismus. Als Paradebeispiel des Rohen und Ungebildeten wird vom Lehrer das wilde Mädchen vorgeführt, das somit zugleich zum Gegenstand wird, an dem sich Stephans pädagogisches Interesse zu erproben hat:

„,Und könnt ihr die Kinder dieser Leute nicht verbessern und veredeln?' fragte Stephan. ,Ja, wenn die Eltern nicht wieder alles verdürben', sagte der Lehrer, ,die Kinder lernen Halsstarrigkeit und Bosheit. Da habe ich sogar ein Mädchen in der Schule, das aus Rohheit und Bosheit, obwohl es meiner Lehre schon fast entwächst, bisher noch kein Wort gesprochen hat.'" (Ebd.)

Entgegen der Voreingenommenheit des Lehrers zeugen die nun einsetzenden Bemühungen Stephans, das Mädchen, das sich der Sprache verweigert, zum Sprechen zu bringen, von seinem pädagogischen Geschick. Indem er nun öfter in der Schule erscheint, die Kinder sich an ihn gewöhnen, sich vorlesen läßt und Geschenke verteilt, schafft er ein System der Belohnung, welches das wilde Mädchen ausschließt, dem sie sich aber auf Dauer nicht verweigern kann:

„Nach einigen Tagen ging der alte Stephan allein in das Schulhaus und in das Unterrichtszimmer. Der Lehrer zeigte ihm das wilde Mädchen. [...] So kam er nun öfter, die Kinder gewöhnten sich an ihn, er hörte zu, wenn sie lasen, er forderte sie auf, ihm ihre Schreibbücher und Rechnungstafeln zu zeigen, und beschenkte sie danach zuweilen mit kleinen Bildchen. Das wilde Mädchen las nie, es zeigte ihm nie ein Schreibbuch oder eine Rechnungstafel. [...] Alle Kinder hatte er zum Lesen gerufen, nur das wilde Mädchen nicht, von allen hatte er sich die Arbeit zeigen lassen, nur das wilde Mädchen hatte er nicht aufgefordert. [...] Dann ging er zu dem Stuhle am Tische des Lehrers, setzte sich nieder und packte die Geschenke, die ihm übriggeblieben waren, in seine Tasche. Da stand das wilde Mädchen auf, drängte aus der

---

[12] Vgl. dazu die Biographie von Wolfgang Matz: Adalbert Stifter oder Diese fürchterliche Wendung der Dinge. Biographie, München, Wien 1995, S. 68ff.

Bank, ging zu dem alten Manne, hielt das Buch hin und gab Zeichen, daß es lesen wolle. Der alte Mann machte eine freundliche Zustimmung, und sofort begann das wilde Mädchen laut mit klarer, aber etwas tieferer Stimme ganz richtig, in fremdartiger Aussprache, das zu lesen, was auf den aufgeschlagenen Blättern stand." (308f.)

Die weitere Annäherung zwischen Stephan und dem wilden Mädchen verläuft zwanglos und scheint nur eine Frage der Zeit zu sein:

„Und sooft er in die Schule kam, las ihm das Mädchen vor und zeigte ihm seine Schrift und seine Rechnung. So verging einige Zeit." (310)

Bereits am Ende seines Sommeraufenthaltes, in der Verabschiedungsszene zwischen Stephan und dem wilden Mädchen, kommt ihre beginnende Liebe zu Stephan zum ersten Mal zum Ausdruck:

„... und da man sich verabschiedet hatte und da die Kinder im Wagen saßen und der alte Stephan den Fuß auf den Tritt stellte, um einzusteigen, flog hinter dem Schoppen das wilde Mädchen herbei, schlang beide Arme um den alten Mann, küßte ihn auf den weißen Stutzbart und rannte davon." (314)

Einen wichtigen Schritt der Annäherung bildet Stephans Besuch bei der ‚Familie' des Mädchens, dem weitere folgen, wobei insbesondere das Verhältnis des wilden Mädchens zur Großmutter von Bedeutung ist.

4. Juliana und die Großmutter

Das Verhältnis, in dem das wilde Mädchen Juliana mit ihrer Großmutter abgesondert von Mutter und Tante in einem Anbau des eigentlichen Hauses lebt, trägt religiöse Züge.[13] Wie Eva Geulen bemerkt, hat Juliana die Goethe-Verse, die sie später bruchstückhaft zitieren wird – „Ich bilde Menschen, Dein nicht zu achten, wie ich!" (328) –, bereits zuvor in die Tat umgesetzt: „Juliana ist eine Künstlerin und Bildnerin des Körpers. [...] Ihre Kunst besteht im Götzenkult, den sie mit dem Körper der Großmutter treibt."[14] Oder, wie es die Großmutter ausdrückt, „Jana ziert alles" (319):

---

[13] Vgl. Eva Geulen, a.a.O., S. 147f.
[14] Ebd.

„Rings um das Weib staken in dem Holze des Anbaues wie um ein Heiligenbild in einer Feldkapelle Zweige, Blumen, Getreidehalme und selbst Federn. In den weißen Haaren hatte das alte Weib Blumen, gefärbte Papierstreifen, einen Büschel Hahnenfedern, und es hing das rosenrote Seidenband von den weißen Haaren hernieder, das der alte Stephan dem wilden Mädchen gegeben hatte. Das wilde Mädchen trug gar keinen Schmuck ..." (311)

„Alles, was er und die Kinder gebracht hatten, war zum Schmucke des kleinen Holzzubaues verwendet worden. [...] Die Großmutter war geschmückt, daß man sie kaum kennen konnte. Juliana hatte von all den Dingen gar nichts an sich." (323)

Wird der Körper der Großmutter durch die Verzierungen Julianas gleichsam zum Abbild seiner selbst, so wird er gleichzeitig zum Zeichen dessen, was Julianas eigentliche Identität bedeutet: der reinen Körpernatur. Mit diesem Spiegelbild ihrer selbst, dem veräußerlichten Abbild ihres Inneren, demgegenüber die eigene Schmucklosigkeit Julianas eigens betont wird, steht Juliana im Verhältnis reiner Kommunikation, die eigentlich der Selbstbezüglichkeit des Göttlichen vorbehalten ist:

„‚[I]ch bin die Mutter der Großmutter, ich bin ihre Schwester, ich bin ihre Obrigkeit, ich bin ihre Magd, ich muß bei ihr bleiben.'" (330)

Das gleiche Identitätsmodell einer Einheit, die zugleich absolut und kommunizierbar ist, und ebenfalls die Attribute des Göttlichen trägt, ist im Wunsch Stephans zu finden, von Juliana allein deshalb geliebt zu werden, „weil ich bin, der ich bin" (335). Daß das identifikatorische Verhältnis zwischen Juliana und ihrer Großmutter in der Beziehung Julianas zu Stephan seine Fortsetzung findet, wird zwar einerseits vom Text suggeriert, andererseits spricht die Entwicklung Julianas und das Ende der Erzählung, die in eine Ehegeschichte mündet, dagegen. Als Stephan zu Beginn des zweiten Aufenthaltes in der Waldgegend das Häuschen der Großmutter und Julianas besucht, scheint es die Großmutter zu sein, die auf Stephan gewartet hat:

„Sie hatte von den Bändern und Glasperlen und den anderen Dingen, welche Stephan gespendet hatte, an sich. Sie saß müßig an der Sonne, als hätte sie auf ihn wie auf einen Bräutigam gewartet." (318)

Die Vorstellung, die das Verhältnis Julianas zu ihrer Großmutter als Vorbild ihrer Beziehung zu Stephan ausweist und diesen als Bräutigam der Großmutter erscheinen läßt, steht zwar außerhalb einer Welt der sozialen Bindungen, bleibt aber bis zuletzt das eigentliche Wunschbild der Erzählung. Nach dem Tod der Großmutter ist es Stephan, der für Juliana zum neuen Mittelpunkt ihres Lebens wird, während von ihrer Liebe zu Franz, dem Enkel Stephans, nicht die Rede ist:

„Großvater, jetzt gehe ich mit dir und ich will bei dir sein, wie ich bei der Großmutter gewesen bin." (334)

5. Juliana: Körper und Sprache

In der zentralen Szene der Binnenerzählung, als Stephan und seine Enkel das wilde Mädchen auf dem Brunnenstein des Waldbrunnens in theatralischer Weise sprechend und gestikulierend antreffen, ohne daß sie es bemerkt, verbindet sich das Motiv des schönen Menschenbildes, wie es bereits der Rahmen aufgeworfen hatte, mit der Vorstellung eines anderen Sprechens, das an die Besonderheit moderner Lyrik erinnert.[15] Nach Schößler produziert sich in der Musikalität ihrer Rede die reine Metaphorizität einer Sprache, die nichts als die emphatische ‚Selbstaussprache' ihres Inneren zu sein scheint.[16] Dabei verschmilzt ihre Rede völlig mit dem Ausdruck ihres Körpers. „Ihr Sprechen ist Bewegung, die die Rede versinnlicht und erotisiert"[17]:

„Einmal, da sie wieder zu ihrem Waldbrunnen gingen, sahen sie, ehe sie bei ihm waren, auf dem hohen Steine desselben das wilde Mädchen stehen. Es hatte den Kopf erhoben und streckte bald den einen Arm empor, bald den andern, bald beide, bald hielt es dieselben waagrecht und rief dabei Worte aus. Wenn es den Arm oder beide emporstreckte, fiel der Hemdärmel, der nicht geknöpft war, zurück, und es waren die dunklen Arme zu sehen, als wären sie aus Erz gegossen. Und den Leib richtete das Mädchen empor, daß er noch schlanker und höher erschien. Anfangs konnten Stephan und die Kinder die Worte nicht verstehen, dann lauschten sie ihnen und vernahmen: ‚Schöne Frau, alte Frau, schöne Frau, weißes Haar, Augenpaar, Sonnenschein, Hütte dein, Märchenfrau, Flachs so grau, Worte dein, Herz hinein,

---

[15] Vgl. Schößler, a.a.O., S. 229f.
[16] Vgl. ebd., S. 228ff.
[17] Ebd., S. 228.

Mädchen, Mädchen, Mädchen, bleib bei ihr, schmücke sie, nähre sie, schlafe da, immer nah, alle fort, Himmel hoch, Sonne noch, Jana, Jana, Jana!'" (317)

Entgegen der Stummheit der Zigeunerin des Rahmens verbindet sich bei Juliana die erotisch scheinende Stummheit ihres Körpers mit einer poetischen Selbstaussprache, die nicht dem allgemein verbindlichen Sprechen, sondern einer eigenen inneren Gesetzmäßigkeit folgt.[18] Satzfragmente aus Julianas Predigten erscheinen auch in ihren schriftlichen Aufzeichnungen, die Stephan in der Schule zu lesen bekommt, so daß es sich, wie Schößler bemerkt, um die „Worte eines privaten, doch gesetzmäßig organisierten Kosmos zu handeln scheint, der sich erst mit der Kenntnis der Person aufschließt"[19]. Die Schrift beginnt mit Worten aus Stifters autobiographischem Fragment[20]:

„Es war nirgends das, was auf der Vorschrifttafel stand, abgeschrieben oder etwas geschrieben, was in die Feder gesagt worden sein konnte oder was man sich selbst zu denken vermochte, sondern ganz andere, seltsame Worte: Burgen, Nagelein, Schwarzbach, Susein, Werdehold, Staran, zwei Engel, Zinzilein, Waldfahren und ähnliches, dann Sätze: in die Wolken springen, die Geißel um den Stamm, Wasser, Wasser, Wasser fort, schöne Frau, schöne Frau, schöne Frau, alles leicht, alles grau, und solche Dinge noch mehrere." (309f.)

Die Entwicklung des wilden Mädchens Juliana zur kultivierten Bürgersfrau und die Überführung ihres naturhaften Körpers in die domestizierte Schönheit der Frau auf dem Rigi ist in ihrer Wahrnehmung durch Stephan und ihren zukünftigen Ehemann Franz bereits vorgebildet. Der Wahrnehmung der schönen Körpernatur ist der Umschlag vom schönen Schein zum erstarrten Abbild von Anfang an eingeschrieben. Zwar ist es zunächst gerade das Abbild ihres Körpers, der Vergleich mit einer Statue, dem ihr Begehren gilt, die religiösen Elemente dieses Vergleichs, Altar und Kirche[21], beinhalten aber trotz der blasphemischen erotischen Konnotation eine Tendenz zum Wahren und Wesenhaftigen, die eine Moralisierung des Körpers bedeutet:

„Und wie sie den Arm dabei emporhob, drang er durch den zerrissenen Ärmel hervor und war so schön, wie an einem Standbilde alter Künstlerzeit." (328)

---

[18] Vgl. ebd.
[19] Ebd., S. 229.
[20] Stifter beschreibt hier sein erstes ‚Lesen', das darin besteht, den Worten willkürliche Bedeutungen zuzuordnen: „Ich nahm ein Buch, machte es auf, hielt es vor mich, und las: ‚Burgen, Nagelein, böhmisch Haidel.' Diese Worte las ich jedes Mal, ich weiß es." (PRA 25, 180f.)
[21] Vgl. Eva Geulen, a.a.O., S. 149.

„,Großvater', sagte Katharina, ‚das kleine Mädchen ist recht häßlich. Als es den Kopf hervorstreckte, daß ihn die Sonne beschien, war es mit dem schwarzen Angesichte wie ein dunkles Bild in einem Holzrahmen.' ‚Aber wie ein schönes Bild', sagte Franz, ‚seine Wangen glänzten wie eine Glocke der Kirche, und seine Augen leuchteten wie die Kerzen an dem Altare.'" (312f.)

6. Der Weg zur Ehe

Die Annäherung zwischen Stephan und dem wilden Mädchen geschieht unmerklich. Es ist im dritten Sommer seines Aufenthaltes in der Waldgegend, als das ganze emotionale Potential, das Stephan in die Beziehung zu Juliana gelegt hat, zum Ausbruch kommt. Dazu bedarf es nur einer verhaltenen Geste des Mädchens:

> „... und da die Kinder sich schon bei dem Großvater verabschiedet hatten und aus der Tür waren, kehrte Juliana noch einmal um, lief zu Stephan, tupfte mit ihrer Hand an den Ärmel seines Rockes, drückte dann die Stelle mit der Hand, sah ihn an und lief dann den andern Kindern nach." (326)

Zwar ist die Liebesbezeigung des Mädchens durchaus echt, der darauf folgende emotionale Ausbruch Stephans ist aber letztlich solipsistisch. Die eigentliche Liebesszene bleibt stumm. Stephans Gefühle äußern sich in der Form religiöser Emphase. Ansprechpartner ist nicht Juliana, sondern ein an der Wand hängendes Kreuz:

> „Während sie den Anger hinabrannten, trat Stephan vor ein Kreuz, das in dem Zimmer hing, seinen Augen entstürzten Tränen, und er sagte: ‚Du heiliger und du gerechter Gott! So ist es denn zum ersten Male in meinem Leben, daß ich von jemandem um meiner selbst willen geliebt werde, von einem Menschen, dem ich nichts gegeben und getan habe, weshalb Menschen sonst Dank oder Zuneigung schuldig zu sein glauben, oder was sie durch ihr Entgegenkommen zu gewinnen hoffen. Und dieser Mensch ist ein armes, verwaistes und vernachlässigtes Kind, das keine Gründe seiner Handlungen und Empfindungen kennt. Ich danke dir für dieses süße, bisher ungekannte, mir zum Schlusse meines Lebens gegebene Gefühl, du mein gerechter, mein guter Gott!'" (Ebd.)

Daß das süße Gefühl, um seiner selbst willen geliebt zu werden, das Stephan zuteil wird, nicht das ‚tatsächliche' Glück einer erfüllten Liebe ist, sondern die augenblickshafte Vergegenwärtigung seiner unerfüllten Sehnsüchte, zeigt sich wenige Augenblicke später: Seine Haushälterin Kreszentia tritt ins Zimmer und fragt, „ob er denn sehe, wie fröhlich die Kinder auf dem Anger sind" (ebd.). Darauf antwortet Stephan mit einem Ausdruck melancholischer Bitterkeit:

„‚Lasse das, ... sie genießen den Beginn des Lebens; wenn dasselbe gegen das Ende neigt, ist alles anders.'" (Ebd.)

Daß in der Wirklichkeit alles anders ist, als es die zum Ausbruch gekommene Unbedingtheit des Gefühls verheißt, daran arbeitet sich der nun folgende, restliche Teil der Erzählung ab. Die Erzählung unternimmt zwar alles, um die Unlösbarkeit der nun aufgebrochenen emotionalen Situation zu verbergen und das weitere Geschehen als kontinuierliche Entwicklung erscheinen zu lassen, gleichzeitig ist aber in der äußeren Form der Bruch klar zu erkennen. Während die erzählte Zeit des nun folgenden diejenige des bisher Geschehenen um ein Vielfaches übersteigt, reduziert sich der Erzählumfang auf wenige Seiten.[22] Das aufgestaute emotionale Potential Stephans, wie dasjenige, das aus der sich anbahnenden Liebesbeziehung zwischen Juliana und seinem Enkel Franz erwächst, verrinnt gleichsam im immer gleichen Gang der Jahre, die den einzelnen Etappen der geschilderten Entwicklung eingeschoben werden:

„Und wie bisher kam der alte Stephan nun alle Sommer in die Waldhäuser, und es war, wie es immer bisher gewesen war ..." (327)

„Dies dauerte so fort." (Ebd.)

„Es ging wieder eine Zeit wie gewöhnlich dahin." (329)

„Und so geschah es mehrere Jahre." (333)

[etc.]

Neben der Flucht vor der Unmittelbarkeit des Gefühls scheint dieses erzählerische Verfahren Stifters noch eine andere Funktion zu haben, die derjenigen der obligatorischen Bildungsreise entspricht, die etwa den Helden im »Nachsommer« und den »Nachkommenschaften« auferlegt ist, nämlich das hinauszuzögern, was offenbar unvermeidbar ist: die Ehe. Das Familienmodell, in das sich die Erzählung rettet, ist der bisherigen Konzeption einer unmittelbaren Liebe, die außerhalb gesellschaftlicher und familiärer

Bindungen steht, geradezu entgegengesetzt.[23] Vergleicht man den »Waldbrunnen« hinsichtlich der Bedeutung von Familie und Ehe mit den zwei anderen Spätererzählungen Stifters, »Der fromme Spruch« und »Der Kuß von Sentze«, so wird die völlig verschiedene Konnotation deutlich. Während die Familie hier ein im Grunde abstraktes Ordnungsschema darstellt, dessen Glücksbehauptung nur deshalb möglich ist, weil die emotionale Realität ausgeblendet wird und die Liebe lediglich Mittel zum Zweck ist, um die Ordnung aufrechtzuerhalten, ist die negative Konnotation im »Waldbrunnen« deutlich zu erkennen. Wo Ehe und Familie im Zusammenhang einer tatsächlich erzählerisch gestalteten Emotionalität erscheinen, sind sie bei Stifter meist negativ konnotiert.[24]

Was Stephan erspart bleibt, aber selbst bereits durchlitten hat, der Weg zur Ehe, verwirklicht sich in der Enkelgeneration. Dem Sozialisierungsprozeß, dem Juliana nun unwiderruflich überantwortet wird, entspricht das Ende der Kindheit, der Eintritt in die Welt des Wissens und das Erwachen der Sexualität:

„Eine Veränderung aber trat allmählig ein, die Kinder wuchsen heran und waren, wenn auch nicht so stark, doch fast so hoch wie erwachsene Leute. Ihre Spiele wurden ernster, und sie befaßten sich mehr mit Büchern." (327)

Mit dem Einbruch der Bücherwelt endet auch der private Kosmos der poetischen Sprache Julianas, zuvor schon wird ihre Privatsprache dadurch kommunikativ, daß sie von Franz nachgeahmt wird.[25] Dieser nähert sich dem wilden Mädchen, indem er manchmal tat, „wie das wilde Mädchen einmal auf diesem Steine getan hatte; er warf die Arme empor oder streckte sie aus oder tat dies mit dem einen oder dem andern und rief Worte, die er entweder in dem Augenblicke zusammenstellte oder die er schon wußte" (324). Im gemeinsamen Lesen von Franz und Juliana vermischt sich im Ausdruck der Emotionalität ihrer beginnenden Liebesbeziehung der emphatische Gestus ihres bisherigen Sprechens mit den poetischen Formeln fixierter Poesie:[26]

„Sie lasen sich vor, sie zeigten sich Bilder und sagten Sprüche her, die sie gelesen hatten. Franz trug nach und nach von den Büchern, die in dem Schreinerhäuschen waren, eine ziemliche Anzahl zu Juliana. Er las oft mit ihr allein, sie wählten hiezu

---

[22] Zum Zeitmaß des Erzählens in Stifters Spätererzählungen vgl. Hunter, Waldbrunnen, a.a.O., S. 49-57.
[23] Vgl. S. 220f. dieser Arbeit.
[24] Beispiele hierfür sind: »Prokopus«, »Der Waldgänger«, »Brigitta« und »Abdias«.
[25] Vgl. Schößler, a.a.O., S. 230.

häufig das Freie und lasen laut in den Fluren, im Walde, im Gesteine und riefen Worte und Reden in die Lüfte, wenn sie so miteinander gingen oder am Saume des Waldes dahinliefen." (327)

Nach Schößler ist der Verlust an Selbstaussprache, der mit der Literarisierung ihres Sprechens einhergeht, klar zu erkennen, die Goethe-Verse, die sie wählt, um ihren Gefühlen für Franz Ausdruck zu verleihen, sind nicht mehr originärer Ausdruck ihres Inneren, sondern bloßes Zitat, das die darin thematisierte Möglichkeit der Selbstaussprache „Heiß mich nicht reden, heiß mich schweigen ..." (328) wiederholt.[27]

Obwohl die beginnende Liebe zwischen Franz und Juliana bereits mit ihrer einsetzenden Kultivierung einhergeht, wird sie von Stephan in geradezu schroffer Weise unterbunden. Für die Liebe in einer außergesellschaftlichen Idylle heiler Waldnatur bleibt den beiden keine Zeit. Nachdem Stephan ihre gegenseitige Liebesbezeigung beobachtet hat, läßt er an seinem einmal gefaßten Entschluß keinen Zweifel:

> „Mehrere Tage nach dieser Begebenheit sagte er in der Stube des Schreinerhäuschens in der Gegenwart der Kinder zu Juliana: ‚Juliana, ich werde dich, wenn ich wieder von dem Walde fortfahre, mit mir nehmen. Du wirst schöne Kleider bekommen, du wirst noch manches lernen, und wenn du das gelernt hast, wirst du Franzens Braut werden und dann sein Eheweib.'" (329)

Auch die Weigerung Julianas, ihre Großmutter zu verlassen, kann Stephan nicht umstimmen:

> „‚Juliana‘, erwiderte der alte Stephan, ‚wenn du nicht mit uns gehst, dann müssen wir uns auf immer trennen. Damit du Franzens Weib werden könntest, müßtest du noch vieles lernen und müßtest dazu in eine andere Welt kommen, als hier ist. Wie ihr hier seid, könnt ihr nicht bleiben. [...]'" (330)

Im Rahmen der Spätererzählungen Stifters nimmt »Der Waldbrunnen« eine Sonderstellung ein. Wird in den »Nachkommenschaften« oder im »Kuß von Sentze« die Identität des Helden in der Einordnung in den vorgegebenen Ordnungszusammenhang der Familie gefunden und das Ich als ein Besonderes negiert, so spricht der »Waldbrunnen« in kaum verhüllter Weise von der Sehnsucht nach einer noch vorsprachlichen, emphatischen Identitätsstiftung aus der unbezeichneten Natur des Körpers. Indem sich das

---

[26] Vgl. ebd.

Naturkind Juliana zur kultivierten Bürgersfrau entwickelt, wird die scheinbar gelungene Integration der unbeherrschbaren aber faszinierenden Körpernatur in die bürgerliche Ordnung vorgeführt. Der Versuch, zwischen beiden Bereichen zu vermitteln, die Erfahrung einer sprechenden Natur in der Liebe für die Bildung des Subjekts fruchtbar zu machen und dauerhaft in der Institution der Ehe zu verankern, bleibt aber unglaubwürdig. Bestätigt wird dies nicht nur durch die immanenten Widersprüche, die sich aus einer Kodierung der Körpererfahrung ergeben, sondern auch durch die persönliche Lebenserfahrung der eigentlichen Hauptfigur Stephan von Heilkun. Der Anschluß an das klassische Identitätsparadigma des Statuenmodells, das im Motiv des schönen Menschenbildes mitschwingt, bleibt ebenso wie die Goethe-Verse, die Juliana ruft, bloßes Zitat. Das Ehe- und Familienmodell, wie es in den anderen Spätererzählungen zu finden ist und in das die Erzählung letztlich doch noch mündet, entspricht nicht dem Entwicklungsromanschema einer Verewigung der Liebe in der Ehe, sondern begründet eine Identität, die als abstrakter und nur scheinbar naturhafter Ordnungszusammenhang nach sprachlichem Muster verfaßt ist.

---

[27] Vgl. ebd., S. 231.

Schlußwort

Versucht man, zusammenfassend das Gemeinsame der Naturgestalten Eichendorffs und Stifters und ihre Bedeutung für das Werk der beiden Autoren zu bestimmen, so lassen sich aus den Ergebnissen der Einzeluntersuchungen folgende Punkte herausstellen: Als Gegenbilder des zivilisatorischen und sozialisierten Menschen sind sie Verkörperungen einer zeichenlosen Natur und eines sprechenden Körpers. Gleichzeitig stehen sie im Brennpunkt der Frage, wie Natur und Kultur zu vermitteln sind und die Erfahrung des naturhaften Körpers für die dauerhafte Identität des Subjekts fruchtbar gemacht werden könnte. Allen gemeinsam ist weiterhin die enge Verbindung zur selbstreferentiellen Dimension der Texte, die sie in ihrer bedeutenden Zeichenlosigkeit zu Spiegelbildern der in den Texten eingeschriebenen Widersprüche zwischen dem mimetischen Wahrheitsanspruch des sprachlichen Kunstwerks und der Subjektivität des Autors beziehungsweise seiner Figuren werden läßt. Als kontrastierende Gegenentwürfe zur kulturellen Geschichte des Menschen stehen die Naturgestalten in ihren Erzählungen zwischen der emphatischen Beschwörung eines naturhaften und ursprünglichen Körpers und der sentimentalen Erinnerung an eine verlorene Einheit. Während in Eichendorffs Erzählungen »Das Marmorbild«, »Eine Meerfahrt« und »Das Schloß Dürande« die Naturgestalten als Personifizierungen eines unbeherrschbaren Anderen in Erscheinung treten, stellen sie im »Taugenichts« ebenso wie in Stifters Erzählungen »Die Narrenburg«, »Abdias«, »Turmalin«, »Katzensilber« und »Der Waldbrunnen« bereits von Beginn an Abbilder einer moralisierten Wahrheit dar. Immer aber sind sie von der unreflektierten Behauptung einer bloß heilen oder aber auch dämonischen Natur weit entfernt. Statt dessen ist ihnen gerade als Verkörperungen ursprünglicher Natur immer schon der Widerspruch zur eigenen Wahrheit eingeschrieben, mit dem sie an den Geschichten der Subjekte, die in den Erzählungen entworfen werden, Anteil nehmen. In ihren eigenen Geschichten zeigt sich die Geschichte des Subjekts als diejenige des moralisierten Körpers.

Als Epigonen der klassisch-romantischen Periode sind Eichendorff und Stifter die Erben der ästhetischen und politischen Utopien, welche die vorrevolutionäre Generation an den Anbruch einer neuen Zeit geknüpft hatte und die in der Konfrontation mit der politischen und sozialen Wirklichkeit eine weitgehende Ernüchterung erfahren hatten. Dabei ist der epigonale Standpunkt beider Autoren von der Entstehung eines geschichtlichen Bewußtseins, das die Epochenwende vom 18. zum 19. Jahrhundert und den Beginn der Moderne kennzeichnet, nicht zu trennen. Das neue Menschenbild, welches das politische und künstlerische Denken und Handeln bestimmt, ist dasjenige eines souveränen Subjekts, das sich selbst als geschichtliches erfährt und zugleich für diese Geschichte verantwortlich ist. Selbst für diejenigen, die wie Eichendorff und Stifter dem gesellschaftlichen und politischen Wandel skeptisch gegenüberstanden, kann die Bedeutung der widersprüchlichen konservativen Haltung, der sie sich zuwandten, allein im Hinblick auf dieses neue Menschenbild gemessen werden.

Mit dieser allgemeinen Historizität von Wahrheit sind die Begriffe von Natur, Kultur und Subjekt und ihr wechselseitiges Verhältnis von Beginn an verknüpft. Ohne die Konsequenzen dieser Tatsache, die bis in Einzelheiten der Texte verfolgt werden konnten, hier noch einmal darstellen zu wollen, sollen abschließend einige Punkte hervorgehoben werden, die das gemeinsame Problemgefüge in den behandelten Erzählungen beider Autoren charakterisieren und ihre Stellung im Epochenzusammenhang verdeutlichen.

Die Veränderungen und Verschiebungen, die das Problemgefüge von Natur, Kultur und Subjekt von Goethe über die Romantik zu Eichendorff und Stifter erfährt, lassen sich ausgehend vom Sprachverständnis der Ästhetik der Goethezeit wie folgt skizzieren. Im Mittelpunkt der klassisch-romantischen Ästhetik steht die Bestimmung des Menschen im Spannungsfeld von Natur und Kultur, wobei die Sprache als vermittelnde Instanz erscheint. Dabei sind zur Bestimmung der Wahrheit des ganzen Beziehungsgeflechts wie der einzelnen darin enthaltenen Positionen zwei sich ergänzende Modelle strukturbildend, die auch in den behandelten Erzählungen Eichendorffs und Stifters erkennbar wurden. Zum einen ist dies das Verhältnis von Innen und Außen, Urbild und Abbild, das in der Figur des zweistelligen, repräsentierenden sprachlichen Zeichens und im Bild des menschlichen Körpers als Statue anschaulich wird, zum anderen eine allgemeine Historizität von Wahrheit, die im Zuge der Säkularisierung von Heilsgeschichte nur als genetische zu denken ist. Dadurch sind zwei unterschiedliche Weisen des Zugangs zur Wirklichkeit zusammengeschlossen: das Denken in Analogien, das die Sprache als ursprünglichen Bestandteil der Welt und den Menschen als heteronomen Teil der Natur versteht, und das Denken in Repräsentationen, das seinen Bezugspunkt in der Souveränität des neuzeitlichen Subjekts findet.

Bei Goethe stellen Natur und Kultur, Ich und Welt in dem Sinne eine Einheit dar, daß die Natur für das Subjekt ein tatsächliches Gegenüber bedeutet, ein anderes Subjekt, das für das Ich ein Anderes darstellt und doch nicht fremd ist, zwischen Ich und Welt besteht ein gegenseitiger, lebendiger Austausch. Goethe nimmt hier eine Zwischenstellung zwischen der vorsokratischen Weltsicht, die zwischen Ich und Welt keine undurchlässige Grenze zieht, und der logozentrischen Sichtweise des Idealismus ein. Auch die Romantik ist in ihrem Wahrheitskonzept keineswegs eindeutig, doch besteht in ihr eine starke Tendenz zu einem idealistischen Subjektivismus, wie sie im Ästhetizismus ihrer Kunstanschauung deutlich wird. Vergleicht man hiermit die Stellung des Subjekts im Verhältnis von Natur und Kultur, wie es in den behandelten Erzählungen Eichendorffs und Stifters erkennbar geworden ist, so bildet die Einheit von Analogie und Differenz in der Beziehung des Menschen zur Natur und im Verhältnis von naturhaftem Signifikat und kulturellem Signifikant, die bei Goethe das Ethos seiner dichterisch gestalteten Welt bestimmt, zwar weiterhin die Möglichkeitsbedingung eines sinnvoll erfahrenen Zusammenhangs von Ich und Welt, doch treten hier die Positionen von Natur und Kultur nicht erst auf der Ebene einer abstrakten Wahrheitsfrage, sondern schon in der dichterischen Gestaltung ihrer Erzählungen auseinander. Dabei werden sie zugleich in immer weitergehender Aufspaltung des Gegensatzes gegeneinander austauschbar. Während bei Eichendorff die Polarität von heidnischer Natur und christlicher Kultur immer wieder von neuem beschworen wird, bemüht sich Stifter um eine sprachlich-kulturelle, dauerhafte Vermittlung zwischen den wechselseitig aufeinander verweisenden Positionen.

So beziehen sich sowohl Eichendorff als auch Stifter ihrem Anspruch nach auf die Romantik und die Ästhetik der Kunstperiode und ihre Bestimmung des Menschen im Spannungsfeld von Natur und Kultur. Aber gerade in ihren dichterischen Versuchen, diesen Anspruch einzulösen, entfernen sie sich von den Prämissen der klassisch-romantischen Ästhetik und leisten in besonderer Weise Eigenständiges. Beide sind sie, entsprechend ihrem eher lyrischen beziehungsweise epischen Weltverhältnis auf verschiedene Weise, weiterhin auf der Suche nach einer sprachlich garantierten Einheit des kulturell bestimmten Menschen mit der Natur. Der Versuch, einem solchermaßen magischen Sprachverständnis in der dichterischen Erschaffung von Wirklichkeit als bewußtem sprachlichen Konstrukt zum Durchbruch zu verhelfen, bringt einerseits die Sprachmächtigkeit ihrer Dichtungen hervor, andererseits ist er für die Brüche und Widersprüche verantwortlich, die in ihren Dichtungen hervortreten und eine selbstreferentielle Ebene ihrer Texte produzieren. Ihre Kunst, die ihre Einbindung in religiöse und weltliche Zweckbestimmungen verloren hat und ihre Legitimation in sich selbst finden muß, wird reflexiv, gleichzeitig ist sie dadurch in substantieller Weise mit der Problematik des Subjekts verknüpft.

Die der Dichtung Eichendorffs wie Stifters gemeinsame ‚Formelhaftigkeit' und die Wiederholungsstruktur ihrer Texte ist der Ausdruck des widersprüchlichen Verhältnisses, in dem das Subjekt zur geschichtlichen und sprachlichen Ordnung steht und das sich in der Dialektik von Natur und Kultur gestaltet. Bei beiden Autoren sind sie als sich ergänzende Faktoren nicht der Ausdruck mangelnder Originalität der dichterischen Subjektivität, sondern der Suche nach ihrem möglichen Ursprung, und spiegeln die widersprüchliche Konstitution des Subjekts zwischen seiner naturhaften strukturellen Abhängigkeit und der beanspruchten kulturellen Souveränität des Ganzen wider. Während der Begriff der Formelhaftigkeit auf die einfache Wahrheit von Ich und Welt insistiert, zeigt die affirmative Wiederholung dieser Wahrheit zugleich deren strukturelle Determination.

Zwar hat Eichendorff vor allem in seinen literarkritischen Schriften in direkterer Weise als Stifter zu den politischen Entwicklungen seiner Zeit Stellung genommen, bei beiden Autoren ist es aber gerade das dichterische Werk, das auf die mentalen, ästhetischen und sozialen Umbrüche antwortet. Dabei zeigt sich der politische Gehalt der behandelten Erzählungen, die Auseinandersetzung mit der eigenen Zeit und der gesellschaftlichen Ordnung, als Auseinandersetzung mit der problematischen Geschichte des Subjekts. So geht es nicht allein um die Konfrontation der Ansprüche des Ich mit der gesellschaftlichen Ordnung, beide sind immer schon durch eine gemeinsame Geschichte miteinander verknüpft, die sich im Spannungsverhältnis zwischen Natur und Kultur konstituiert. Während Eichendorff und Stifter in ihren programmatischen Äußerungen an der Legitimierung durch eine bereits ideologisierte idealistische Dichtungstheorie festhalten, widersetzen sich ihre Werke beharrlich den Versuchen, Kunst im Sinne eindeutiger Sinnbehauptungen auf ihre gesellschaftliche Kompensationsfunktion zu reduzieren. Denn gerade dadurch, daß die Zuordnung von Natur und Kultur, Bezeichnetem und Bezeichnendem, der Ordnung des Subjekts und derjenigen der gesellschaftlichen Ordnung, die im gesellschaftlich-politischen Diskurs eindeutig erscheint, durch den widersprüchlichen und vielschichtigen Bedeutungsgehalt ihrer Texte in Frage gestellt wird, arbeitet ihre Dichtung den sprachlichen und politischen Ideologisierungen entgegen.

Anmerkungen zur Zitierweise

Einfügungen in eckigen Klammern stammen grundsätzlich vom Verfasser, Hervorhebungen in Kursivschrift innerhalb der Zitate von den Autoren. Die Texte werden mit Sigle und entsprechender Band- und Seitenzahl, bei eindeutigem Bezug nur mit der Seitenzahl, in der Regel im Text zitiert. Dabei werden die folgenden Abkürzungen verwendet:

BF	Buchfassung
GW	Adalbert Stifter, Gesammelte Werke
HKG	Adalbert Stifter, Historisch-Kritische Gesamtausgabe
JF	Journalfassung
PRA	Adalbert Stifter, Prag-Reichenberger Ausgabe
VASILO	Vierteljahresschrift des Adalbert-Stifter-Instituts des Landes Oberösterreich
W	Joseph von Eichendorff, Werke

(Die vollständigen bibliographischen Angaben finden sich im Literaturverzeichnis.)

Literaturverzeichnis

Primärliteratur

Arnim, Achim von, Brentano, Clemens: »Des Knaben Wunderhorn«. Alte deutsche Lieder, gesammelt von Achim von Arnim und Clemens Brentano, Kritische Ausgabe, hg. und kommentiert von Heinz Rölleke, Stuttgart 1987.

Brentano, Clemens: Der Philister vor, in und nach der Geschichte, in: ders.: Werke, Band 2, hg. von Friedhelm Kemp, München 1963, S. 959-1014.

Eichendorff, Joseph von: Werke in sechs Bänden, hg. von Wolfgang Frühwald, Brigitte Schillbach und Hartwig Schultz, Bibliothek deutscher Klassiker, 1. Aufl., 1985ff. [im folgenden zitiert als W, Band und Seitenangabe.]

Goethe, Johann Wolfgang: Werke, Hamburger Ausgabe, hg. von Erich Trunz, 14 Bde., durchgesehene Ausgabe, München 1988.

Hegel, Georg Wilhelm Friedrich: Die Vernunft in der Geschichte, hg. von J. Hoffmeister, Nachdruck der 5. Aufl. von 1955, Hamburg 1963.

Hegel, Georg Wilhelm Friedrich: Differenz des Fichteschen und Schellingschen Systems der Philosophie, in: Werke in zwanzig Bänden, Redaktion Eva Moldenhauer und Karl Markus Michel [Theorie Werkausgabe] Bd. 2, S. 9-138.

Hegel, Georg Wilhelm Friedrich: Vorlesungen über die Ästhetik, erster und zweiter Teil, hg. von Rüdiger Bubner, Stuttgart 1971.

Herder, Johann Gottfried: Über den Ursprung der Sprache, in: ders.: Werke, hg. von Wolfgang Pross, Band II: Herder und die Anthropologie der Aufklärung, München, Wien, 1987.

Hoffmann, Ernst Theodor Amadeus: Die Serapions-Brüder, nach dem Text der Erstausgabe (1819-21) unter Hinzuziehung der Ausgaben von Carl Georg von Maassen und Georg Ellinger, mit einem Nachwort von Walter Müller-Seidel und Anmerkungen von Wulf Segebrecht, sowie den Illustrationen von Theodor Hasemann zur ersten Gesamtausgabe von 1844/45 [Ausgabe Wissenschaftliche Buchgesellschaft Darmstadt], Darmstadt 1970.

Hofmannsthal, Hugo von: »Andreas«, hg. von Mathias Mayer, Stuttgart 1992.

Novalis: Schriften. Die Werke Friedrich von Hardenbergs. Nach den Handschriften ergänzte, erweiterte und verbesserte Auflage in 4 Bdn. und einem Begleitband, hg. von Paul Kluckhohn und Richard Samuel in Zusammenarbeit mit Hans-Joachim Mähl und Gerhard Schulz, 2. Aufl. Stuttgart 1960ff., 3. Aufl. Stuttgart 1977ff.

Schlegel, Friedrich: Kritische-Friedrich-Schlegel-Ausgabe, hg. von Ernst Behler, München, Paderborn, Wien 1958ff.

Stifter, Adalbert: Gesammelte Werke in vierzehn Bänden, hg. v. Konrad Steffen, Basel 1964ff. [Im folgenden zitiert als GW, Band und Seitenangabe.]

Stifter, Adalbert: Sämmtliche Werke, 25 Bände, hg. v. August Sauer u.a., Prag 1904ff., Reichenberg 1927ff., Graz 1958, Hildesheim 1979. [Im folgenden zitiert als PRA, Band und Seitenangabe.]

Stifter, Adalbert: Werke und Briefe, Historisch-Kritische Gesamtausgabe, hg. v. Alfred Doppler und Wolfgang Frühwald, Stuttgart, Berlin, Köln, Mainz 1978ff. [Im folgenden zitiert als HKG, Band und Seitenangabe.]

Wackenroder, Wilhelm Heinrich und Tick, Ludwig: Herzensergießungen eines kunstliebenden Klosterbruders, Stuttgart 1979.

Wickelmann, Johann Joachim: Gedanken über die Nachahmung der griechischen Werke in der Malerei und Bildhauerkunst, in: ders.: Kleine Schriften und Briefe, hg. von Wilhelm Senff, Weimar 1960, S. 29-61.

Winckelmann, Johann Joachim: Briefe, Band 1, hg. von Walther Rehm, Berlin 1952.

Allgemeine Forschungsliteratur

Aurnhammer, Achim: Androgynie. Studien zu einem Motiv in der europäischen Literatur, Köln, Wien 1986.

Barthes, Roland: Die Lust am Text [aus dem Französischen von Traugott König], Frankfurt 1990.

Barthes, Roland: Die Sprache der Mode, Frankfurt 1985.

Barthes, Roland: Was singt mir, der ich höre in meinem Körper das Lied [aus dem Französischen von Peter Geble], Berlin 1979.

Baumann, Gerhart: Goethe – ungeteilt, in: Günter Schnitzler, Gottfried Schramm (Hg.): Ein unteilbares Ganzes, Goethe: Kunst und Wissenschaft, Freiburg im Breisgau 1997, S. 15-37.

Behler, Ernst, Hörisch, Jochen (Hg.): Die Aktualität der Frühromantik, Paderborn 1987.

Berger, Renate, Stephan, Inge (Hg.):Weiblichkeit und Tod in der Literatur, Köln, Wien 1987.

Blumenberg, Hans: ‚Nachahmung der Natur'. Zur Vorgeschichte der Idee des schöpferischen Menschen, in: ders.: Wirklichkeiten in denen wir leben. Aufsätze und eine Rede, Stuttgart 1981, S. 55-101.

Blumenberg, Hans: Die Lesbarkeit der Welt, Frankfurt a. M. 1989.

Blumenberg, Hans: Schiffbruch mit Zuschauer. Paradigma einer Daseinsmetapher, Frankfurt a. M., 1988.

Boeser, Knut: Der blinde Blick. Assoziationen zum Auge, in: Dietmar Kamper, Christoph Wulf (Hg.): Der Andere Körper, Berlin 1984, S. 177-199.

Bogdal, Klaus-Michael (Hg.): Neue Literaturtheorien, Opladen 1997.

Böhme, Hartmut: Natur und Subjekt, Frankfurt a. M. 1988.

Brinkmann, Richard (Hg.): Begriffsbestimmung des literarischen Realismus, 3. erw. Aufl., Darmstadt 1987.

Brinkmann, Richard: Zum Begriff des Realismus für die erzählende Dichtung des 19. Jahrhunderts, in: ders.: Begriffsbestimmung des literarischen Realismus, 3. erw. Aufl., Darmstadt 1987, S. 222-235.

Bronfen, Elisabeth: Die schöne Leiche. Weiblicher Tod als motivische Konstante von der Mitte des 18. Jahrhunderts bis in die Moderne, in: Renate Berger, Inge Stephan (Hg.): Weiblichkeit und Tod in der Literatur, Köln, Wien 1987, S. 87-115.

Cacciari, Massimo: Der Tod der Zeit, in: Dietmar Kamper, Christoph Wulf (Hg.): Die sterbende Zeit: 20 Diagnosen, Darmstadt 1987, S. 13-22.

Cooper, J.C.: Illustriertes Lexikon der traditionellen Symbole [aus dem Englischen von Gudrun und Matthias Middell], Leipzig 1986.

Culler, Jonathan: Dekonstruktion. Derrida und die poststrukturalistische Literaturtheorie [aus dem Amerikanischen von Manfred Momberger], Reinbek bei Hamburg 1988.

Derrida, Jacques: Die Schrift und die Differenz [aus dem Französischen von Rodolphe Gasché], 7. Aufl., Frankfurt am Main 1997.

Derrida, Jacques: Grammatologie [aus dem Französischen von Hans-Jörg Rheinberger und Hanns Zischler], 7. Aufl., Frankfurt am Main, 1998.

Dreßen, Wolfgang: Infame Körper: Widerstand im Erziehungsprozeß, in: Dietmar Kamper, Christoph Wulf (Hg.): Der Andere Körper, Berlin 1984, S. 67-83.

Eichberg, Henning: Stimmung über der Heide – Vom romantischen Blick zur Kolonisierung des Raumes, in: Götz Großklaus, Ernst Oldemeyer (Hg.): Natur als Gegenwelt. Beiträge zur Kulturgeschichte der Natur, Karlsruhe 1983, S. 197-233.

Foucault, Michel: Die Ordnung der Dinge. Eine Archäologie der Humanwissenschaften [aus dem Französischen Von Ulrich Köppen], Frankfurt a. M. 1997.

Foucault, Michel: Die Ordnung des Diskurses [aus dem Französischen von Walter Seitter], Frankfurt a. M. 1991.

Foucault, Michel: Sexualität und Wahrheit [aus dem Französischen von Ulrich Raulff und Walter Seitter], Frankfurt a. M. 1977.

Frenzel, Elisabeth: Motive der Weltliteratur. Ein Lexikon dichtungsgeschichtlicher Längsschnitte, 4. überarb. und ergänzte Aufl., Stuttgart 1992.

Freud, Sigmund: Jenseits des Lustprinzips, in: Gesammelte Werke, hg. von Anna Freud, 8. Auflage, London, Frankfurt a. M., 1976, S. 2-69.

Furth, H. G.: Intelligenz und Erkennen. Die Grundlagen der genetischen Erkenntnistheorie, Frankfurt a. M. 1972.

Gebauer, Gunter: Auf der Suche nach der verlorenen Natur – Der Gedanke der Wiederherstellung der körperlichen Natur, in: Götz Großklaus, Ernst Oldemeyer (Hg.): Natur als Gegenwelt. Beiträge zur Kulturgeschichte der Natur, Karlsruhe 1983, S. 101-112.

Großklaus Götz, Oldemeyer Ernst (Hg.): Natur als Gegenwelt. Beiträge zur Kulturgeschichte der Natur, Karlsruhe 1983.

Hiebel, Hans H.: Strukturale Psychoanalyse und Literatur (Jacques Lacan), in: Klaus-Michael Bogdal (Hg.): Neue Literaturtheorien, Opladen 1997, S. 57-83.

Hoff, Dagmar von, Meise, Helga: Tableaux vivants – Die Kunst- und Kultform der Attitüden und lebenden Bilder, in: Renate Berger, Inge Stephan (Hg.):Weiblichkeit und Tod in der Literatur, Köln, Wien 1987, S. 69-86.

Hörisch, Jochen: Brot und Wein. Die Poesie des Abendmahls, Frankfurt a. M. 1992.

Hörisch, Jochen: Die Sprachlosigkeit des Kaspar Hauser, in: ders. (Hg.): Ich möchte ein solcher werden wie... . Materialien zur Sprachlosigkeit des Kaspar Hauser, Frankfurt a. M. 1979, S. 263-308.

Hörisch, Jochen: Kopf oder Zahl. Die Poesie des Geldes, Frankfurt a. M. 1996.

Horkheimer, Max, Adorno, Theodor W.: Dialektik der Aufklärung. Philosophische Fragmente, Frankfurt am Main 1993.

Jauß, Hans Robert: Aisthesis und Naturerfahrung, in: Jörg Zimmermann (Hg.): Das Naturbild des Menschen, München 1982, S. 155-182.

Kaiser, Gerhard: Um eine Neubegründung des Realismusbegriffs, in: Richard Brinkmann (Hg.): Begriffsbestimmung des literarischen Realismus, 3. erw. Aufl., Darmstadt 1987, S. 236-258.

Kammler, Clemens: Historische Diskursanalyse (Michel Foucault), in: Klaus-Michael Bogdal (Hg.): Neue Literaturtheorien, Opladen 1997, S. 32-56.

Kamper, Dietmar (Hg.): Macht und Ohnmacht der Phantasie, Darmstadt 1986.

Kamper, Dietmar, Rittner, Volker (Hg.): Zur Geschichte des Körpers. Perspektiven der Anthropologie, München, Wien 1976.

Kamper, Dietmar, Wulf, Christoph (Hg.): Der Andere Körper, Berlin 1984.

Kamper, Dietmar, Wulf, Christoph (Hg.): Der Schein des Schönen, Göttingen 1989.

Kamper, Dietmar, Wulf, Christoph (Hg.): Die sterbende Zeit: 20 Diagnosen, Darmstadt 1987.

Kamper, Dietmar, Wulf, Christoph: Vexierbild und transitorische Metapher. Die Seele als das Andere ihrer selbst, in: dies. (Hg.): Die erloschene Seele. Disziplin, Geschichte, Kunst, Mythos, Berlin 1988, S. 1-14.

Kamper, Dietmar, Wulf, Christoph: Zwischen Archäologie und Pathographie: Körper-Subjekt, Körper-Objekt, in: dies. (Hg.): Der Andere Körper, Berlin 1984, S. 3-10.

Kamper, Dietmar: Vom Schweigen des Körpers, in: Dietmar Kamper, Volker Rittner (Hg.): Zur Geschichte des Körpers. Perspektiven der Anthropologie, München, Wien 1976, S. 7-12.

Kittsteiner, H.D.: Über das Verhältnis von Lebenszeit und Geschichtszeit, in: Dietmar Kamper, Christoph Wulf (Hg.): Die sterbende Zeit. 20 Diagnosen, Darmstadt 1987.

Koselleck, Reinhard: Vergangene Zukunft, Frankfurt 1979.

Lacan, Jacques: Schriften I, ausgewählt und herausgegeben von Norbert Haas [aus dem Französischen von Klaus Laermann] Olten, Freiburg im Breisgau 1973.

Lämmert, Eberhard: Bauformen des Erzählens, achte unveränderte Auflage, Stuttgart 1993.

Langewiesche, Dieter: Europa zwischen Restauration und Revolution 1815-1848, Oldenbourg Grundriß der Geschichte Band 13, 3. überarbeitete Auflage, München 1993.

Lippe, Rudolf zur: Der gefühlte Mangel, in: Dietmar Kamper (Hg.): Macht und Ohnmacht der Phantasie, Darmstadt 1986, S. 64-88.

Man, Paul de: Allegorien des Lesens [aus dem Amerikanischen von Werner Hamacher und Peter Krumme], Frankfurt am Main, 1988.

Man, Paul de: Die Rhetorik der Zeitlichkeit, in ders.: Die Ideologie des Ästhetischen, hg. von Christoph Menke [aus dem Amerikanischen von Jürgen Blasius], Frankfurt a. M. 1993, S. 83-130.

Martini, Fritz: Deutsche Literatur im bürgerlichen Realismus 1848-1898, 4. Aufl., Stuttgart 1981.

Mattenklott, Gert: Der übersinnliche Leib. Beiträge zur Metaphysik des Körpers, Reinbek bei Hamburg 1982.

Menke, Bettine: Dekonstruktion – Lektüre: Derrida literaturtheoretisch, in: Klaus-Michael Bogdal (Hg.): Neue Literaturtheorien, Opladen 1997, S. 242-273.

Müller-Funk, Wolfgang: Die Rückkehr der Bilder, in: Dietmar Kamper (Hg.): Macht und Ohnmacht der Phantasie, Darmstadt 1986, S. 38-63.

Neumann, Gerhard: „... Der Mensch ohne Hülle ist eigentlich der Mensch". Goethe und Heinrich von Kleist in der Geschichte des physiognomischen Blicks, in: Kleist-Jahrbuch 88 / 89, hg. von Joachim Kreutzer, S. 259-279.

Neumann, Gerhard: „Ich bin gebildet genug, um zu lieben und zu trauern". Die Erziehung zur Liebe in Goethes »Wilhelm Meister«, in: Titus Heidenreych (Hg.): Liebesroman – Liebe im Roman. Eine Erlanger Ringvorlesung, Erlangen, Nürnberg 1987, S. 41-82.

Neumann, Gerhard: „Rede damit ich dich sehe". Das neuzeitliche Ich und der physiognomische Blick, in: Ulrich Fülleborn, Manfred Engel (Hg.): Das neuzeitliche Ich in der Literatur des 18. und 20. Jahrhunderts. Zur Dialektik der Moderne. Ein internationales Symposion, München 1988, S. 71-106.

Neumann, Gerhard: Romantisches Erzählen. Einleitung, in: ders. (Hg.): Romantisches Erzählen, Würzburg 1995, S. 7-23.

Perniola, Mario: Erotik des Schleiers und Erotik der Bekleidung, in: Dietmar Kamper, Christoph Wulf (Hg.): Der Schein des Schönen, Göttingen 1989, S. 427-451.

Preisendanz, Wolfgang: Voraussetzungen des poetischen Realismus in der deutschen Erzählkunst des 19. Jahrhunderts, in: Richard Brinkmann (Hg.): Begriffsbestimmung des literarischen Realismus, 3. erw. Aufl., Darmstadt 1987, S. 453-479.

Rittner, Volker: Handlung, Lebenswelt und Subjektivierung, in: Dietmar Kamper, Volker Rittner (Hg.): Zur Geschichte des Körpers. Perspektiven der Anthropologie, München, Wien 1976, S. 13-66.

Schmidt, Jochen: Die Geschichte des Genie-Gedankens in der deutschen Literatur, Philosophie und Politik 1750-1945, Bd. 2: Von der Romantik bis zum Ende des dritten Reiches, Darmstadt 1988.

Schnädelbach, Herbert: Hegel zur Einführung, Hamburg 1999.

Schneider, Klaus: Natur – Körper – Kleider – Spiel. Johann Joachim Winckelmann. Studien zu Körper und Subjekt im späten 18. Jahrhundert (= Epistemata. Würzburger wissenschaftliche Schriften. Reihe Literaturwissenschaft, Bd. 134), Würzburg 1994.

Schnitzler, Günter: Erfahrung und Bild. Die dichterische Wirklichkeit des Charles Sealsfield (Karl Postl), Freiburg im Breisgau 1988.

Schnitzler, Günter: Grillparzer und die Spätaufklärung, in: Gerhard Neumann, Günter Schnitzler (Hg.): Franz Grillparzer. Historie und Gegenwärtigkeit, Freiburg im Breisgau 1994, S. 179-201.

Segeberg, Harro: Deutsche Literatur und Französische Revolution. Zum Verhältnis von Weimarer Klassik, Frühromantik und Spätaufklärung, in: K.O. Conrady (Hg.): Deutsche Literatur zur Zeit der Klassik, Stuttgart 1977, S. 243-266.

Sengle, Friedrich: Biedermeierzeit. Deutsche Literatur im Spannungsfeld zwischen Restauration und Revolution 1815-1848, Bd. 3, Stuttgart 1980.

Sengle, Friedrich: Wunschbild Land und Schreckbild Stadt. Zu einem zentralen Thema der neueren deutschen Literatur, in: Klaus Garber (Hg.): Europäische Bukolik und Georgik, Darmstadt 1976, S. 432-460.

Wetzel, Michael: „Le Nom/n de Mignon". Der schöne Schein der Kindsbräute, in: Dietmar Kamper, Christoph Wulf (Hg.): Der Schein des Schönen, Göttingen 1989, S. 380-410.

Wimmer, Michael: Erziehung und Leidenschaft – Zur Geschichte des pädagogischen Blicks, in: Dietmar Kamper, Christoph Wulf (Hg.): Der Andere Körper, Berlin 1984, S. 85-101.

Wimmer, Michael: Verstimmte Ohren und unerhörte Stimmen, in: Dietmar Kamper, Wulf, Christoph (Hg.): Das Schwinden der Sinne, Frankfurt a. M., 1984, S. 115-139.

Wright, Elizabeth: Klassische und strukturalistische Ansätze der psychoanalytischen Literaturforschung, in: Jochen Hörisch, Georg Christoph Tholen (Hg.): Eingebildete Texte. Affairen zwischen Psychoanalyse und Literaturwissenschaft, München 1985, S. 26-48.

Wulf, Christoph: Die Zeitlichkeit von Weltbildern und Selbstbildern, in: Dietmar Kamper, Christoph Wulf (Hg.): Rückblick auf das Ende der Welt, München 1990.

Wulf, Christoph: Lebenszeit – Zeit zu leben? Chronokratie versus Pluralität der Zeiten, in: Dietmar Kamper, Christoph Wulf (Hg.): Die sterbende Zeit. 20 Diagnosen, Darmstadt 1987.

Zimmermann, Jörg (Hg.): Das Naturbild des Menschen, München 1982.

Zimmermann, Jörg: Zur Geschichte des ästhetischen Naturbegriffs, in: ders. (Hg.): Das Naturbild des Menschen, München 1982, S. 119-153.

Forschungsliteratur zu Eichendorff

Adorno, Theodor W.: Zum Gedächtnis Eichendorffs, in: ders.: Noten zur Literatur, Gesammelte Schriften Band II, Frankfurt a. M. 1974, S. 69-94.

Alewyn, Richard: Ein Wort über Eichendorff, in: Paul Stöcklein (Hg.): Eichendorff heute, 2., ergänzte Aufl., Darmstadt 1966, S. 7-18.

Alewyn, Richard: Eine Landschaft Eichendorffs, in: Paul Stöcklein (Hg.): Eichendorff heute, 2., ergänzte Aufl., Darmstadt 1966, S. 19 – 43.

Anton, Herbert: „Geist des Spinozismus" in Eichendorffs »Taugenichts«, in: Hans-Georg Pott (Hg.): Eichendorff und die Spätromantik, Paderborn u.a. 1985, S. 13-25.

Baumann, Gerhart: Nachwort, in: Gerhart Baumann, Siegfried Grosse (Hg.): Neue Gesamtausgabe der Werke und Schriften Eichendorffs in vier Bänden, Stuttgart 1957/58, Bd. 4, S. 1521-1531.

Beller, Manfred: Narziß und Venus. Klassische Mythologie und romantische Allegorie in Eichendorffs Novelle »Das Marmorbild«, in: Euphorion 62 (1968), S. 117-142.

Böhme, Hartmut: Romantische Adoleszenzkrisen. Zur Psychodynamik der Venuskult-Novellen von Tieck, Eichendorff und E.T.A. Hoffmann, in: Klaus Bohnen, Sven-Aage Jorgensen, Friedrich Schmöe (Hg.): Text und Kontext, Sonderreihe Bd. 10, Literatur und Psychoanalyse, Kopenhagen, München 1981, S. 133-176.

Bormann, Alexander von: Joseph von Eichendorff: »Aus dem Leben eines Taugenichts« (1826), in: Paul Michael Lützeler (Hg.): Romane und Erzählungen zwischen Romantik und Realismus. Neue Interpretationen, Stuttgart 1983, S. 94-116.

Bormann, Alexander von: Philister und Taugenichts. Zur Tragweite des romantischen Antikapitalismus, in: Aurora 30/31 (1970/71) S. 94-112.

Börner, Klaus H.: Auf der Suche nach dem irdischen Paradies. Zur Ikonographie der geographischen Utopie, Frankfurt 1984.

Cresti, Silvia: Das Italienbild in der Spätromantik: Exil, Fremde und Heimat in »Aus dem Leben eines Taugenichts« von Joseph von Eichendorff, in: Giulia Cantarutti, Hans Schumacher (Hg.): Germania – Romania. Studien zur Begegnung der deutschen und der romanischen Kultur, Frankfurt a. M. 1990, S. 125-136.

Ehlich, Konrad (Hg.): Eichendorffs Inkognito, Studien der Forschungsstelle Ostmitteleuropa an der Universität Dortmund, Bd. 22, Wiesbaden 1997.

Eichner, Hans: Zur Auffassung der Sexualität in Eichendorffs erzählender Prosa, in: Michael Kessler, Helmut Koopmann (Hg.): Eichendorffs Modernität, Tübingen 1989, S. 37-51.

Emrich, Wilhelm: Dichtung und Gesellschaft bei Eichendorff, in: Paul Stöcklein: Eichendorff heute, 2., ergänzte Aufl., Darmstadt 1966, S. 56-65.

Frühwald, Wolfgang: Der Philister als Dilettant. Zu den satirischen Texten Joseph von Eichendorffs, in: Aurora 36 (1976), S. 7-26.

Frühwald, Wolfgang: Der Regierungsrat Joseph von Eichendorff. Zum Verhältnis von Beruf und Schriftstellerexistenz im Preußen der Restaurationszeit, mit Thesen zur sozialhistorischen und wissenssoziologischen Perspektive einer Untersuchung von Leben und Werk Joseph von Eichendorffs, in: Alfred Riemen (Hg.): Ansichten zu Eichendorff. Beiträge der Forschung 1958-1988, Sigmaringen 1988, S. 239-276.

Frühwald, Wolfgang: Die Entdeckung der Erinnerung. Zu Eichendorffs historischen, politischen und autobiographischen Schriften, in: Kommentarteil der Werkausgabe W 5, S. 845-876.

Frühwald, Wolfgang: Eichendorff Chronik. Daten zu Leben und Werk, München, Wien 1977.

Gössmann, Wilhelm, Hollender, Christoph (Hg.): Joseph von Eichendorff. Seine literarische und kulturelle Bedeutung, Paderborn u.a. 1995.

Gössmann, Wilhelm: Der »Taugenichts« als literarisches Deutschlandbuch, in: Wilhelm Gössmann, Christoph Hollender (Hg.): Joseph von Eichendorff. Seine literarische und kulturelle Bedeutung, Paderborn u.a. 1995, S.143-161.

Gössmann, Wilhelm: Eichendorff als Kulturprogramm, in: Wilhelm Gössmann, Christoph Hollender (Hg.): Joseph von Eichendorff. Seine literarische und kulturelle Bedeutung, Paderborn u.a. 1995, S. 319-340.

Hartmann, Regina: Eichendorffs Novelle »Das Schloß Dürande«. Eine gescheiterte Kommunikation, in: Weimarer Beiträge. Zeitschrift für Literaturwissenschaft, Ästhetik und Kulturtheorie, 32 (1986) 7, S. 1850-1857.

Hermand, Jost: Der ‚neuromantische' Seelenvagabund, in: Wolfgang Paulsen (Hg.): Das Nachleben der Romantik in der modernen deutschen Literatur. Die Vorträge des zweiten Kolloquiums in Amherst/Massachusetts, Heidelberg 1969, S. 95-115.

Hollender, Christoph: Der Diskurs von Poesie und Religion in der Eichendorff-Literatur, in: Wilhelm Gössmann, Christoph Hollender (Hg.): Joseph von Eichendorff. Seine literarische und kulturelle Bedeutung, Paderborn u.a. 1995, S. 163 - 232.

Hörisch, Jochen: ‚Larven und Charaktermasken'. Zum elften Kapitel von »Ahnung und Gegenwart«, in: Hans-Georg Pott (Hg.): Eichendorff und die Spätromantik, Paderborn u.a. 1985, S. 27 - 38.

Kersten, Johannes: Eichendorff und Stifter. Vom offenen zum geschlossenen Raum, Paderborn u.a. 1996.

Kessler, Michael, Koopmann, Helmut (Hg.): Eichendorffs Modernität, Tübingen 1989.

Kessler, Michael: Das Verhängnis der Innerlichkeit. Zu Eichendorffs Kritik neuzeitlicher Subjektivität, in: Michael Kessler und Helmut Koopmann (Hg.): Eichendorffs Modernität, Tübingen 1989, S. 63-80.

Kirchhoff, Hans Georg: Eichendorff und der politische Katholizismus, in: Konrad Ehlich (Hg.): Eichendorffs Inkognito, Studien der Forschungsstelle Ostmitteleuropa an der Universität Dortmund, Bd. 22, Wiesbaden 1997, S. 1-14.

Köhnke, Klaus: „Hieroglyphenschrift". Untersuchungen zu Eichendorffs Erzählungen, Sigmaringen 1986.

Koopmann, Helmut: Dilettantismus. Bemerkungen zu einem Phänomen der Goethezeit, in: Helmut Hotzhauer, Bernhard Zeller (Hg.): Studien zur Goethezeit. Festschrift für Lieselotte Blumenthal, Weimar 1968, S. 179-208.

Koopmann, Helmut: Eichendorff, das Schloß Dürande und die Revolution, in: Alfred Riemen (Hg.): Ansichten zu Eichendorff. Beiträge der Forschung 1958-1988, Sigmaringen 1988, S. 119-150.

Koopmann, Helmut: Freiheitssonne und Revolutionsgewitter. Reflexe der Französischen Revolution im literarischen Deutschland zwischen 1789 und 1840, Tübingen 1989.

Koopmann, Helmut: Um was geht es eigentlich in Eichendorffs »Taugenichts«? Zur Identifikation eines literarischen Textes, Schriften der Philosophischen Fachbereiche der Universität Augsburg, Nr. 1, Augsburg 1975.

Krabiel, Klaus-Dieter: Joseph von Eichendorff. Kommentierte Studienbibliographie, Frankfurt a. M. 1971.

Krabiel, Klaus-Dieter: Tradition und Bewegung. Zum sprachlichen Verfahren Eichendorffs, Stuttgart 1973.

Krahé, Peter: Eichendorffs »Meerfahrt« als Flucht vor dem „praktischen Abgrund", in: Aurora 44 (1984), S. 51-70.

Kunisch, Hermann: Freiheit und Bann – Heimat und Fremde, in: Paul Stöcklein (Hg.): Eichendorff heute, 2., ergänzte Aufl., Darmstadt 1966, S. 131-164.

Lämmert, Eberhard: Eichendorffs Wandel unter den Deutschen, in: Hans Steffen (Hg.): Die deutsche Romantik. Poetik, Formen und Motive, Göttingen 1967, S. 219 - 252.

Leuenberger, Gabriele: Musikalischer Gestus und romantische Ästhetik. Eine werkimmanente Poetik von Eichendorffs Prosa, in: Wilhelm Gössmann, Christoph Hollender (Hg.): Joseph von Eichendorff. Seine literarische und kulturelle Bedeutung, Paderborn u.a. 1995, S. 79 – 141.

Lick, Thomas: Eichendorff-Bibliographie. Forschungsliteratur zu Leben und Werk Joseph von Eichendorffs 1926-1995. Mit einem Nachwort von Hans-Joachim Koppitz, St. Katharinen 1998.

Lindemann, Klaus: Eichendorffs Schloß Dürande. Zur konservativen Rezeption der Französischen Revolution: Entstehung, Struktur, Rezeption, Didaktik, Paderborn, München, Wien 1980.

Lindemann, Klaus: Joseph von Eichendorff – ein poetisches Leben mit der Revolution, in: Konrad Ehlich (Hg.): Eichendorffs Inkognito, Studien der Forschungsstelle Ostmitteleuropa an der Universität Dortmund, Bd. 22, Wiesbaden 1997, S.63-89.

Lindemann, Klaus: Verdrängte Revolutionen? Eichendorffs »Schloß Dürande« und Karl Mays Klekih-Petra-Episode im »Winnetou«-Roman, in Aurora 34 (1974), S. 24-38.

Littlejohns, Richard: When is a Romantic not a Romantic? Eichendorff Research in 1980s, in: German Life and Letters 42,3 (1989), S. 181 – 201.

Maler, Anselm: Die Entdeckung Amerikas als romantisches Thema. Zu Eichendorffs »Meerfahrt« und ihren Quellen, in: Alfred Riemen (Hg.): Ansichten zu Eichendorff, Sigmaringen 1988, S. 170-205.

Marhold, Hartmut: Motiv und Struktur des Kreises in Eichendorffs Novelle »Das Marmorbild«, in: Aurora 47 (1987), S. 101-125.

Marks, Hanna H.: Joseph von Eichendorff. »Das Marmorbild«, Erläuterungen und Dokumente, Stuttgart 1984.

Matt, Peter von: Der irrende Leib. Die Momente des Unwissens in Eichendorffs Lyrik, in: Aurora 49 (1989), S. 47 - 57.

Misch, Manfred: Tabulae Salutis. Zu Eichendorffs »Eine Meerfahrt«, in: Aurora 51 (1991), S. 121-136.

Mühlher, Robert: Der Poetenmantel. Wandlungen eines Sinnbildes bei Eichendorff, in: Paul Stöcklein (Hg.): Eichendorff heute, 2., ergänzte Aufl., Darmstadt 1966, S. 180-203.

Mühlher, Robert: Die künstlerische Aufgabe und ihre Lösung in Eichendorffs Erzählung »Aus dem Leben eines Taugenichts«. Ein Beitrag zum Verständnis des Poetischen, in: Aurora 22 (1962), S. 13-44.

Nehring, Wolfgang: Das Erlebnis der Fremde bei Eichendorff, unter besonderer Berücksichtigung der Erzählung »Eine Meerfahrt«, in: Akten des VIII. Internationalen Germanisten-Kongresses Tokyo 1990. Begegnung mit dem ‚Fremden'. Grenzen – Traditionen – Vergleiche, hg. von E. Iwasaki, Bd. 9, Sektion 15, Erfahrene und imaginierte Fremde, hg. von Yoshinori Shichiji, S. 45-53.

Neumann, Peter Horst: Restauration der Zukunft? Über Eichendorff und den Gleichstand linker und rechter Ratlosigkeit, in: Aurora 39 (1979), S. 16-27.

Neumann, Peter Horst: Wohin mit den Göttern? Eine klassische Frage und die Antwort der Romantiker, in: Aurora 51 (1991) S. 1-14.

Neumann, Peter Horst: Zum Verhältnis von Kunst und Religion in Eichendorffs poetologischem Roman »Ahnung und Gegenwart«, in: Aurora 57 (1997), S. 1 - 6.

Nienhaus, Stefan: Eichendorffs Wiederholungsstil. Eine Untersuchung des Erzählwerks, Münster 1991.

Peucker, Brigitte: Poetic Descent in Eichendorff's Lyric, in: Germanic Review 57,3 (1982), S. 98 – 106.

Pikulik, Lothar: Der experimentelle Charakter von Eichendorffs Dichtung, in: Aurora 49 (1989), S. 21-35.

Pikulik, Lothar: Die Mythisierung des Geschlechtstriebes in Eichendorffs »Das Marmorbild«, in: Euphorion 71 (1977), S. 128-140.

Post, Klaus-Dieter: Hermetik der Häuser und der Herzen. Zum Raumbild in Eichendorffs Novelle »Das Schloß Dürande«, in: Aurora 44 (1984), S. 32-50.

Pott, Hans-Georg (Hg.): Eichendorff und die Spätromantik, Paderborn u.a. 1985.

Rehm, Walter: Prinz Rokoko im alten Garten. Eine Eichendorff-Studie, in: Jahrbuch des freien deutschen Hochstifts (1962), S. 97-207.

Riemen, Alfred (Hg.): Ansichten zu Eichendorff. Beiträge der Forschung 1958-1988, Sigmaringen 1988.

Rodewald, Dierk: Der »Taugenichts« und das Erzählen, in: Zeitschrift für deutsche Philologie 92 (1973) S. 231-259.

Romahn, Carolina: Skepsis bei Eichendorff, in: Carola Hilmes, Dietrich Mathy, Hans Joachim Piechotta (Hg.): Skepsis oder das Spiel mit dem Zweifel. Festschrift für Ralph-Rainer Wuthenow zum 65. Geburtstag, Würzburg 1994, S. 65-81.

Schultz, Hartwig: Erläuterungen und Dokumente. Joseph von Eichendorff: »Aus dem Leben eines Taugenichts«, Stuttgart 1994.

Schwan, Werner: Bildgefüge und Metaphorik in Eichendorffs Erzählung »Eine Meerfahrt«, in: Sprachkunst 2 (1971), S. 357-389.

Seidlin, Oskar: Versuche über Eichendorff, Göttingen 1965.

Steinsdorff, Sibylle von: „Das Ganze noch einmal umarbeiten!". Notizen Eichendorffs zur geplanten Überarbeitung seiner Novelle »Eine Meerfahrt«, in: Aurora 44 (1984), S. 71-78.

Stöcklein, Paul (Hg.): Eichendorff heute, 2., ergänzte Auflage, Darmstadt 1966.

Thurnher, Eugen: Eichendorff und Stifter: Zur Frage der christlichen und autonomen Ästhetik, in: Sitzungsberichte der österreichischen Akademie der Wissenschaften, Philosophisch-Historische Klasse, 236 (1961), 5. Abhandlung, S. 5 - 28.

Walter-Schneider, Margret, Hasler, Martina: Die Kunst in Rom. Zum 7. und 8. Kapitel von Eichendorffs Erzählung »Aus dem Leben eines Taugenichts«, in: Aurora 45 (1985), S. 49-62.

Weisrock, Katharina: Götterblick und Zaubermacht. Auge, Blick und Wahrnehmung in Aufklärung und Romantik, Opladen 1990.

Wiese, Benno von: Joseph von Eichendorff: »Aus dem Leben eines Taugenichts«, in: ders.: Die deutsche Novelle von Goethe bis Kafka. Interpretationen, Bd. 1, Düsseldorf 1956, S. 79-96.

Wiethölter, Waltraud: Die Schule der Venus. Ein diskursanalytischer Versuch zu Eichendorffs »Marmorbild«, in: Michael Kessler, Helmut Koopmann (Hg.): Eichendorffs Modernität, Tübingen 1989, S. 171-201.

Zons, Raimar Stefan: „Schweifen". Eichendorffs »Ahnung und Gegenwart«, in: Hans-Georg Pott (Hg.): Eichendorff und die Spätromantik, Paderborn u.a. 1985, S. 40 – 68.

Forschungsliteratur zu Stifter

Albes, Claudia: Der Spaziergang als Erzählmodell. Studien zu Jean-Jacques Rousseau, Adalbert Stifter, Robert Walser und Thomas Bernhard, Tübingen 1999.

Aspetsberger, Friedbert: Stifters Erzählung »Nachkommenschaften«, in: Sprachkunst VI (1975), S. 238-260.

Barak, Helmut: „Gute Freundin" und „glänzender Künstler". Die dichterisch gestaltete Wirklichkeit in Stifters Erzählung »Turmalin«, in: Hartmut Laufhütte, Karl Möseneder (Hg.): Adalbert Stifter. Dichter und Maler, Denkmalpfleger und Schulmann. Neue Zugänge zu seinem Werk, Tübingen 1996, S. 476-485.

Barthofer, Alfred: Die Sprache der Natur. Anmerkungen zur Natur und Naturdarstellung bei Adalbert Stifter und Thomas Bernhard, in: VASILO 35 (1986), S. 213-226.

Baumann, Gerhart: Adalbert Stifter. Dichter der „Zuversicht", in: Lothar Stiehm (Hg.): Adalbert Stifter. Studien und Interpretationen, Heidelberg 1968, S. 121-138.

Begemann, Christian: ‚Realismus' oder ‚Idealismus' ? Über einige Schwierigkeiten bei der Rekonstruktion von Stifters Kunstbegriff, in: Hartmut Laufhütte, Karl Möseneder (Hg.): Adalbert Stifter. Dichter und Maler, Denkmalpfleger und Schulmann. Neue Zugänge zu seinem Werk, Tübingen 1996, S. 3-17.

Begemann, Christian: Die Welt der Zeichen. Stifter-Lektüren, Stuttgart, Weimar 1995.

Begemann, Christian: Natur und Kultur. Überlegungen zu einem durchkreuzten Gegensatz im Werk Adalbert Stifters, in: Adalbert Stifters schrecklich schöne Welt. Beiträge des internationalen Kolloquiums Antwerpen 1993 (= Acta austriaca-belgica 1). Eine Koproduktion von Germanistische Mitteilungen 40 (1994) und Jahrbuch des Adalbert-Stifter-Instituts Linz (1994), S. 41-52.

Blasberg, Cornelia: Erschriebene Tradition. Adalbert Stifter oder das Erzählen im Zeichen verlorener Geschichten, Freiburg im Breisgau 1998.

Bleckwenn, Helga: Adalbert Stifters »Bunte Steine«. Versuche zur Bestimmung der Stellung im Gesamtwerk, in: VASILO 21 (1972), Folge 3/4, S. 105-117.

Bleckwenn, Helga: Gegründete Häuser, verschwindende Spuren. Vom Wandel der Menschen und Dinge bei Stifter und Ransmayr, in: Adalbert Stifters schrecklich schöne Welt. Beiträge des internationalen Kolloquiums Antwerpen 1993 (= Acta austriaca-belgica 1). Eine Koproduktion von Germanistische Mitteilungen 40 (1994) und Jahrbuch des Adalbert-Stifter-Instituts Linz (1994), S. 31-40.

Böhler, Michael: Die Individualität in Stifters Spätwerk. Ein ästhetisches Problem, DVjs 43 (1969), S. 652-684.

Burgstaller, Erich: Zur künstlerischen Gestalt von Adalbert Stifters »Narrenburg«, in: Seminar. A Journal of Germanic Studies 12 (1976), S. 89-108.

Campbell, Karen J.: Toward a Truer Mimesis: Sifter's »Turmalin«, in: The German Quarterly 57 (1984), S. 576-589.

Dehn, Wilhelm: Ding und Vernunft. Zur Interpretation von Stifters Dichtung, Kiel 1968.

Dittmann, Ulrich: Adalbert Stifter: »Abdias«. Erläuterungen und Dokumente, Stuttgart 1971.

Enzinger, Moriz (Hg.): Adalbert Stifter im Urteil seiner Zeit. Festgabe zum 28. Jänner 1968, Wien 1968.

Esselborn, Hans: Adalbert Stifters »Turmalin«. Die Absage an den Subjektivismus durch das naturgesetzliche Erzählen, in: VASILO 34 (1985), Folge 1/2, S. 3-26.

Fischer, Kurt Gerhard: Entwicklung und Bildung in Adalbert Stifters Dichten und Denken, in: VASILO 33 (1984), Folge 1/2, S. 53-60.

Fischer, Oliver: Ins Leben geschrieben – Zäsuren und Revisionen: Poetik privater Geschichte bei Adalbert Stifter und Wilhelm Raabe, Würzburg 1999.

Geulen, Eva: Worthörig wider Willen. Darstellungsproblematik und Sprachreflexion in der Prosa Adalbert Stifters, München 1992.

Geulen, Hans: Stiftersche Sonderlinge. »Kalkstein« und »Turmalin«, in: Jahrbuch der deutschen Schillergesellschaft 17 (1973), S. 415-431.

Glaser, Horst Albert: Die Restauration des Schönen. Stifters »Nachsommer«, Stuttgart 1965.

Goodden, C.: Two quests for surety – a comperative interpretation of Stifter's »Abdias« and Kafka's »Der Bau«, in: Journal of European Studies 5 (1975), S. 341-361.

Gradmann, Stefan: Topographie / Text. Zur Funktion räumlicher Modellbildung in den Werken von Adalbert Stifter und Franz Kafka, Frankfurt a. M. 1990.

Hertling, G. H.: Mignons Schwestern im Erzählwerk Adalbert Stifters: »Katzensilber«, »Der Waldbrunnen«, »Die Narrenburg«, in: Gerhart Hoffmeister (Hg.): Goethes

Mignon und ihre Schwestern. Interpretationen und Rezeption, New York 1993, S. 165-197.

Hunter, Rosemarie: Ist der Rahmen des »Waldbrunnen« überflüssig? Einige Bemerkungen zu Stifters Späterzählung, in: VASILO 1972, S. 119-123.

Hunter-Lougheed, Rosemarie: Adalbert Stifter. »Der Waldbrunnen«. Interpretation und Ursprungshypothese (= Schriftenreihe des Adalbert-Stifter-Instituts des Landes Oberösterreich, Folge 37), Linz 1988.

Hunter-Lougheed, Rosemarie: Waldschlange und Lerche im »Waldbrunnen«: Zu Tiervergleich und Tiersymbol bei Stifter, in: Seminar. A Journal of Germanic Studies 13 (1977), 2, S. 99-101.

Ingen, Ferdinand van: Band und Kette. Zu einer Denkfigur bei Stifter, in: Hartmut Laufhütte, Karl Möseneder (Hg.): Adalbert Stifter. Dichter und Maler, Denkmalpfleger und Schulmann. Neue Zugänge zu seinem Werk, Tübingen 1996, S. 58-74.

Irmscher, Hans Dietrich: Adalbert Stifter. Wirklichkeitserfahrung und gegenständliche Darstellung, München 1971.

Kaiser, Gerhard: Der Dichter als Prophet in Stifters »Haidedorf«, in: ders.: Wandrer und Idylle. Goethe und die Phänomenologie der Natur in der deutschen Dichtung von Geßner bis Gottfried Keller, Göttingen 1977, S. 240-257.

Kaiser, Gerhard: Stifter – dechiffriert? Die Vorstellung vom Dichter in »Das Haidedorf« und »Abdias«, in: Sprachkunst. Beiträge zur Literaturwissenschaft 1 (1970), S. 273-317.

Kastner, Jörg: Die Liebe im Werk Adalbert Stifters, in: Hartmut Laufhütte, Karl Möseneder (Hg.): Adalbert Stifter. Dichter und Maler, Denkmalpfleger und Schulmann. Neue Zugänge zu seinem Werk, Tübingen 1996, S. 119-134.

Klieneberger, H. R.: Stifter's »Abdias« and its Interpreters, in: Forum for Modern Language Studies 14 (1978), S. 332-344.

Kohlschmidt, Werner: Leben und Tod in Stifters »Studien«, in: ders.: Form und Innerlichkeit. Beiträge zur Geschichte und Wirkung der deutschen Klassik und Romantik, Bern 1955, S. 211-232.

König, Julia: Das Leben im Kunstwerk. Studien zu Goethes Mignon und ihrer Rezeption, Frankfurt, Bern, New York, Paris 1991.

Koschorke, Albrecht, Ammer, Andreas: Der Text ohne Bedeutung oder die Erstarrung der Angst. Zu Stifters letzter Erzählung »Der fromme Spruch«, in: Deutsche Vierteljahresschrift für Literaturwissenschaft und Geistesgeschichte 61 (1987). S. 676-719.

Kühlmann, Wilhelm: Von Diderot bis Stifter. Das Experiment aufklärerischer Anthropologie in Stifters Novelle »Abdias«, in: Hartmut Laufhütte, Karl Möseneder (Hg.): Adalbert Stifter. Dichter und Maler, Denkmalpfleger und Schulmann. Neue Zugänge zu seinem Werk, Tübingen 1996, S. 395-409.

Kunisch, Hermann: Adalbert Stifter. Mensch und Wirklichkeit. Studien zu seinem klassischen Stil, Berlin 1950.

Lachinger, Johann: Adalbert Stifters »Abdias«. Eine Interpretation, in: VASILO 18 (1969), Folge 3/4, S. 97-114.

Laufhütte, Hartmut, Möseneder, Karl (Hg.): Adalbert Stifter. Dichter und Maler, Denkmalpfleger und Schulmann. Neue Zugänge zu seinem Werk, Tübingen 1996.

Mall-Grob, Beatrice: Fiktion des Anfangs. Literarische Kindheitsmodelle bei Jean Paul und Adalbert Stifter, Stuttgart, Weimar 1999.

Manthey, Jürgen: Die doppelt verriegelten Verließe der Kunst. Stifter: »Der Nachsommer«, in: ders.: Wenn Blicke zeugen könnten. Eine psychohistorische Studie über das Sehen in Literatur und Philosophie, München, Wien 1983, S. 261-286.

Mason, Eve: Sifter's »Turmalin«: A Reconsideration, in: The Modern Language Review 72 (1977), S. 348-358.

Mason, Eve: Stifter's »Katzensilber« and the Fairy-Tale Mode, in: The Modern Language Review 77 (1982), S. 114-129.

Mason, Eve: Stifters »Bunte Steine«: Versuch einer Bestandsaufnahme, in: Adalbert Stifter heute. Londoner Symposion 1983, hg. von Johann Lachinger, Alexander Stillmark und Martin Swales, Linz 1985 (= Schriftenreihe des Adalbert-Stifter-Institutes des Landes Oberösterreich, Folge 35), S. 75-85.

Matt, Peter von: Liebesverrat. Die Treulosen in der Literatur, München, Wien 1989.

Matz, Wolfgang: Adalbert Stifter oder Diese fürchterliche Wendung der Dinge. Biographie, München, Wien 1995.

Mautz, Kurt: Das antagonistische Naturbild in Stifters »Studien«, in: Lothar Stiehm (Hg.): Adalbert Stifter. Studien und Interpretationen, Heidelberg 1968, S. 23-56.

Mederer, Hanns-Peter: Sagenerzählungen und Sagenerzähler im Werk Adalbert Stifters, in: VASILO 38 (1989), S. 77-116.

Müller, Joachim: Stifters »Turmalin«. Erzählhaltung und Motivstruktur im Vergleich beider Fassungen, in: VASILO 17 (1968), Folge 1/2, S. 33-44.

Naumann, Ursula: Adalbert Stifter, Stuttgart 1979.

Obermaier, Renate: Stadt und Natur: Studien zu Texten von Adalbert Stifter und Gottfried Keller, Frankfurt am Main 1985.

Oertel Sjögren, Christine: Myths and Metaphors in Stifter's »Katzensilber«, in: Journal of English and Germanic Philology 86 (1987), S. 358-371.

Oswald, Marcel: Das dritte Auge: Zur gegenständlichen Gestaltung der Wahrnehmung in Adalbert Stifters Wegerzählungen, Berlin, Frankfurt, New York, Paris 1988.

Piechotta, Hans Joachim: Aleatorische Ordnung. Untersuchungen zu extremen literarischen Positionen in den Erzählungen und dem Roman »Witiko« von Adalbert Stifter, Gießen 1981.

Piechotta, Hans Joachim: Ordnung als Mythologisches Zitat. Adalbert Stifter und der Mythos, in: Karl Heinz Bohrer (Hg.): Mythos und Moderne. Begriff und Bild einer Rekonstruktion, Frankfurt a. M. 1983, S. 83-110.

Polheim, Karl Konrad: Die wirkliche Wirklichkeit. Adalbert Stifters »Nachkommenschaften« und das Problem seiner Kunstanschauung, in: Vincent J. Günther, Helmut Koopmann, Peter Pütz, Hans Joachim Schrimpf (Hg.): Untersuchungen zur Literatur als Geschichte. Festschrift für Benno von Wiese, Berlin 1973, S. 385-417.

Preisendanz, Wolfgang: Die Erzählfunktion der Naturdarstellung bei Stifter, in: Wirkendes Wort 16 (1966), S. 407-418.

Requadt, Paul: Stifters »Bunte Steine« als Zeugnis der Revolution und als zyklisches Kunstwerk, in: Lothar Stiehm (Hg.): Adalbert Stifter, Studien und Interpretationen, Heidelberg 1968, S. 139-168.

Roedl, Urban: Adalbert Stifter. Mit Selbstzeugnissen und Bilddokumenten dargestellt von Urban Roedl, Reinbek bei Hamburg 1984.

Rossbacher, Karlheinz: Erzählstandpunkt und Personendarstellung bei Adalbert Stifter. Die Sicht von außen als Gestaltungsperspektive, in: VASILO 17 (1968), S. 47-58.

Schäublin, Peter: Stifters »Abdias« von Herder aus gelesen, in: VASILO 23 (1974), Folge 3/4, S. 101-113, Fortsetzung in: VASILO 24 (1975), Folge 3/4, S. 87-105.

Schiffermüller, Isolde: Buchstäblichkeit und Bildlichkeit bei Adalbert Stifter. Dekonstruktive Lektüren, Bozen 1996.

Schmidt, Arno: ...Und dann die Herren Leutnants! Betrachtungen zu »Witiko« und Adalbert Stifter, in: ders.: Die Ritter vom Geist. Von vergessenen Kollegen, Karlsruhe 1965, S. 283-317.

Schmidt, Arno: Der sanfte Unmensch. Einhundert Jahre »Nachsommer«, in: ders.: Dya Na Sore, Karlsruhe 1958, S. 194-229.

Schoenborn, Peter A.: Adalbert Stifter. Sein Leben und Werk, Bern 1992.

Schößler, Franziska: Das unaufhörliche Verschwinden des Eros. Sinnlichkeit und Ordnung im Werk Adalbert Stifters (= Epistemata. Würzburger wissenschaftliche Schriften. Reihe Literaturwissenschaft, Bd. 168), Würzburg 1994.

Sebald, W. G.: Bis an den Rand der Natur. Versuch über Stifter, in: ders.: Die Beschreibung des Unglücks. Zur österreichischen Literatur von Stifter bis Handke, Salzburg, Wien 1985, S. 15-37.

Seidler, Herbert: Adalbert-Stifter-Forschung 1945-1970, in: Zeitschrift für deutsche Philologie 91 (1972), S. 113-157 (1. Teil), S. 252-285 (2. Teil).

Seidler, Herbert: Die Adalbert-Stifter-Forschung der siebziger Jahre, in: VASILO 39 (1981), S. 89-134.

Seidler, Herbert: Die Enthüllung des Dichterischen. Adalbert Stifter 1868 bis 1968. Gedenkrede zum 100. Todestag des Dichters, gehalten am 28. Jänner 1968 im Linzer Landestheater, in: ders.: Studien zu Grillparzer und Stifter, Wien 1970, S. 151-158.

Selge, Martin: Adalbert Stifter. Poesie aus dem Geist der Naturwissenschaft, Stuttgart, Berlin, Köln, Mainz 1976.

Stern, Joseph Peter: Adalbert Stifters ontologischer Stil, in: Lothar Stiehm (Hg.): Adalbert Stifter. Studien und Interpretationen, Heidelberg 1968, S. 103-120.

Stiehm, Lothar (Hg.): Adalbert Stifter. Studien und Interpretationen, Heidelberg 1968.

Storck, Joachim W.: Eros bei Stifter, in: Hartmut Laufhütte, Karl Möseneder (Hg.): Adalbert Stifter. Dichter und Maler, Denkmalpfleger und Schulmann. Neue Zugänge zu seinem Werk, Tübingen 1996, S. 135-156.

Swales, Martin: Litanei und Leerstelle. Zur Modernität Adalbert Stifters, in: VASILO 36 (1987), S. 71-82.

Thomas, Walter: Die Weltentschärfung des Adalbert Stifter. »Witiko« zwischen ständischem Recht und bürgerlichem Glück, Frankfurt a. M. 1992.

Titzmann, Michael: Text und Kryptotext. Zur Interpretation von Stifters Erzählung »Die Narrenburg«, in: Hartmut Laufhütte, Karl Möseneder (Hg.): Adalbert Stifter. Dichter und Maler, Denkmalpfleger und Schulmann. Neue Zugänge zu seinem Werk, Tübingen 1996, S. 335-373.

Tunner, Erika: „Zum Sehen geboren, zum Schauen Bestellt". Reflexionen zur Augensymbolik in Stifters »Studien«, in: Etudes Germaniques 1985 (40), S. 335-348.

Tunner, Erika: Farb-, Klang- und Raumsymbolik in Stifters »Narrenburg«, in: Recherches germaniques 7 (1977), S. 113-127.

Turk, Horst: Die Schrift als Ordnungsform des Erlebens. Diskursanalytische Überlegungen zu Adalbert Stifter, in: Jürgen Fohrmann und Harro Müller (Hg.): Diskurstheorien und Literaturwissenschaft, Frankfurt a. M. 1988, S. 400-417.

Weiss, Walter: Stifters Reduktion, in: Germanistische Studien, Innsbruck 1969, S. 199-220.

Wiese, Benno von: Adalbert Stifter. »Abdias«, in: ders.: Die deutsche Novelle von Goethe bis Kafka, Bd. 2, Düsseldorf 1965.

Wildbolz, Rudolf: Adalbert Stifter. Langeweile und Faszination, Berlin, Köln, Mainz 1976.

www.ingramcontent.com/pod-product-compliance
Lightning Source LLC
Chambersburg PA
CBHW020114010526
44115CB00008B/825